哲學門
第十九卷（2018年）第二册
总第三十八辑 Vol.19 No 2, 2018
Beida Journal of Philosophy
CSSCI 来源期刊（集刊类）

北京大学出版社
PEKING UNIVERSITY PRESS

图书在版编目(CIP)数据

哲学门.总第三十八辑/仰海峰主编.—北京:北京大学出版社,2019.10
ISBN 978-7-301-30759-5

Ⅰ.①哲… Ⅱ.①仰… Ⅲ.①哲学—文集 Ⅳ.①B-53

中国版本图书馆 CIP 数据核字(2019)第 195318 号

书　　　名	哲学门(总第三十八辑) ZHEXUE MEN(ZONG DI-SANSHIBA JI)
著作责任者	仰海峰　主编
责任编辑	田　炜
标准书号	ISBN 978-7-301-30759-5
出版发行	北京大学出版社
地　　　址	北京市海淀区成府路 205 号　100871
网　　　址	http://www.pup.cn　新浪微博:@北京大学出版社
电子信箱	pkuwsz@126.com
电　　　话	邮购部 010-62752015　发行部 010-62750672　编辑部 010-62750577
印 刷 者	三河市北燕印装有限公司
经 销 者	新华书店
	787 毫米 × 1092 毫米　16 开本　21.25 印张　316 千字 2019 年 10 月第 1 版　2019 年 10 月第 1 次印刷
定　　　价	65.00 元

未经许可,不得以任何方式复制或抄袭本书之部分或全部内容。
版权所有,侵权必究
举报电话:010-62752024　电子信箱:fd@pup.pku.edu.cn
图书如有印装质量问题,请与出版部联系,电话:010-62756370

目录

论坛：近代德国哲学的核心议题

人性的虚无化：路德论罪 …………………………………… 孙 帅/1
斯宾诺莎对目的论的批判 …………………………………… 吴功青/19
康德与神义论 ………………………………………………… 杨云飞/37
谢林世界时代哲学中的"超神性"概念的演变 …………… 先 刚/53
黑格尔论神性生活的现代处境
　　——以《精神现象学》为中心 ………………………… 庄振华/69
宗教的现实与现实的宗教
　　——试析马克思宗教批判的逻辑 …………………… 谢永康/85

青年哲学家系列讲座专栏

第一期导言 …………………………………………………… 程乐松/99
《论语》中所见的孔子及其弟子：
　　传统视角的基础 ……………………… 金鹏程 著　秦晋楠 译/101
中国古典哲学中的非演绎论证 ………… 金鹏程 著　秦晋楠 译/121

论文

"横渠之论，与愚见同否"
　　——张载与王廷相气论思想关系辨正 ……………… 胡栋材/141
平日涵养与临事持守
　　——论朱子对《论语》"君子所贵乎道者三"的诠释 ……… 焦德明/159
惠栋"求古"之学的义理生机 ……………………………… 谷继明/175

"未有教化不起而王道能兴者"
　　——试析船山《大学》诠释中的政教论 ············· 程　旺/187
马克思、维柯和历史建构主义 ·········· 汤姆·洛克莫尔 著　陈辞达 译/211
意识与自我
　　——胡塞尔《逻辑研究》中的意识理论 ················ 赵　猛/227
容差性、连锁悖论与模糊性理论 ····························· 徐召清/249
说一切有部持经譬喻传统与新有部之创立 ····················· 许　潇/265

书评：

郑开:《道家形而上学研究》（增订版） ························· 王玉彬/281
任蜜林:《汉代"秘经":纬书思想分论》 ······················· 程乐松/289
张志刚:《"宗教中国化"义理研究》 ··························· 王群韬/295
邹诗鹏:《虚无主义研究》 ································· 郭清飞/303
刘胜利:《身体、空间与科学:梅洛-庞蒂的空间现象学研究》 ········· 晋世翔/314
吴飞:《人伦的"解体":形质论传统中的家国焦虑》 ················ 王燕彬/322

书讯：

[英]汤姆·洛克莫尔著,夏莹译:《费希特、马克思与德国哲学传统》 ······ 18
[英]克里斯多夫·约翰·阿瑟著,高飞译:
　　《新辩证法与马克思的〈资本论〉》 ···························· 84
[澳]丽莎·希尔著,张江伟译:《激情社会——亚当·弗格森的
　　社会、政治和道德思想》 ································· 140
[美]达纳·维拉编,陈伟、张笑宇译,陈伟校:《剑桥阿伦特指南》 ········ 158
[美]简·波特著,杨天江译:
　　《自然作为理性——托马斯主义自然法理论》 ···················· 174
[德]海德格尔著,王丁、李阳译:《谢林:论人类自由的本质》 ··········· 210
[德]谢林著,先刚译:《世界时代》 ································ 210
(清)李清馥著,何乃川、李秉乾注释:《闽中理学渊源考》 ············· 288
(唐)李鼎祚撰,王丰先点校:《周易集解》 ························· 302

Contents

Forum: The Key Issues in Modern German Philosophy

Annihilization of Human Nature: Luther on Sin ·················· Sun Shuai/1
Spinoza's Critique of Teleology ·················· Wu Gongqing/19
Kant and Theodicy ·················· Yang Yunfei/37
The Evolution of the Concept of "Uebergottheit"
　　in Schelling's Philosophy of Ages of the World ·················· Xian Gang/53
Hegel on the Modern Situation of Divine Life ·················· Zhuang Zhenhua/69
The Reality of Religion and the Religion of Reality
　　—On the Logic of Marx's Critique of Religion ·················· Xie Yongkang/85

Young Philosopher Series Lecture Column

Introduction ·················· Cheng Lesong/99
Confucius and His Disciples in the Analects:
　　The Basis for the Traditional View ·················· Paul R. Goldin/101
Non-Deductive Argumentation in Classical
　　Chinese Philosophy ·················· Paul R. Goldin/121

Articles

A Rethinking between the *Qi* Philosophy of
　　Zhang Zai and Wang Tingxiang ·················· Hu Dongcai/141
Nourishing One's Nature Everyday or Preserving
　　One's Mind Temporarily —Zhu Xi's Commentary
　　on *the Analects of Confucius* 8.4 ·················· Jiao Deming/159
Reconsidering Hui Dong's "following the model of 'gu xun'" Methodology:
　　On Hui Dong's Pursuit of "gu" as a Pursuit of Meanings ·················· Gu Jiming/175
"Wang-Dao Can not be Build without the Rise of Edification"
　　—An Analysis of the Theory of Politics and Edification
　　in Wang Chuanshan's Interpretation on *Daxue* ·················· Cheng Wang/187

Marx, Vico and Historical Constructivism .... Tom Rockmore/211
Consciousness and Self: Husserl's Theory of Consciousness in
  Logische Untersuchungen .... Zhao Meng/227
Tolerance, Sorites Paradox and Theories of Vagueness .... Xu Zhaoqing/249
Sarvāstivāda Tradition of Metaphors and the Forming of
  Later New Sarvāstivādin School .... Xu Xiao/265

Reviews

Zheng Kai, *A Study of Metaphysics of Taoism*
  (Revised Edition) .... Wang Yubin/281
Ren Milin, *Mijing in Han Dynasty: Discussion on*
  the Thought of Weishu .... Cheng Lesong/289
Zhang Zhigang, *Sinocization of Religions: A Theoretical Study* ... Wang Quntao/295
Zou Shipeng, *A Study of Nihilism* .... Guo Qingfei/303
Liu Shengli, *Body, Space and Science: A Study of Merleau-Ponty's*
  Space Phenomenology .... Jin Shixiang/314
Wu Fei, *The Family is "Out of Joint": The Political and*
  Ethical Debates in the Tradition of Hylemorphism .... Wang Yanbin/322

Information

Tom Rockmore, *Fichte, Marx and the German Philosophical Tradition* 18
Christopher John Arthur, *The New Dialectic and Marx's Capital* 84
Lisa Hill, *The Passionate Society, The Social, Political and*
  Moral Thought of Adam Ferguson 140
Dana Villa, *The Cambridge Companion to Hannah Arendt* 158
Jean Porter, *Nature as Reason: A Thomistic Theory of the Natural Law* 174
Heidegger, M., *Schelling: Vom Wesen der Menschlichen Freiheit* 210
Schelling, F. W. J. von, *The Ages of the World* 210
Li Qingfu, *On the Origin of Neo-Confucianism in Central Fujian* 288
Li Dingzuo, *The Summary Explanation of ZhouYi* 302

人性的虚无化:路德论罪[*]

孙 帅[**]

提 要:本文试图证明,路德这里作为存在概念的罪,既是一个永远在进行自我遮蔽、罪上加罪的生产机制,也是人的自然始终倾向于作恶的无限欲望。人性的虚无化,不仅意味着人的自然和自我本身就是罪,人要在上帝的义面前"成为罪人",更意味着上帝正是通过陌生之工对人的摧毁来实现符合本性的工,通过将人还原为无规定性的质料状态来拯救人。陌生之义运作其中的这种个体,就是宗教改革给现代社会提供的不受世界与事功束缚的"空洞自由人"。

关键词:路德 罪 虚无 自我

早期路德对经院神学与亚里士多德传统的猛烈批判,集中表现为解构中世纪基督教的人性观及其成全人的本性和拯救模式。他不认为人根据本性能做出任何与上帝合作的道德努力,尤其不同意唯名论关于"尽力而为"(facere quod in se est)之自然能力的主张。真正的义是全然外在的(iustitia aliena):"义是靠上帝的归算而来的,不是看事物本身的本质。因为仅仅拥有义的品质的人并不有义,因为他彻彻底底是一个不义的罪人,但那个被上帝

---

[*] 本研究得到中国人民大学2018年度"中央高校建设世界一流大学(学科)和特色发展引导专项资金"支持。

[**] 孙帅,1982年生,中国人民大学哲学院讲师。

以怜悯的心算为义的人,他才有义。"①路德的因信称义,不再是指通过被爱赋形的信获得内在之义,而是指通过先于爱的信,从上帝那里领受外在之义的归算(imputatio)。在这个意义上,那些将信理解为德性的经院神学家所说的因信称义无不是因行为称义,他们诉诸的亚里士多德伦理学旨在通过习惯理解道德德性、通过义行造就义人。在路德看来,这样的伦理表面上成全了人性,实则严重遮蔽了人性,因为亚里士多德一脉的经院传统弱化甚至遗忘了"罪"给人造成的虚无化事实。

正如有学者指出的,早期解经时期的路德对罪的发现甚于对上帝之义的发现,②因此我们也就不难理解,他何以会在《罗马书讲义》(1515—1516)一开篇就旗帜鲜明地宣称,这部使他得以发现上帝之义的使徒书信旨在暴露人性的虚无:

> 本书信的总要和实质是:拆毁、拔出、摧毁肉身的一切智慧和义,亦即,任何在人眼中,甚至在自己眼中,看来重要的东西,不管人们是如何真心诚意地恪守遵行;并且要栽种、建立、凸显罪的面貌,不管我们对其存在多么浑然不觉。③

只有拆毁人性,倾覆"我们里面的一切,亦即来自我们和属于我们而使我们高兴的一切",才能真正凸显罪的面貌,从而建立"全然外在、完全陌生的义"④。换言之,只有彻底揭示人性的虚无,将人的整个存在呈现为罪,才能借着信仰让外在于我们的(extra nos)基督之义显明。"因为人人必须明白他在自身之中是虚无,仅在上帝身上可以找到他一切的善。"⑤整个教会也是如此,"她清楚表示她内在的空虚赤裸,她的丰满和义在她之外"⑥。

---

① 路德:《罗马书讲义》,李春旺译,台北:中华信义神学院出版社,2016年,第216—217页。译文略有改动。后面引用该译本时,如有调整,不再一一注出。
② Matt Jenson, *The Gravity of Sin: Augustine, Luther and Barth on homo incurvantus in se*, New York: T&T Clark, 2006, p.48. 海德格尔甚至说:"只有理解罪,才能理解信仰,只有正确理解人本身的存在,才能理解罪。"Heidegger, "The Problem of Sin in Luther", in *From the Earliest Essays to Being and Time and Beyond*, ed. John van Buren, New York: State University of New York Press, 2002, p.110. 路德对早期海德格尔的影响早已成为学界共识,本文对路德罪观的解读也反过来受到了海德格尔的启发。
③ 路德:《罗马书讲义》,第71页。
④ 同上书,第72页。
⑤ 同上书,第331页。
⑥ 同上书,第209页。

就此而言,路德无异于开拓出了一条与此前神哲学传统相反的道路:他的"宗教改革"(reformation)新神学,不仅不是对人性进行恢复意义上的"重新赋形",反而要发动一场对人性的去形式运动,一层层剥除掉经院神学给人赋予的各种形式,把人打回无形的"原形",沦为无根的虚无状态。这可谓是"无形式性的自由"(freedom of formlessness)。① 换言之,人的存在就是存在的否定和拆毁,就是从根基上对人进行虚无化解构。只有在其纯粹的否定状态和虚无处境中,人才真正被造成为"被动且流动不居的质料",成为上帝之爱的接收器和上帝工作的对象。② 本文关于"罪"的初步分析就旨在探讨路德虚无人性论的基本思路。

一 罪的自我生产

路德以为经院神学家最根本的问题之一,在于他们过度削弱了原罪对人性的损害:"这种对人性的多重败坏(corruptio)不应该被减少,而应该被扩大。"(WA 42, 107)③这一点正是他在《创世记讲义》(1535—1545)中解释初人堕落的落脚点。

原罪说的是,亚当和夏娃在蛇的引诱下违背上帝的命令,偷吃了知识树上的果子。路德认为,魔鬼通过蛇对人的引诱是所有引诱中最严重的,其目的不在于怂恿初人偷吃禁果,而在于让他们背离上帝的话,转而相信蛇自己所说,"神岂是真说,不许你们吃园中所有树上的果子吗……你们不一定死"(《创世记》3:1—4)。蛇这句话的迷惑性与上帝对人的赐福有关,因为人被造出来后,上帝让他们治理大地,管理动物,食用菜蔬和果子(《创纪记》1:26—30)。既然天地为人而造,果子任人摘吃,上帝怎么会单单不允许人吃知识树上的果子呢?人吃了之后又怎么会必定死呢?所以,"神岂是真说"这句话,

---

① L. Daniel Cantey, "The Freedom of Formlessness: Justification by Faith Alone and the Protestant Experience of Grace", dissertation, Emory University, 2011.
② Christian Sommer, *Heidegger, Aristotle, Luther: Les sources aristotéliciennes et néo-testamentaires d'Être et Temps*, Paris: Presses Universitaires de France, 2005, p. 49.
③ 除了《罗马书讲义》,本文对路德著作的引用和翻译均来自魏玛版 *D. Martin Luthers Werke. Kritische Gesammtausgabe*(Weimarer Ausgabe), Weimar, 1883— ,引用之处将随文标出魏玛版的卷次和页码。

是要骗夏娃相信知识树的禁令不可能出自上帝,由此对其展开双重引诱:"第一重引诱:上帝没这样说,因此你们可以吃这棵树的果子。第二重引诱:上帝给你们一切,因此你们拥有一切,因此这棵树也没禁止你们吃。不过双重引诱的目的是一样的,那就是,使夏娃偏离言与信。"(WA 42, 115)这样,路德就将原罪表述为"不信"上帝的话,转而信魔鬼或蛇的话。

原罪被理解为不信,显然与路德"唯独因信称义"学说密不可分。只有通过关系性的信领受基督的外在之义,人才能被称义,而不信上帝的话就是对这条唯一拯救道路的背离,因而既是最大的罪,也是所有罪的原因。魔鬼之所以能成功诱使人背离上帝的话,是由于对初人来说,知识树的禁令本身是一个单纯的信仰,而非知识。他们并不真的明白这个律法的意义及其可能带来的惩罚,也不知道什么是罪。这是最单纯,因而也是最脆弱的信仰:"未败坏的自然,虽然有关于上帝的真实知识,却也有一个超出了亚当的理解、只能相信的言或命令。"(WA 42, 116)

对知识树禁令的怀疑意味着他们开始不信上帝的话,而一旦不信,就如同打开了罪恶洪流的闸门。"所有的恶都来自对言和上帝的不信或怀疑。"所以,魔鬼对人的诱惑并非指向某个罪,而是指向所有罪:"这个诱惑是所有诱惑的总和,它导致对整个十诫的推翻和破坏。不信是所有罪的源泉。"(WA 42, 111)正因此,路德才会认为,作为不信之罪的原罪破坏了人在上帝面前的自然状态,从而陷入一种虚无化的败坏状态。用海德格尔的话说,路德的罪是一个存在概念,它不是加在人身上的道德属性,而是人最基本的存在方式。① 作为存在方式的罪在这里具体体现为人不愿意跟上帝在一起:"人不仅不再爱上帝,而且逃避他、恨他,不想跟他存在和生活在一起。"(WA 42, 124)

初人犯罪后的举动充分揭示了罪这种存在方式的特点和逻辑。他们先是拿无花果树的叶子编作裙子遮住裸体,然后听到上帝行走的声音便藏在树林中。这两个意象对路德的原罪观具有非常关键的意义,在此罪被理解为对自身的遮蔽和对上帝的逃离。

对知识树诫命的违背使初人认识到什么是罪,同时也使他们无法直视和忍受自身的罪,因此才会对本是荣耀的身体感到羞耻并试图遮掩。在这个问

---

① Heidegger, "The Problem of Sin in Luther", p. 108.

题上,路德与奥古斯丁之间存在着细微而重要的差异。在奥古斯丁那里,羞感是由于初人身体里产生了对抗灵魂的欲望,是身体不服从灵魂的表现,而遮羞则是灵魂不同意甚至对抗羞耻的努力。在路德这里,一方面,羞感是对上帝丧失信,内心充满不信和畏惧的结果,"如果我们相信,就不会感到羞耻"(*WA* 42,125);另一方面,初人遮羞的行为不仅不是灵魂对羞感的抗拒,反而是羞感刺激下的进一步犯罪。进言之,由于对上帝的不信和畏惧,罪在律法之下的显现必然伴随羞耻,羞耻则推动人遮蔽罪。而无论羞耻感还是遮羞,对罪的理解都具有普遍意义。

罪必然自我遮蔽,因为人不愿意将自身的存在呈现出来:"罪一旦被揭示出来,看上去就会拥有巨大的羞耻,以至于心灵的眼睛无法忍受看到它。因此,它努力遮蔽这一点(itaque conantur id tegere)。没有人愿意自己被看到,即使是窃贼、通奸者或谋杀者。"(*WA* 42,126)路德基于经验观察断定,这种遮蔽的努力和习惯普遍根植于人性之中,无论大人还是小孩,如果做某事被逮个正着,他们都会想方设法为自己开脱和辩护。这正是罪对人的败坏,因为自我遮蔽是罪的本性:"这就是罪的本性,即,罪想要保持隐秘,而非被带到光下。"(*WA* 42,135)

所以,初人不仅在自己面前遮掩自己的身体,还试图在上帝面前将自己隐蔽起来。"还能认为有什么比逃避上帝,想向他隐蔽起来,更恐怖的呢?"(*WA* 42,128)根据路德对罪的情感所作的深刻剖析,不信既让人感到羞耻,也让人性产生巨大而恐怖的畏惧(*WA* 42,127),不仅畏惧可怕之事,就连安全的东西也让人感到不安,正如白天的风声都让亚当以为上帝要来惩罚他们。出于畏惧,亚当在上帝面前"藏了"起来。这时他发现没有什么比上帝更可恨,更无法忍受,"这种畏惧就是对上帝真正的逃避和憎恨"(*WA* 42,128)。

> 在那种心灵的焦虑中,亚当暴露了他的愚蠢:他通过逃避(fugiendo)上帝来寻求解救出罪。但他已经过远地逃避上帝。因为罪本身就是对上帝真正的逃离(discessio),没有必要增加更多的逃避。然而事实上,罪的本性就是如此:人越远地逃离上帝,就越想更远地逃离,谁一旦逃避和背教,就永远逃避。(*WA* 42,129)

在这里,路德将罪的本性揭示为对上帝的逃离,而且是无尽的逃离,这是罪最大的悖谬之处。由于无法正视和忍受自己的罪,人必然通过遮蔽和逃避来掩盖自己的存在,然而这种掩盖不仅无法将人从罪中解救出来,反而把人牢牢地囚禁在罪的桎梏之中。因为罪就是逃避上帝,逃避的逃避不是更远地离开上帝,却是更深的罪,是罪的自我生产。同时这也表明,一旦犯罪就必然永远犯罪,因为逃避不会自行终止。在此意义上,罪作为逃避机制,作为逃避的逃避,暴露出人之存在最深的虚无化,因为人总是在逃避一个不可逃避的对象即上帝。每个罪都面临和制造着这样的虚无,因为这是原罪和罪本身的根本逻辑。上帝问亚当"你在哪里",不是由于没看到亚当,而是想揭露逃避的不可能性和荒谬性,"想向他显示,他对上帝隐蔽却未能隐蔽,逃避上帝却未能逃避。因为这是所有罪中都自然发生的,即,我们愚蠢地努力逃避上帝的愤怒,然而却无法逃避"(*WA* 42, 129)。

正是由于罪的自我逃避,面对上帝的问询,亚当和夏娃都坚决不承认自己的罪。亚当先是否认自己犯了罪,将逃避的原因归结为对上帝声音的害怕,和对赤身裸体的羞耻,由此遮掩自己的罪。随后在上帝的逼问下,亚当虽承认自己犯了罪,却将罪责推给夏娃,夏娃则进而将罪责推给蛇。他们对罪的否认和辩护,最终相当于将罪全都归咎于上帝,因为声音来自上帝,裸体、夏娃和蛇也均是上帝造的。只是,罪的遮蔽和逃避不但没有实现自我隐藏和解救,反而见证并再次陷入罪。一方面,对声音和裸体的躲避本身表明人已经犯罪,因为它们本不令人害怕;另一方面,用借口为自己开脱,将罪责推给上帝,则进一步使人犯下致死的亵渎之罪。"因为,罪的本性就在于不允许心灵躲避到上帝那里,而要迫使它逃避上帝……一旦背离言,罪就没有终结。"(*WA* 42, 132)

可见,通过作为所有罪人之范型的亚当,路德将罪刻画成自我生产的虚无机制。罪之所以不断进行自我生产,与其说是由于人想要犯罪,不如说是由于人总是想摆脱罪,将罪抛在身后,藏在目光之外。人之存在最根本的问题就在于,既已存在于罪中,每一次摆脱罪的努力总是一再造成罪的自我生产。人在罪中,向罪而在。存在就是去犯罪,用罪遮蔽罪,从而罪上加罪。这既是罪的本性,也是人性的虚无化机制:

我们看到罪的本性在于,除非上帝直接给予救治,召唤罪人,否则他就会无尽地逃避,用谎言为罪开脱,罪上加罪,直至陷入亵渎和绝望。这样,罪的 pondere(重量)总是为罪拖来另一个罪,并造成永恒的毁灭,以至于罪人最终指控上帝,而非承认自己的罪。(*WA* I 42, 130—131)

二　罪与义

由上可见,路德关心的罪并非具体的恶行,而是人的罪性,即自然本性的败坏,这集中体现为他对"原初之义"(iustitia originalis)的本质性理解。在中世纪传统中,原初之义通常被认为是初人在伊甸园获得的超自然恩赐,这不是他们被造性自然的一部分,而是加到自然之上的品质。原罪仅仅导致人类丧失了义的超自然品质,却没有损害人类被造时的自然的完整性。

然而在路德看来,原初之义就是人类自然的一部分,它的丧失就是自然的败坏。这样,原罪便被视为人的本质性丧失。"义不是来自外部的赐予,与人的自然相分离;相反,义实则是自然的,因此,爱上帝、信上帝、认识上帝就属于亚当的自然。"正如眼睛受伤是自然的损害,"同样,人从义堕入罪之后,我们也可以正确地说,自然不是完整的,而是被罪败坏了。"(*WA* 42, 124)自然之罪不仅不是品质性的败坏,而且无法根除,正因此罪才永远自我生产和自我逃避。在这个意义上,原罪可以说成是人身上自然的罪性与罪根。"也就是说,继承得来的罪,自然之罪,或人本身的罪,是真正主要的罪。如果这种罪不存在,就没有实际的罪了。这种罪不像所有其他罪那样是犯下的;相反,它存在,它活着,并犯下所有罪。它是真正的本质之罪,不仅只犯一小时或一小会儿;相反,不管一个人在哪里生活、生活多久,这种罪都在那里。"(*WA* 10 I 1, 508—509)

这种一直"存在和活着"的自然之罪,从根本上规定着人的整个存在:

> 原罪不仅仅是意志中品质的缺乏,真的,不仅仅是理智亮光的失去或记忆中力量的失去,而是,用一句话来说:失去一切的正直,失去我们的身体灵魂、整个内在和外在的人,并失去各部功能的能力。更甚的是,它具有朝向恶的倾向,厌恶善的、讨厌光明和智慧,但喜欢错误和黑暗;

逃避和蔑视善行,具有行恶的欲望。①

原罪作为欠缺既非指超自然恩赐的丧失,亦非只是人性的某些部分或能力的匮乏,而是人的存在的全然堕落。在这个意义上,路德突破了古代至中世纪以来从内在结构和能力理解人性的哲学传统,转而采取一种整全(holistic)的人性模式,侧重从"整个人"(totus homo)的姿态来理解人的存在,②而非着眼于人身上的某些部分及其相互之间的关系来理解人的存在。只有看到这一点,我们才能明白路德对于 concupiscentia(贪欲)的解释。

"贪欲"是奥古斯丁引入基督教人性论的一个重要概念,中世纪神学家将其称为"罪的火绒"(fomes peccati),并纷纷以此来理解原罪。深受经院哲学熏陶的路德显然非常熟悉此前的不同讲法,但他的主张几乎与他们所有人都不同。他既将原罪等同于义的丧失,又等同于贪欲,二者不是形式与质料的关系,而是一体两面的关系:如果说义的丧失是原罪的否定面向,贪欲则是原罪的积极面向——这为上文所言罪的自我生产提供了持续的心理动力,因为贪欲就是犯罪的欲望,它始终且一直在将人拉向虚无的深渊。

路德告诉我们,"罪的火绒……他在那里也称之为'罪欲',亦即罪恶的欲望、感觉和倾向",也就是说,"罪本身乃是那个欲念(火绒)和贪欲,或者那个朝着罪的倾向和对善的抗拒"。③ 正是基于对犯罪欲望的新理解,路德从根本上否定唯名论对人性自然向善的乐观看法,因为贪欲与对上帝的爱是不相容的:"贪欲一直在我们里面,所以爱上帝的心绝不在我们里面。"④就连圣徒身上,作为贪欲的罪本身也不能被根除,而只可能不被上帝归算为罪。只有罪不再被视为罪,基督的义才能作为外在的义被归算给人。罪依然存在,虚无的人性依然没有任何实质性的改变。"圣徒内在地总是罪人,所以他们总是外在地被称为义。"⑤也就是说,圣徒始终"同时是义人和罪人"(simul iustus et peccator)。

---

① 路德:《罗马书讲义》,第244—245页。
② Jenson, *The Gravity of Sin*, p.6.
③ 路德:《罗马书讲义》,第201页。
④ 同上书,第204页。
⑤ 同上书,第199页。关于"上帝的义",参见 Gordon Rupp 的经典研究 *The Righteousness of God: Luther Studies*, London: Hodder & Stoughton, 1953。另可参见 Alister E. McGrath, *Iustitia Dei: A History of the Christian Doctrine of Justification*, Cambridge: Cambridge University Press, 2005, esp. pp. 208-307。

路德早期神学大力强调圣徒"同时是义人与罪人",在很大程度上针对的是奥古斯丁"部分是义人,部分是罪人"(parte iustus, parte peccator)的经典讲法。在奥古斯丁那里,人的自然虽被罪玷污,却没有完全缺失本性的善,因为任何本性都是一种善,撇开善就没有所谓的缺失(privatio)。他将罪比喻成灵魂的疾病,恩典对灵魂的救治是要恢复被罪损害的义、被恶损害的善,而非毁灭人的自然,施加全然外在的陌生之义。基督徒"部分是义人,部分是罪人",作为罪人的他们需要补救自然的欠缺,逐渐恢复和塑造完善的义。

路德关于圣徒二重性的讲法并非是对奥古斯丁观点的另一种表述,因为"同时是义人与罪人"的意思不是说,圣徒同时是部分的义人和部分的罪人,二者此消彼长,而是说,整个人同时是完全的义人和完全的罪人,在自然还全然败坏的情况,外在的义就已经被完整地归算给我。路德借用保罗灵肉相争的说法,认为灵与肉并非人性的两个部分,而是人之存在本身的二重性:"正因为同一个人整个来说包含肉体和灵,他把来自里面对立部分的两种东西都归给整个人。于是产生一种'属性相通':同一个人是属灵的和属肉体的,义的和有罪的,善的和恶的。"①

欧伯曼(Oberman)的研究向我们指出,从奥古斯丁到路德的变化,最终使作为拯救之目的的上帝之义与作为方式的基督之义同时发生且合二为一,被称义者的形象不再是走向末世之义的旅客,因为外在的义现在已经归算给他——这既是末世的义也是现在的义。② 所以,尽管路德也借用病人的例子来说明义与罪的二重性,他给出的解释却迥异于奥古斯丁。用他的话来讲,如果医生保证病人一定会好转,而病人相信医生的话,且不做医生禁止的任何事情,那么他就同时是有病的和健康的:一方面是事实上的病人,另一方面却也由于相信医生的预言而是健康的,因为有把握的医生算他已经是健康的。罪人也是如此,他"在事实上"是罪人,同时也因上帝的归算和应许而是义人。

学界普遍注意到了"同时是义人与罪人"这个悖论表述所包含的困难,③

---

① 路德:《罗马书讲义》,第283页。
② Heiko A. Oberman, "'Iustitia Christi' and 'Iustitia Dei': Luther and the Scholastic Doctrines of Justification", *Harvard Theological Review*, 59 (1966): 1-26.
③ Jenson, *The Gravity of Sin*, p. 51, n. 16.

但不管如何解释,首先都不可忽视"同时是义人与罪人"这句话对人的关系性理解:自我作为义人,也不是指人性内在的品质,而是指基督之义的归算;同样,自我作为罪人,不是指人在自身中是罪人,而是指在与上帝的关系中将自己看成罪人。① 不仅如此,自我这里同时发生的义与罪并非简单并列的两件事,相反,二者时刻都处在相互揭示的关系之中。根据路德,通过信接收基督的外在之义,虽然没有改变我的品质和罪的事实性,却能使我认识并承认自己的罪。而只有承认自己的罪,才能认识到义不属于人的自然,而是全然外在的,虽然已经到来却又远在末世。如果没有义,罪就不可能自我承认,因为正如前面所言,它永远在自我遮蔽和逃避,永远是罪上加罪。所以,人唯独因信称义,也唯独因信才能揭示出罪。"就算我们在我们里面看不到罪,我们也仍然必须相信我们是罪人……因如同上帝的义透过信住在我们里面,所以罪透过信也活在我们里面,亦即,唯独因信我们必须相信自己是罪人,因这一点对我们而言并不明显。"②说到底,路德用中世纪基督徒生活的最低阶段即"信"取代"爱"的核心地位,其实质是用一条理解人的"关系性"道路取代此前主导的"品质性"道路,使人之存在的决定因素,从被爱赋形的精神品质、道德习惯和人性的内在构成,转移到人与上帝的外在关系上面,即,上帝如何判断我,我在上帝面前如何自我判断。③

鉴于此,路德在解释《诗篇》51章时才极力强调"成为罪人",不同于"是罪人"的事实:在上帝面前所有人都在罪中,即,"事实上都是罪人"(sunt peccatores vere),但只有当我们承认自己是这样的时候,"我们才成为罪人"(fimus peccatores)(*WA* 3,287—288)。如果说"是罪人"是自然性的,"成为罪人"则是精神性的,是罪的精神性"再造"。在这个意义上,路德的人性理解中最令人恐怖的,不是罪存在的事实,而是我们时时刻刻都必须主动将自身的存在再造为罪,正如罪总是在自我生产中再造出新的罪。

---

① Daphne Hampson, *Christian Contradictions: The Structrues of Lutheran and Catholic Thought*, Cambridge: Cambridge University Press, 2004, p. 25.
② 路德:《罗马书讲义》,第154页。
③ Berndt Hamn, "Why Did 'Faith' Become for Luther the Central Concept of the Christian Life", in *The Reformation of Faith in the Context of Late Medieval Theology and Piety*, Leiden, Boston: Brill, 2004, pp. 153-178.

> 成为一个罪人的意思是,摧毁这个使我们想象自己活着、说话和思想,很好、很虔敬和很公正的固执思想方式,而换上对自己的另一种理解(来自上帝)。根据这种新的理解,我们在心中相信我们是罪人,做事、说话和活着都存着邪恶,在错误之中,所以我们必须控告、审判、定罪和厌恶自己。①

上帝使罪留在属灵的人里面,就是为了限制骄傲,使他们在对抗犯罪欲望的过程中过一种动荡而非安顿的生活,唯有这样,他们才不会产生作为伪善之母的"安全感"(securitas),他们的罪才能被基督的义遮蔽。路德对义的发现同时也是对罪的再造,因为恩典的作用以人在且始终在罪中为前提,要求人始终惧怕自己会犯罪,并祈求上帝不归罪自己。而要是不惧怕,反而会堕入罪中,"因这个在我们里面的邪恶(亦即安全感)本身就是罪"②。若要上帝不把自己算为罪人,人就要最大限度地在自我认识中"成为罪人",在惶惶不可终日的焦虑与不安之中承认、感受和忏悔自身的罪根和罪性。在这个意义上,人正因被称为义人,所以被造为罪人。

路德"唯独因信称义"的发现本是为了克服内心的焦虑,将宇宙的最高力量,从唯名论那里遥远、严苛、深不可测的法官,变成仁慈的救主和充满个人的内在力量,从而使人通过白白的信而非事功获得自身的拯救。③ 但这位仁慈的救主在用基督的义给人带来信心确定性的同时,也彻底击碎了个体心性有可能获得的任何安全感。上帝安慰的对象是处在恐惧与战栗之中的心灵,只不过恐惧与战栗针对的更多是作为贪欲的罪本身,而非作为法官的上帝:"一旦那种惧怕不安停止了,安全感就抓住我们;安全感占上风之处,上帝命令将我们的罪算为我们的,就再次发生效力,因为上帝决定他必不将罪归给任何带着惧怕和战兢求他怜悯的人。"④

总之,义与罪,都是从人与上帝的关系出发对人之存在的整体理解。越是感受到基督外在之义的在场性,就越能认识到自我之罪的事实性,而越是

---

① 路德:《罗马书讲义》,第156页。
② 同上书,第210页。
③ 吉莱斯皮:《现代性的神学起源》,张卜天译,长沙:湖南科学技术出版社,2012年,第142—143页。
④ 路德:《罗马书讲义》,第211页。

承认自我之罪的事实性，也就越能认识到外在之义的在场性。在罪与义的对抗中，上帝的"精兵们"始终得不到任何实质性的改变，反而会且需要更深地暴露人性无法自拔的虚无性，因为犯罪的欲望始终无法从他们那里消除。不过，这种欲望的实质到底是什么呢？

三 自我之罪

在上帝面前所有人都是罪人，这既包括人面前的坏人与没有寻求上帝的人，也包括人面前的好人与没有按照正确方式寻求上帝的人。根据路德，后者的问题无疑更大，这是由于他们以自义的方式暴露了罪的根本性。因为，他们因行为称义的所有作为最终都指向自我，而这种自我指向正是自然之罪的根本问题，也是贪欲作为原罪的内在逻辑。

如果说"我们本身在自然上就是恶的"，那么这种本性之恶的形式规定性便是人的自我指向："人只会寻求自己的事，爱自我过于一切，这是人一切毛病的总和与实质。"① 爱自我过于一切就是"骄傲"，这样的人从自己的标准出发自以为上帝会赞同他们的方式和行为，结果，在上帝和灵魂救赎问题上，"所有骄傲的人和自满的人都在这种道德困境之中"②。之所以陷入这样的道德困境，是因为骄傲者只关心不犯实际的罪过，忽视了自然内在的罪本身，于是越努力不犯罪就越深陷罪中，越追求上帝就远离上帝，从而以最彻底、最极端的方式展现了自然必然的自我指向。路德甚至不否定"人人知道自然法则，以及理性追求至善"，但对善的追求依照的是人而非上帝的标准："理性所追求的是一种恶的善。因为它在万事、而不是在上帝身上，寻求自我和自我所有的。"③ 善成了恶的，是由于人性对善的认识和意愿只为追求自我的善。人的这种本性被路德称为 incurvatus in se，即，弯向或曲附自我。

> 因为原罪，我们的自然如此弯向自我的最深层，以至于它不仅仅为了享受它们而将上帝最好的恩赐……弯向自我，更为要得到它们而"利

---

① 路德：《罗马书讲义》，第 161—162 页。
② 同上书，第 165 页。
③ 同上书，第 298 页。

用"上帝,但是连它都不了解,自己是以这种邪恶、扭曲、弯曲的方式寻求包括上帝在内的任何事物,只是为了自我。①

自我这个中心之外的一切,都被理解为自我欲求和占有的对象,无论是外物、他人还是上帝。这是"罪的重力"②,也是人的自然本性:"这种弯曲的倾向是自然的;这是个自然的缺失、自然的恶。"③自我通过将所有物质和精神的善弯向自我来寻求自我,但精神的善即便如上帝,也都不是自我,他和别的事物一样都是外在于我、为我所用的东西。这样,通过将自然本性理解为自我中心,路德夷平了古典自然概念中的等级秩序,吸盘一样的自我与其说重塑,不如说彻底拆解了世界本身的秩序。实质的区别仅仅存在于自我与世界之间,世界内部的自然差异对我都不再重要,所有的善均被还原为对我而言的善,却并不作为善构成我的自然。这样,路德其实是用"自我"概念来理解甚至取代古典以降的"自然"概念,由此对亚里士多德传统下的自然目的论予以致命一击。人的自然发生了严重的自我化转变。

路德认为,自然本性是人类堕落的结果,它产生于初人转向自我的时刻。"因这个自然之光在犯罪之后立即兴起,如经上所记:'于是他们的眼睛就明亮了'。"④上文提到,原初之义的丧失并非仅仅是超自然恩典的丧失,更是自然本性的败坏,到这里我们终于进一步看到,自然的败坏就是自然的产生和存在本身。不是说自然创造时是完善的,堕落时才被败坏,相反,堕落之前的人根本就不存在真正意义上的自然。路德此处的自然指人以自己为中心的整个存在,这样的自然其实就是自我。

自然的自我化导致经院神学中相互合作的自然与恩典完全对立起来,自然不再自然,恩典也不再是超自然:前者成了以自我为中心的存在方式,后者成了以上帝为中心的存在方式。路德将自然与自我完全放在了上帝的对立面,而不再像奥古斯丁那样将超自然的上帝当作自然的收束者放在自我深处:

  自然在自己之前,除了自我之外,没有设下别的东西,它朝着自我运

---

① 路德:《罗马书讲义》,第236页。
② Jenson, *The Gravity of Sin*.
③ 路德:《罗马书讲义》,第299页。
④ 同上。

动和引导它自己;它只看到自我,只寻求自我,并在一切事上追求自我。其他一切,即使是上帝本身,它都越过,仿佛没看到一般,单单转向自我。①

这段话充分说明,人在自然上就是自我,而自我无异于人自己的上帝,正如路德《驳经院神学论纲》(1517)所言,"人在自然上不会想要上帝是上帝,相反,他想要自己是上帝,上帝不是上帝"(WA 1, 225)。恩典将上帝放在包括它自己在内的所有事物的位置上,自然则将自己放在"每一件事的位置上,甚至在上帝的位置上,只寻求自己的、而不是上帝的事物。于是,自然成了自身首要且最大的偶像",也是"最糟糕的弯曲"。② 如果说自然就是自我,那么,以上帝为中心的恩典就是对自我中心或"弯向自我"的扭转,这样的恩典既不是对自然的成全,也不是超自然,反而成了去自然。进一步考察不难发现,路德将恩典理解为一种去自然的力量,与自然的自我化密不可分,因为自然与恩典一样,都已经摆脱了古典意义上的自然性基础。人的存在要么指向自我,要么指向上帝,而无论指向哪里,都不再能容纳真正意义上的自然本性。所以,当路德说基督是人的善时,他会明确称之为外在的,正如基督的义是外在的一样。"我说我们一切的善是在我们之外,这是对的;并且基督是这个善。"③因此,路德基于自我与上帝的关系,对人性进行了完全的去中心化理解,因为人的根基从自身之中转移到了自身之外的基督。自我不是持存于自身之内,而是存在于自我之外(extra se)。④

为了将人性彻底虚无化,路德不仅把上帝的义理解为外在于自我的,同时认为,外在之义的提供需要借助一种异于上帝本性的工(opus alienum)。这种工是相对于符合上帝本性的工(opus proprium)来说的,它之所以是外在性的,是因为上帝在这样的行为中表现出的,看起来不像是对人的拯救,而更像是对人的毁灭。"上帝的工看起来扭曲和邪恶(deformia et malaque)。"这样的上帝通过毁灭人来拯救人,通过看上去陌生的工实现符合其本性的工,"也就

---

① 路德:《罗马书讲义》,第300页。
② 同上。
③ 同上书,第309页。
④ Hampson, *Christian Contradictions*, pp. 11-12.

是说,上帝叫我们在我们之中降卑,使我们变得绝望,以便在他的怜悯中提升我们,使我们变得有希望"(*WA* 1, 356—357)。也就是说,路德发现的仁慈者上帝不仅要求人在对罪的畏惧之中存在,而且以另一副恐怖而陌生的面孔向人呈现,以此扭转并摧毁人弯向自我的自然本性。

异于上帝本性的工在人身上表现为,上帝往往以与人类想法相对立的方式悖谬地成就人的祈求,他并不立刻满足,反而一再打击祈求者。上帝对人的回应与人的愿望背道而驰,人越祈求越遭挫败。路德说,"他似乎在我们祷告之后比祷告之前更加被我们冒犯,我们所求的比之前更少实现。上帝这样的作为,是为了先把我们里面的东西摧毁、使之虚无(prius destruere et annihilare),之后才把他自己的东西赐给我们;这是他的本性。"① 异于上帝本性的行为并非超出常规的例外情况,而恰恰是上帝最典型、最常见的工作方式,以至于可以说"这是他的本性"。路德就是用这种异于上帝本性的工,构建恩典对自然的典型作用:恩典对人的拯救首先表现为对自我的否定,使自然陷入虚无化的死亡境地,从而使人意识到自己的罪性和人义的脆弱性,打破因行为称义所能获得的任何安全感。

"异于上帝本性的工产生符合本性的工,与此同时,他将人造成罪人,以便将其造成义人。"(*WA* 1, 361)正如人同时是义人与罪人,符合上帝本性的工与异于上帝本性的工之间也不是简单的对立或并列关系,而是共同展现了上帝独特的拯救方式。这时,上帝的本性隐藏在相反者当中(sub contrariis),通过相反者以吊诡的方式实现自身的计划。所以,人性的虚无化不仅意味着人的存在本身就是罪,人要在上帝面前始终将自己视为罪人,更意味着上帝对人的拯救就是通过对人的毁灭展开的。"他把我们放在更大的毁灭之中,为要以此拯救我们。"②

路德这里的思想一方面体现了《海德堡辩论》中阐述的十字架神学(theologica crucis),另一方面又预示了他后来在与伊拉斯谟争论(1524—1525)中发展的"隐藏的上帝"(deus absconditus)观念。不符合上帝本性的工最集中

---

① 路德:《罗马书讲义》,第 322 页。又比如,*WA* 3, 330;*WA* 1, 160。
② 同上书,第 329 页。在这个意义上,Sommer 说,"虚无化(anéantissement)是罪人通过上帝之工的恩典成为基督徒的通道"。Sommer, *Heidegger*, *Aristotle*, *Luther*, p. 54。

的体现就是耶稣基督的受难和死亡:"这是他工作中最为重要之事,也是所有工作的模式。当他想要荣耀他(基督),设立他的王位,他却欲使他死,使他惊慌、下阴间;这跟他所有的门徒最热切的想法、最深刻的许愿和盼望,彻底相反。"①

不符合上帝本性的工在人身上表现为对自我的摧毁,在基督身上表现为极端的虚己、苦难与死亡。"上帝反过来就只愿意通过苦难被认识,并用可见之物的智慧谴责不可见之物的智慧。"(*WA* 1, 362)人无法理解上帝在自己身上的运作,正如无法理解上帝将自己的独生子举起献祭——对人而言,这或许是上帝所能做出的最陌生、最不可思议的行为。某种意义上,十字架神学就是上帝隐秘的拯救之道:隐藏的上帝就是道成肉身、被钉十字架的上帝,就是受难中显明出来的上帝。② 这是路德神学区别于其所批判的荣耀神学的关键,即,他将上帝的力量、良善、公义等理解为隐藏在软弱、严峻、罪恶之下,而这在十字架神学看来,才是应该讲出的存在的真实面貌。

可见,路德最终诉诸本性隐藏的上帝及其陌生的工,来扭转自我弯曲的本性:"人不可能不为自己的善工自高自傲,除非他首先被否定,遭受苦难和恶的毁灭,直到明白自我就是虚无(seipsum esse nihil),他所作的善行并非是他的,而是出于上帝。"(*WA* 1, 362)这时,人面对的与其说是上帝,不如说是魔鬼,或者是以魔鬼面孔出现的上帝;③与其说人在走向义和生命,不如说最深地陷入到了罪与死亡之中,而他需要且所能做的,仅仅是在最绝望的这一刻保持对上帝无条件的信与望。恩典降临之时,就是自我陷入最大程度的虚无之时,只不过这既像是拯救,又像是毁灭。因为我们会被"丢进深深的痛苦中,因为要灵魂不去想和不去立志,就等于进入黑暗,好像它将被摧毁,减为虚无。"④这样的人,既是陌生的义运作其中的虚无质料,也是宗教改革给现代社会提供的新型个体,一种对抗一切自然存在与规定性,不受世界、邻人和事功束缚的"空洞自由人"。

---

① 路德:《罗马书讲义》,第324页。
② B. A. Gerrish, "'To the Unknown God': Luther and Calvin on the Hiddeness of God", *The Journal of Religion*, 53 (1973), p.268.
③ 参见周小龙:《行恶的上帝:从自由意志的角度看路德二元的上帝观》,硕士论文,北京大学,2017年。
④ 路德:《罗马书讲义》,第326页。

Annihilization of Human Nature: Luther on Sin

Sun Shuai

Abstract: This article tries to argue that, as a way of being, sin in Luther is both a production mechanism of self-veiling and adding sin to sin, and human nature's intrinsic and infinite desire to evil. Annihilation of human nature not only means that human being and the self are sin, that man should "become sinner" before God, but also means that God destroys man by *opus alienum* in order to realize *opus proprium*, and reduces human being to indefinite matter in order to save him. This kind of individual where *iustitia aliena* operates, is nothing but the "free and empty man", a *nova creatura* that Reformation made for modern society who are emancipated from the world and works.

Key words: Luther, Sin, nihil, self

书讯

《费希特、马克思与德国哲学传统》

[英]汤姆·洛克莫尔著,夏莹译

北京:北京师范大学出版社,2018年

汤姆·洛克莫尔(Tom Rockmore),美国知名哲学家,杜肯大学终身教授,现为北京大学人文讲席教授。代表作有《黑格尔:之前和之后——黑格尔历史思想导论》《历史唯物主义:哈贝马斯的重建》等。洛克莫尔的研究领域主要是西方现当代欧洲大陆哲学和马克思哲学。

马克思与德国古典哲学的关系一直是学界经典的学术议题,在本书《费希特、马克思与德国哲学传统》中,作者开创性地对费希特与马克思的关系进行了多方面的比较。分别通过对费希特与马克思的立场评述、勾勒费希特关于能动的主体的观念和马克思源于政治经济学视角而生发的主体理论、阐发费希特与马克思能动的主体的理论所具有的共同理论背景、费希特影响马克思主体概念的文献依据等角度将马克思与费希特进行比较。

在本书中,作者努力表明观念论—唯物主义的区分可能是一个问题。经过对这一区分的反思,进一步展开对于费希特和马克思的比较性研究。作者认为费希特和马克思,就其对待观念论和唯物主义区分的共同态度而言两者是相似的,他们都认为强化了这种差异,以便使得自身的理论路径具有合理性。在每一理论立场之下,在将唯物主义与观念论对立的视域中,他们都指出了其中一方的不足之处。对于费希特来说,他责难所谓唯物主义的非一致性;相反,马克思则为了反对观念论从而凸显了观念论与唯物主义的区分。尽管在每一立场中两种对立似乎都不可调和,但其区分也仅限于此。作者强调每一立场在"表面上"对立似乎不可调和,但实际上每一立场却同时提出了某种"私下的"富有中介性的理论努力。

为了比较马克思与费希特的相似性,作者主要从两方面展开讨论:在理论视域中,分析两种立场中的一些相关概念;在历史视域中,从更为广泛的19世纪德国传统哲学的文本中讨论这种相似性的缘起。为读者理解马克思与德国古典哲学的关系开辟了新的研究路径,具有较高学术价值。(韦世博)

斯宾诺莎对目的论的批判*

吴功青**

提　要：中世纪晚期以降，亚里士多德"四因说"中的形式因和目的因被逐渐瓦解，动力因成为现代科学——哲学的基本解释范式。和伽利略、笛卡尔等前辈一样，斯宾诺莎主张用动力因取代目的因，将自然世界和人类生活的本质解释为基于必然性的活动，希望以此根治宗教迷信和人类中心主义倾向。对斯宾诺莎来说，所谓的目的不过是欲望，是事物趋向自我保存和力量增长的努力（conatus）。相应地，所谓的善恶，不过是欲望自身力量的增长和消退。历史地看，这种对善恶的动力性解释，蕴涵着一种去伦理化的、"超善恶"的可能。只不过，斯宾诺莎意识到了这种可能，转而强调理性对欲望力量的引导和制约，这使得他的学说虽蕴涵着革命性，但仍保留在传统伦理学的限度之内。

关键词：目的因　目的论　自由意志　必然性　努力

中世纪晚期以降，随着实验科学的兴起，亚里士多德的"四因说"日益式微。在弗朗西斯科·培根这样的实验科学家看来，不仅形式因的作用微不足道，目的因也是一个多余的假设，毫无实际用处。[①] 与此同时，动力因的作用逐

---

* 本成果受到中国人民大学2018年度"中央高校建设世界一流大学（学科）和特色发展引导专项资金"支持。
** 吴功青，1982年生，中国人民大学哲学院副教授。
① 培根说，"目的因除对涉及人类活动的科学外，只有败坏科学而不会对科学有所推进，形式因（法式因）的发现则是人们所感绝望的"，可参考培根：《新工具》，许宝骙译，北京：商务印书馆，2017年，第118页。

渐突出，开始取代形式因和目的因占据中心地位。完成这一思想革命的不是别人，而是现代哲学的鼻祖——笛卡尔。根据后者，上帝作为"巨大和不可理喻的力量"，对世界的"创造"和"维持"，本质上是一种动力因意义的因果作用。由此，笛卡尔将形式因还原成动力因，取消了目的因在自然事物运动中的意义。① 不过，在伦理学领域，笛卡尔仍然认为，人可以凭借自由意志控制激情，做出合乎理性的选择，为目的论留下了空间。

作为笛卡尔哲学的继承人，斯宾诺莎延续了笛卡尔在动力因和形式因问题上的基本立场。但不同于笛卡尔的是，斯宾诺莎坚持认为，目的论是一切宗教迷信的思想根源，必须从根子上加以清除。为了做到这一点，实现对于民众的理性启蒙，斯宾诺莎一方面继续推进笛卡尔对于自然世界的动力因革命，一方面努力将它贯穿在伦理学当中，扫除目的论的残渣。这两点也构成了他写作《伦理学》②的基本动机。

一　目的论的根源与错误

斯宾诺莎对目的论的态度经过了一定变化。在早期作品《简论神、人及其心灵健康》中，他比较过人法和神法的不同，认为前者是为了人类自身的利益，后者是神利用人达到最终目的。二者的关系好比蜜蜂与人，"蜜蜂辛勤工作，恪守群体纪律，除了保证一份过冬食粮之外并无其他目的，但是比它们更高的人培育养护它们，却提出了一个完全不同的目的，这就是获取蜂蜜供自己用"③。但在《伦理学》中，斯宾诺莎一改此前的温和态度，批评的矛头直指

---

① 关于笛卡尔的动力因革命，参考吴增定：《自因的悖谬——笛卡尔、斯宾诺莎与早期现代形而上学的革命》，《世界哲学》，2018 年第 2 期，特别是第 70—74 页。根据 Carraud 的说法，笛卡尔不仅将上帝及其造物归入因果性原则，而且将亚里士多德的四因全部还原成动力因，见 Carraud, "The Search for causes and the sufficiency of Reasons", in *Descartes and the Modern*, Cambridge Scholars Publishing, 2008, p. 89。
② 本文所引《伦理学》拉丁原文参考斯宾诺莎著作网站 http://www.ethicadb.org/index.php? lg = en，即 Gebhardt 编订本；英译本参考 Spinoza, *A Spinoza Reader. The Ethics and Other Works*, edited and translated by Edwin Curley, Princeton University Press, 1994；中译本参考斯宾诺莎：《伦理学》，贺麟译，北京：商务印书馆，2017 年。文中大部分引文出自中译本，部分段落根据拉丁文本和英译本有所改动。
③ 斯宾诺莎：《简论上帝、人及其心灵健康》，顾寿观译，北京：商务印书馆，2017 年，第 157 页。为行文需要，本文将译本中的上帝统一改为"神"。

目的论。在第一部分"附录"开头，斯宾诺莎就旗帜鲜明地指出，神是万物的自由因，但它的本性及它与自然的关系，总是受到许多成见的阻碍，后者"基于人们一般地认定自然万物，与人一样，都是为达到某种目的（finis）而行动"（第一部分，附录）。这种人类中心主义的目的论倾向，乃是犹太教和基督教等一切宗教的根源所在。

斯宾诺莎敏锐地发现，目的论的逻辑基础是工具论。比如，当人们发现眼睛可以看、牙齿可以嚼，便断定它们是神造出来的，用以满足人类利益的工具；而神将它们造出来，又是为了让人敬拜它。不同于亚里士多德，中世纪的目的论者如迈蒙尼德，在发现自然的目的时，不将它归为自然本身①，而是由这种工具论的逻辑上升，将它们归到一个最高的设计者——上帝身上，宗教观念由此根深蒂固。② 但是，自然界的事件并不总是有利于人类，面对自然界无穷无尽的灾难，我们怎么能认为，这都是神为了人的利益而安排的工具呢？然而悲哀的是，不幸并未让人类觉醒，反使得他们对神更加虔敬：他们或者认为，这是由于人犯罪而招致神的震怒；或者认为，神的意志深不可测，远远超出人的理解，在错误的道路上越走越远。在斯宾诺莎看来，这些人太过愚昧，根本就不知道，"自然本身没有预定的目的，一切目的因只不过是人心的幻象"（第一部分，附录）。目的论的错误，有如下三个方面：

首先，目的论颠倒了自然的因果关系。斯宾诺莎指出，目的因既然是一种原因，本性上就是在先的。但是，目的论者将这种原因视为在后的目的，因而是"把本性上在先的东西，当成在后的东西，并且反而把那最高的、最圆满的认作最不圆满的东西了"（第一部分，附录）。根据斯宾诺莎的自然—神学，神从它的属性中分殊出样式，首先是直接无限样式，然后是间接无限样式，最后才是有限样式，即自然界的物体和我们心灵中的观念。毫无疑问，直接从

---

① 在《物理学》第二卷，亚里士多德分析目的因时，就举了类似的例子。在他看来，人的牙齿长得锐利并非是一种巧合，而是出于事物的自然本性，目的就是为了撕咬食物。为了说明这种目的是自然的，他区别了自然与巧合，说"这些事物以及一切自然物是永远如此或通常如此产生的，其中没有一个是由于偶然或自发而产生的"。自然事物既不是出于巧合也不可能出于自发，那么它必然就是有目的的。参考亚里士多德：《物理学》，张竹明译，北京：商务印书馆，1997年，第61—65页。

② Wolfson指出，在迈蒙尼德和斯宾诺莎眼中，亚里士多德的目的因又否定神的设计，思想上是不一致的。但是，二者的走向截然相反。前者肯定亚里士多德的目的论，同时肯定神的设计；而斯宾诺莎则从根本上拒绝目的论，当然也就会否定神的设计。二者的差异，参考 Harry Austryn Wolfson, *The Philosophy of Spinoza*, Harvard University Press, p.424.

神那里生出的最为圆满,因此,直接无限样式比间接无限样式圆满,间接无限样式比有限样式圆满。但是,按照目的论的解释,"直接从神产生出来的东西只不过是达到神的目的的工具,那么最先的东西既是为了最后的东西而存在,而最后的东西就会必然超出一切了"(第一部分,附录)。换言之,因为直接无限样式是生成间接无限样式的工具,间接无限样式是生成有限样式的工具,间接无限样式变得比直接无限样式更圆满,有限样式比间接无限样式和直接无限样式更圆满。这种解释,无疑颠倒了神的分殊中不同样式的因果关系,是错误的。

其次,目的论的逻辑与神的本性不符。斯宾诺莎认为,假若神的创世有一目的,就说明神缺乏某种东西,从而与神的圆满性相悖。面对这个问题,神学家和形而上学家试图区分需要的目的(finis indigentiae)和同化的目的(finis assimilationis),强调神造世的目的不是实现自身的需要,而是要将造物同化到自身当中,以此证明神并无缺乏。但正如斯宾诺莎所说,即便如此,他们仍必须承认,神创造万物不是为了它们,而是为了自己的目的。而要想实现这个目的,神就需要一个工具。但在创世之初,除了神之外一无所有。为此,神必须先创造工具,才能完成创世的目的。这样,"他们不得不承认,既然神还必须创造工具以达到某种目的,则神必有所需要,有所欲求"(第一部分,附录)。如此一来,神必有所欠缺,从而与它的圆满本性不符。

再次,目的论者为了证明目的的普遍存在,采取"穷诘至不知道"(reductio ad ignorantium)的辩证法,而非"穷诘至不可能"(reductio ad impossibile)的辩证法,存在方法论的错误。他们在探究一个事物的原因时,不是努力穷尽一切不违背矛盾律的可能,而是逐渐走向无知,并最终诉诸神意(providentia)这一无知的避难所。斯宾诺莎举了一个例子:一块石头从高处坠下,落在下面走过的人头上,把人砸死了。对这一现象,目的论者会论证说,石头坠下的目的就是为了砸死那个人,一切都是神有意安排的,否则不会出现这样的巧合。如果人们回答他,说石头坠落只是由于刮大风,他们便会问,若不是神,那天为何会刮大风?再等人们回答他,说刮风是因为海上起了风浪,他们又会继续追问,为何海上会起风浪,如此以至无穷。目的论者相信,追问到最后,原因是我们不能知道的。而情况如此发生,一定不是偶然,而是神意在冥冥中安排的结果。这种安排,是神施行的奇迹,凡是试图追究原因的人,都是在渎神。在斯宾诺莎看来,这些目的论者之所以如此作为,无非是害怕愚昧被人揭穿后,他们在宗教上的权威就会岌岌可危。但殊不知,他们这套目的论逻辑在方法论上是完全错误的,所谓的神意和奇迹、宗教和迷信,无非是他们不愿探究事物的原因,思想懒惰和愚昧的结果。

斯宾诺莎对目的论的上述批评,其论证逻辑与近代哲学(甚至经院哲学内部)如出一辙。而在这三个批评中,最后一个批评在哲学上最为击中要害:因为,如果目的论的方法论是基于一种"穷诘至不知道"的辩证法,而斯宾诺莎又能够证明,我们通过"穷诘至不可能"的辩证法,即在不违矛盾律的条件下不断回溯事物的原因,那么目的论的逻辑就在根本上失去了根据。但是,这就需要斯宾诺莎证明,事物的原因的确可以在动力因的意义上不断回溯,且它们之间存在因果性的必然联系。要想澄清这一点,我们必须回到斯宾诺莎对神的理解。

二 动力因与自然必然性

"论神"是《伦理学》第一部分的标题,也是整本书的核心所在。在"定义"部分,斯宾诺莎开门见山,对神的本性做了各种解说:神是自因(causa sui,定义一),本质包含存在;是实体,即"在自身内并通过自身而被认识的东西"(定义三);是绝对无限的存在(定义六)。

将神理解为无限的存在并不新鲜,在经院哲学乃至近代哲学中,神一直被打上类似的标签。问题的关键在于,如何理解这种无限的存在。我们知道,斯宾诺莎曾经给出过神存在的两个证明:一个是后天证明(a posteriori),一个是先天证明(a priori)。在后天证明中,斯宾诺莎指出,"不能够存在就是无力,反之,能够存在就是有力(这是自明的)"(第一部分,命题十一别证),将存在与力量等同起来。按照这个说法,假如只有有限之物存在,而无限之物不存在,就会导致有限之物比无限之物更强有力的荒谬结论。所以,要么无物存在,要么无限之物存在。但前者显然不合事实,因此神作为无限之物必然存在。而在先天证明部分,斯宾诺莎又强调说,"既然能够存在就是有力,那么一物具有实在性愈多,它能够存在的力量也必定愈多"(第一部分,命题十一附释),神作为绝对无限之物,必具有绝对无限的力量,因此绝对地存在。

通过这两个证明，斯宾诺莎实际上完成了和笛卡尔一样的工作，将神的存在理解为"一种巨大而不可理喻的力量"。这一点，在命题三十四中得到了更确凿的印证。在那里，斯宾诺莎径直断言，"神的力量就是神的本质本身"（Dei potentia est ipsa ipsius essentia）。从而，神和万物的存在及其行动，都要在神的力量中展开。

神的存在虽然是万物的力量，但它和万物一样，要服从必然性的支配。斯宾诺莎说，"神只是按照它的本性的法则而行动，不受任何东西的强迫"（第一部分，命题十七）。换言之，神之所以是自由因，并不是因为它拥有所谓绝对的自由意志；而是说，只有它能够根据自身本性的必然性存在和活动，自身是自身的动力因。在斯宾诺莎看来，承认神的意志是自由的，无异于说神能任意改变三角形的本性，使三角形内角和不等于 180 度那样荒谬。根本说来，并没有什么神的意志，神的意志、理智和力量本质上是同一的（第一部分，命题十七附释）。这样，斯宾诺莎就否定了笛卡尔哲学中神的超越性，将神与自然彻底等同起来。① 只不过，神作为自然，是"能动的自然"（natura naturans），与从它当中产生的样式即"被动的自然"（natura naturata）有根本的不同（第一部分，命题二十九附释），前者是作为整体的神，后者是神的分殊。斯宾诺莎在这里首先强调的，是作为整体的神，自身构成了自身的动力因。

不仅如此，神还是万物的动力因。在命题二十四的绎理，斯宾诺莎指出，"神不单是使万物开始存在的原因，而且是使万物继续存在的原因，也可以说神是万物的存在因"；随后，在命题二十五部分，他又说，"神不唯是万物存在的动力因，而且是万物本质的动力因"。换言之，神作为绝对无限的力量，决定了事物的存在、本质及其行动（第一部分，命题二十六）。但是，这只是神作为能动的自然而充当动力因的方式。神的动力因还有一种作用方式，就是它分殊为有限样式后，样式与样式之间的相互作用。斯宾诺莎认为，"每个个体事物或者有限的且一定的存在的事物，非经另一个有限的、且有一定的存在的原因决定它存在和行动，便不能存在，也不能有所行动，而且这一个原因也

---

① 理解了这一点，我们就能理解，斯宾诺莎的"神即自然"不是将自然提升为神，而是将神还原成自然，即将神自然化。Nadler 正是基于这个观察，认为斯宾诺莎在严格意义上是一个无神论者。参考 Nadler, *Spinoza's Ethics. An Introduction*, Cambridge University Press, 2006, p. 121.

非经另一个有限的、且有一定的存在的原因决定它存在和行动,便不能存在,也不能有所行动,如此类推,以至无穷。"(第一部分,命题二十八)换言之,有限样式自身的存在和行动是一个在先的原因决定的,而这个原因又由一个在先的原因所决定,它们无一不处在由动力因造就的因果序列当中,遵从自然必然性。① 这一点,也恰是神与万物之间,能动的自然与被动的自然之间的分别:前者只遵从它自身的必然性,因而是自由的;而后者除了遵从神的必然性之外,还受到其存在序列中另外一个事物(他物)的决定,因而是不自由的。

理解了这一点,我们回头再来看斯宾诺莎对目的论的批判,就会更加清楚。在目的论者看来,我们无法真正知晓事物运动变化的原因。因此,对于许多不能解释的事件,他们既不愿将它们归为偶然,只好归结为神意。和这些人一样,斯宾诺莎也拒绝偶然性,但理解上有根本不同。在他看来,"说一物是偶然的,除了表示我们的知识有了缺陷外,实在没有别的原因"(第一部分,命题三十三)。目的论者虽未将事物的原因归为偶然性,但他们并不明白,一切事物是基于因果必然性而产生的;也就是说,它们是在上帝这一根本的动力因推动下,由先于它的事物产生的必然结果。诚然,原因的不断追溯很困难,但不代表它们不存在。就像斯宾诺莎在上面所反驳的,一个人被高处刮下的石头砸中,此事并非偶然,而是大风吹落石头的必然结果;而之所以那天会起大风,又是海上有浪的结果。继续追问下去,我们总是能够找到一个在先的原因,从而确立起这看似偶然的事件背后的必然性。只不过,按照《伦理学》第二部分所说,人心囿于自身的本性,仅凭想象,对于这种必然性很难形成充恰的观念;但只要具备理性,"在某种永恒的形式下考察事物"(第二部分,命题四十四),就可以把握到这种必然性,无须诉诸神意。这样,斯宾诺莎就继续推进了笛卡尔的革命,通过论证事物运动变化的因果必然性,从根本上瓦解了目的论的逻辑,扫除了目的论与宗教之间的潜在关联。②

---

① 在 Allison 看来,"在斯宾诺莎提出他的神圣因果性的神秘形而上学框架之内,至少存在一个完全现代的科学解释概念框架",也就说,斯宾诺莎所言的因果必然性是对现代科学主张的因果法则的反映。参考 Henry E. Allison, *Benedict de Spinoza: An Introduction*, Yale University Press, 1987, pp. 73-74。
② 吴增定指出,"就这一点来说,斯宾诺莎将伽利略和笛卡尔的现代科学和哲学推进得更加彻底。在这样一个现代'世界图景'之中,既没有神的神圣意志或恩典,也没有亚里士多德式目的论意义的'存在秩序'。包括人在内,万事万物都处在严格必然性的因果链条之中"。见吴增定:《斯宾诺莎的理性启蒙》,上海:上海人民出版社,2012 年,第 44 页。

但是，细究斯宾诺莎的上述反驳，仍有不够完满之处。他所引述的目的论者依据的事例，无论是石头砸人，还是人体结构的完善，都集中于自然事物之上。然而，就目的论而言，它并不仅仅局限于自然事物之中，而且也表现在人类生活之中。正如斯宾诺莎自己在分析目的论的错误时一开始指明的，"人类总是带着目的论的偏见，追求对自己有利的东西，并意识到自己的欲望；因为意识到自己的意志和欲望，便以为是自由的"（第一部分，附录），在这个意义上，自由意志构成了人类生活中目的论的逻辑前提。看来，斯宾诺莎要想彻底清除目的论，还必须在肯定自然事物的因果必然性基础之上，进一步反驳自由意志。这一点，也构成了他区别于笛卡尔的关键。

三　反自由意志

众所周知，在中世纪基督教哲学那里，意志一般被认为是独立于理智的自由选择能力。在晚期经院哲学的意志主义思潮中，意志的这种自由变得越来越强，以至于像奥卡姆这样的哲学家认为，神的意志是绝对自由的，不受制于任何世界的法则。① 这种意志主义立场被笛卡尔所吸收，后者一方面否定上帝的绝对意志②；一方面又认为，人可以凭借心灵中的自由意志控制灵魂的激情。但是，在斯宾诺莎看来，上述说法无一例外都是错误的。因为，意志不过"是一种肯定或否定的能力，而不是欲求（cupiditatem）；我说，意志，是一种能力，一种心灵借以肯定或否定什么是真、什么是错误的能力，而不是心灵借以追求一物或避免一物的欲求。"（第二部分，命题四十八附释）。但是，如果

---

① 在奥古斯丁的意志论当中，意志虽有相比理智的优先性，但因为三位一体的存在，上帝的意志与理智具有内在的同一性。但在中世纪晚期的意志主义传统中，出于反对亚里士多德主义的需要，教会日益强调上帝的全能及其自由。奥康姆认为，神的意志可以不受制于世界的法则，因为否则上帝的权能就会被限制，因而不自由。为了避免这一学说可能存在的异端倾向，奥康姆不得不在神的绝对能力（potentia absoluta）与常规能力（potentia ordinata）之间进行区分，但这种极端意志主义带来的问题，并没有从根本上消解。关于晚期经院哲学的意志主义和唯名论思潮的影响，参考吉莱斯皮：《现代性的神学起源》，张卜天译，长沙：湖南科学技术出版社，2012 年，第 27—41 页。
② 雷思温认为，"笛卡尔的上帝是激进的，但并不是纯粹意志主义的。上帝的单纯性与统一性使得他的意志与理智同时运作而无论先后。然而上帝与人类理性秩序的张力仍然存在：上帝超越了永恒真理，但却同时保证着永恒真理的不变性"。这种困境，深刻地反映了早期现代哲学在脱离经院哲学时面临的巨大张力。参考雷思温：《笛卡尔永恒真理学说的三种悖论及其解决》，载于《世界哲学》，2018 年第 1 期。

仅仅说意志是一种肯定与否定的能力，似乎它还有选择的自由。考虑到这种误解的可能，斯宾诺莎继续强调说，"在心灵中除了观念作为观念所包含的意愿（volitio）或肯定否定以外，没有意愿或肯定与否定"（第二部分，命题四十九）。这意味着，意愿的肯定或否定，并非是观念之外的某种绝对能力，而是附属于观念中的一种能力。比如，当我们有个三角形的观念时，这个观念必然会包含一个肯定，即三个内角和为 180 度，反过来也是如此，没有三个内角和为 180 度的肯定，三角形的观念的根本不能被设想。三角形的观念与三个内角和为 180 度这一肯定是二而一的，正如观念与意愿的肯定或否定能力是二而一的一样。基于此，斯宾诺莎断定，"意志与理智是同一的"（第二部分，命题四十九绎理），在二者之间画上了等号。

斯宾诺莎清楚，他的这番陈词一定会招致自由意志论者的猛烈还击，于是干脆预先设想了四个反对理由。不难看出，这些反对理由，集中代表了近代哲学家特别是笛卡尔在自由意志问题上的基本立场。① 第一，意志的范围比理智更广。理智是有限的，无法认识没有知觉的事物；而意志是无限的，有更大的肯定或否定能力来认识人此时不能知觉的事物。② 第二，意志比理智更自由。在理智阶段，人还没有判断；而意志或者保留判断，或者作出判断，不受限制。比如，当一个人想象一匹有翼的马时，若只是想象，则无被骗可言；只有当他同时承认有翼之马的存在，即使用意志时，才谈得上被骗。③ 第

---

① 斯宾诺莎在这里反驳的四个反对理由，其代表人物无疑是笛卡尔。后者沿袭了意志主义的基本立场，认为"理智的作用是在构造知识的过程中理解包含在心灵中的观念，意志的作用时肯定或否定它们的有效性。但是鉴于理智被限制在呈现于它的观念中，意志却可以自由地超出任何这样的界限"。见罗斯：《斯宾诺莎》，谭鑫田、傅有德译，2018 年，第 120 页。不过，罗斯在书中只是列举出了第一个反对理由的出处，但如果细读文本，我们会发现这四个理由都能在笛卡尔的《第一哲学沉思集》的"第四个沉思：论真理和错误"中找到相应或相似的出处。在下文中，我们就试着对照斯宾诺莎列的四个反对理由，将笛卡尔对应的文本列出来以供参考，相关文本参考笛卡尔：《第一哲学沉思集》，庞景仁译，北京：商务印书馆，1996 年。
② 笛卡尔称："我体验到，在我之内只有意志是大到我领会不到会有什么别的东西比它更大、更广的了。这使我认识到，我之所以带有上帝的形象和上帝的相似性的别的，主要是意志。"（《第一哲学沉思集》，第 60 页）。
③ 笛卡尔称："因为单由理智，我对任何都既不加以肯定，也不加以否定，我仅仅是领会我所能领会的东西的观念，这些观念是我能够加以肯定或否定的。可是在把理智这样地加以严格观察之后，可以说，在它里边决找不到什么错误，只按照'错误'这个词的本身意义来说。"（同上书，第 59 页）"既然意志比理智大得多、广得多，而我却没有把意志加以同样的限制，反而把它扩展到我所理解不到的东西上去，意志对这些东西既然是无所谓的，于是我就很容易陷入迷惘，并且把恶的当成善的，或者把假的当成真的来选取了。这就使我弄错并且犯了罪。"（同上书，第 61 页）

三,意志与理智的性质不同。对于意志来说,它肯定一个真事物如"三角形内角和为180度",与肯定假事物如"2+3=6"的力量是一样的。但对理智而言,一个真的观念必定包含比一个假的观念更多的实在性。① 第四,自由意志在生活中必不可少。他们根据中世纪流行的"布里丹的驴子"例子说,假如一个人处于均衡状态而没有自由意志,结果必定什么都做不了。但事实并非如此,可见自由意志一定存在。② 斯宾诺莎不厌其烦地将四个反对理由一一列出,其意不言自明:通过对它们的系统反驳,彻底清除自由意志理论。

对于第一个反对理由,斯宾诺莎的回答是,意志的范围并不比理智更广。"因为借同一意志的能力我们肯定无限多的事物(但必须一一依次肯定,因为我们不能同时肯定无限多的事物),同样,借同一感觉的能力,我们可以感觉或知觉(一一依次,无限多的物体)。"(第二部分,命题四十九附释)这即是说,理智的范围与意志的范围一样广,意志能认识到的,理智同样可以认识到。斯宾诺莎认为,假如非要假定有无限多的事物我们无法认识,那么可以肯定的是,这些思想不能抵达的东西,意志也无法抵达。换言之,意志和理智的作用是同一的。两者的同一性,同样适用于第二个反对理由。如上自由意志论者主张,意志比理智更自由,具有保留判断或随意下判断的能力。斯宾诺莎针锋相对地指出,凡是理智开始起作用,就一定会有肯定或否定即判断。就有翼的马这一例子,斯宾诺莎反问道,"所谓看见一个有翼的马,除了肯定一个马是有翼的外,还有什么别的呢?"(第二部分,命题四十九附释)言下之意,在我们"看见"一个有翼的马,即想象着它时,就一定同时肯定了它的存在,除非有其他的理由让我们怀疑或者拒绝这一点。总之,意志具有的判断能力,

---

① 笛卡尔称:"如果我对我没有领会得足够清楚、明白的事情不去判断,那么显然是我把这一点使用得很好,而且我没有弄错。"(《第一哲学沉思集》,第62页)这即是说,对于理智把握不到的东西,自由意志不做判断,就不会出错。可是"如果我肯定了不是真的东西,那么显然是我弄错了"(同上书,第62—63页),这里"不是真的东西",就是理智认为是假的东西。这就表明,笛卡尔认为理智所包含的观念是有真假之分的;但是意志却倾向于对真假观念同样做出判断。正是因为意识到这一点,笛卡尔才"下定决心在我没有把事情的真相弄清楚之前不去下判断"(同上书,第65页),把意志限制在理智的范围之内。

② 在《第一哲学沉思集》的第四个沉思中,笛卡尔着力于探求意志犯错的原因,没有过多强调自由意志对于选择的必要性。这一点,更多地体现在《论灵魂的激情中》。不过,文本仍然表露出意志的重要性。比如,笛卡尔反复强调,意志"无疑是我从上帝那里接受过来的"(同上书,第56页);它之所以犯错,并不因为自身不好,而是"由于上帝给了我去分辨真和假的能力对我来说并不是无限的"(同上书,第57页)。对于上帝的这种做法,我们不应该抱怨,因为这就是人作为有限的理智的本性。

理智同样具有,前者并不具有比后者更自由的能力。

　　针对第三个反对理由,斯宾诺莎认为,自由意志论者误解了意志的本性。诚然,意志的肯定是一切观念的共同本性,但它们在形式上的相同并不能推导出内容的相同,也就是"肯定同样地在一切观念之中,但非就肯定之被认作构成观念的本质而言,因为个别肯定之互不相同,一如个别观念之互不相同"(第二部分,命题四十九附释)。比如说,我们有一个圆形的观念和有一个三角形的观念,二者同样包含了意志的肯定。但是,这两个观念肯定的内容是不同的,一个是圆形,一个是三角形。照此,我们更不能认为,肯定一个真的事物的意志,与肯定一个假的事物的意志是同等的。真观念包含真实存在,而假观念中不包含真实存在,两者有天壤之别。对于最后一个反对理由,斯宾诺莎先是幽默地承认,假如一个人像"布里丹的驴子"那样,处于均衡状态而无自由意志,的确很可能饿死。但很快他又补充说,这样的人究竟该认为是驴子还是人呢?就像那些自杀的人、小孩、愚人和疯子,是否该被认为是人呢?斯宾诺莎没有回答,但他的意思再清楚不过:后面这些人不能算作真正的人,因为他们的理智并不健全。换言之,但凡一个人有健全的理智,都会根据理智做出判断,无须自由意志。还是那句话,自由意志能做的,理智同样能做,无须在理智之外再设置一个自由意志。

　　这样,斯宾诺莎就将意志还原成理智,从而彻底否定了自由意志的存在。而如果意志不是自由的,便只剩一种可能,它是被决定的。这一点,也正是斯宾诺莎要说的,"在心灵中没有绝对的或自由的意志,而心灵只有这个意愿或那个意愿乃是被一个原因所决定,而这个原因又为另一原因所决定,而这个原因又同样为别的原因所决定,如此递进,以至无穷"(第二部分,命题四十八)。在斯宾诺莎看来,我们心灵中的观念虽然包含着一种肯定,但这种肯定内在于它,并无绝对的自由。从而,心灵的每个观念都是由在先的观念所决定的,服从于因果必然性。毕竟,我们不要忘记,心灵的观念作为有限样式,是思想属性下的分殊,它和广延属性下的物体一样,都在各自序列下的因果链条之中。斯宾诺莎特别提醒我们,"观念的次序和联系与事物的次序和联系是相同的"(第二部分,命题七)。换言之,观念的序列与物体的序列是一一对应的,因为"广延的一个样式和这个样式的观念是同一的东西,不过由两种不同的方式表示出来罢了"(第二部分,命题七附释)。这种对应性不仅表现在，广延序列中有一个圆形，思想序列中就有一个圆形的观念与之对应；它还应该表现在，广延序列中一个物体到另一个物体的变化，会反映在思想序列之中，表现为一个观念到另一个观念到变化。① 并且，观念到观念的变化也应该和物体到物体的变化一样，服从于思想序列下的因果必然性。由此，作为意志的观念，也必定要服从这种必然性，是被决定的。

斯宾诺莎认为，对自由意志的否定，意义至关重大。因为后者不仅关乎我们的个人选择，而且构成人类生活领域目的论的基础。现在，当人们明白神和人并无自由意志，就会认识到"上帝对于他们的道德、善行，以及艰苦服役，有所表彰与酬劳的人，其去道德的真正价值未免太远"（第二部分，命题四十九附释）。神既无自由的意志，必不会像信徒想象的那样，因为人的行为而表彰人；人既无自由意志，也不会为了神的表彰而行善，双方的行为中，都没有目的论存在的空间。进一步，斯宾诺莎相信，一旦人们明白意志并不自由，就能更理性地对待命运。因为，既然幸与不幸都不受意志的支配，而完全服从于必然性，那么人只能顺从命运，用平静的心情对待一切。一言以蔽之，在斯宾诺莎看来，一个没有目的论的世界非但不是一个没有秩序的、混乱的世界，反倒因为它自身的必然性而彻底祛除了宗教的魅惑，变得更加清澈而透明，为真正的伦理学辟开了道路。

四 欲望、努力与自我保存

或许是觉得自己在前面的批评还不够彻底，斯宾诺莎在《伦理学》第四部分中又将目的论的说法摆上台面。斯宾诺莎一针见血地指出，"所谓的目的因不是别的，乃是人的欲望（appetitum）"（第四部分，序言）。为了阐述欲望的这种作用，他举了一个例子加以说明：当我们说盖房子的时候，总是喜欢将供

---

① 这一点，可以在《伦理学》第二部分命题十二中得到进一步印证，"构成人的心灵的观念的对象有了什么变化，必定为人的心灵所觉察；换言之，那个对象变化的观念将必定存在于人的心灵之中。这就是说，假如构成人的心灵的对象是一个物体，绝没有这个物体上起了些什么变化而不为心灵所察觉的"。很明显，斯宾诺莎在物体和观念序列，以及狭义的身体与心灵序列之间，持一种明显的"平行论"立场。关于斯宾诺莎的身心平行论及其批评，可参考贺麟：《斯宾诺莎身心平行论的意义及其批评者》，载于《哲学研究》，1985 年第 11 期，第 54—62 页。

人居住视为这一行动的目的因。但其实,我们只是想象住在房子里很舒适,于是产生了盖一座房子的欲望而已。因此,所谓盖房子用来居住的目的因,不过是一个作为动力因的欲望。并且,这一欲望也并非第一原因,只是由于人们不知道欲望的原因,将它视为第一原因罢了。换言之,欲望自身也和观念一样,处在前后相继的因果必然性之中。这样,斯宾诺莎和前面批评自由意志一样,将人类行动的原因归结为欲望这一动力因,否定了目的论在人类生活中的可能。

显然,斯宾诺莎所说的欲望,并非灵魂中与理性相对的某一心理学成分,而毋宁说是一个形而上学概念。① 作为"支配事物的原则或原因"(第四部分,序言),"欲望是人的本质自身"(第三部分,情绪的界说一),同时也是万事万物的共同本质。考虑到斯宾诺莎又说过,"一物竭力保持其存在的努力不是别的,即是那物的现实本质"(第三部分,命题七),我们能合理地推断出,人和万物的本质一样,都是一种"保持其存在的努力"(conatus)。可见,和欲望一样,斯宾诺莎的努力也不是一个心理学概念,更不是一个物理学概念,而是与存在相连的形而上学概念。② 那么,斯宾诺莎用"努力"这个概念,究竟要说什么呢?

要理解"努力",根本上还必须理解神和个别事物的关系。如上所言,神的本质就是神的力量,借助它,神和万物得以存在。当神分殊成个别事物时,个别事物就具有神的这种力量,即"个体事物是由某种一定的形式表述神的属性的样式,这就是说,个体事物乃是由某种一定的形式表示神之所以为神的力量的事物"(第三部分,命题六证明)。如此一来,个别事物就会因为这种力量,努力保持自身的存在。只不过,"个别事物(人当然也在内)借以保持其存在的力量就是神或自然的力量,不是就此力量是无限的而言,而是就此力量可以通过人的现实本质而得到说明而言"(第四部分,命题四证明)。换言

---

① 有关斯宾诺莎的"欲望"概念及其与古典和近代哲学的差异,特别参考吴树博:《力量的欲望——论斯宾诺莎哲学中欲望的本质及其特性》,载于《复旦学报》(社会科学版),2012 年第 5 期,第 41—50 页。通过分析欲望一词在古代、文艺复兴和近代的使用谱系,吴树博指出,"斯宾诺莎的欲望观念并不是以心灵或灵魂作为其原初的构建背景和生成之所,而是要从他的总体的本体论原则中获取生成和存在的理由",第 44 页。
② Nadler 充分考察了"conatus"一词的含义从斯多亚到近代哲学和物理学中的演变,见 Nadler, *Spinoza's Ethics*, *An Introduction*, pp.194-200。

之,神的力量是无限的,而万物具有的力量只是神的无限力量的一部分,或者说是这种力量的表现或分殊,二者在等级上具有根本的差异。

神和事物在力量上的根本差异,决定了万物要"努力"地保持其存在。根据斯宾诺莎,神的力量是无限的,它是自因,本质包含存在,或者说"仅仅由自身本性的必然性而存在",无须"努力"去保持其存在;而个别事物的力量是有限的,"凡是由神产生的事物,其本质不包含存在"(第一部分,命题二十四)。因此,对于个别事物来说,它只有"努力"追求力量,才能维持自身的存在。斯宾诺莎的神和事物之间,存在一种动力学(dynamics)的关联:神作为无限力量必然存在,而万物则因为自身的有限性,必须不断地追求力量,才能维持自己的存在。① 这种保持存在的努力,趋向的是自我保存(sese conservandi)。正如斯宾诺莎所说,"保存自我的努力,即是事物自身的本质"(第四部分,命题二十二证明)。

然而,事物的自我保存,不能仅仅只是保存自身的力量不变,维持存在的原样不变。斯宾诺莎有言,"一物如果没有外因,是不能被消灭的"(第三部分,命题四)。这句话一方面固然表明,事物就其本性总是趋向于保持其存在,而不会取消自己的存在;另一方面却也暗示,每个事物总是处在因果必然性之中,始终面临作为外因的事物对它的威胁。在该部分的命题八,斯宾诺莎又说,"如果这物不被某种外因所消灭,它将赖它借以存在的同一力量,而永远继续存在"。这就说明,事物的存在单靠纯粹的自我保存还不够,它还必须克服其外因产生的作用,与其他事物一起竞争。归根结底,每个事物都有自我保存的努力,这些努力出现在一起,必然会出现相互斗争。斯宾诺莎眼中的世界,可谓是一个"物竞天择,适者生存"的世界,"天地间没有任何个体事物不会被别的更强有力的事物所超过。对任何一物来说,总必有另一个更强而有力之物可以将它毁灭"(第四部分,公则)。一个事物要想存在,必须与其他事物进行斗争,否则随时会被更强的事物毁灭,就像纳德勒(Nadlen)所

---

① 正是在这个意义上,Viljanen 认为,斯宾诺莎的形而上学体系并不是像黑格尔批评的那样静止和抽象,而是一种力量的形而上学(metaphysics of power),或曰一种存在的动力学(dynamics of being)。参考 Valtteri Viljanen, *Spinoza's Dynamic of Being*, *The Concept of Power and Its Role in Spinoza's Metaphysics*, University of Turku, 2007, p. 11。

说,"我们不可能不是自然的一部分,不可能不卷入到这场永恒的斗争中"①。因为斗争的需要,自我保存不能仅仅单纯地保持自我,而是要努力地寻求自我力量的增长,追求更大的主动性和快乐。② 只有这样,个别事物才能在与其他事物的斗争中取得优势,真正维持自己的存在。

这样说来,事物的自我保存不仅无法脱离因果必然性,反倒是这种必然性的结果。它遭遇的不同事物,或促进或阻碍它存在的力量。当它遭遇的事物是阻碍性的(如老鼠面对猫),一方就必须努力克服另一方,以保存自我。若一方不能保存,就会被另一方所灭;若它能保存,就会克服另一方,获得力量的增长。但即便它获胜,也不会永远存在(绵延),因为总会有比它更强的事物出现,将它消灭。在这个意义上,事物的自我保存、努力或曰欲望,都是在因果必然性的被迫下,被动选择的结果;由自我保存所引发的力量竞争,也不过是因果必然性的一部分。这一点,不仅广延序列下的物体是如此,而且与之对应的,思想序列下的观念也是如此。联系前文的例子,当一个人想造房子居住时,并非出于意志的目的因,而毋宁说是一种欲望,后者才是他这一观念的动力因。进一步追问,这一欲望的出现也是必然的:或者因为天冷,心灵产生了寒意,有了盖房子的欲望;或者因为家里的房子倒塌了,有了盖房子的欲望。无论哪种情况,我们都可以认定,盖房子的欲望作为一种自我保存,本质上是因果必然性的产物。由此,欲望的逻辑并不指向目的论;相反,它内在的必然性构成了对目的论的根本消解。③

在情感领域,人的自我保存尤为明显,相应地,对于目的论的消解也最为明显。斯宾诺莎说,"心灵只努力想象那些足以肯定它的活动力量的东西"

---

① Nadler, *Spinoza's Ethics*, *An Introduction*, p. 221.
② Y. Yovel, "Transcending Mere Survival: From Conatus to Conatus Intelligendi", in *Desire and Affect: Spinoza as Psychologist*, Little Room Press, 1999, pp. 48-49.
③ 基于这种判断,笔者不同意 Curley 的解释。在他看来,Bennett 主张"斯宾诺莎拒绝一切目的因"的看法是不成立的。因为,一方面,斯宾诺莎明确否定了自然事物中的目的论,一方面又以某种目的论的方式论述 conatus,流露出对未来的某种目的性的期望。但是,正如 Bennett 在他的回应中所指出的,Curley 误解了斯宾诺莎对未来的论述,因为"即便在他的思想性目的论(thoughtful theology)中,未来的概念在因果关系上也是空洞的",这种对未来的欲望根本上同样受制于它自身系列的因果必然性。两者的对话可参考 Edwin Curley and Pierre-François Moreau, *Spinoza: Issues and Directions*, Brill, 1990, pp. 39-57. 对于欲望和努力的必然性,还可以参考 Joshua Parens, "Teleology VS Imagined Ideal", in *Maimonides & Spinoza*, The University of Chicago Press, 2012, pp. 139-161.

(第三部分,命题五十四)。如同所有个别事物都努力追求自己的存在,心灵也是如此。只有这样,心灵才会感受到快乐。因为快乐不是别的,"是一个人从较小的圆满到较大的圆满的过渡"(第三部分,界说二),是力量的增长;反之,痛苦"是一个人从较大的圆满到较小的圆满的过渡"(第三部分,定义三),是力量的减弱。斯宾诺莎甚至把这种快乐的逻辑推向了善恶,认为"所谓善是指一切的快乐,和一切足以增进快乐的东西而言,特别是指能够满足愿望的任何东西而言。所谓恶是指一切痛苦,特别是一切足以阻碍愿望的东西而言"(第三部分,命题三十九附释)。按照这个逻辑,传统的善恶观念将荡然无存。"我们并不是因为判定一物是好的,然后我们才去欲求它,反之,乃是因为我们欲求一物,我们才说它是好的"(第三部分,命题三十九附释),欲望所指向的力量,才是衡量一切善恶的根本标尺。这样,斯宾诺莎因为对力量和自我保存的强调,彻底破除了传统伦理学的目的论因素,走向一种尼采式的"超善恶"。

然而,斯宾诺莎终究不是尼采。诚然,人的情感总是努力地寻求自我保存,维持自己的力量和利益,否则就会陷入无力,没有德性。但是,这样一种情感始终是被动的。在斯宾诺莎看来,人在这种被动的情感世界中,拥有的只是想象,不知道自己真正的利益,无法实现真正的自我保存。因此,在强调自我保存的命题之后,斯宾诺莎很快又转而强调,"唯有它的行为是被他的理解所决定,方可说是遵循德性而行"(第四部分,命题二十三),也只有这样,他的心灵才能说是主动的。这样一种主动的情感,就是他在命题二十四所说的,"绝对遵循德性而行,在我们看来,不是别的,即是在寻求自己的利益的基础上,以理性为指导,而行动、生活、保持自我的存在(此三者意义相同)"。换言之,一个人只有凭借理性,才能真正知道自己的利益,实现有效的自我保存,成为一个真正"精致的利己主义者"。从而,理性的人断不会因为快乐而盲目地追求力量的增长,走向被动情感可能走向的"超善恶",而是因为理性对存在和力量的正确把握,过上一种节制而平静的幸福生活。或许,也仅仅在这个意义上,斯宾诺莎仍像亚里士多德那样,将人生的目的指向了幸福,给目的论留下了一席之地。①

结　语

　　斯宾诺莎继承了笛卡尔的思想革命，用动力因消解了自然世界的目的论。经过他的阐发，自然世界完全变成了一个由神的力量推动的、由因果必然性决定的经验世界。与此同时，斯宾诺莎坚决否定了笛卡尔主张的自由意志。在他看来，意志不过是我们心灵中自我保存的欲望和努力。这种欲望和努力，作为观念序列下的分殊，自身也处在因果必然性之中。斯宾诺莎理解的人类世界，到头来竟是一个霍布斯的世界：人为了自我保存而彼此斗争，陷入必然性不能自拔。只不过，不同于霍布斯把这种现状视为人性之恶，斯宾诺莎认为，当人能认识到这种必然性之后，就会彻底消除目的论的幻想，心灵变得更加清明。如此一来，斯宾诺莎便彻底否定了人类生活中目的论的可能，为他的理性启蒙工作彻底扫清了道路。

　　斯宾诺莎对目的论的批判，既开启了现代启蒙的序曲，同时也蕴涵着巨大的危险。一方面，斯宾诺莎对目的论的诊断和根治，使得现代人逐渐脱离宗教的魅惑，真正走上理性自治的道路。这条道路最终被黑格尔所继承，演变成德国古典哲学的理性之路；另一方面，如前所述，如果照斯宾诺莎所言，善恶只是快乐的增长和消退，善恶的标准将荡然无存。虽然斯宾诺莎为自己做了辩护，将这种去伦理化的可能局限在被动情感之中。但问题在于，对于绝大部分民众来说，他们的一生本就处在被动情感之中。斯宾诺莎将这张伦理学的面纱揭开，告诉人们善恶的真相只在于力量的得失，又在多大程度有助于民众德性的改善呢？还是说，斯宾诺莎的理性启蒙，恰好教会民众更赤裸地追求自己狭隘的利益？以及，理性固然能够帮助人们克服被动情感，真正认识到自己的利益。但是，在什么意义上，理性和想象的性质可以截然区分开呢？如果人们能够证明（或相信），理性的追求和想象的追求都不过是欲

---

① Bennett 由此认为，斯宾诺莎没有完全将他的反目的论逻辑贯穿始终，因为他不能解释，人在理性的指导下过的生活是否是一种目的论的生活。所以，斯宾诺莎的思想存在内在的不一致。但是，如果我们考虑到，斯宾诺莎自己清楚地区分了被动情感（passion）与主动情感，与其说这是一种不一致，不如说是他思想张力的一种表现。

望,我们又如何断定,前者一定高于后者呢? 历史地看,"超善恶"的序幕既然已被斯宾诺莎拉开,终有一天它的秘密就会被人看到,成为后世思想家手中可怕的革命武器。

Spinoza's Critique of Teleology

Wu Gongqing

Abstract: From late middle age upon, formal cause and final cause among Aristotle's *four causes* were gradually disintegrated, meanwhile efficient cause became the basic paradigm of interpretation on modern science and philosophy. Same as Galileo and Descartes, Spinoza proposed efficient cause to replace final cause, while interpreting natural word and human life as necessary activity, in order to get rid of religious superstition and anthropocentrism. In the eyes of Spinoza, the purpose is no more than appetite, which is by nature conatus for self-conservation and increase of power. Accordingly, good and evil are increase and decrease of appetite respectively. Historically, Spinoza's dynamic interpretation of good and evil contained an inclination of demoralization and "Beyond good and evil". Being aware of this possibility, however, Spinoza appealed to reason's guide and constraint of appetite, which made his doctrine keep still inside western traditional ethics, although full of revolutionary colors.

Key words: final cause, teleology, free will, necessity, conatus

康德与神义论[*]

杨云飞[**]

提　要：一般神义论的任务是基于存在恶的现实为神的正义进行理论辩护。康德将之称作教义式的或认知的神义论，并提出由于人的理性之有限性本质，这种神义论的一切尝试都会失败。借助对《旧约·约伯记》的分析，康德阐发了另一种形态的神义论，即信仰的神义论，其要义在于：即便面对极恶的考验，人始终应当持守良知并保持向善之心。由此，神义论的中心问题，从如何在理论上辩护神的正义，转换为了义人如何借助信仰而经受恶。在信仰的神义论之视域下，康德自身的神义论思想体现为德福一致难题及其解决。康德神义论的基本形态是信仰的神义论，其特点在于强调人纯粹的道德意向（或纯正的宗教信念）之根本价值。康德实现了神义论的双重转换：一是设问的框架从认知转向信仰，二是从追问神转向追问人的责任。神义论在康德哲学中转变为了"人义论"，其问题转换成了我们应该怎么做，才配得上神的正义。这也许可被视为神义论中的"哥白尼式的革命"。

关键词：康德　认知的神义论　信仰的神义论　人义论

---

[*] 本文为教育部人文社科青年基金项目"康德道德哲学的宗教维度研究"（编号17YJC720032）和武汉大学"德国古典哲学及其现代效应"青年学者学术创新团队项目的阶段性成果。

[**] 杨云飞，1977年生，武汉大学哲学学院副教授，德国哲学研究所所长。

神义论是宗教哲学和神学中的一个重要论题。按照通常的理解,神义论是针对世界上存在着不义或恶的情况,证明上帝是正义的。确实,如果我们承认有一个全知、全能、全善的上帝,很自然的问题就是,世界上为何会有恶的存在?这是因为:只要恶存在,假如上帝不知道,就意味着上帝不是全知的;假如上帝知道但不能改变之,则上帝不是全能的;如果上帝知道又有能力改变之却不愿这样做,则上帝不是全善的;总之,只要恶存在,则不可能存在全知全能全善的上帝。这对一神论信仰确实构成了极大的挑战。神义论问题起源甚早,《圣经·旧约》中约伯之问就是追问神之正义的典型,而奥古斯丁早年则因为无法圆满解释恶的问题而拒绝基督信仰;现代以来最系统地论述恶与神的正义问题的论著,当属莱布尼茨的《神义论》;此后三百年来神义论问题的理论效应始终显著,相关讨论至今未休。[1]

康德哲学的主旨,如其本人所明确陈述的那样,是"悬置知识,以便给信仰留出地盘"[2]。宗教信仰是康德的核心关切。考虑到神义论问题在信仰议题上的重要性,此问题本应当成为康德关注的焦点之一。不过,看起来情况却并非如此。首先,就康德的论著而言,神义论问题似乎被他忽略了。康德在批判时期所发表的论著中,集中讨论神义论问题的,只有一篇很不起眼的

---

[1] 可参看莱布尼茨:《神义论》,朱雁冰译,北京:三联书店,2007年;近期的相关论著极为丰富,代表性的文集有 The Problem of Evil (ed. by Marilyn Adams and Robert Adams, Oxford University Press, 1990)、Encountering Evil: Live Options in Theodicy (ed. by Stephen Davis, Westminster John Knox Press, 2000) 和 The Problem of Evil (ed. by Michael L. Peterson, University of Notre Dame Press, 2017) 等。就神义论辩护的策略来说,主要有三种。第一种是奥古斯丁式的经典论断:恶不是实体,只是善的缺乏。这就相当于否定了反对神义之各种论证的大前提。第二种论证策略莱布尼茨、埃尔文·普兰丁格(Alvin Plantinga)和罗伯特·亚当斯(Robert Adams)等哲学家都使用过,主要强调世界作为被造物的有限性。如普兰丁格主张,一个有限的世界必然有恶(缺陷),否则就与世界的有限性相矛盾了(The Nature of Necessity, Clarendon Press, 1974);罗伯特·亚当斯(Robert Adams)则提出,上帝并无义务创造一个最好的世界,因而恶存在与上帝存在相容(Must God Create the Best? in The Virtue of Faith, Oxford University Press, 1987, pp.51-64)。第三种策略则诉诸人的责任,主张真正需要承担责任的是人的自由意志。这是一种最典型的辩护路径,被奥古斯丁、马丁·路德乃至当代的理查德·斯温伯恩(Richard Swinburne)和普兰丁格等人采用。近期自由意志辩护之典型,可参看普兰丁格的论著(God, Freedom and Evil, Harper & Row, 1974, pp.7-54)。

[2] 康德:《纯粹理性批判》,BⅩⅩⅩ,邓晓芒、杨祖陶译本,北京:人民出版社,2004年,第22页。按照惯例,凡引康德的著作,除《纯粹理性批判》采用A、B版页码外,均在书名后标注科学院标准版(即 Kant's gesammelte Schriften. Königlich Preußische Akademie der Wissenschaften [Hrsg.]. de Gruyter. 1900 ff.,简写为AK)的卷数和页码;并附上所选用的中译本的页码。笔者有时会对译文进行改动,恕不一一说明。

短文,即出版于 1791 年的《论神义论中一切哲学尝试的失败》①。其次,从康德宗教哲学研究来看,情况同样如此。与宗教的道德本质、人的根本恶(原罪)等主题相比,康德神义论思想较少得到学者们的关注。② 这似乎表明,神义论问题在康德哲学中只占有较为次要的地位。

我认为,上述表面现象是误导性的。相关论著的稀少和研究的相对匮乏,与康德神义论思想的新颖性与重要性,形成了鲜明的反差。我将阐明,康德不仅拓展了神义论的含义,而且其思想构成了该领域中的"哥白尼式的革命"。本文的主要工作,一是重构并评论康德对认知的神义论和信仰的神义论这两类理论的分类与阐释;二是阐明康德自身的神义论思想,我将论证康德神义论具有综合两种神义论的特点,但其基本形态是信仰的神义论;三是评估康德神义论的意义,我认为康德实现了神义论的双重转换,即设问的框架从认知转向信仰,从追问神转向追问人的责任。我相信,康德的这种理论转换可被视为神义论中的"哥白尼式的革命"。我会在文末提及并简要回应康德式神义论所造成的某些疑难问题。

一 认知的与信仰的神义论:康德对神义论的分类与阐释

让我们从康德对两类神义论的区分开始。这种区分是至关重要的。康德非常清楚传统神义论问题的一般形态,即针对世界上存在着恶的情况而为上帝的正义申辩。但他还别出心裁地提出了神义论的一种新形态,即信仰的神义论。对于前者,康德的提法是,如果我们把世界看作是体现了上帝意图的被造物,并对世界与上帝意图之间的和谐进行理论解释,这就是**教义式的**(doktrinal)**神义论**。③ 这种神义论的目的在于解决科学认识问题,可称为**认知**

---

① 康德:《论神义论中一切哲学尝试的失败》,AK8:254—271;李秋零译本(载于《康德著作全集》第 6 卷,北京:中国人民大学出版社,2010 年),第 257—274 页。
② 近期康德宗教哲学研究领域的一些代表性的文集,比如 Kant and the New Philosophy of Religion(ed. by Chris L. Firestone and Stephen R. Palmquist, Indiana University Press, 2006)和 In Defense of Kant's Religion(Chris L. Firestone and Nathan Jacobs, Indiana University Press, 2008)等,其中只有一篇论文涉及康德的神义论思想。近年来,国内学界对康德的神义论观点有一定的研讨,较有代表性的学者有傅永军和舒远招等诸位先生。总体来说,神义论研究目前仍属康德宗教哲学研究中较为冷门的话题。
③ 《论神义论中一切哲学尝试的失败》,AK8:264;李秋零译本,第 267 页。

的神义论。第二类神义论被康德称作**真确可信的**(authentisch)神义论,其含义是单纯排除或拒斥(Abfertigung)对神的智慧的异议,实质上是一种信仰的设定。这种神义论并非思辨理性的辩护,而是纯属于道德良知或信仰的事务,可称为**信仰的神义论**。① 康德对这两类神义论持有不同的立场。他认为前者超越了理性的界限,我们竟然自以为是、要去充当上帝的辩护人。② 而信仰的神义论,则是康德所认同与赞赏的。信仰的神义论亦构成了康德本人处理神义论问题的基本框架。

对于神义论难题中涉及的恶,康德将其区分为三类:第一类是道德意义上的恶,第二类是自然的恶(灾祸或痛苦),而第三类则是道德的恶与自然的恶之间的不对称,即恶人未受到惩罚与好人未获报偿。康德认为,这三类恶的存在,分别质疑了上帝的三种特性:作为立法者(造物主)的**神圣**;作为统治者的**仁爱**;作为审判者的**正义**。③ 这三种特性,分别对应着圣父、圣子和圣灵,或三一上帝的概念。这与通常神义论针对上帝的全知、全能、全善等属性有所不同。这是因为,康德从道德意义上来阐释上帝概念,主张我们无法从理论上、而只可能在实践意义上,设定上帝的实存。与此相应,我们所能理解的上帝的属性,首先也是道德意义上的;至于上帝的其他属性,只可从道德属性出发而获得,而不是相反。④ 就此而言,康德对神义论的分析,也适用于通常的质疑上帝之全知全能全善的论证。只要反驳了上帝的道德属性,其余属性也就不再有存身之所了。将神义论论辩的中心指向三一上帝的属性这一点,契合于康德的宗教观念。在康德看来,真宗教只有一种,即理性宗教或道德宗教,而犹太教、基督教等各种形态的"宗教",都是历史性信仰,其中,基督教最接近于理性宗教之理想。为此,无论是神义的质疑者,还是辩护者,很自然地将争论的焦点集中在基督教三一上帝的属性上。

对于常规的神义论辩护的策略,康德将其总结为环环相扣的三种:(1)证明无论哪种形式的恶,其实并不是真正的恶;(2)证明即便某物真的是恶,也是出自事物有限本性的一个不可避免的结果;(3)证明恶不能由上帝负责,而

---

① 《论神义论中一切哲学尝试的失败》,AK8:264;李秋零译本,第267页。
② 《论神义论中一切哲学尝试的失败》,AK8:255;李秋零译本,第258页。
③ 《论神义论中一切哲学尝试的失败》,AK8:257;李秋零译本,第260页。
④ 参看《实践理性批判》,AK5:131;邓晓芒、杨祖陶译本(北京:人民出版社,2003年),第178页。

是必须被视为人的作为，由人来负责。① 这样，针对质疑上帝之神圣、仁爱和正义的三类抱怨，各从这三种辩护策略出发，逐一对应起来，则对每一种抱怨均可有三种回应方式，最终可形成九种辩护神的正义性的论证。康德依次陈述了这三类九种辩护方式，并阐明这些辩护都是不成功的。

在此，我不拟详细地复述与评述康德的论证，② 而仅限于给出两点简短的评论。第一，康德的总结，基本上涵盖了恶不是实体、被造物的有限性使然和人应当为恶负责这三类神义论辩护的主要策略，是较为完备的。不过，康德其实并没有完全贯彻其论证策略，特别是并没有完全贯彻第三种策略。比如，在回应针对上帝的正义的抱怨时，康德实际上采用了一种新的策略：现实的痛苦是为了更大的善，神的正义将延迟得到满足。③ 第二，如从细节上考察，康德的论证并不是都有足够的说服力。比如，就神义的辩护者所提出的"自然的恶不存在"之观点，康德的回应就很难说是恰当的。前者主张，多数人会选择好死不如赖活，表明了自然的恶（灾祸与痛苦）并非真正的恶，否则人们为什么不全都自杀呢？而康德的反驳是：人们不自杀，并不说明痛苦不存在，假如询问每一个认真反思生活的人是否有兴趣在条件改善的情形下再活一次，答案恐怕是否定的，可见确实存在不可容忍的自然的恶。④ 康德的这个反驳并不成功。假如真可以进行这个实验，人们大概率是愿意再活一次的。我认为，双方都太过极端：一方完全否认痛苦存在而康德则对痛苦设想得太多，以至于人们不愿多活一次。从论证手法上，双方都采用了滑坡论证。

即便如此，对于说明认知的神义论之失败，康德有一个"杀手锏"：我们可以认识到自己无法理解这个世界与上帝有何种关系。换言之，康德根本的理由是，我们固然可以对世界做科学的理解，或者从目的论角度将统一性和合

---

① 《论神义论中一切哲学尝试的失败》，AK8：255；李秋零译本，第258页。
② 对康德使用的论证策略，其九个论证及其成败等问题，我在《神义论的康德阐释与康德的神义论》（载于《台湾神学论刊》，2015年第40期，第55—87页）一文中曾做过详细的分析。
③ 这种辩护思路是莱布尼茨曾使用的，其要点在于：为了造成更大的善必须如此。当代采用类似思路的典型代表是约翰·希克。他提出，这个世界是"塑造灵魂"（soul making）的场所，其中的痛苦艰险甚至死亡，正是人追求与上帝的相似而必须经过的历练；假如这个世界是个乐园，则一切美德和英雄主义等塑造人性的观念都将失去意义（*Philosophy of Religion*, Prentice-Hall, 1963, p.45）。值得注意的是：这里的思路显然超越了善恶终有报的通俗观念，因其着眼点远不限于恰当的奖惩，而是按照神的形象塑造我们的灵魂。
④ 《论神义论中一切哲学尝试的失败》，AK8：259；李秋零译本，第262页。

目的性等性状赋予世界;甚至可以从道德出发,获得一个神圣的上帝的理念;但是,上述解释,并非严格的知识,我们并不具有世界与上帝和谐一致的知识。① 这是因为,只有通过**理智直观**才能认识这种一致性。我们作为有限的理性存在者,不具有理智直观的能力。(在康德哲学中,理智直观的典型意义,是指通过对某物的表象同时就给出了这些事物本身。② 这指的是神的知性,相当于说,神想到[或说到]要有光,于是就有了光。人当然不具备这样一种能力。)这就意味着,对人这种有限的理性存在者而言,在理论上不可能完成神义论的证明。这才是康德真正的论据。我认为,康德将神义论的一切理论尝试之失败归因于人的有限性,应当是可以成立的。康德的某个具体论证也许是可疑的,但是其定调,却是有道理的。这是我们理性本质的有限性之结果。这表明,在神义论问题上,我们也许应该"悬置知识"。

现在,让我们转到康德对**信仰**的神义论的阐释。康德借助了《旧约·约伯记》中的故事来说明这类神义论。我无意赘述这个故事,仅限于指出,康德的论述之重心,不是约伯的遭罪(恶的问题),甚至不是约伯的信心受考验的问题(即上帝与撒旦的"赌约"),而是约伯的朋友与约伯对灾祸的解释与反应。在我看来,约伯的朋友和约伯本人的论断,分别代表了认知的神义论和信仰的神义论。

约伯的朋友拥护这样的主张:基于神的正义,可把世界上所有的灾祸解释为对人们所犯罪行的惩罚。因此,对于约伯的悲惨遭遇,他们相信可以先天地做出评判,约伯是罪有应得;哪怕他们无法列出任何一件约伯的罪行。③ 他们的想法很简单:如果神是正义的,且如果约伯没有任何罪过,那么约伯就该是幸福的;现在既然约伯处境悲惨,而神当然是正义的,所以约伯一定有罪过。这种思路,属于康德所说的认知的神义论辩护的第三种策略——需要由人来承担责任。约伯的朋友们极为强硬和确定地提出,一切都是约伯及其子女的错,"神岂能偏离公平?全能者岂能偏离公义?或者你的儿女得罪了他;他使他们受报应。……不虔敬的人指望要灭没。"(《约伯记》8:3—4,13)他们

---

① 《论神义论中一切哲学尝试的失败》,AK8:264—265;李秋零译本,第266—267页。
② 《纯粹理性批判》,B145;邓晓芒、杨祖陶译本,第86页。
③ 《论神义论中一切哲学尝试的失败》,AK8:265。

劝诫约伯要改恶向善："你若归向全能者,从你的帐篷中远除不义,就必得建立。"(《约伯记》22:23)约伯朋友们的反应,可视为认知的神义论的一个实例:人们似乎可以理解上帝的计划。

约伯愤怒地回应,他的良知从未对他提出过责备,就此而言,他无比坦荡。"我脚追随他的步履,我谨守他的道,并不偏离。他嘴唇的命令,我未曾背弃;我看重他口中的言语,过于我需用的饮食。"(《约伯记》23:11—12)约伯并不否认自己是个有缺陷的人,这毕竟是被造物的本性。但就他自己可以确知的事情、即自己是否有罪而言,约伯却无比坦然,充满信心:"他必杀我,我虽无指望,然而我在他面前还要辨明我所行的。……我已陈明我的案,知道自己有义。"(《约伯记》13:15—19)约伯甚至胆敢向神抱怨自己受到了不公的待遇:"其实,你知道我没有罪恶……"(《约伯记》10:7)"我因委曲呼叫,却不蒙应允;我呼求,却不得公断。"(《约伯记》19:7)约伯抗议神让恶人反而享福:"恶人的灯何尝熄灭?患难何尝临到他们呢?"(《约伯记》21:17)对于约伯的回应,他的朋友们一再重申上帝的公正和约伯的罪恶。在他们口中,自己似乎就是神的代言人,可以轻松地把问题打发掉:"你岂不知亘古以来,自从人生在地,恶人夸胜是暂时的,不敬虔人的喜乐不过转眼之间吗?"(《约伯记》20:4—5)

对于约伯的朋友和约伯之间的问答,神最后的决断是:谴责其朋友,赞赏约伯。这似乎是很奇怪的。毕竟,他的朋友们不断地赞颂神,显得虔诚恭顺;约伯则在抱怨上帝。如约伯的朋友们反复申说的:"神岂能偏离公平?"(《约伯记》8:3)这种话当然都没有错,但问题在于,说话者是否真的知道自己在说什么。如果说话者只是自以为是,或出于逢迎的心态而这样说,这就都只是废话而已。上帝谴责这些人,正是因为他们装作知道自己并不确知的事情,并大发议论。在上帝这个唯一的知人心者面前,这既是僭越,又是可笑的。他们这样做,是以谄媚的方式侍奉神。上帝为什么赞赏约伯?这既是因为,约伯明白自己的限度,把自己的困惑坦率地呈现出来,如康德所评论的:"上帝赏识约伯清楚地、尤其是从其不可探究性一面知道他的创造的智慧。"①更是因为,约伯真正地听从良知的呼声,信仰以良好生活方式来敬拜上帝的真

---

① 《论神义论中一切哲学尝试的失败》,AK8:266。

宗教。约伯的良知所无比清楚地告诉他的是："我持定我的义，必不放松。"（《约伯记》27:5—6）由此出发，约伯甚至敢于向上帝发问。

约伯的回应是复杂的，甚至充满了矛盾。约伯对于神，既抱怨，又完全地信仰与托付。换言之，约伯同时相信自己的义和上帝的公正。这两件事，在当下却是不兼容的：上帝是公正的，则义人就不该遭罪，所以假如约伯相信自己的义，就不能相信上帝的公正。但约伯确实同时相信两者。正因此，抱怨或抗议才不可避免。我认为，**约伯的抱怨，反而是真正信心的体现**。抱怨是信任神的表现：我完完全全地向你敞开我自己，哪怕是我的质疑，也向你敞开，我在你面前毫无隐瞒，因为这就是我，我是如此的有限。每一个真正有信心的人，处在约伯的位置上，很可能都会抱怨。只有真正的信心，才可以容纳悖谬。信心不足的人，反而会要么美化上帝（以便讨好上帝），要么掩饰自己缺乏信心，或两者兼而有之。

从约伯的朋友与约伯的对照，我们可以看到认知的神义论和信仰的神义论之显著差别。不同于前者，信仰的神义论并不那么关乎认知和科学的任务，而更多地关乎良知的事务。在涉及神的正义上，关键不在于理性的争辩，反而在于坦承我们的理性的无能，在于不粉饰自己思想、如实表述自己思想的诚实。① 康德称这种诚实为**形式的**良知，并强调这是每个人都可以确知的："一个人不能在任何时候都担保，他对自己本人或者对另一个人说的东西是**真的**（因为他有可能出错）；但是，他能够并且必须担保，他的承认或者表白是**真诚的**：因为他直接意识到这一点。……在**我事实上是否相信**（或者只是伪称）自己有道理的意识中，我根本不可能出错。"②约伯的陈述，正体现了这种形式的良知。与此相对的，则是伪善：对自己和上帝做出"我相信"的表态，而根本没有查看是否真的意识到这一点，这属于"最违法的谎言……"③约伯受到上帝的赞扬，而其朋友受到上帝的谴责，其缘由正在于此。④

---

① 《论神义论中一切哲学尝试的失败》，AK8:267。
② 《论神义论中一切哲学尝试的失败》，AK8:267—268；李秋零译本，第271页。
③ 《论神义论中一切哲学尝试的失败》，AK8:268—269；李秋零译本，第271—273页。
④ 当然，我们注意到，约伯相信自己的义，这不仅仅体现了形式的良知，其中有实质性的内容，即知道"自己有义"。按康德的观点，只有上帝才是唯一的知人心者。人如何知道自己是义人，是个难题。但无论如何，形式的良知，却正是"有义"与否的先决条件。在此基础上，才可能有真正的信心和向善的意向。或者说，形式的良知乃纯正信仰的起点。康德以此来区分约伯及其朋友，是极有见地的。

这是康德对于《约伯记》的发挥。借此发挥,康德将神义论问题从认识问题转向了信仰问题。这种转换使得问题的重心也发生了转换:从为上帝辩护转向了善人(或有纯正宗教信仰的人:两者在康德哲学中是一回事)如何经受恶。如果你是一个善良的人,那么面对恶,该如何做?或者说,上帝的公正与世界上的恶如果都"存在",该如何应对?约伯的启示在于:同时接受这两者,即承认我们无法真正理解之,哪怕为此痛苦、抱怨,却依然选择做一个善人,坚持按照上帝爱的诫命生活。就此而言,神义论不是个理论问题,而是个信仰和实践问题。因为,只有认信与否或形式的良知,而不是关于上帝的知识,才是我们可以确知的。

二 康德的神义论

我们在上一节重构并解读了康德所阐释的两种神义论。康德的区分提供了研讨神义问题的新视域。在此视域下,问题是:**康德本人的神义论是何种形态?** 如果我们回到约伯的故事本身,在我看来,最意味深长的是:康德完全没有提及《约伯记》结束处约伯得到拯救后财产翻倍等盛况。这本应该是大书特书的一笔,康德却不置一词。这不是偶然的,因为从信仰的神义论的角度,这并不是最重要的。但是,这是否表明上帝面前善恶有报这个问题本身并不重要?答案是否定的。这依然是康德关注的焦点问题。康德始终为之殚精竭虑的,正是如何应对现实中好人遭罪而恶人享福的难题。这个问题在康德哲学中正式的表述形式,是道德与幸福的二律背反。鉴于二律背反问题在康德哲学体系中具有举足轻重的地位,这表明神义论问题实际上处于康德思想的中心。

康德把道德作为理性的最高目标:成为一个善良的人,是每一个理性存在者的最高使命。但这还不是理性存在者的全部追求。毕竟,我们还有着各种感性的需求,我们同样追求幸福。理性的完备目的应该是道德和幸福合乎比例的结合,这就是至善。至善问题的产生是由理性追求总体性或终极原则的本性决定的。在此,理性力图实现理性对象之无条件的总体(至善),但由于幸福和道德的根据不同,两者的结合是异质事物的综合。于是就有了这个著名的二律背反:由追求幸福到道德完善是不可能的,因为追求幸福的准则是他律的、质料性的，不可能确立道德；但是，从道德到幸福也是不可能的，因为前者取决于存心，为仁可由己，后者还取决于各种不受自己控制的外在条件，由德性无法自行实现幸福。现实也常常给出了好人受苦、恶人享福的事例。神义论的问题就此凸显出来了。

除了从理性的角度描述至善问题必然会出现，康德还直接从神义论的视角出发说明了实现至善的必要性。至善的要求是合理的，"这不仅是就使自己成为目的的个人的那些偏颇之见而言，甚至也是就把世上一般个人视为目的本身的某种无偏见的理性的判断而言的。因为需要幸福，也配得上幸福，但却没有分享幸福，**这是与一个有理性的同时拥有一切强制力的存在者——哪怕我们只是为了试验设想一下这样一个存在者——的完善意愿根本不能共存。**"①必须实现至善的理由有三个：一是人追求自身的个人目的、追求幸福是合理的；二是对于中立的理性观察而言，实现至善的要求是公正的；三是对于上帝的完善意愿而言，至善的缺失（好人受苦、恶人享福），是不可容忍的。最后一个理由至为重要：上帝的意愿不会允许道德与幸福的分离。借此，康德揭示了至善问题的真正意蕴：神的正义。可见，二律背反问题实际上是个神义论难题。

众所周知，康德对实践理性二律背反难题的解决，先是限定解决问题的方向，即从道德到幸福是唯一可能的路径。实现至善的最基本的条件是：道德必须优先于幸福，以道德作为配得幸福的先行资格。当然，这仍是不够的，还需要其他前提条件，亦即意志自由、灵魂不朽和上帝存在这三个纯粹实践理性的"悬设"（公设）。第一个悬设的功能是保证我们追求道德的可能性；第二个悬设着眼于确保我们实现道德完善的可能性；第三个悬设则（以最终审判的方式）保证幸福与道德的相匹配，是实现至善的最终条件。但是，这些悬设并不是确切意义上对思辨知识的扩展，因为我们并不具有关于这些对象的直观与经验。上帝、自由和灵魂等概念属于实践与信仰的领域："上帝概念不是一个从起源上就属于物理学的、亦即不是对思辨理性而言的概念，而是一个属于道德学的概念，并且我们对其他理性概念也可以有同样的说法……"②

---

① 《实践理性批判》，AK5：110；邓晓芒、杨祖陶译本，第152页。黑体系引者所加。
② 《实践理性批判》，AK5：140；邓晓芒、杨祖陶译本，第192页。

按康德的说法,我们的理解只是"出于纯粹理性的某种需要的认其为真"。这种需要就是实现至善这个终极对象。对此,康德做了明确的阐释:"一个纯粹**实践**理性的需要则是建立在某种**义务**之上的,即有义务使某种东西(至善)成为我的意志的对象,以便尽我一切力量促进它;但我在此必须预设它的可能性,甚至还必须对这种可能性的那些条件即上帝、自由和不朽加以预设,因为我通过我的思辨的理性并不能证明它们,虽然也不能反驳它们。"①在此,非常清楚的是:无论至善的可能性,还是实现至善的先决条件,其实都是预设的,并非通过思辨理性加以证明的。这里涉及的其实是信仰(的跳跃)问题。康德的著名论断"我不得不悬置知识,以便为信仰留出地盘",尤其适用于此。这应和了前一节的主题,即理论性的神义论都会破产,只有实践信仰意义上的神义论具有确实性。对于信仰的神义论,康德做了道德的定性:"应当**如何**设想自然法则与自由法则的这样一种和谐的**方式**本身却具有某种值得我们选择的特点,因为理论理性对于这一点不能以无可置疑的确定性作出任何决断,而在这种确定性方面可以有一个道德的兴趣来起决定性的作用。"②

然而,在实践意义上设定并相信上帝、灵魂等对象,就进入了宗教信仰的领域。因为宗教无非是"**将一切义务作为上帝的命令的认识**"③,而宗教信仰的基本内容正是相信上帝引领我们实现至善。正是对以道德为首要因素的至善的追求,构成了信仰的起点:"如果承认这个纯粹道德律作为命令(而不是作为明智的规则)毫不松懈地约束着每一个人,一个正直的人就完全可以说:我愿意有一位上帝,我在这个世界上的存有在自然联结之外也还会是一个纯粹知性世界中的存有,再就是最后,我的延续是无穷的,我坚持这些并且非要自己这样相信不可……"④可见,各种悬设都可视为信仰的对象。特别是对于上帝的信仰构成了中心。当然,在康德这里,宗教的实质仍在于道德,道

---

① 《实践理性批判》,AK5:142;邓晓芒、杨祖陶译本,第195页。
② 《实践理性批判》,AK5:145;邓晓芒、杨祖陶译本,第198页。
③ 《实践理性批判》,AK5:129;邓晓芒、杨祖陶译本,第177页。由此出发,康德的道德哲学或许可以被视为某种形态的神圣命令理论(divine command theory),可参看黑尔(John Hare)的论文 Kant on Recognizing Our Duties as God's Commands(*Faith and Reason*, October, 2000, pp. 459-478)。
④ 《实践理性批判》,AK5:143;邓晓芒、杨祖陶译本,第196页。

德信念与宗教信仰,根本上是一回事。

在此,我们所能确立的上帝信仰的内容,正是道德意义上的三一上帝之神圣、仁爱和正义的属性。对于上帝信仰的内容及其必然性,康德这样陈述:"人固然不能自己实现与纯粹的道德意念不可分割地结合在一起的至善理念……却在自身中发现了必须致力于此的义务,所以,人发现自己被引向了对一个道德的世界统治者所做的协助或者安排的信仰,只有借助他的协助和安排,这一目的才是可能的……根据实践理性的这种需求,普遍的真正的宗教信仰也就是信仰上帝:1. 他是天地的全能的创造者,即在道德上是**神圣的**立法者;2. 他是人类的维护者,是人类的**仁慈的**统治者和道德上的照料者;3. 他是他自己的神圣法则的主管者,即**公正的**法官。"① 总之,三一上帝构成了康德所论说的宗教信仰的核心。

在康德的语境中,信意味着爱,即按照上帝的爱的诫命去生活。一个信仰者,如果不按照爱的诫命去生活,那么其对上帝的"热忱"无非是一种伪侍奉。一种持久向善的道德(或宗教)生活引向希望:"……对幸福的希望只是从宗教才开始的。"② 希望的对象,正是德福合一或至善。在信仰中、在爱的作为中、在希望中,神的正义疑难得以消解。由此可见,康德对神义论问题的解决,不是理论的解决,而是实践意义上的解决。但必须注意的是:其前提是持久地努力向善的行动即配得幸福。换言之,道德本身是独立自足的,并且始终构成前提,这就是约伯宣称的:"我持定我的义,必不放松。"(《约伯记》27:6)

康德的神义论较为隐晦地蕴涵在其哲学中。这种神义论融合了教义式的神义论的内容(善恶有报)和真确可信的神义论的解决方案(信仰与向善)。康德的神义论实际上对人提出了这样的道德要求:我相信三一上帝对德福一致问题的最终解决,我将按耶稣基督爱的诫命去行动,我最后盼望上帝之国的实现。我们可以看到,所相信的内容是基于上帝之正义的善恶有报(第一类神义论);而我自己是否真的这样相信,我是知道的,在这一点上,形式的良知从来不会出错(第二类神义论);更重要的是,真正的信仰者,必定会按照爱的诫命去生活(神义疑难的消解)。

---

① 《纯然理性限度内的宗教》,AK6:139;《康德著作全集》第6卷,李秋零译,第142—143页。
② 《实践理性批判》,AK5:130;邓晓芒、杨祖陶译本,第178页。

这就是康德的神义论所指向的：良好的生活方式是真正的信仰之体现，体现了对神的正义的信心。这种神义论所应对的并不是理论问题，而是信仰问题。人也许无法追索自己隐秘的动机，但是，在信仰问题上，有一点是确定无疑的：当我宣称自己相信上帝时，我的表白是否真诚，自己肯定是知道的。一个真正的信仰者，不可能在行动上"亏欠了神的荣耀"。声称相信上帝的人，如其告白属实，必定会以其良好的生活方式，表达其信仰。好人即便在其困厄中，也许会抱怨乃至抗议，但绝不会放弃其道德信念和宗教信仰，不会改变自己的善行。"最使上帝荣耀的莫过于这个世界上最可尊重的东西：敬重上帝的命令，遵循上帝的发展交付给我们的神圣义务，如果他的宏伟部署达到以相适合的幸福来使这样一个美好的秩序得以圆满完成的话。"①

三 康德神义论的意义：一种"哥白尼式的革命"？

常规的（认知的）神义论，是针对因世界上存在着恶而质疑上帝的观点，力图从认识上寻求一种圆满的解释，表明上帝的正义。与认知的神义论相比，康德的神义论极为特殊。康德在表明认知的神义论必将失败之后，将神义论的领域或解释框架从认知转向了信仰，甚至更进一步，将这种信仰的神义论之重心落在了人之上。在康德哲学中，神义论问题变成了：我们应该怎么做，才能配得上神的正义？相应地，神的实存与正义，在实践意义上，其实已经被设定了，或者说，作为信仰的对象，是被悬设了的。

由此，在康德的神义论中，问题不在于从理论上解释上帝是否及如何要为恶负责，而在于一个真正追求道德改善的人（或者说，一个秉有纯正宗教信仰人），如何经受恶，并始终活在爱与希望之中。康德神义论，相当于颠倒了举证责任。这就是康德式的基于人义的神义论。在此，我们甚至可以问：神义论是否被康德转换为了人义论？康德神义论的特殊性，很可能就在于其本质乃是人义论（Anthropodizee），②即将落脚点放到了人的自由与道德之上，用良好生活或信仰的方式"解决"认知问题。

---

① 《实践理性批判》，AK5：130；邓晓芒、杨祖陶译本，第179页。
② Herman Häring, *Das Problem des Bösen in der Theologie*, Darmstadt: WBG, 1985, SS. 137-139.

当然,康德也许改变了讨论神义论问题的框架和重心,但并没有完全放弃传统神义论的内容。康德的神义论仍然针对这个特定的问题:如何应对好人受苦恶人享福的现实。康德仍然想要论证"善恶有报"。只是我们更应该注意到:康德转换了解决的方向。康德式神义论真正的着眼点在于人的道德改善。一个有趣的佐证是:《纯然理性限度内的宗教》一书中对地狱的道德含义的解释,是灵魂的不改恶向善的状态,即陷在恶中不可自拔,而非尘世幸福。① 这意味着,真正值得我们关注的永恒幸福,是指道德上改善的状态;而不幸,则是灵魂陷入恶中而不可自拔。这正是信仰的神义论之旨趣。

在康德的神义论中,人们真正可以倚靠的,乃是自身道德和信仰的纯正性。如康德对圣灵所做的解释:"人们所自觉到的善和纯粹的意念(它们可以被称为一个善的、统治我们的精神),尽管只是间接地,也自身包含着对其坚定不移的稳固性的信赖;而当我们的失足使我们担忧其坚定性时,这种意念也是安慰者(圣灵)。"②在此,唯一重要的是,纯正的道德意向。至于理论的解释,超出了理性的界限,并无太多实质意义。如果非要做理论的解释,并寻求答案,也增长不了什么见识,比如,"地狱的惩罚将是有限的还是永恒的"这一问题就是如此。③

可见,康德的神义论,其真正的诉求,并非世俗意义上的善恶有报或上天堂与下地狱的分野,毋宁说是灵魂的改善与否。对康德而言,解答神义论疑难,对人而言至关重要的是:活在信仰与爱之中,并以"恐惧战兢"的心态努力向善,做成得救的工。但即便如此,人所能做的仅仅是希望,因为人们对于来世并无确切的知识。每个人唯一可以确信的是,自己的信仰是否纯正,自己是否在尽最大的努力向善。由此可见,康德的神义论所具有的哲学意义,就在于实现了双重转换:**一是设问的框架从认知转向信仰,二是从追问神转向追问人的责任。这种转换也许可以被称作神义论中的"哥白尼式的革命"**。现在,我们需要的追问的,不是上帝为恶要承担何种责任,而是我们为了配得上帝的正义做了什么,应当做什么。这大概是康德对神义论问题做出

---

① 《纯然理性限度内的宗教》,AK 6:69;李秋零译本,第 69 页。
② 《纯然理性限度内的宗教》,AK 6:70;李秋零译本,第 71 页。译文有改动。
③ 《纯然理性限度内的宗教》,AK 6:69;李秋零译本,第 69 页。

的最大贡献。

  但是,问题是否依然存在?特别是对于极恶的受害者,尤其是大规模恶行的受害者,康德神义论给出的答案,似乎相当于是说,你们是好人,并应当保持为好人,余下的只是希望,这岂不是太过残忍?难道这就是神的正义?这岂不是一种反神义论(Anti-theodicy)?岂不是正好构成了对上帝正义的质疑?① 无论如何,有一点是肯定的:基于真正的道德思维或纯正的信仰,无论在何种情形下,好人确实应保持其善行,这是道德的根本。道德的崇高之处正在于此。如果因为困厄,好人放弃了道德诉求,或不择手段以逞私欲,或抛弃上帝信仰,那么,我们至少在自己的良知中,会明确地知道自己不配得幸福。

  另一个可能的疑问则是:传统神义论所要应对的疑难是证明上帝的正义与实存,而康德的神义论实际上在信仰的意义上先行设定了上帝,这岂不是回避了问题?如果我们按照常规的路径,从理论的角度来发问,事情确实如此。这里的关键在于:康德拒绝将之作为**理论**问题。其意义正在于提醒我们:认知的路径是成问题的,其发问方式是可疑的。真正的神义疑难,首先是个信仰问题,而在回答这个问题时,人的道德意向才是关键。在这一根本点上,康德大概是对的。至少,康德的神义论构成了一种新的可能性。康德倾向于别问上帝为我们做了什么,而要问我们为配得上帝的正义做了什么。这也许是一个更值得我们深入探寻的方向。不仅如此,康德实际上给出了我们应当如何做的指南。当康德把道德法则视为一切理性存在者(包括上帝)都遵守的普遍原则时,②正是指明了这一点。

---

① 这类质疑参看 John Roth, A Theodicy of Protest, *Encountering Evil: Live Options in Theodicy*(ed. by Stephen Davis, Westminster John Knox Press, 2000), pp. 1-37;一个针对性的回应可参看 Elizabeth G. Galbraith, Kant and "A Theodicy of Protest", *Kant and the New Philosophy of Religion*(ed. by Chris L. Firestone and Stephen R. Palmquist, Indiana University Press, 2006), pp. 179-189。
② 《实践理性批判》,AK5:32;邓晓芒、杨祖陶译本,第 42 页。

Kant and Theodicy

Yang Yunfei

Abstract: Theodicy is traditionally defined as the defense of God's justice against the charge that He should be responsible for all kinds of evils in this world. Kant identified the traditional theodicy as theodicy of cognition (doctrinal theodicy) and argued that this type of theodicy would fail inevitably. By interpreting Job, Kant provided and explored another kind of theodicy, i. e. theodicy of belief (authentic theodicy). Kant maintained that the key point of this kind of theodicy is how a righteous man faces sufferings and evils with moral integrity and sincere religious belief, instead of complaining God. In his philosophy, Kant implicitly re-defined the core issue of theodicy as the harmony of virtue and happiness (the highest good). To solve the antinomy between virtue and happiness, Kant introduced three famous postulates (namely, the freedom of the will, the immortality of the soul and the existence of God) as necessary conditions. In his project, Kant emphasized that (our belief of) God's existence constitutes the very pivotal condition. Thus, the most important element in Kant's theodicy is facing all kinds of evils by pure moral intention or religious belief and keeping doing good as we can. The real problem of theodicy, in Kant's view, is to be a just man by acting from moral duties (as God's commands), rather than understanding God's plan in a scientific sense. In such a way, theodicy is transformed by Kant's arguments into anthropo-dicy and this probably is the revolutionary significance of Kant's theodicy.

Key words: Kant, theodicy of cognition, theodicy of belief, anthropo-dicy

谢林世界时代哲学中的"超神性"概念的演变*

先 刚**

提　要： 从《论人类自由的本质》开始，尤其在随后的《世界时代》各个版本里，谢林不再满足于把哲学的最高本原界定为绝对者，而是致力于提升并丰富其精神性，即将其呈现为一个人格性的、三位一体的上帝。从这个角度来看，谢林的世界时代哲学也是一种神学。在这个过程中，谢林尤其深入阐发了"超神性"和"上帝"这一对概念的关系。

关键词： 超神性（神性）　上帝　神人同形同性论　人格性　三位一体

"上帝"并非仅仅是宗教的专利，而是同样属于哲学。正如谢林1804年在《哲学与宗教》里以最明确的方式强调指出的那样，关于"上帝"或"绝对者"的学说，亦即"神学"，包括万物的诞生及其与上帝的关系等等，是哲学与宗教自古以来共有的最重要的内容。① 在这个问题上，谢林尤其赞美斯宾诺莎，认为后者传承了"古老的、真正的哲学的最终余响，……把哲学引回到她唯一的那些对象上面"②。然而，我们都知道，虽然斯宾诺莎在《伦理学》里从

---

*　本文属于教育部人文社会科学重点研究基地项目"《谢林著作集》的翻译与研究"（项目批准号15JJD720002）成果之一。

**　先刚，1973年生，北京大学哲学系宗教学系教授。

① 谢林：《哲学与宗教》，先刚译，北京：北京大学出版社，2017年，第23页。

② 同上书，第22页。

开篇一直到结尾都在大谈上帝,但仍然没有甩掉无神论这顶帽子,而究其原因,无非是因为人们预先以基督教教义宣讲的上帝为准绳,然后发现斯宾诺莎所谈论的此"上帝"(实体)非彼"上帝"(一个人格性的、乃至三位一体的上帝)。同样的遭遇,也发生在别的许多哲学家(包括谢林)那里,甚至发生在基督教内部的一些异端的乃至正统的神学家那里。诚然,站在哲学的角度来看,哲学家完全可以主张自己的相关学说才是真正的"神学",反之基督教思想才是真正的"无神论",但为了避免单纯的立场之争,还原事情的真相,最好的做法还是应当以合乎理性的方式把"上帝"这个概念的内容呈现出来,而不是仅仅固守在这个单纯的词语上面,因为正如黑格尔反复强调的,很多人张口闭口就是"上帝","但就这个词自身而言,它不过是一个无意义的发音,一个单纯的名称"①。假若只是一个词语,那么"上帝"还不如"纯粹概念""存在""一"等等,因为它很容易把许多虚妄无关的东西掺杂进来,从一开始就造成致命的误解。或许正是出于这个考虑,斯宾诺莎《伦理学》第一部分的标题虽然是"论上帝"(De Deo),但其最初的界说并没有从直接从"上帝"开始,而是依次提出"自因""无限""实体""上帝""自由""永恒性"这六个平行的概念相互参照,然后侧重从"实体"概念出发来理解和阐释"上帝",即"一个绝对无限的存在者,或一个由无穷多属性构成的实体"。②

在谢林那里,事情同样也是如此。"上帝"作为最高本原的代名词,在谢林的哲学思考中从未缺席。最初当他的语言表述更接近于费希特的时候,他所理解的上帝是"绝对自我",而后来当他的语言表述更接近于斯宾诺莎的时候,他所理解的上帝则是"绝对同一性""大全一体""绝对者"等等,尤其是最后这个术语,在同一性哲学时期完全成了可以和"上帝"随意互换的一个词语。谢林像斯宾诺莎经常谈论"上帝或自然界"(Deus sive natura)一样,总是以"上帝或绝对者"并举。在《哲学与宗教》里,谢林更是明确批评埃申迈耶尔在"绝对者"之上设定一个"上帝"的做法,指出后者没有掌握"真正意义上的绝对者",因为"绝对者"概念按其本性而言只能意指一个独一无二的、至高无

---

① 黑格尔:《精神现象学》,先刚译,北京:人民出版社,2013年,第15页。
② 斯宾诺莎:《伦理学》,第一部分,界说六。

上的东西——而这恰恰就是"上帝"。① 至于埃申迈耶尔之所以会犯这个错误,因为他和绝大多数人一样,都是站在反思的立场上,通过描述来理解把握绝对者,而通过这种有条件的认识方式,其所认识到的当然是一个有条件的、有限的、不能令人满足的绝对者,因此要用一个想象中的(实则来自基督教教义的)上帝来予以补充。但这样一来,哲学就过渡到了所谓的"非哲学"(Unphilosophie)或信仰,真正的上帝并没有得到揭示和理解。

至少直到1806年写作《自然哲学导论箴言录》和《自然哲学箴言录》的时候,谢林仍然是在同一性哲学的框架下把上帝解释为一种绝对的"自我肯定""自我认识"等等,②实际上始终是把"上帝"和"绝对者"当作可以随意互换的同义词。我们发现,这虽然是哲学家认可的上帝,但终究缺失了"人格性"尤其是"三位一体"这一本质特征,因此和基督教以及绝大多数人心目中的上帝是大相径庭的。"一个以形而上学的方式盘旋上升的上帝既不能打动我们的头脑,也不能打动我们的心灵。"(VII, 429)诚然,斯宾诺莎可以一条路走到黑,坚持认为人格化的上帝只不过是人们的想象和附会,但谢林却不能这样做,因为,他既然已经表明自己优越于斯宾诺莎的地方在于给后者的僵死的实体注入灵魂,将其提升为活生生的精神,就不可能对上帝的人格性完全无动于衷。然而如果单纯从《圣经》出发,或把基督教神学家和普通信众心目中的那个上帝当作现成的真理拿来就用,这种非哲学的方式无论如何都不是一个哲学家能够接受的。对哲学家而言,《圣经》中的思想可以成为他们的哲学洞见的佐证,但绝不能被当作他们的哲学思考的前提。因此,谢林现在面临的问题是,是否能够,以及如果可能的话,如何从纯粹的哲学思辨出发,得出完满的、亦即包含着人格性乃至三位一体的"上帝"的概念?

谢林的这个思想进化,在1809年的《论人类自由的本质及相关对象》(以下简称《自由论文》)以及1810年的《斯图加特私人讲授录》里有着清楚体现。从现在起,上帝的人格性已经成了一个迫切的议题。在《自由论文》里,谢林虽然照例批评斯宾诺莎,但却是第一次把后者的哲学作为一种**唯物主义**而加以谴责:"斯宾诺莎体系的错误绝不是在于把事物设定在上帝之内,而是在于

---

① 谢林:《哲学与宗教》,第27页。
② 同上书,第182、186、198页。

主张，**事物**存在于'世间万物'（Weltwesen）乃至'无限实体'等抽象概念之内，以至于无限实体［sc. 上帝］在他看来也是一个**事物**。"（VII, 349）针对这一点，谢林如今把最高本原称作一种明显带有人格性色彩的"意愿"（Wollen），随之从意志的角度出发解释上帝的本性。至于那个著名的区分，即在一个本质的内部，"实存着的本质"与"实存的单纯根据"的区分（VII, 357），虽然早在同一性哲学时期就已经出现，但如今被首要应用于"上帝"概念。也就是说，在广义的"上帝"这一本质内部，有一个东西代表着**上帝自身**（Gott selbst），但除此之外，还有一个"在上帝自身之内、却不是上帝自身的东西"（VII, 359）。① 在随后的地方，谢林把这两个东西分别称之为"爱的意志"和"根据意志"（VII, 395）。而在《斯图加特私人讲授录》里，谢林给它们的称呼分别是"上帝的爱"和"上帝的利己主义"（VII, 438—439）。只有把二者结合起来，我们才会得到一个整全的上帝。②

鉴于本文题旨，这里我们不去讨论其中阐述的人类自由与两种意志的关系，而是聚焦于这一事实，即在这些地方，谢林明显是在两个层面上谈论上帝：一个是作为统一体，或把根据包含在自身之内的广义的上帝，他由于整合了纯净的"爱"和黑暗的"欲望"（即根据），其人格性已经呼之欲出；另一个是他的内部以"爱"为代表的狭义的"上帝自身"——令人头疼的是，谢林经常也把它简称为"上帝"——意指整全的上帝中最高和最纯粹的那个部分。那么，"整全的上帝"和"上帝自身"，究竟哪一个代表着真正的上帝呢？或者换句话说，这两个东西里面，谢林更看重的是哪一个呢？最重要的是，他为此给出了怎样的哲学理由？关于以上问题，在紧随前两部著作之后的《世界时代》里，谢林给出了一套复杂的"谱系学"③方案。

从"神学"的角度看，上帝无疑是《世界时代》的核心议题乃至最高议题。在该书最早的1811年原稿里，谢林依然是从"纯粹自由""永恒性""纯净性"

---

① 谢林在此加了一个注释，指出"这是唯一正确的二元论，即一种同时兼容统一体的二元论"（VII, 359）。
② 关于这一点，Friedrich Hermanni 有更多的阐述。Vgl. Friedrich Hermanni, *Der Grund der Persänlichkeit Gottes*, in Thomas Buchheim（hrsg.）, *Schellings Philosophie der Persänlichkeit*, Berlin 2004, SS. 165-178.
③ 在《世界时代》里，谢林仅仅提到了"时间谱系学"（详参先刚：《永恒与时间——谢林哲学研究》，第八章"谢林的时间学说"，北京：商务印书馆，2008年，第258—263页），但从另一个角度看，"时间谱系学"在实质上是与一套"上帝谱系学"相对应的。

"无所欲求的意志"等界定出发,然而正当我们期待着他像从前那样从"绝对者"直接过渡到"上帝",把"上帝"等同于上述界定时,他却明确指出:"它在人之内是真正的人性,在上帝之内是神性(Gottheit)。因此,正如某些古人已经谈到了一种'超神性'(Ueber-Gottheit),我们也勇敢地把那个单纯的本质置于上帝之上,而不是像近代人那样,在一种颠倒的狂热中,企图重新扭转这个秩序。"①在这里,谢林把"超神性"或"神性"——这两个术语所指是同一个东西,前者意在强调这个东西位于"上帝"之上,后者则是在一个更宽泛的语境中被使用——和上帝明确区分开来,不但谈到了二者的高低之分,而且反对近代人"企图重新扭转这个秩序"的做法。也就是说,谢林一方面不认为那个狭义的"上帝自身"是真正的上帝,但另一方面又认为这个东西高于真正的上帝。

我们看到,在整个世界时代哲学时期(1811—1827),谢林的这个基本观点是一以贯之的,证据如下:

《世界时代》1813年原稿指出:"第一位的东西并非如人们经常以为的那样(这个观点适合我们这个时代的焦躁不安的本质),是一个行为,一个无条件的举动或行动……也就是说,绝对第一位的东西仅仅是一种不动的、神性的(更正确地说,超神性的)漠不关心,是一个同时也是终点的开端。"②

《世界时代》1814年第81号手稿宣称:"我们不应当把它[纯净的精神]称作上帝(因为我们所理解的'上帝'已经是一个特定的、具有人格性的精神),而只能说,它是上帝之内的真正的神性。"③

《世界时代》1815年残篇的说法是:"它是最高的单纯性,这个东西不是上帝,而是那在上帝之内,并且凌驾于上帝之上的神性,或某些古人已经谈到的那种'超神性'(Uebergottheit)。"④

较晚的1820/1821年《埃尔兰根讲授录》仍然宣称:"这里必须把一切仅仅存在着的东西(甚至上帝)抛开,因为上帝从这个立场来看也仅仅是一个存在者……就此而言,绝对主体凌驾于上帝之上。如果说古代最杰出的神秘主

---

① 谢林:《世界时代》,先刚译,北京:北京大学出版社,2018年,第19页。
② 同上书,第170页。
③ 同上书,第248页。
④ 同上书,第339页。

义者中的某些人曾经勇敢地谈到了一种'超神性'(Uebergottheit),那么我们也会同意这个做法。我们在这里明确地指出这一点,以免把绝对者——那个绝对主体——与上帝混为一谈。**这个区别是非常重要的**。"(IX,217)

最后,1827年《世界时代体系》虽然不再极力强调"神性"凌驾于"上帝"之上,但仍然明确把二者区分开来:"上帝的那个**自在体**(an sich)可以被称作上帝的永恒神性……上帝本身是纯粹的活动,是一个'他',而不是一个'它'。"(SdW①,130)

最后这个文本体现出的某种思想转变是值得重视的。但在讨论这个转变之前,我想剖析一下谢林提出上述观点的目的,以及他在这个过程中遭遇到的一些问题。也就是说,所谓的"神性"或"超神性",以及与之联系在一起的所有那些界定,其实都是同一性哲学时期以来的"绝对者"的翻版,它一方面被看作纯粹的、纯净的,另一方面被赋予各种肯定的、积极的性质,而在这两种情况下,它与各种非绝对的、否定的东西都划清了界限,或把后者虚化为一种在本质上并不存在的东西,即仅仅在一种片面的、模糊的或扭曲的立场上存在着,仅仅是一种"匮乏"或"缺陷"。到最后,可以说只有绝对者存在,别的非绝对的东西都不存在。诚然,谢林的绝对同一性体系揭示出了有限事物之间的具体联系和发展过程(这是斯宾诺莎体系所欠缺的方面),而且绝对者看上去也充满了精神活力,但站在一个更高的层次上来看,它和斯宾诺莎托名的那个"上帝"并没有根本的区别,"上帝"完全只是一个名称,完全可以和其他名称相互替换。这个立场和黑格尔在《逻辑学》里批评的马勒布朗士唯心主义非常相似。②

简言之,超神性(神性)不等于真正的上帝。黑格尔在1812年《逻辑学》里曾经指出:"定在、生命、思维等等在本质上把自己规定为定在者、有生命者、思维者(自我)等等。这个规定是极为重要的,惟其如此,我们才不会停留于定在、生命、思维之类普遍性,不会只知道**神性**,却不知道**上帝**。"③定在、生命、思维、神性之类抽象普遍的东西之所以提升到具体的定在者、有生命者、

---

① F. W. J. Schelling, *System der Weltalter*. Münchener Vorlesungen 1827/28 in einer Nachschrift von Ernst Lasaulx, hrsg. von Siegbert Peetz, Frankfurt a. M., 1990.
② G. W. F. Hegel, *Wissenschaft der Logik I*, Frankfurt am Main, 1972, S.179.
③ Ebd., S.123.

思维者、上帝,在于它们把它们的否定纳入到自身之内,使否定成为自己的本质规定,而不是把否定当作虚无,或让自己保持为所谓的"纯粹东西",与否定划清界限。比如,"生命"单独从自身来看,和"死亡"无疑是两个互斥的概念,但真正的有生命者,却一定是把死亡当作自己的本质规定而包含在自身之内。同理,我们必须把那种非神性的东西当作真实存在着的东西(而不是仅仅"在样式上"存在着的东西),同时认识到超神性(神性)本身就包含着非神性的东西,才能得到一个真正的上帝。

从某种意义上来说,这也是中后期的谢林的解决方案。但这里需要指出的是,首先,谢林在黑格尔写作和发表《逻辑学》之前,已经在1809年《自由论文》里把"上帝自身"(超神性或神性)与"根据"(非神性的东西)的区分解释为一个"实在的"区分,即不是把"根据"(Grund)理解为逻辑意义上的"理由",而是理解为一个实在的基础;其次,相应地,谢林不可能像黑格尔那样,认为根据就包含在"上帝自身"亦即超神性之内(否则这会导致根据又成为一种不具有独立存在的东西),而是只能认可根据与前者的结合,使之成为一个整全意义上的上帝。换言之,黑格尔和谢林的分歧在于,前者认为,超神性(神性)——在进一步的自身规定或"否定之否定"中——本身就是上帝,反之后者认为,只有那个把超神性(神性)和它的否定者统一起来的东西,才是真正的上帝。

从辩证法的角度来看,谢林的观点似乎是成问题的,因为假若真正的上帝是一个第三者,是由两个东西拼凑而成的**产物**,那么这可以说是一种出自非常粗陋的反思立场的认识。谢林当然不可能不知道这一点。我们看到,只有在《世界时代》1811年原稿里,谢林是从超神性("无所欲求的意志")出发,过渡到其所遭遇的否定("存在的意志"),以及二者的结合等等。但在1813年原稿里,他的出发点已经是这样一个命题:"它是存在者和存在。"①而在1814年第81号手稿和1815年残篇里,其出发点则分别是这样两个命题,即"它是一个自在地既非'存在者'亦非'非存在者'的东西"②和"上帝内部有必

---

① 谢林:《世界时代》,第161页。
② 同上书,第247页。

然性和自由"①。在后面这三个文本里，谢林都是从一个整全的统一体出发，然后在其中区分出两个因素，只不过使用了不同的名称或概念。然而严格说来，这仍然不能摆脱拼凑的嫌疑，因为这只不过是把综合的表述方式颠转为分析的表述方式罢了。因此谢林的任务是要表明，那个作为统一体的上帝不是单纯结合而成的第三个东西，而是超神性借助于与根据的对立而提升而来的。对此谢林的解决办法是，依据他的堪称金字招牌的"潜能阶次"(Potenzen)学说——在这些地方，谢林多次提到"那条伟大的提升法则"和"提升"概念②——，首先把超神性设定为第一个潜能阶次 A($A = A$)，然后把超神性与根据的"对立"或"结合"（这两种说法其实是一回事）判定为 $A = B$，把**置身于**这个对立或结合之中的超神性设定为第二个潜能阶次 A^2，再然后把从中**提升上来**的超神性设定为第三个潜能阶次 A^3。现在，这个作为 A^3 的超神性就是我们想要得到的上帝，而作为统一体，它的表达式也可以说是 $A^3/A^2 = (A = B)$，总之绝不是单纯的 $A + B$ 或 $A = B$。用一个或许不太恰当的比喻来说，A^3 就是一座冰山露出水面的那部分，但就这座冰山而言，其实它是 $A^3/A^2 = (A = B)$。

这些说法似乎又让谢林重新回到了和黑格尔一致的观点，即超神性（神性）**本身**就成为上帝，但仔细看来，如今反而是谢林比黑格尔更彻底地坚持了上帝内部的肯定因素和否定因素的**实在的**区分（假若没有这个区分，必然的结局就是斯宾诺莎的"上帝"），因为谢林的那个超神性（神性）之所以成为整全的上帝，与其说是由于把否定因素包揽到自身之内，不如说是把后者当作跳板，连续跃升到更高的潜能阶次，并在这个意义上始终与否定因素保持距离，而黑格尔的上帝却是神性与其否定因素的圆融无间的相互过渡，合体提升，以至于到最后，根本没有必要坚持哪个是"神性"，哪个是"否定因素"。黑格尔的这种理解很"辩证"，但正如后来谢林批评的那样，黑格尔的辩证法"甚至没有给上帝留下任何回旋余地，除非上帝就是概念的运动，也就是说，除非上帝自身仅仅是一个概念"③。

无论是斯宾诺莎的作为实体的上帝，还是黑格尔的作为概念的上帝——

---

① 谢林:《世界时代》,第 304 页。
② 同上书,第 276 页。
③ 谢林:《近代哲学史》,先刚译,北京:北京大学出版社,2016 年,第 152 页。

这些意义上的上帝是谢林的"绝对者"同样可以扮演的角色——如今都不能令谢林满意。此前我们已经指出,谢林现在想要的是一个人格性的上帝乃至三位一体的上帝。我们亦指出,通过上帝内部的两个因素的实在的区分,谢林在《自由论文》和《斯图加特私人讲授录》里已经初步奠定了一个**动态的**人格性上帝的概念。所谓"动态的",意思是说,上帝并非自动地就是上帝,而是借助自由,通过努力,成为上帝,或者说"上帝自己制造自己"(VII, 432)。这样一个上帝概念,不是从信仰教条或日常观念里面作为现成已有的东西信手拈来的,而是依据潜能阶次学说或"提升法则"而赢得的,因此在本质上仍然是一个哲学的概念。对于那个否定因素,《自由论文》在首要的意义上把它当作"受造物的私己意志(Eigenwille)"来看待(VII, 363),而在《斯图加特私人讲授录》里,谢林已经把它明确称之为"上帝内部的私己性或利己主义(Egoismus)"(VII, 438)。如果上帝只是顺从自己的利己主义,就会始终保持为一个封闭的本质,不会有创世和启示,因此不是一个真正的上帝。反之,只有"当利己主义归顺爱,爱就征服了它,因此上帝的爱征服上帝的利己主义乃是创世的开端"(VII, 439)。这就好比一个单纯遵循利己主义的人仅仅是一个封闭在自身之内的可怜虫,只有当他心中的爱将其克服,使自己向他人敞开自身并与他人融合,才会成为一个真正意义上的"人"。在这两部著作以及随后的《世界时代》各个版本里,谢林对上帝内部的这个关系作出了大量生动的拟人化阐述,因为,"我们愈是拔高'上帝'概念,上帝对我们而言就愈是失去活力,愈是不可能被理解为一个现实的、具有人格性的、真正意义上的(和我们一样的)活物。如果我们要求的是这样一个上帝,即能够把他看作是一个充满生命力的、具有人格性的本质,那么我们必须同样完全以属人的方式来看待他,而且我们必须断定,他的内部不但包含着一个永恒的存在,而且包含着一个永恒的生成"(VII, 433)。或按《世界时代》里的说法:"人在任何时候都是按照自己的样子来塑造他的上帝,同时又按照他的上帝的样子来塑造他自己。"①

对于这种阐述方式,或所谓的"神人同形同性论"(Anthropomorphismus),通常的指责无非是说,这是一种滥用类比的牵强附会,但我们不要忽视,谢林的拟人化阐述始终伴随着对相应的哲学概念(比如"存在者—存在""同一

---

① 谢林:《世界时代》,第65页。

性—差异""谓述者—可谓述者—已谓述者"等等)的思辨探讨①,因此这些拟人化阐述不但不是牵强的附会,反而能够帮助我们反求诸己,从自己真切的人生体验出发升华到哲学的认识。更何况,即便从纯哲学的角度来看,哲学家从有限的个体出发推及无限者(绝对者)也是合法的、甚至唯一可能的理解把握绝对者的途径。早在1800年《先验唯心论体系》里,谢林曾经提出一个问题:哲学家——作为一个有限的个体——凭什么断定有"原初行动"这样的绝对者,或即使知道有这样一个东西,凭什么对它了如指掌?②显然不可能是以直接的方式,因为这是神秘主义,是吹牛皮。因此只能通过"推断"(Schlüsse),或所谓的"自由的模仿"。当然,这不是指那种永远囿于有限者层面的"推理"(Räsonnement),而是指一方面从知识的最高原理出发演绎出原初行动,另一方面在哲学家的内心里面重复该行动,达到二者的交汇,从而推断出二者在本质上是同一个行动。而"哲学的天分恰恰在于不仅能够自由地重复一系列原初行动,更重要的是在这个自由的重复中,重新意识到那些行动的**原初的必然性**"③。可见,这和"牵强附会"毫无关系,除非人们根本就不承认有一种超越性的形而上的存在。相应地,最可笑的莫过于某些基督教神学家以及埃申迈耶尔之类标榜信仰的"非哲学家"的做法,他们一方面大谈人格性的上帝,另一方面又指责哲学家用"属人的东西"贬低和扭曲了上帝。关于这个问题,谢林在写作《世界时代》期间回信给埃申迈耶尔,批评其自相矛盾,并强调指出:"问题的关键根本不在于我们有什么权利把我们的概念应用到上帝身上;毋宁说,我们首先必须知道,上帝是什么东西。因为,假设我们通过持续的研究揭示出上帝确实是一个具有自我意识、活生生的、人格性的,一言以蔽之,一个类似于人的上帝,这时谁还能指责我们把人类的概念应用到上帝身上呢? 如果上帝就是属人的,谁有权利站出来反对呢?"(VIII, 167)

当然,得出人格性上帝的概念只是一个初步工作,更重要的任务在于仍然从哲学出发得出三位一体的上帝的概念。在《世界时代》早期的四个版本(1811年和1813年原稿、1814年第81号手稿、1815年残篇)和后来的1820/

---

① 通过这种双重工作,谢林明确地与那些醉心于神秘体验而不能自拔的神智学家划清了界限。
② F. W. J. Schelling, *System des transzendentalen Idealismus*, Hrsg. von Horst D. Brandt und Peter Müller, Hamburg, 2000, S. 64.
③ Ebd., S.66.

1821 年《埃尔兰根讲授录》里,只有最初的 1811 年原稿较为完整地处理了这个问题,其余几个版本都是讲完上帝的人格性之后就半途而废。由此可见,"三位一体"思想不仅仅是基督教神学中的一个死结,而且对于哲学来说同样也是最为棘手的问题之一。直到作为世界时代哲学完结篇的 1827 年《世界时代体系》,谢林才再次探讨了这个问题。

此前我们已经指出,通过让超神性(上帝自身或上帝的爱)和根据(上帝的自私意志)结合而成一个整全的上帝,谢林本来已经得出一个人格性的上帝——在《世界时代》里,这个统一体有一个专门的名称,即"原初本质"(Urwesen)。谢林不把它称作"上帝",显然有着更深的考虑。也就是说,原初本质远远不是"提升"的终点,因为在它内部,虽然两个本原的结合起初是一种"亲密无间的嬉戏""欣喜""最纯粹的喜乐"等等,并且造成一个真实的存在(即原初本质),奈何短暂的幸福之后,"纯净性"(这是超神性的诸多名称之一)开始怀念从前的绝对自由,于是提出"分离"(Scheidung,这个词也是"离婚"的意思)的要求,而这让自私意志和原初本质都同样感到震惊,并且绝不可能答应这个要求,因为这意味着整个已有的存在将会重新被颠覆。在这种情况下,"分离"(表现为扩张或排斥)和"一体化活动"(表现为收缩)开始了旷日持久的斗争——熟悉谢林早期哲学的人不难发现,这其实是"走向无限"和"回归自身"这两种活动的翻版——,生与死轮流登场,折磨和痛苦笼罩着一切存在着的事物。当然,这里面最受煎熬的是原初本质,因为它不但要顾及纯净性和自私意志各自的诉求,还要为着它自己的安危感到担忧。"俗话说,人有人来帮助,甚至有上帝来帮助,然而那个原初本质却是处于一种可怕的孤独之中,得不到任何帮助,它必须独自和这个混沌状态斗争到底。"①最终,既能够满足纯净性的"分离"要求,又能够满足自私意志和原初本质对于"统一体"的要求的唯一办法,就是设定另一个独立的统一体,同时让原初本质保持自己的完整性,而这就是所谓的"生殖"(Zeugung)或"自身复制"(Selbstdoppelung)。被生殖出来的完整统一体是儿子(圣子)②,与此同时,原

---

① 谢林:《世界时代》,第 54 页。
② 虽然谢林在早期哲学和同一性哲学里已经多次提到耶稣是上帝的启示,但正如许多学者(G. Müller, H. Rosenau)指出的,实际上唯心主义并没有真正证明,上帝"有一个儿子",特别是上帝"有一个儿子"。Vgl. Hrartmut Rosenau, *Die Diefferenz im christologischen Denken Schellings*, Frankfurt am Main, 1985, S. 77.

初本质化身为父亲(圣父),他相对于作为"存在者"的儿子而言,表现为居于幕后或根基处的"存在"或"非存在者",为那个如今代表着"爱"或"纯净性"的儿子源源不断地提供力量。除此之外,还需要第三个人格性把父亲和儿子统一起来,而这就是精神(圣灵),一个我们早就预料到的东西,只不过谢林想要强调的是,精神不是指父亲和儿子的结合(虽然父亲和儿子在其中合为一体),而是通过父亲和儿子得以实现的"原初纯净性",或者说是"纯净性"的最高程度的实现。也就是说,在那个已实施的分离中,不但父亲和儿子是同时出现的(在这之前只有原初本质及其内部的两个因素),精神也是与之一并出现的。因此三个人格性之间的秩序不是一个时间序列,而且它们之间也没有高低之分,因为,虽然从依赖关系来说,儿子以父亲为前提,精神以父亲和儿子为前提(这意味着父亲是最高的),但从另一个角度看,儿子又高于父亲,正如精神又高于二者。为了强调这一点,谢林明确声称不能把三个人格性表述为三个潜能阶次,因为"潜能阶次的区别只有在每一个人格性的内部才是可能的……因为人格性本身就其本质而言是一个完满一致的、完整的东西"①。

《世界时代》1811年原稿关于原初本质为着自身内的"分离"和"一体化活动"而挣扎的情景以及通过"决断"(Ent-scheidung)和"生殖"而获得解脱的描述是该版本乃至整个《世界时代》最引人入胜,也最受争议的部分之一,特别是其借助"生殖"而得出三位一体的论述带有如此浓重的基督教色彩,以至于人们很难相信这仅仅是一个巧合。诚然,谢林声称他作为一个追随纯粹科学的人绝不可能"刻意寻找一种一致性",但他无疑认为自己已经以科学的(哲学的)方式掌握了基督教的理念,并且反过来谴责基督教以各种粗暴的教条伤害了这个认识。②但他的种种措辞——比如在论述三位一体的时候放弃潜能阶次学说,而这个学说在论证上帝的人格性时曾经发挥了重要作用——仍然给人一种感觉,仿佛哲学最终仍然需要以基督教作为"补充",而这恰恰是他过去、现在、未来都坚决拒斥的做法。

很有可能是因为担忧这个误解,谢林虽然在《世界时代》随后的各个版本里面保留了"分离"这一核心思想并反复以不同方式加以论述,但他已经不再

---

① 谢林:《世界时代》,第93—94页。
② 同上书,第91页。

涉及三位一体问题,至多只是在 1815 年残篇里谈到了复数形式的上帝,即"以罗欣"(Elochim),以区别于真正意义上的上帝"耶和华"(Jehovah)。① 当然,这个思想必定仍然始终在他的关注之中。当他 1827 年赴新设立的慕尼黑大学任教,一方面想开启一个新的时期,另一方面也想为近二十年的世界时代哲学思考画上一个句号,因此第一次给《世界时代》加上久违的"体系"这一前缀。相应地,在这个题为"世界时代体系"的版本里,三位一体的思想再次出现,并成为整个体系的封顶石(SdW,167)。谢林现在公开宣称自己的哲学是"基督教哲学"(SdW,9),但需要注意的是,这绝不意味着如恩格斯以及很多后人误解的那样,谢林携哲学投降基督教,成为所谓的"基督教中的哲学家"(Philosoph in christo),而是指谢林坚信自己以哲学彻底掌握了基督教的理念,或用他的原话来说:"我的哲学给基督教的基础奠定了一个将会从开端延续到终点的体系。这是比迄今任何哲学都要更崇高的功绩。"(Ebd.)类似的说法还有:"并非因为这个理念是基督教的,所以是真实的,毋宁说正相反,基督教是这个理念的产物……是这个理念把基督教带到世界上,而假若没有它,基督教就不可能存在。"(SdW,189)在我看来,这是以哲学征服基督教,而不是相反。谢林的这个基本态度,一直延续到他更后期的神话哲学和启示哲学。

　　限于篇幅,我们在这里仅仅关注《世界时代体系》中关于三位一体的论述。这里只需指出,谢林仍然是基于"自由"概念,长篇累牍地讨论上帝作为"意愿"(以及"意志")而和"存在"——以及与之相关联的"存在本身""非存在者""无规定的存在""已规定的存在"等等——的关系,最后竟然得出上帝的自由"不在于去存在和不去存在,而是在于能够去存在和能够不去存在"(SdW,161)之类极为晦涩的结论。这中间亦穿插着谢林后期哲学著名的关于上帝内部的三个潜能阶次的区分:(1)能够存在者;(2)必须存在者;(3)应当存在者。(SdW,140)但和从前最大的区别在于,谢林并没有直接或仅仅用这三个潜能阶次来论证上帝的人格性,而是——如我们马上看到的——干脆利用其来论证上帝的三位一体。这里令人头疼的是,谢林一会儿把第一个潜能阶次"能够存在者"称作一种偶然地、盲目地存在着的东西,一会儿又把它

---

① 谢林:《世界时代》,第 387—390 页。

称作上帝的"神性""无所欲求的意志""友善、爱和单纯性"(这些都是《世界时代》早期版本的说法),再然后又突然指责这个意志"无规定",相当于古人所说的阿派朗(ἄπειρον),而且因为无所欲求、无所要求,始终保持为"它"而不是成为"他",所以阻碍着创世。(SdW, 162—164)在《世界时代体系》里,这个来回颠倒是最大的谜之一。对此唯一的解释是,"无所欲求"(nichts will)如今被看作是一个双重性的东西,即它既意味着"无欲求",也意味着"欲求无",因此,如今陷入内部两个规定的冲突的,不是之前版本所说的原初本质,而是第一个潜能阶次($a = b$)亦即"无所欲求的意志"本身。它需要一个解脱,因此设定或"生殖"出第二个潜能阶次(a^2),即"必须存在者",同时让作为终点的第三个潜能阶次亦即"应当存在者"(a^3)出现。看到"生殖"这个表述,我们就知道,三个潜能阶次已经分别成为父亲、儿子、精神。也就是说,在《世界时代体系》里,上帝的人格性和三位一体是**同时**完成的。至于这三个人格性之间的关系,这里和之前的说法没有什么根本的不同,但因为谢林一改此前的断言,把潜能阶次学说也应用于上帝的三位一体,所以他现在可以亲自加着重号指出,以上关系是"**第一次以哲学的方式**得到理解把握"(SdW, 167)。此外,谢林认为上帝的三个人格性都是世界的"主宰"(Herrscher),并借助奥古斯丁关于"创造的质料"(de quo)、"创造的根据"(a quo)和"创造者"(secundum quod)的区分[①]指出:"一切东西都**出自**'父亲'人格性,并**通过**'儿子'人格性而存在着,而精神作为终点(terminus ad quem)则是这样一个目标,一切东西都**依照**它而得到塑造。"(SdW, 174)

  与之前版本不同,《世界时代体系》在论述上帝的三位一体之后,继续批评以往的哲学家和神学家对"唯一的"上帝的理解。凡是承认唯一的上帝,从字面上来说都可以跻身"有神论"(Theismus),但它的真正对立面不是"多神论"(其中根本就没有真正意义上的上帝),而是"单一神论"(Monotheismus)。在谢林看来,有神论在谈论上帝的唯一性时,关注点在于他是"唯一者"(der Einzige),强调除此之外没有任何别的东西,而非在于他是"唯一的上帝"(der einzige Gott)。普通人认为这两个说法没有区别,但谢林认为,前者只能得出一个封闭的上帝,而除了上帝之外,诸如世界、三个人格性等"别的东西"也是

[①] 奥古斯丁:《上帝之城》(上),吴飞译,上海:上海三联书店,2007年,第273页。

我们必须承认的。因此单一神论的核心思想是:"当上帝与**他之外**的某些东西相关联时,不是唯一的,毋宁说,**只有当他与自身相关联时,才是唯一的**……**上帝按照其神性而言是唯一的**,而如果不考虑神性,那么他不是唯一的,而是多个。"(SdW, 188)如果以此为标准,那么有神论和泛神论没有什么根本的不同,因为它们所认识的上帝其实是"唯一的神性",而不是真正意义上的"唯一的上帝"。谢林据此尤其批评了那些仅仅满足于有神论,却轻率对待单一神论(三位一体)的人,比如雅各比、施莱尔马赫[①]等等,因为,"如果有神论不推进到单一神论,就不可避免会过渡到泛神论本身"(SdW, 193)。但我们在这里更关注的是,神性(超神性)——在其身份经过多次转换之后——再次取得了凌驾于一切之上的地位,代表着绝对同一性,而父亲、儿子、精神这三位人格性仿佛只是它的"变形"(Modifikationen)。诚然,谢林不会同意这样的表述和理解,但如果不这样,我们怎么才能够避免除了三位人格性之外不得不承认"第四个"东西亦即神性呢? 就此而言,谢林当前的哲学思辨或许并未在根本上推翻之前的同一性哲学时期的结论。

至此我们已经表明,谢林在世界时代哲学里完成了最高本原从"绝对者"到人格性的乃至三位一体的"上帝"的转变。加上稍早的《自由论文》和《斯图加特私人讲授录》,我们可以清楚看到谢林殚精竭智为了提升最高本原的精神性而做出的努力。他的这种哲学—神学最终走向了基督教,或更确切地说,致力于为基督教奠基,建立"哲学与宗教的永恒同盟"。但即使加上后来的神话哲学和启示哲学,我们也很难说谢林的这套解决方案取得了完满成功。尽管如此,这些思想本身及其与斯宾诺莎哲学和黑格尔哲学的对照,始终值得我们更加深入地去探究。

[①] 施莱尔马赫在其《基督教信仰》(1822)中仅仅把三位一体学说当作基督教信条的附录,并认为这完全是一个哲学论题,绝非基督教世界观的本原:"其价值不能与其余的真正的基督教信仰学说相提并论,毋宁说仅仅是一个纠结的命题。"转引自谢林《世界时代体系》编者注释。F. W. J. Schelling, *System der Weltalter*. Münchener Vorlesungen 1827/28 in einer Nachschrift von Ernst Lasaulx, hrsg. von Siegbert Peetz, Frankfurt a. M., 1990, S.190.

The Evolution of the Concept of "Uebergottheit" in Schelling's Philosophy of Ages of the World

Xian Gang

Abstract: Starting with "On the Essence of Human Freedom", especially in the subsequent editions of "The Ages of the World", Schelling was no longer satisfied with defining the supreme principle as the "Absolute", but was devoted to promoting and enriching its spirituality, i. e. to present it as a personal and Trinitarian God. From this perspective, Schelling's philosophy is also a theology. In this process, Schelling elucidated the relationship between the concepts of "Uebergottheit" and "Gott".

Key words: Uebergottheit (Gottheit), God, Anthropomorphism, Personality, Trinity

黑格尔论神性生活的现代处境
——以《精神现象学》为中心

庄振华

提　要：《精神现象学》对哀怨意识的分析表明，基督徒对彼岸天国的盼望受到"上帝死了"这种意识的支配，会在内外两方面导致意识的撕裂；该书对中世纪的教化和启蒙的信仰批判的考察让我们看到，信仰从来不能独善其身，它总是被它的对手改造了，信仰在现代早期甚至成了启蒙的一种变体形式；"宗教"章认为，作为把握真理的一种方式，宗教始终无法摆脱"表象"这种方式的局限，宗教必须以哲学为归宿，否则它是没有出路的。黑格尔在意识体验、文化世界、世界的统一性这三个层面上的宗教思想或许不无可商榷之处，但作为对宗教的现代处境的警示，却不失其独特意义。

关键词：黑格尔　宗教　上帝死了　表象

黑格尔的宗教哲学在其时代受到教俗两面的夹击，[1]人们几乎异口同声地称之为"泛神论"。但作为真正的思想家，黑格尔不会基于启蒙的"有用性"

---

* 本文系陕西省社科基金年度项目（编号：2017C003）、陕西师范大学中央高校基本科研业务费专项资金资助项目（编号：16SZTZ01）、2016 年陕西师范大学优秀青年学术骨干资助计划的阶段性成果。

** 庄振华，1981 年生，陕西师范大学哲学系教授。

[1] Cf. Ernst Bloch, *Subjekt-Objekt. Erläuterungen zu Hegel*, Suhrkamp Verlag, Frankfurt am Main, 1985, SS. 317-318.

原则而倡导建立公民宗教,他也不像费尔巴哈的"泛神论"指责暗示的那样,①会为了迎合某种时代潮流才外在地将上帝融入现世之中。在"信仰与理性"这个传统的问题上,黑格尔当然秉持一种理性的宗教观,他认为宗教虽然有神秘体验的成分,但它的本质并不是什么个人之间以心传心的奥秘,而是它与艺术、宗教殊途同归地加以追求的真理。如果强为之名,我们可以称其为"哲学宗教"。

但在黑格尔看来,宗教虽然崇高,却并非自足的。如果人们仅仅局限在宗教的层面,以表象的方式把握这种秩序,这样的努力终归会失败。在现代,局限于表象这种方式的实定宗教如果一味守成,不向理性概念开放,注定是没有出路的。只有达到了绝对精神层面的德国哲学(实即黑格尔自己的哲学)才是成全宗教的合适的方式。相比之下,以此岸与彼岸相分离的"哀怨意识"②为标志的中世纪宗教反而是"上帝死了"的宗教。这些在浪漫派和保守主义基督教看来都"大逆不道"的观点,在当时乃至后世种种宗教意识形态的"思想市场"中很难得到适当的评价。但无论对黑格尔宗教观的看法如何,我们都必须先深入到黑格尔自己对于宗教与真理的深刻关联的洞察中去,在此基础上才能重新评估黑格尔的宗教观,并借以思考宗教在现代生活中的位置。③

一

黑格尔对宗教的关注是一以贯之的,他的思想起步于对原始基督教的思考,直到晚年还多次开设关于上帝存在的证明的讲座。这个发展过程有三个比较突出的研究成果:即家庭教师时期的原始基督教研究,《精神现象学》中的宗教研究,以及体系时期的宗教哲学(包括关于上帝存在的证明的系列讲座)。这三个研究中,虽然早期和晚期的研究各有特色,比如家庭教师时期的研究从排斥基督教的实定性,走向了对它的接受,而晚期讲座比起以往来更

---

① 参见费尔巴哈:《未来哲学原理》,洪谦译,北京:生活·读书·新知三联书店,1955年,第27页。
② Das unglückliche Bewußtsein,旧译"苦恼意识",这里采用先刚教授译名。
③ 在这一点上,布洛赫的一个观点可谓"虽不中,亦不远":在当代,对基督教的任何分析只要不考虑黑格尔的宗教哲学,就不可能有任何进步。Siehe Bloch, *Subjekt-Objekt. Erläuterungen zu Hegel*, S.360.

加突出了上帝的独立性,但《精神现象学》中的研究依然最为典型。原因在于,从发展史的角度来看,一方面它大不同于早期思想零散而不定型的状态,具有了深厚而稳定的形态;另一方面它奠定了体系时期宗教思想的大体框架,如果没有这部书中的宗教思想,《哲学科学全书纲要》中宗教的体系定位和《宗教哲学讲演录》《上帝存在证明讲演录》中的历史梳理都是不可想象的。从该书内容来看,它对中世纪教徒处身"上帝死了"之境的展示,它关于中世纪晚期信仰与启蒙看似两极对抗,实则在深层次上走向合流这种尴尬局面的分析,尤其是它对于局限在传统表象化方式内的实定宗教在这个理性化时代没有出路的尖锐揭示,无不令人震撼。《精神现象学》中的宗教分析足可算作对宗教的现代处境的系统研究。相比之下,体系著作虽然有对宗教更系统、更全面的探讨,却只是在已于《精神现象学》中成型的黑格尔宗教观内部进行的开展与历史回望,对于研究这种宗教观与现时代的关系而言,反而不如前者鲜明而集中。因此下文将分析的重点放在从早年到《精神现象学》为止的这段发展成形史上,尤其放在《精神现象学》的宗教研究上。

在伯尔尼担任家庭教师时,黑格尔的宗教观还带有相当浓厚的康德道德哲学的色彩。他对犹太教和天主教会显然是不满的,他所看重的似乎唯有原始基督教。他将耶稣的使命归纳为遵守内心永恒的伦理规律,[1]用康德的道德律改写了耶稣的"金律",[2]说只有伦理才是使上帝欢喜的唯一标准,[3]上帝之城便是道德规律在人们之中的统治,[4]道德是耶稣要灌输给犹太人的真正宗教,[5]一个人成为无形教会的公民,是由于他承认一个哲学体系的学说或承认道德,也就是自己加给自己道德义务。[6]

由于这一时期他坚持康德道德哲学,反对道德他律,所以他对实定性(Positivität)是坚决反对的。实定宗教从何而来?他认为并不单纯由于天主教的权威教阶制度,而是耶稣的学说本身就含有实定的习俗和传统一面,并

---

[1] G. W. F. Hegel, *Frühe Schriften I*. Hrsg. von Friedhelm Nicolin und Gisela Schüler. Felix Meiner Verlag, Hamburg, 1989, S. 210.
[2] Ebd., S. 221.
[3] Ebd., S. 222.
[4] Ebd., S. 253.
[5] Ebd., S. 309.
[6] Ebd., S. 310.

不单纯是从心(Herzen)出发的义务与道德学说。① 这个方面为后来的教会所用,遂使基督教堕落为实定信仰(positiver Glaube)。什么是实定信仰?"实定信仰是这样一个宗教命题的体系,它乃是因为由某种权威——我们无法拒绝使我们的信仰服从该权威——所提供,才应该是对我们而言具有真理的。"② 实定信仰的关键在于它是由权威从外面强加给我们的,而不是我们从内心出发自己给自己规定的。

针对这一局面,他并没有一味空喊抽象的道德。应该说黑格尔这个时期一直在寻求一种能表达他的"精神"立场的方法论,康德学说只是为这一立场所用而已,他似乎有一个若隐若现的预设:道德并不是最终的,它还有一个更大的语境或基础,那就是精神。他曾明言,对上帝的崇拜要建立在精神的基础上,理性和理性之花(道德规律)只有在精神中才能起作用,③耶稣寄希望于他死后存于使徒们心中的精神。④ 黑格尔从来不主张"自了汉"式的个体道德,他认为只有在合乎精神的客观环境之下,道德才是可能的、有意义的。而这种客观的语境不是别的,只是为时代所承认的一整套意义结构——既然是"承认",当然不是悬于时代与生活的变迁之上的僵死不变之物,而是随之一道变迁的。但他此时对精神并没有什么系统的规定。

在荷尔德林的帮助之下,黑格尔于1897年来到法兰克福。彼时荷尔德林的《许佩里翁》第一部已经出版。许佩里翁寻求的是一种在人心中又在人之外、充盈万物的生命和爱。这种生命在希腊人那里体现为美,或神圣的自然,而美的本质就是赫拉克利特所说的"在自身中相区别的一"。没有了美的单纯理性是得不出智慧的,而没有了生命,事物就什么都不是了。⑤

荷尔德林对黑格尔的影响是显著的。在黑格尔这一时期的著作中,爱本身成为统辖而又贯通主观与客观两方面的绝对者,爱就是上帝的化身,因此实定性作为客观方面,由否弃的对象变为扬弃的对象,历史与传统也成为被

---

① G. W. F. Hegel, *Frühe Schriften I*, Hrsg. von Friedhelm Nicolin und Gisela Schüler, Felix Meiner Verlag, Hamburg, 1989, S. 288.
② Ebd. ,S. 352. 这里的"应该"显然是一种反讽的说法,是假借教会的口吻说的。
③ Ebd. ,S. 213.
④ Ebd. ,S. 266. 这里的"精神"也就是"圣灵"。
⑤ F. Hölderlin, *Werke in einem Band*, Carl Hanser Verlag, München u. Wien, 1990, S. 289 ff.

扬弃者,也就是说,它具有一定的价值。黑格尔倡导以爱代替冰冷的理性道德规律,以生命代替概念。① 黑格尔说,理论的综合是客观的,实践的活动是主观的,只有爱才是与那既不进行统治又不被统治的客体的合一,爱就是上帝。② 宗教便是与爱合一,而爱是一个我们无法把握的奇迹:在被爱者中,我们见到我们自己。③ 这时黑格尔不再以道德规律来解读耶稣,而是以爱来解读:耶稣提出来替代犹太人的那种倡导绝对服从的异己道德的,并不是一种服从于自己的、自我强制的康德式原则,而是没有统治与屈服的、成为爱的特殊样态的道德,④道德是对律法的补全,爱是对道德的补全,因为爱扬弃了道德的一切片面性、相互排斥与一切限制。⑤ 由此可见,耶拿后期的"精神"概念在此已初具雏形,而宗教在这里并不是作为绝对精神的第二种形式出现的,而主要是黑格尔用来塑造与锤炼其精神概念的一个练习场地,正如同时期的政治哲学研究也可以视作这样一个练习场地一样。因此仅凭黑格尔此时的宗教研究,我们还远不足以看出他的宗教思想更深处的脉络。

二

这个缺憾在《精神现象学》中得到了弥补。该书的"自我意识""精神""宗教"三章分别在意识体验、文化世界和世界统一性的层面探讨了宗教的若干细部问题。

"自我意识"章的"哀怨意识"部分处于意识对世界由疑(古代怀疑主义)到信(近代理性)的关键过渡阶段,大致对应于中世纪基督徒的意识状态。为什么对世界的疑与信之间要以对彼岸天国的信仰作为中介?考虑到"自我意识"章与"理性"章其实都没有走出意识从自我出发看待他者(他人或世界)的模式,也就是说,考虑到对世界的疑与信同样都是在自我意识层面打转,似乎根本没有理由引入彼岸天国的维度,上述问题就显得更加迷雾重重了。这不

---

① G. W. F. Hegel, *Frühe Schriften*, Suhrkamp Verlag, Frankfurt am Main, 1971, SS. 326, 327.
② Ebd., S. 242.
③ Ebd., S. 244.
④ Ebd., S. 359.
⑤ Ebd., S. 362.

是一个简单的"历史事实"的问题，仿佛单纯由于历史上中世纪欧洲社会处在信仰的张力之下，所以黑格尔就要这样来描述意识的成长似的，因为信仰在哪个时代都有，反过来说，哪个时代的信徒也都有信仰所不能完全覆盖的一面。因此黑格尔这种笔法必有更深层次的理据。

其实从自我意识由于固守自身而在内外两方面分别导致斯多亚主义和怀疑主义两种困境，因而不得不将希望投向彼岸开始，直到在对"圣父—圣子—圣灵"三位一体结构的分析中自我意识发现上帝的崇高反过来依赖于理性的承认，因而走向近代理性，这整个过程彻头彻尾都是黑格尔站在内在性世界观的立场上进行的"反向投射"式解读，并没有真正像中世纪信徒那样以一种投向深渊的勇气向绝对者敞开胸怀，即便在理性活动时也抱着"类比"和"猜想"的谦恭姿态行事。因此在自我意识对世界由疑到信的过程中"转向"天国，并非自我意识真正舍弃自身并投向天父的怀抱，反而只是自我意识"虚晃一枪"，通过上帝的合理性（因为信仰的姿态与上帝的崇高性本身都需要以理性的认可为前提）来为世人增加信心，接受世界的合理性。因而在黑格尔的叙事中，哀怨意识实际上是自我意识由年少轻狂的那喀索斯式自恋状态（自我意识）走向拥抱与热爱世界的浮士德形象与堂吉诃德形象（理性）的过程中一个十分必要的步骤。但这种有着时代倒错嫌疑的误读并非没有意义，它正好尖锐地呈现了基督教信仰在现代面临的一个困境：人越是舍弃世界并热切地追寻上帝，越是找不到上帝的踪影（"上帝死了"①）；人反而只有在改变这种姿态，埋头于现世事工之中的时候，才能赢获踏实为上帝做工并保存上帝财富的信心。

然而所有这些都源自黑格尔那里通常被人忽视的一个要点，那就是在对自我意识的三种态度的分析中为近代理性埋下的伏笔。通常人们在解读哀怨意识时，容易将重点放在哀怨意识在此岸与彼岸隔离的这种张力下的情感状态，仿佛哀怨意识在历经多少个世纪的无望挣扎后，才幡然醒悟，将目光偶然转向世界，发现那其实是一笔以往被人忽视了的财富似的。如此戏剧化的

---

① 黑格尔原文为"Gott gestorben ist"，cf. G. W. F. Hegel, *Phänomenologie des Geistes*, neu herausgegeben von H. -F. Wessels und H. Clairmont, mit einer Einleitung von W. Bonsiepen, Felix Meiner Verlag, Hamburg, 1988, S. 490。黑格尔此话在写法和含义上都与尼采的"上帝死了"（Gott ist tot）颇为不同，二者的比较会是一个很有意思的研究。

偶然跳跃来描述近代的发生,这在黑格尔笔下是不可想象的。

第一种态度是,意识仅仅将自身当成具体的个别人格,并仰慕崇高的神,神虽然也是个别的,但不是具体的,因为神永远无法触及。每当人要触及神时,神就离开了。因为每次的接触只是确认并加深了我的有限感和个别感。人在哪里寻找神,就在哪里找不到神,因为对象已经预先被认作彼岸,凡是人在此岸能找到的一切,便必定不是神。① ——其实这种抱怨之语更多地是近代人的看法,不一定符合中世纪人的实情。实际上,对中世纪人而言,上帝永远作为我仰望的对象,而不一定在此生此世被我接触到,这是很正常的,也没什么不好接受的。这种抱怨背后的预设是,彼岸是一种障碍。

到了第二种态度中,意识放弃寻找这种对象,转而致力于确立自身生活的现实性,即通过欲望与劳动确定生活的现实性。上帝在天国,是虚无缥缈的,我虽然可以在内心尊崇他,但在实际生活中,这还不如通过劳动来确证我们这个世界的现实性,来得比较实在。可是这也只是一种遁词,因为此时的欲望与主奴关系时期的欲望不同。在主奴关系中,没有一个崇高的上帝在头顶,那个时候人想退回内心,就真正退回内心了;可是现在人一方面想通过劳动获得现实性,另一方面在内心里又不免谴责自己,因为上帝在天上看着他。此时的意识人不能自恃功高,以为单凭自己就能使世界如何如何;他只能对上帝感恩,在感恩中他才能与上帝达成和解。然而此时意识又真真切切地感受到,在这种感恩中他并不心服口服。黑格尔看到了这种表面的和解中包含着一种分裂。

第三种态度是,意识坚持自己的独立性,认为欲望、劳作、享受都是它自己亲身经历的,连真正的感恩也得由它亲力亲为,因此问题的根本还在于它自己,或者说在于人自己的理性。一个人天天辛苦劳作,给自己制造生产和生活资料,但教会教导说,这些东西都是上帝给他的,连他的劳作能力甚至思考能力也是上帝给的,于是让他感恩上帝。信徒发现这是教会营造出来的一个骗局,他就会认为真正现实的是他本人当下的生活,以及他的思想和言行。他也不像教会说的那样,只须信赖教会,其他事情无须承担多少责任。人是具有独立性的,是需要独立承担生存责任的。发现这一点,意识就达到了理

---

① Hegel, *Phänomenologie des Geistes*, S. 149.

性的层次,即"意识确信在其个别状态中就**自在地**是绝对的,或者就是一切实在性"①。这意味着,理性对事物的承认权优先于事物本身的存在。此时的人会想到,他的劳作与衣食住行是真切的感受;现在有人说这些东西是上帝给的,他即便相信这话,这种信赖也是真切的感受;最后连他对上帝的感恩也是他亲身经历的,那同样是真切的感受。然而有一点是贯穿这三个步骤而不变的,那就是这些事情都是由他做的,包括贬低自己、敬奉上帝,也是他做的。虽然他从头到尾都承认上帝崇高,即承认上帝的确高于他,但在这一点上,近代人与中世纪人有一点是不同的。在前者那里,人的承认权是第一位的事情,承认权是上帝本身在人的生活世界里显现为崇高形象的条件,而不是相反。也就是说,这个时候人已经执拗地把重心放在了这个世界上,准确地说就是放在了有权检验这个世界的人类理性上,不再接受一个自来就有效、无须任何检验与批判就成立的上帝了。这就将中世纪以上帝为先的那种秩序颠倒过来了。

对于信徒而言,这意味着什么?意味着延续多少个世纪的那种以鄙弃现世为美德的严格主义态度已经松动,人可以尽情热爱这个世界而不以为耻了。②

三

如果说"自我意识"章还只是从信徒内心的角度体验世界的分裂,那么"精神"章则在意义世界或文化世界的教化的层次上分析信仰。这种分析表明,基督教从中世纪到启蒙时代,一直陷入双重化世界这种异化状态,而且在这种异化状态下,信仰根本不可能在鄙弃俗世的同时洁身自好,它必定以某种隐蔽的方式受到它所排斥的那一方的习染。这种吊诡的格局在启蒙时代的表现就是,信仰也启蒙化了,它本身成为一种隐秘的启蒙。

在黑格尔笔下,整个中世纪基督教与启蒙时代,都是异化的时代,即世界

---

① Hegel, *Phänomenologie des Geistes*, S.156.
② 韦伯笔下的"新教伦理"显然信徒的这种态度转变的一种结果,他所看到的随之而来的"理性化""科层制""去魅化",其实也只是黑格尔在"理性"章中全盘且深刻描述的近代理性在社会、经济、制度等领域的表现。

分裂为两个貌似相互对立、实则相互支持的部分,这种分裂在中世纪表现为此岸和彼岸之间的张力,在启蒙时代则表现为启蒙与迷信的斗争。我们先看中世纪的情形。上述异化状态在中世纪表现为国家权力与财富、高贵意识与卑贱意识、信仰与纯粹洞见之间的分裂这几种主要的形态。这种种分裂都有一个共同点,那就是双方看似对立,实际上是以对立在掩盖某种更深的共同性。

基督教世界并不仅仅满足于教会内部的自我管理,它要打破古代的全部自然秩序,以一种类似于罗马法权社会的"上帝面前人人平等"的结构来安排全社会,而要实现这一目标,就必须对所有人实行教化。教化的实质是将人的自然属性降低为非本质差别,加以边缘化,而仅以上帝这一普遍实体作为标准,"个体的力量就在于它使自己符合于它(指实体——笔者按),亦即它把自己从它的自身(Selbst)外化出来,从而把自己设定成对象性的、存在着的实体"①。

这种教化的目的是让人遏制世俗的欲望,一心归向上帝,它所形成的社会秩序表面看来非常合理,因为上帝通过教会认可国家权力这一"善"的代表,而国家权力则将人们的世俗欲望(财富)限制在一定的范围内。这样一来,国家权力正义凛然,高高在上,财富则自惭形秽,真心归服。但这不过是表面印象,因为善与恶的地位会发生两轮颠倒:善与恶在国家权力与财富身上首先会发生角色颠倒,因为国家权力并不贴近于个体存在,而财富反而证明自己不是纯自私的,而总是通过表面的自私在促进共同的福利;但很容易看出,这里颠倒的善恶仅以与人自身的关联为标准,它反映不出事情本身的实体性,一个正直的人会发现他在财富中得不到其普遍本质,他实际上只能在国家中寻得自己的根源与本质,于是善恶又颠倒回去了。

这种反复的颠倒迟早会被人们识破,人们发现问题的关键并不在于是热爱权力还是热爱财富,而在于是否有公义之心,即人们是从事情本身出发,将权力与财富当作上帝的赐予,还是从个人一己出发来看待它们,这两种态度分别叫作高贵意识与卑贱意识。高贵意识是为国家权力服务的,而且认为国

---

① Hegel, *Phänomenologie des Geistes*, S. 325. 从德文字面来看很明显,黑格尔认为"自身"才是真正的实体,而那"设定"而成的实体反而是一种异化。

家权力是它自家的事,所以它甘愿效劳,而且它认为自己的服务不是为了私利,而是为了公义。这反映出中世纪骑士与贵族的想法。这就是说,高贵意识已经认识到国家是普遍的实体,但此时国家的生命力还取决于这些高贵者的服务,还没有取得独立的自我意识。中世纪的许多君王和臣僚们还没有认识到,他们的国家是一个可以与平民、僧侣和贵族相抗衡的独立的层面,他们基本上没有这种意识。君王和他的贵族、骑士等结成一体,是一个阵营的,这些人都自认为高贵,认为是上帝派他们去治理人民的,而且自觉地为了他们的高贵意识去生活。这些人运用国家权力,支配国家与财富,这也不是因为他们一己的贪欲和享受。相反这些贵族认为,出于贪欲和享受去做事乃是卑贱者才有的行为。而他们自己则是为公的,为上帝的事业服务的,这就是高贵意识。高贵者必须时时警醒自己,重视道德修为,使自己不受私欲的支配,才能保持自己的高贵性。但这其实是很难达到的一种理想,因为每个人心中其实都有卑贱意识的残余。人总有自己自私的一面,所以高贵者必须时时鞭策自己。而且正如国家权力与财富之间的关系一样,高贵意识与卑贱意识之间实际上是相互支撑的,人们迟早也会识破这一点。

按照黑格尔的看法,异化世界的教化总是教人如何将现实生活中的是非予以颠倒,这事实上并不会直接建立起基督教所希望的理想秩序,反而会造成普遍的混乱,或者说会造成人们在两极之间不知所从,更容易造成人们普遍的言行不一。这绝不是说中世纪是一个善恶混淆或是非不分的时代,而是说因为人和人的本质是隔离开的,是被尘世与天国撕裂开的,人的整个生活都必须经过上帝的中介,那么人自然本有的东西当然就被颠倒了。

要摆脱混乱,只有彻底否弃混乱,也就是洞见世俗生活的"虚假",一心归向信仰。此时出现了纯粹信仰与洞见相辅相成的局面。信徒们认识到,万物都应以上帝为转移,都以赞美上帝为本质,与此无关的或干扰这种本质的就是表面的、干扰性的东西。于是意识就需要洞穿那表面干扰性的东西,看到事物符合于上帝要求的那一面,这就是纯粹洞见。纯粹洞见与信仰的相辅相成表现在:如果没有纯粹洞见,有了信仰也是空洞的、没有效力的;反过来看,如果失去了信仰作为支撑和尺度,纯粹洞见便会失去方向,不知向何处用力。然而在实际生活中,二者未必会像人们希望的那样相互配合。纯粹洞见是洞察到世俗事物皆为不真实的现象,是无内容的否定性。而信仰则是对另一个本质世界的信赖,是有内容而无洞见的。然而信仰并不一定信赖洞见。它自认为是直接朝向绝对本质的,直接拥抱绝对本质的。这样直接把握绝对本质,便不需要有洞见。二者之间的均势其实无法长期维持。

于是纯粹洞见便向启蒙转化。但这里不是只有纯粹洞见这一方在转化,而信仰不转化,而是整体结构的变化。在下一个阶段,原先的纯粹洞见和信仰这两者的张力会转化成启蒙与它眼中的迷信的对立。黑格尔说:"于是它(指纯粹洞见——笔者按)就从事于扬弃一切**不同于**自我意识的独立性,不论后者是现实的东西或是**自在**存在的东西,一律予以扬弃,并使之成为**概念**。"①这里已经预示出,启蒙表面上看似客观、公正的知识进步,实际上只以人自身为取舍,因为人自居于最崇高的理性存在者的地位,一切都不再具有其自身本有的意义,都只以它对于人所持守的理性是否有用为取舍,包括宗教本身也是如此。

在启蒙看来,信仰信而不思,它的本质只是想法(Gedanke),即主观的认定,而不是概念(Begriff),不是经过理性审核而有效准的东西,是一种与自我完全相反的东西,而启蒙的本质却是自我,故而二者相互否定。启蒙实际上是与自己的蒙昧的斗争,因为只有在它自己那种以理性审核一切的眼光下,以往未经审核的状态才显得是蒙昧。启蒙攻击信仰的理由是:信仰所以为的绝对本质乃是意识的创造,信仰是一种虚构,一种谬误。但信仰并不认为这是"谬误",因为信仰上帝正是将自身完全托付给上帝,信仰的核心就是信而不疑。在论辩过程中,启蒙首先将信仰对象感性化,试图以奇迹与感性世界的不相容或者圣经故事的不可靠之类的论据来辩驳信仰。②启蒙也蔑视信仰抛弃世间财物的做法,认为后者自身是有益而合目的的。在启蒙看来,因为彼岸是空虚的,那么世间万物的意义就在于它们相互之间的功能关系,尤其是它们对于人的有用性,因为人是唯一意识到了这种利益格局而可以快乐遨

---

① Hegel, *Phänomenologie des Geistes*, S. 354. 译文参考了贺麟译本,见黑格尔:《精神现象学》下卷,北京:商务印书馆,1979 年,第 77—78 页。以下引文也有参照该译本之处,不再一一说明。
② 其实这种被妖魔化的对象根本不是信仰真正的对象,那些感性形象只是信仰的真正对象的一种外在表现,既不重要,也未必准确。可惜此时的信仰本身也不一定意识到这一点,它在启蒙的强大攻势下左支右绌,忙于防守,居然开始论证它其实是符合理性的有用性原则的,这便从一开始就已经是向启蒙的投降了。另外需要注意的是,其实青年黑格尔派(如费尔巴哈、马克思、D. F. 斯特劳斯)的宗教批判都沿袭了这个路数。

游于世的。它甚至将宗教拿来为其所用,因为宗教"是**纯粹的有用本身**,是万物的持存,或者它们的**自在自为的**存在,以及万物的倒塌,或者它们的**为他者存在**(Sein für anderes)"①。这就是说,抓住了宗教,就抓住了人们诚心诚意愿意为之牺牲一切的东西,等于抓住了一切有用之物。可见理性非常乐意将上帝也编织到"有用性"的网络中去,认为世人与上帝之间也是"有用性"的关系。

这种做派不免令信徒憎恶。但启蒙也确实有这样做的权利,因为它是利用信仰本有的缺陷,在以子之矛攻子之盾。比如启蒙表象性地看待三位一体,将三个位格当作三种现成的形象,并批评这种"一体"的荒谬,这并不是因为启蒙的思想有多高明,而是因为它的对手——信仰本身也没有概念化地把握三位一体,而同样将其表象为三种感性存在了。启蒙与信仰都在以理性维护自己认定的某一幅思想图景,二者所不同者,只是前者努力证明三种形象的分离,而后者则极力强调它们的合一。可见启蒙的"有用性"思维其实同时支配着启蒙与信仰这双方(双方都只取对自身论证有利的因素来加以利用),因而成了启蒙无往而不胜的利器。

世间事物被启蒙夺走之后,信仰发现启蒙关心的那些事物虽然有限,却很实在,而它自己只剩下了一个空虚的彼岸。而它之所以认为彼岸空虚,是因为它已经被启蒙矮化了,失去了它真正宝贵的东西,它变成了另一形态的启蒙:未得到满足的启蒙。②

四

如果说"自我意识"章对哀怨意识的讨论表明意识在俗世与天国分离的前提下找不到归宿,只有世界才是它自己的家园,"精神"章对异化世界的分析又表明信仰在与启蒙的争执中已经失去了它本来的面貌,被启蒙浸染,成了巩固启蒙的一种方式,那么宗教在将意识、世界这两个层面拱手让于理性之后,原本指望在世界的统一性(绝对精神)这个最深的层面侥幸保存其遗产

---

① Hegel, *Phänomenologie des Geistes*, SS. 371-372.
② Ebd., S. 378.

的那种想法,恐怕也要落空。原因在于,"宗教"章将中世纪以来关于"信仰与理性"(以及"信仰与知识")的争论推进到了极致:黑格尔认为宗教由于局限在"表象"这种把握真理的方式中,因而不可能完全摆脱实定性,这虽然有利于接引普通教徒,却也构成了局限宗教本身的"天花板",使得它始终与黑格尔眼中真正本己意义上的把握真理的方式——概念式把握——隔了一层,如果宗教不走向哲学,它便没有出路。换句话说,信仰如果不明确地以理性化的绝对者或理性化世界的统一性为目标,而指向种种实定因素(如奇迹、天国、圣职、仪轨等),便是失败的。

总体来说,团契依然是以表象的方式来理解其对象,它即便有限地理解了现实的精神性(*die wirkliche Geistigkeit*),[①]这种理解在现实事物与绝对本质形成的张力中也很容易被分化为其中的某一极。为了说明何谓"分化",黑格尔还举了圣父("纯思维要素")分化出圣子的例子来作类比。另外,团契对于自身的性质缺乏清楚的认识,人们往往只是出于习俗、家庭惯例等外部原因才信教,团契成为一种代代相传的建制,却并不反思自身陷入表象思维后不利于追寻真理这一事实。

在宗教界的一些精深的思想中,自我意识对于人与神的相互内在化以及逐步加深的主体化过程已经具有了相当深刻的"知识",它也深知出离自然定在的表面而追求绝对本质对于自身生存的重要性,并理解到,绝对本质自身也是一种绝对的自我意识。然而只要还处在宗教的层面,这种绝对的自我意识终究还是被人当作一个远远超出他自身的他者,而现实世界的统一性在他看来并非现实世界本身使然,而终归是那个他者的恩赐。这样一种高低差距虽然有利于人自觉地克制他的自然欲望和自然定在,努力向上提升,最终反过来构成了一道无法突破的天花板,妨碍他理解现实本身就含有无限性,妨碍他了解世界的内在化对于绝对本质的自我完善的必要性。

这样一来,人们就形成了诸多不可动摇的信念,天长日久,这些信念就固化为一些必须尊重和遵循的观念传统,并反过来阻碍人们从概念上理解意义世界本身的根据。基于此,黑格尔还逐一考察了宗教意识对于和解、满足、爱、现实等重要问题形成的一般观念,以展示宗教的局限性。

[①] Hegel, *Phänomenologie des Geistes*, S. 513.

在宗教意识中，人们虽然相信绝对本质作为实体会外化其自身并体现于世界之中，然而同时又认为他自身的自我意识与上帝的那些活动并无内在关联，自己内心的活动终究是"自由"的、私人的。有了包围内心世界与私人生活的这堵墙后，绝对本质与人的自我的这种统一终究只是自在的（潜在的），而不是现实的，因此人们对于人与神的和解的理解必然停留于表象的层次。

人与神的疏离感注定了他在现世无法得到满足，而只能寄望于彼岸和遥远的将来（如对于末世审判的盼望）或过去（如对于伊甸园的怀念）。这一点在团契生活中也有表现：正如耶稣这个神—人自身就包含着分裂，因为他的父亲是一个自在存在的天国圣父形象，而他的母亲则是现世的女性，团契这种普遍的自我意识以现实的行动与知识为"父亲"，同时又以永恒的爱为母亲，后者是一种良好的愿望，人们只能在内心中因这种愿望而感动、鼓舞，却无法将它当作可找到的直接对象。

人与神、世界与绝对精神的和解在现实中是找不到的，和解只在内心的盼望中。而即便在内心中，和解也只能被寄望于遥远的彼岸世界，因为即便内心世界也受到信、望、爱这重重张力的撕扯，这些字眼虽然崇高感人，但其实都包含着人与神的分裂乃至对立作为它们的内部规定性。

与此相应，现实世界就永远被视作一个有待被拯救的低劣与不洁之地——这令我们想起尼采所批判的"柏拉图主义"。自我意识当然相信现实世界在根本上与神圣本质是一致的，神圣本质也是爱现实世界的，但这些终究只是就自在的或应然的意义上说的。自我意识在现实生活中始终无法当下体察到绝对精神的现实存在。换句话说，团契当下的直接意识与它的宗教意识是分离的。

至此，不论从意识自身的体验来看，还是从宗教在文化世界中的教化功能来看，或是从作为终极追求的宗教生活来看，黑格尔都彻底完成了对普通信徒那种朴素地仰赖实定因素过活的状态，以及浪漫派一厢情愿地崇奉永远达不到的彼岸状态的那种哀怨情怀的拒斥。这种看法无疑会令正统主义神学家们恼羞成怒，但如果正统主义仅仅将问题归结为黑格尔个人的"离经叛道"，那无疑也太天真了，因为黑格尔的工作本质上只是将时代本身的问题揭示给我们了，而不是在"信仰与理性"这两造之间"选边站"，更不是提出了什么别出心裁的观点。黑格尔分明让我们看到：中世纪晚期以来的宗教本身就不断在为它走向哲学作准备,只有哲学才是现代把握真理的适当方式。在这个意义上我们可以说,黑格尔认为宗教在现代语境下已经走向终结了,正如他认为艺术自古代以来已经走向终结了。——当然,这并不意味着宗教和艺术在现代不再存在,或者失去了意义。

Hegel on the Modern Situation of Divine Life

Zhuang Zhenhua

Abstract: The analysis of unhappy consciousness in *Phenomenology of Spirit* makes clear that believers' hope for the heaven beyond is dominated by the consciousness that his object of God is already dead. This will split the consciousness both inside and outside. The investigation of this book into the culture of Middle Ages and into enlightenment's critique of belief tells us that belief could never stand on its own, it had always been remoulded by its opponent, it became even one variant of enlightenment at early modern time. In the chapter named "Religion", Hegel thinks that Religion as a form of grasping truth always cannot overcome the defects of representation, belief must take philosophy as its end, otherwise it would find no way out. Hegel's relevant thinking on the levels of the experience of consciousness, the world of culture and the unity of world could be contentious, but this will not eliminate its meaning for reminding us the modern situation of Religion.

Key words: Hegel, religion, God is Dead, representation

书讯

《新辩证法与马克思的〈资本论〉》

[英]克里斯多夫·约翰·阿瑟著,高飞译

北京:北京师范大学出版社,2018年

　　克里斯多夫·约翰·阿瑟(Christopher John Arthur),1940年出生于英国伯明翰,先后在诺丁汉大学、牛津大学学习哲学,1965年任苏塞克斯大学哲学讲师,现已退休,但仍继续从事辩证哲学的研究工作。作为"新辩证法"的重要代表人物,其代表作有《新辩证法与马克思的〈资本论〉》《劳动辩证法》等。体系辩证法和价值形式理论是近年来西方马克思主义理论研究中出现的两种新趋势。这两种新趋势可视为滥觞于20世纪末的黑格尔哲学在西方再度强势回归的理论产物。其中最具代表性的成果之一当属提倡"新辩证法"的理论旗手克里斯多夫·阿瑟的《新辩证法与马克思的〈资本论〉》一书。

　　马克思、恩格斯和列宁都曾经强调过黑格尔逻辑学之于《资本论》的重要性。阿瑟《新辩证法与马克思的〈资本论〉》最为突出的理论贡献在于该书详细比照了黑格尔逻辑学与马克思的《资本论》,从而为理解马克思与黑格尔辩证法之间的关系提供了有益的启发。在这本书中,阿瑟试图将体系辩证法和价值形式理论二者内在地勾连起来,从而通过一种"价值形式的辩证法"来重新审视黑格尔逻辑学与马克思《资本论》的内在关联,进而开辟出一条不同于传统马克思主义理论的新路线。此书对马克思的《资本论》进行全新的解读,包含认知性和建构性两方面内容。就认知性内容来说,作者严格区分了体系辩证法与历史辩证法,《资本论》的研究对象是作为既定总体的资本主义,而非从简单商品生产到资本主义商品生产的历史发展过程,所以,我们应以体系辩证法解读《资本论》。就建构性内容来说,作者认为,马克思在《资本论》中并不清楚他是如何利用黑格尔的,我们应借助黑格尔《逻辑学》的体系辩证法来重建马克思《资本论》的逻辑结构。此书对于马克思著作所进行的重建,有助于读者重新理解马克思著作的逻辑结构,具有重大理论价值。(韦世博)

宗教的现实与现实的宗教
——试析马克思宗教批判的逻辑[*]

谢永康[**]

提　要: 马克思的宗教批判可以放在近代思想尤其是德国古典哲学的传统中来考察。康德、黑格尔等理性主义者在理性的框架和限度内考察宗教,让理性主体为宗教信仰提供真实性标准,而费尔巴哈则将这个标准的来源进一步推进到感性的人。马克思承接了这条线索,但将费尔巴哈的感性的人扩展到了社会现实,并将宗教作为与现实紧密相连的意识形态来批判。马克思早年就指出,犹太人问题中的宗教内容,实质上是市民社会的现实原则,而晚年马克思分析商品的时候,则揭示出商品作为人类劳动产品,一开始就具有拜物教的属性。在马克思这里,宗教批判不仅是一个重要问题,而且提供了一个现实批判的模型。

关键词: 宗教批判　理性　人类学　现实

尽管马克思早已声称扬弃了宗教,将青年黑格尔派的宗教批判转换到了现实批判,但是马克思哲学却始终与不同意义上的宗教相纠缠。以至于后来有人认为马克思的整个批判工作实质乃是对抗现代社会中的拜物教,有人则在唯物史观和政治经济学批判中读出了"救赎历史"的结构,又有人反过来认

---

[*] 本文属于海南大学科研启动基金项目(项目名称:新时代马克思主体和自由哲学建构研究;项目编号:KYQD[SK]1922)。

[**] 谢永康,1978年生,海南大学社会科学研究中心教授。

为宗教必须包含"无神论"的内核,有希望的地方便有宗教,因此马克思哲学与一种无神论宗教是兼容的。① 这些显然已经挑战了我们通常对马克思宗教批判的理解,因为宗教已不仅仅被理解为一种供统治阶级利用的幻觉和谎言。宗教反而被思考为真实的东西,其真实性甚至深入到马克思哲学和人类存在的基本境况之中。正如马克思一生的批判对象是资本主义,这恰恰不意味着将其宣布为腐朽过时的社会存在方式而完成了批判行动,反倒是随着批判的深入,愈发不得不严肃对待其坚硬的真实性。一般来说,真正的批判首先即肯定了对象的真实性和严肃性,在此前提下来讨论对象的虚假性才是有意义的。因此,马克思的宗教批判应当有其尚未完全展开的部分,而这必定又与其批判逻辑的疑难有关。如果我们不愿将马克思的宗教批判当作简单的否定打发掉的话,就必须对其逻辑和运作方式做进一步分析。

一　宗教批判的话语转换

毫无疑问,"人民的鸦片"和"意识形态"是马克思对宗教的基本论断,而在阶级理论框架中来看,这一论断尤其具有激进色彩。在近代中国知识分子的眼中,鸦片又与资本主义的殖民扩张过程中一个更加具体的阴谋直接关联起来,与大清国运的衰落和中国人民的苦难直接关联起来,宗教就一度显得更加面目可憎。然而如果我们深究马克思的论断,便不难发现这种理解和态度的片面性。马克思在《〈黑格尔法哲学批判〉导言》中说:"宗教的苦难既是现实苦难的表现,又是对这样现实苦难的抗议。宗教是被压迫生灵的叹息,是无情世界的感情,正像它是没有精神的状态的精神一样。宗教是人民的鸦片。"②我们不难在马克思的这段话中读出统治"工具"之外的内容,即宗教与现实的紧密关联以及其中所包含着的激进内容。吸食宗教鸦片的人民并不完全是一副羸弱的形象,反倒像冷漠世界中最后的激情和革命的潜力。事实上鸦片也是一种镇痛药品,而疼痛则是一种无比真实而有爆发潜力的感觉。

---

① 参阅卢卡奇:《历史与阶级意识》,北京:商务印书馆,1992年;洛维特:《世界历史与救赎历史》,上海:上海人民出版社,2006年;布洛赫:《希望的原理》(第一卷),上海:上海译文出版社,2012年。
② 《马克思恩格斯全集》第1卷,北京:人民出版社,1956年,第453页。

所以对于马克思来说,宗教批判并非简单地宣布这种药剂的暂时性和虚假,而必须同时揭示其与现实生活之间的真实连接,以及其真实性和虚假性之间的关系和限度。这也正是意识形态批判的任务,因为即使作为"虚假的意识",意识形态也是客观现实的反映。

这样我们就不难将马克思的宗教批判与一般意义上的哲学批判关联起来。因为在马克思的前辈那里,尤其是在从康德开始的德国古典哲学中,批判一般而言就是对真实和虚假的审查,是对批判对象的有效性范围的划定。然而在不同哲学家那里,批判的内容又因立场的差异而各有不同。从康德到马克思,我们至少可以粗略地区分出两种不同的批判模型,一是以康德和黑格尔为代表的理性批判模型,一是费尔巴哈和马克思为代表的人类学批判模型。在康德和黑格尔那里,宗教的真实性和虚假性均通过理性的标准来判定,而在费尔巴哈和马克思这里,真实和虚假则需要参照一种非思辨的人类学存在。当然,这些批判均已然将宗教的神圣内容纳入世俗事物的标准之下了,或者说都在一定程度上非宗教化了。

康德说:"宗教(从主观上来看)就是把我们的一切义务都认作是上帝的诫命","如果一个人只是把自然宗教宣布为道德上必需的,也就是说,宣布为义务,那么,他也可以被称做(信仰事务上的)理性主义者"。[①] 这种宗教简直就是一种纯粹实践理性的概念,信仰只有通过纯粹实践理性才能被纳入宗教的范畴,因此我们可以有很多信仰,却只能有一种宗教。反过来说,超出纯粹理性限度的信仰,本质上就应该是迷信了。然而,尽管康德将宗教与道德连接起来,但仍然割裂了知识和信仰,而这在黑格尔看来是必须被克服的。黑格尔早年对近代哲学精神的诊断就纠缠于这个问题,他认为需要立足于一种绝对哲学将二者统一起来。后来黑格尔这样表述哲学与宗教的关系:"宗教的对象,犹如哲学的对象,是其客观性中的永恒真理","宗教与哲学相契合。实际上,哲学本身也就是对上帝的事奉,也就是宗教,因为它无非是在其对待上帝方面对主观臆说和评判之摒弃。因此,哲学与宗教相等同;其差异在于:哲学诉诸自己的方法,即不同于通常称之为名副其实的宗教方

---

① 李秋零主编:《康德著作全集》第 6 卷,北京:中国人民大学出版社,2007 年,第 155—156 页。

法者"。① 黑格尔无疑超出了康德对宗教规定,但是就其将上帝与绝对精神相等同而言,黑格尔也是一个宗教上的理性主义者。这一立场本身就意味着对宗教的批判,因为通过理性将普通信仰中主观、虚假的内容剥离出去或者扬弃掉,使得宗教的本质是可以把握的,从而神圣的对象也就只能是理性的对象。然而就宗教本身来说,这一努力恰恰错失了真正宗教的内容,错失了神圣的东西。因为"理性概念根本不能穷尽神这一观念,它们在事实上指称着某个非理性的或超理性的主体(Subject),而这些性质不过是这个主体的属性(predicates)而已。……那个主体的更深本质却不是,也不能靠它们来得到领会,而只有靠一种全然不同的领会"②。神学家奥托的这个观点,根本上否定了理性地探讨宗教事物的可能性,这历来不乏认同者,至少雅可比、克尔凯郭尔均属此列。与此相对,理性主义者就显得激进了。

  康德和黑格尔在宗教问题上的激进态度在于其将神圣性归结为世俗的理性,正是理性才保证了宗教内容的真实。而反过来说,宗教内容与理性的等同,也使得后者具有了某种宗教的色彩:无论在康德还是黑格尔那里,支持着宗教内容的理性都具有某种绝对性和永恒性。严格说来,这种理性并不为人类所拥有,反倒是绝对的理性拥有人类,正如在宗教中,信仰者不过是被神抓住,而绝非由人自主决定信仰或者不信仰。所以从世俗化程度来看,理性主义的宗教批判仍然是不够彻底的,而进一步的批判必然指向理性本身的超越性,并且这一推进必定导致一种批判模型的转换或者批判层级的递进,因为宗教和理性不仅被当作与人类学主体的相关项而被检查,而且是作为人类生活中的"意识形态"而被检查。

  我们知道,这一递进过程是由费尔巴哈和马克思来完成的。如果说古典哲学家将宗教限定在形而上学的理性主体(Subjekt)之上,那么费尔巴哈则试图将这个主体替换成感性的人(Mensch)。费尔巴哈说:"宗教根源于人跟动物的本质区别:动物没有宗教。"③宗教的基础是人的对象性存在。费尔巴哈

---

① 黑格尔:《宗教哲学》,北京:中国社会出版社,1999年,第17页。马克思曾准确地指出黑格尔那里宗教的本质,或者说"宗教之作为宗教",乃是哲学。参见马克思:《1844年经济学哲学手稿》,北京:人民出版社,2014年,第108页。
② 鲁道夫·奥拓:《论"神圣"》,成都:四川人民出版社,2003年,第2—3页。
③ 费尔巴哈:《基督教的本质》,北京:商务印书馆,1984年,第29页。

的这个观念可以说正是将观念论者的自我意识理论颠倒过来,如果说自我意识必须能够始终伴随着所有对对象的意识,那么似乎也可以反过来说,所有对对象的意识也必须伴随着自我意识;自我意识是无法仅仅就自身而被设想的,必须表现为对象意识,所以费尔巴哈主张对对象的意识实质就是人的自我意识。费尔巴哈无法设想一种非对象性的自我意识,因此他认为自我意识无非是意识到作为对象的自身,而这个作为对象的自身乃是要异化到意识主体对面的东西。宗教就意味着人将自身的无限本质作为对象,所以费尔巴哈认为归之于宗教的东西,原本应该归之于人。"人使他自己的本质对象化,然后,又使自己成为这个对象化了的、转化成为主体、人格的本质的对象。这就是宗教之秘密。人把自己看做对象;不过是作为一个对象的对象,即另一个存在者的对象。在这里就是如此。人是上帝的对象。"①如果说,康德和黑格尔那里"宗教之作为宗教"乃在于客观的理性,在于哲学,那么费尔巴哈则要将这个根据推进到感性的人。但从形式上看,费尔巴哈的工作乃是理性主义的一个延续。正如费尔巴哈所自觉到的:"我们对宗教的态度,决不仅仅是一种否定的态度,而是一种批判的态度;我们只是把真的东西与假的东西分开来——当然,与谬误分开来以后的真理,毕竟是一个新的真理,是一个跟旧的真理有本质区别的真理。"②这个真理就是人性,借用纳托普的话来说,费尔巴哈主张一种"人性范围内的宗教"。

人性是宗教的本质,但并非是宗教本身所主张的真理。因为就宗教一方看来,"这里所说的他的本质,却并不被当作他自己所固有的本质来看待,而是被当作一个另外的、跟他区别开来的、甚至正跟他相对立的存在者;这里面,就包含了宗教之不真、宗教之限制、宗教之与理性及德性相矛盾,就包含了宗教狂热之祸根,就包含了残酷的人祭之至高无上的、形而上学的原则,简言之,也即包含了宗教悲剧中一切残虐、一切令人战栗的场面之原始根据"③。在费尔巴哈看来,宗教信仰的对象的超越性实质乃是一种人类活动异化所造成的陌生性,而这种陌生性所带来的除了有限人类需要的庇护之外,还有各

---

① 费尔巴哈:《基督教的本质》,北京:商务印书馆,1984 年,第 63 页。
② 同上书,第 349 页。
③ 同上书,第 262 页。

种蔑视人类的现象。这就是宗教之非真实的一面。费尔巴哈不仅主张宗教的真实性在于其与人的本质相关,而且主张宗教的非真实性乃是人与自身相疏远的结果。这种理论模型显然来自黑格尔的外化理论,并且直接运用于黑格尔哲学本身,这样费尔巴哈就不再内在地批判黑格尔,而是将其整个体系作为人性的异化形态。

费尔巴哈对宗教批判的推进在于,由于将立足点转移到人类学主体,便将宗教的真理与哲学的真理之间的内在关联和肯定关系变成了一种外在关联和否定关系。也就是说,即使是宗教中的真理,也仅仅是从对象中还原到人本身才是可理解的,宗教的真理与真理本身之间是一种间接关系;宗教中符合人性的内容并非就是人性,其中的尺度并不是理性的,而只能诉诸直观。费尔巴哈厌恶观念论者思辨的烦琐,更倾向于用浅白的事实说明问题。那么经过批判之后是否会出现一种肯定人性的或者说人道的宗教呢?在存在的意义上说,宗教是人类区别于动物之所在,人对神的崇拜可以还原为对人自身本质的崇拜,但一旦宗教被颠倒回来之后,宗教被以人本学的方式祛魅之后,宗教的存在似乎就成问题了。费尔巴哈曾说:"新哲学替代了宗教,它本身包含着宗教的本质,事实上它本身就是宗教。"① 但我们已经不能设想一种作为宗教的新哲学,因为一种失去了超越性的宗教就已然不是宗教了。

二 作为意识形态批判的宗教批判

费尔巴哈的宗教批判模式深深地影响了青年马克思,以至于他后来需要专门向费尔巴哈道别。马克思在《1844年经济学哲学手稿》中曾说:"费尔巴哈是唯一对黑格尔辩证法采取严肃的、批判的态度的人;只有他在这个领域内做出了真正的发现,总之,他真正克服了旧哲学。"② 在此,我们可以说马克思高估了费尔巴哈的哲学工作,这不仅是因为费尔巴哈的对象性理论仍然无法摆脱黑格尔外化理论的阴影,而且马克思自己也已然做出了超出费尔巴哈的努力。在宗教问题上,马克思曾批评道,"费尔巴哈把宗教的本质归结于人

---

① 费尔巴哈:《未来哲学原理》,北京:生活·读书·新知三联书店,1957年,第80页。
② 马克思:《1844年经济学哲学手稿》,北京:人民出版社,2014年,第92页。

的本质。但是,人的本质不是单个人所固有的抽象物,在其现实性上,它是一切社会关系的总和"①。按照一般的说法,直到此时,马克思才开始自觉地反省和批判费尔巴哈,但事实上我们无法在马克思思想发展过程中画出一条清晰的分界线,以标定马克思转而离开费尔巴哈的时间。更加可理解的反而是,马克思思想中始终存在着费尔巴哈的要素,尤其是人本学和唯物主义要素,但是脱离费尔巴哈的迹象在马克思的早期著作中就早已出现。或者说,马克思自觉地提出与费尔巴哈分道扬镳,这必定是经过了长时间的酝酿。事实上马克思早年对宗教问题的切入方式已经表明了其与费尔巴哈之间的差异。

早在《〈黑格尔法哲学批判〉导言》中,马克思就说,"人创造了宗教,而不是宗教创造了人。就是说,宗教是那些还没有获得自身或已经再度丧失自身的人的自我意识和自我感觉。但是,人不是抽象的蛰居在世界之外的存在物。人就是人的世界,就是国家、社会。这个国家、这个社会产生了宗教,一种颠倒的世界意识,因为它们就是颠倒的世界。"②可见,马克思考虑宗教的思路源于费尔巴哈,认为宗教不过是人的本质力量的异化,但是其从一开始就是从国家和社会的角度切入问题的,这就是其区别于费尔巴哈的地方。马克思在《关于费尔巴哈的提纲》中又重复了这一点:"费尔巴哈没有看到,'宗教情感'本身是社会的产物,而他所分析的抽象的个人,是属于一定的社会形式的。"③换言之,如果仍然停留在抽象的个人之上,那么就还不算做彻底的宗教批判,因为人的确是整个人类世界的创造者,但这个人乃是"现实中的个人,也就是说,这些个人是从事活动的、进行物质生产的,因而是在一定的物质的、不受他们任意支配的界限、前提和条件下活动着的。"④无疑,宗教批判更进一步的任务乃是辨析其与现实的人类活动和社会条件之间的关系。这样我们就正式转入马克思哲学的语境,即意识形态批判的语境。应该说,这一批判模型是在写于1845年的《德意志意识形态》中正式提出的,作为历史唯物主义的一部分。但是这并不意味着这一模型只适用于之后的著作,而不需要考虑之前的准备和诸多批判实践。相反,我们需要立足于此时的著作明确

---

① 《马克思恩格斯选集》第1卷,"第六条提纲",北京:人民出版社,1995年,第56页。
② 同上书,第1页。
③ 同上书,第56页。
④ 同上书,第71—72页。

马克思自己的批判方法，以把握其整个批判的过程，包括马克思在此之前的宗教批判。

如列斐伏尔多次强调，宗教批判在马克思的意识形态批判中占有重要地位。这一方面是因为青年马克思的同时代人，尤其是青年黑格尔派都将"整个哲学批判局限于对宗教观念的批判"，"青年黑格尔派则通过以宗教观念代替一切或者宣布一切都是神学上的东西来批判一切。青年黑格尔派同意老年黑格尔派的这样一个信念，即认为宗教、概念、普遍的东西统治着现存世界"。① 所以，马克思要脱离青年黑格尔派，就必须承接这一主题，准确说是扬弃这一主题，将宗教批判转换为意识形态批判。但同时，"在马克思看来，一般的宗教（声称具有普遍性，声称代表人类和人种的命运这个意义上的宗教），是所有意识形态的原型和模型。所有的批判都开始于宗教批判，并且借助宗教批判而更新。彻底的批判，即深入到根源的批判，不厌其烦地回到对宗教异化的分析"②。当然，将宗教作为意识形态来批判，马克思比费尔巴哈多引入了一个维度，即人的社会性存在或者社会化的人。本来宗教的真理性和非真理性都可以比照一个人性的尺度来评判，而现在人性本身也是需要通过批判来确认的，因为现实社会的存在才是意识形态的根源，是其真实性和虚假性的根源，而且意识形态的虚假性恰恰也源自社会存在本身的虚假性。

马克思对宗教批判的这种推进，将宗教批判更加复杂化了，因为尽管宗教一般地是人类活动的异化，但是具体而言，宗教乃是特定社会基础上的意识形态，而这个社会本身也是有待批判的对象。按照我们最初对批判的理解，那么它不仅试图揭示对象的非真实，而且也揭示其真实性要素。我们对意识形态的规定也说，意识形态是"客观必然的，但也是错误的意识"，是"真理和非真理的交叠"。③ 就其发生而言，意识形态必定是从特定的客观现实中产生的，是对现实的某种反映，但这种反映却是虚假的，因为它采取了一种超越性的外表，就其反映内容而言乃是不真的。这是意识形态的真实和虚假的

---

① 《马克思恩格斯选集》第 1 卷，北京：人民出版社，1995 年，第 65 页。
② 列斐伏尔：《马克思的社会学》，北京：北京师范大学出版社，2018 年，第 60—61 页。
③ Theodor W. Adorno, *Beitrag zur Ideologienlehre*, in *Gesammelte Schriften*, Bd. 8.1, Suhrkamp Verlag, Frankfurt/M, 1997, S. 465.

第一层含义。在这个层面上,马克思不难像费尔巴哈那样提出一个替代方案:"在思辨终止的地方,在现实生活面前,正是描述人们实践活动和实际发展过程的真正的实证科学开始的地方。关于意识的空话将终止,它们一定会被真正的知识所代替。"① 真正的知识,显然是要祛除意识形态的超越性一面,从而就被还原为现实的真实反映,这就是马克思所谓的历史科学。但这种历史科学"充其量不过是从对人类历史发展的考察中抽象出来的最一般的结果的概括。这些抽象本身离开了现实的历史就没有任何价值。它们只能对整理历史资料提供某些方便,指出历史资料的各个层次的顺序。但是这些抽象与哲学不同,它们绝不提供可以适用于各个历史时代的药方或公式。"② 取代了意识形态或哲学的,事实上已不过是在方法上合理的抽象,而不主张普遍有效的内容,因此至多是具体历史情境中的经验性研究。这种历史科学的主张,事实上给马克思带来了棘手的难题,因为历史唯物主义的科学性始终未得到很好的阐明。

从另一个方面来说,意识形态的虚假性不过是如实地反映了现实的虚假性,甚至意识形态本身就是现实虚假性的一个部分。作为虚假的意识,意识形态反映出一个虚假的现实,这种符合根本上意味着虚假意识与虚假的现实合二为一,成为一个虚假的总体,而恰恰是在这个意义上,意识形态是绝对真实的,因为它无条件符合现实。在这个层面上,意识形态的批判必定导致对现实的批判,而现实的真实与虚假,则又要借助于意识形态话语来表达,或者说现实的虚假性,乃在于其表现出的意识形态性。这个层面上的意识形态批判,在于揭示这个假象的世界。这样我们就不难理解,"对实践的唯物主义者即共产主义者来说,全部问题都在于使现存世界革命化,实际地反对并改变现存的事物"。③ 马克思的结论在实践上是异常激进的,但在理论上却仍然只有一种否定的确定性。正如历史科学的内容是不确定的一样,对现实批判中除了改变现状之外,我们也不能找到更多肯定的东西。

---

① 《马克思恩格斯选集》第 1 卷,北京:人民出版社,1995 年,第 73 页。
② 同上书,第 74 页。
③ 同上书,第 75 页。

三 从犹太教到商品拜物教

马克思并没有专门的宗教批判著作，较为集中地涉及这一问题的主要是早年的《论犹太人问题》和《神圣家族》中关于"犹太人问题"的章节，而若在一种更一般的意义上理解宗教的话，那么显然还有《资本论》中关于商品拜物教的部分。如列斐伏尔所说，马克思的资本主义批判一再地返回到宗教异化的问题上来，所以我们也可以从宗教批判的角度来透视马克思的整个资本主义批判。马克思早年的理论工作总体上说乃是努力结束被青年黑格尔派绝对化了的宗教批判，将对德国的批判转换为对世俗社会的批判。用马克思的话说："真理的彼岸世界消逝以后，历史的任务就是确立此岸世界的真理。人的自我异化的神圣形象被揭穿以后，揭露具有非神圣形象的自我异化，就成了为历史服务的哲学的迫切任务。于是对天国的批判变成对尘世的批判，对宗教的批判变成对法的批判，对神学的批判变成对政治的批判。"①但是马克思并没有宣布宗教批判过时，因为政治的批判以及其他领域的批判，仍然依赖于宗教问题中的异化模型。马克思后来甚至说："政治制度到目前为止一直是宗教领域，是人民生活的宗教，是同人民生活现实性的尘世存在相对立的人民生活普遍性的天国。"②在这种政治制度中，正如在宗教中一样，人是被蔑视和被奴役的，因此宗教批判与现实批判在马克思这里并不脱节，反倒是互为支撑的。

这种情况在《论犹太人问题》中表现得尤为典型。犹太人的解放问题是西方社会的一个历史问题和社会问题，也是一个宗教问题。青年黑格尔主义者鲍威尔将其归结为一个宗教问题，并发现一个基本的矛盾：犹太人要求与基督教国家的公民同等的自由权利，然而这就势必要首先承认以基督教为基础的国家，而犹太人的宗教与基督教在根本上是冲突的。鲍威尔认为，既然这种宗教上的对立不可调和，那么唯一的办法就是让这个对立不再成立，就是"废除宗教"："只要犹太人和基督徒把它们互相对立的宗教只看作人的精

---

① 《马克思恩格斯选集》第1卷，北京：人民出版社，1995年，第2页。
② 《马克思恩格斯全集》第3卷，北京：人民出版社，2002年，第42页。

神的不同发展阶段,看作历史撕去的不同的蛇皮,把人本身看作蜕皮的蛇,只要这样,他们的关系就不再是宗教的关系,而只是批判的、科学的关系,人的关系。那时科学就是他们的统一。"①鲍威尔所期望的其实乃是一种普遍的政治解放,消除基督教和犹太教中的所有特权,所有人都成为自由的公民,这样犹太人问题才能得到解决。

反过来说,犹太人问题是宗教问题,而宗教问题的解决乃是一种政治解决,而政治解决就是最终的解决。显然,这个结论是马克思不能同意的,因为早在马克思批判黑格尔法哲学的时候,就已经表明黑格尔颠倒了国家和市民社会的关系,社会问题的根本在于市民社会之中而非在国家之中。而鲍威尔的动机与黑格尔类似,试图以政治的方式解决所有的问题。普遍的人性和人类生活是当时哲学家的理想,因此人本身的解放被认定为最终目的。但是政治上的自由人,并不是人的普遍性存在,宗教的特殊性在政治上被废除,但其基础却仍然存在于政治领域之外,继续存在于市民社会之中。政治国家与市民社会的对立是马克思当时基本的思考模型,他认为犹太人问题实质涉及"普遍利益与私人利益之间的冲突,政治国家和市民社会之间的分裂,鲍威尔在反对这些世俗对立在宗教上的表现而进行论战的时候,听任它们持续存在"②。政治解放保留了国家与市民社会的分裂,事实上就是"一方面把人归结为市民社会的成员,归结为利己的、独立的个体,另一方面把人归结为公民,归结为法人"③。现实的人是利己的,真正的人则是抽象的。

马克思认为,政治解放是不彻底的,彻底的解放必须着眼于现实的人。这就涉及富有争议的犹太精神或者说犹太人的犹太性问题。马克思接受了当时流行的关于犹太人自私自利的说法,并将其与市民社会的基本原则关联起来:市民社会恰恰是犹太精神的实现,而犹太教不过是现实的犹太人的一种反映而已。无论是在费尔巴哈还是鲍威尔那里,我们都不难发现其关于犹太教和犹太人自私自利的论述。费尔巴哈认为犹太教的创世说本身就是一种彻底的自利行为,因为"自然或世界,是被造出来的,是命令之产物","功用

---

① 《马克思恩格斯全集》第3卷,北京:人民出版社,2002年,第165页。
② 同上书,第174页。
③ 同上书,第189页。

主义、效用,乃是犹太教之至高原则"。①《旧约》所记录的诸多反自然的奇迹,都是有利于以色列人的,因为上帝偏爱以色列人。如果说自私自利是犹太宗教的基本原则,而犹太教又是犹太人的本质特征,那么可以说整个市民社会都被犹太化了,因为市民社会存在的前提乃是自私的个人。因此马克思将问题颠倒过来,不是从"安息日的犹太人"出发,而是从日常的犹太人出发来分析这个问题,其结论就是当代社会已然是一个被犹太精神所统治的社会。"实际需要、利己主义是市民社会的原则;只要市民社会完全从自身产生出政治国家,这个原则就赤裸裸地显现出来。实际需要和自私自利的神就是金钱";"犹太人的神世俗化了,它成了世界的神。票据是犹太人的现实的神。犹太人的神只是幻想的票据"。② 马克思的这些判断与费尔巴哈高度一致,不过他将这一论断引向现实的犹太人,引向市民社会。所以马克思得出结论,"犹太人的社会解放就是社会从犹太精神中获得解放"③。

在鲍威尔废除宗教的努力被证明失败之后,马克思给我们揭示出来的是一个世俗和宗教合一的总体现实。对这个现实的批判才是马克思哲学的真正任务,这样我们才能理解马克思为何转向了政治经济学的研究。在随后的《1844年经济学哲学手稿》中,马克思对犹太人问题做出了回应,而回应的方式又是宗教批判式的。在市民社会中,金钱具有超自然的属性和能力,但是这"使一切人的和自然的性质颠倒和混淆,使冰炭化为胶漆,货币的这种神力包含在它的本质之中,即包含在人的异化的、外化的和外在化的类本质中。它是人类的外化的能力"④。这里马克思直接使用费尔巴哈的哲学语言,但是其分析对象已不再是犹太宗教,而是现实中的犹太原则。在这里马克思对金钱的分析,从属于对私有财产的批判,而对私有财产的批判,则是此时马克思为了人类解放所做出的努力。当然,它的结论恰恰是消灭私有财产。

我们不难看出,马克思将批判引向现实之后,宗教批判模型仍然如影随形,一切宗教的本质被宣布为人的本质之后,一切现实的虚假性又重新被思考为宗教,或者最终又只能用宗教的语言来表达。众所周知,马克思在《资本

---

① 费尔巴哈:《基督教的本质》,北京:商务印书馆,1984年,第161页。
② 《马克思恩格斯全集》第3卷,北京:人民出版社,2002年,第194页。
③ 同上书,第198页。
④ 马克思:《1844年经济学哲学手稿》,北京:人民出版社,2014年,第140页。

论》中专门探讨了商品拜物教的问题,这可以视为其早年宗教批判的一种延续,甚至可以说是对犹太世界批判的延续。马克思的《资本论》是从商品开始的,商品与其他物品不同,"它却是一种很古怪的东西,充满形而上学的微妙和神学的怪诞",是"一个可感觉而又超感觉的物"。① 马克思分析道:"这只是人们自己的一定的社会关系,但它在人们的面前采取了物与物的关系的虚幻形式。因此,要找一个比喻,我们就得逃到宗教世界的幻境中去。在那里,人脑的产物表现为赋有生命的、彼此发生关系并同人发生关系的独立存在的东西。在商品世界里,人手的产物也是这样。我把这叫作拜物教。劳动产品一旦作为商品来生产,就带上拜物教性质,因此拜物教是同商品生产分不开的。"② 与之前分析的货币一样,商品也是有神秘性的,从而充斥着商品的资本主义世界也就具有了拜物教的性质。拜物教是对人的社会性的一种虚幻反映,但却是必然的反映,因为商品都具有拜物教性质。马克思表明拜物教是一种人与人关系的歪曲,但我们还远远不知道正确的反映应该是何种状态,能确定的只是它与商品必然相关,而接下来确定的结论便只能是废除商品生产了。可见宗教在马克思这里始终扮演一个虚假性的索引,而这个索引之所以有效,则恰恰是由于它的真实性。

The Reality of Religion and the Religion of Reality
—On the Logic of Marx's Critique of Religion

Xie Yongkang

Abstract: Marx's religion critique should be considered in the tradition of modern philosophy, especially classic German philosophy. Rationalists such as Kant and Hegel, study religion within the frame and limits of reason,

---

① 《马克思恩格斯全集》第 23 卷,北京:人民出版社,1972 年,第 87 页。
② 同上书,第 89 页。

so that the rational subject could provide the truth criterion for the religion. Feuerbach goes further, tries to find out this criterion in the sensitive human nature. Marx adopts this thread, but he extends the sensitive mankind to the social reality and critics religion as a kind of ideology that connected to the reality closely. Young Marx points out that the religious contents in the problem of Jewish Problem is essentially real principle of civil society; in *Das Kapital* Marx indicates that commodity as products of the human labor has the fetish nature at the very start. So for Marx, the religion critique is not only an important issue, but also a model of critique of the reality.

Key words: critique of religion, reason, anthropology, reality

青年哲学家系列讲座专栏
第一期导言

程乐松*

  为加强与海外哲学及汉学界的中青年学者的学术交流,并体现哲学与汉学研究的专业性特色,北京大学哲学系设立了"青年哲学家"邀请讲座。该系列讲座先后邀请了约翰·霍普金斯大学哲学系"Charlotte Bloomberg"哲学讲座教授、欧美学界著名的近代哲学专家 Yitzhak Y. Melamed 教授,以及宾夕法尼亚大学东亚文化及语言学系的金鹏程(Paul R. Goldin)教授。本专栏呈现的就是这一系列讲座的受邀者的主题论文。

  本辑收录的两篇论文分别是金鹏程教授关于《论语》编撰学及早期中国思想文献中的论证策略的两篇主题论文,分别为《〈论语〉中所见的孔子及其弟子:传统视角的基础》及《中国古典哲学中的非演绎论证》。金鹏程教授在哈佛大学获得博士学位之后一直执教于宾夕法尼亚大学,现任宾夕法尼亚大学东亚文化及语言学系教授。主要研究领域是早期中国历史、思想及社会文化。在当代北美汉学界的早期中国研究领域中,他是十分活跃且具有卓著学术声誉的青年学者。

  上述两篇论文集中体现了汉学研究的特色,以及对中国古典文本进行分析和讨论的问题意识框架。我们可以用如下的方式概括这种独特的问题意识:包括《论语》在内的中国古代思想文本的哲学意涵固然十分重要,然而,以

---

* 程乐松,1978 年生,北京大学哲学系宗教学系教授。

社会文化为背景展开的跨文本编撰学建构,一方面可以拓展文本的诠释空间,另一方面也可以呈现出独特时代背景中文本编辑所体现的文化与政治面貌。同时,作为思想文本,其思想主旨固然重要,我们仍然可以从表述形态和论证策略的角度,进入通过文本所凸显的中国人的思维方式及其类型学讨论。简言之,思想文本的"非思想性面相"可以作为思想内涵及其文化价值研究的补充。

《〈论语〉中所见的孔子及其弟子:传统视角的基础》一文强调在了解前人研究的基础上,采用多学科交叉以及跨文本对读的方法,从一个较长的历史时段中来理解文本的编撰和变迁过程,并且尝试进行符合社会历史事实的诠释。然而,这样的视角显然存在着过度依赖跨文本对读、乃至词频和征引数据统计的问题,用文本形式的静态变化代替了文本的演变及其思想内涵的层累的内在活力。

《中国古典哲学中的非演绎论证》一文则存在着明确的比较研究的特色,从西方古典哲学的论证方法出发,理解中国古典哲学文本中的论证策略及其类型。同时,该文也利用了跨文本对读的方法。这一研究视角为中国哲学研究提示了重要的研究线索,即在论证方式和表述策略之间如何切入中国语言的语义、语法和句法特点,理解中国古典思想的表达层次,进而理解从经典哲学文本出发的疏义和诠释如何不断完善和扩充了中国经典哲学文本的思想空间。当然,在中国古典思想文献的论述和表达中讨论演绎性论证,首先就要说明基于语言体系差异的语义、语法和句法之间的差异,同时需要精确描述演绎性论证的定义。从某种意义上说,该文在完成了一个重要的事实陈述的同时也留白了一个重要的诠释空间。

对于理解和阅读中国的古典文本而言,汉学与中国哲学依循着完全不同的范式。我们可以将中国哲学对汉学的观察视为对理论范式之间差距的蠡测,也可以将汉学对中国哲学的拓展视为文明之间张力的凸显。

在跨文化与跨学科的研究之间的镜像效应之余,我们在多大程度上可以互相借鉴、对话乃至启发,是学术共同体成员的共同责任。

《论语》中所见的孔子及其弟子：
传统视角的基础*

金鹏程著　秦晋楠译**

提　要：在整个中国历史中，传世本《论语》都被认为是研究孔子生平与哲学的最佳材料，然而有一种新出现的共识，认为传世本《论语》在汉朝之前不存在。朱维铮、梅约翰（John Makeham）和齐思敏（Mark Csikszentmihalyi）等学者的工作已经让我们对《论语》是在西汉编定成书的这一点基本没有质疑，然而这并不必然意味着《论语》的内容也要被划定到晚于孔子及其弟子所处时代的后代某个时期。一部被编成于某个世纪的著作并不是只能包含形成于这同一个时间的内容。因此，《论语》编订成书相对较晚这个新视野并不会使得传统上对这个文本哲学重要性的理解失效。在这篇文章中我将要展示一些例证，它们会说明《论语》反映了一个早于汉朝很久的思想环境。《论语》文本的这些显著特征可以被任何一种关于它的起源的理论所解释。这些同样的证据也将会支持传统的《论语》—《墨子》—《孟子》—《老子》—《荀子》这一年代排序。

关键词：《论语》　孔子　早期经典的年代考订　"墨子语录"　哲学词汇

---

* 本文受国家留学基金资助。
** 金鹏程（Paul R. Goldin），1972年生，美国宾夕法尼亚大学东亚系教授。秦晋楠，1991年生，中国政法大学人文学院哲学系讲师。谢伟杰、赵路校对了全部译文。

在整个中国历史中，传世本《论语》都被认为是研究孔子生平与哲学的最佳材料，①然而有一种新出现的共识，认为传世本《论语》在汉朝之前不存在。朱维铮、梅约翰和齐思敏等学者的工作已经让我们对《论语》是在西汉编定成书这一点基本没有质疑，②然而这并不必然意味着《论语》的内容也要被划定到晚于孔子及其弟子所处时代的后代某个时期。③ 一部被**编成**（compiled）于某个世纪的著作并不是只能包含形成于这同一时期的内容。④ 因此，《论语》编订成书相对较晚这个新视野并不会使得传统上对这个文本哲学重要性的理解失效。在这篇文章中我将要展示一些例证，它们会说明《论语》反映了一个早于汉朝很久的思想环境（intellectual environment）。《论语》文本的这些显著特征可以被任何一种关于它的起源的理论解释。这些同样的证据也将会

---

① Creel（顾立雅）说："所有的学者似乎都在主张尽管《论语》的某些部分是可以商榷的，但是这部书总的来说还是我们研究孔子最好的单个史料。"顾立雅已经意识到了对于汉朝之前的《论语》传世本没有可靠的说明这一情况。参见 Creel, H. G. 1949. *Confucius: The Man and the Myth.* New York: John Day, 291。

② 参见朱维铮:《中国经学史十讲》，上海：复旦大学出版社，2002 年，第 97—123 页。另见 Makeham, John. 1996. "The Formation of Lunyu as a Book." *Monumenta Serica* 44: 1-24; 另见 Makeham, John. 2006. "A New Hermeneutical Approach to Early Chinese Texts: The Case of the Analects." *Hermeneutical Thinking in Chinese Philosophy*. Ed. Lauren Pfister. Journal Supplement Series to the Journal of Chinese Philosophy, 95-108; 另见 Csikszentmihalyi, Mark. 2002. "Confucius and the Analects in the Hàn." *Confucius and the Analects: New Essays*. Ed. Bryan W. Van Norden (万百安). Oxford: Oxford University Press. 134-162; 另见 Csikszentmihalyi, Mark. 2004. *Material Virtue: Ethics and the Body in Early China. Sinica Leidensia* 66. Leiden: Brill. 28ff。

③ 例如 Weingarten（韦礼文）就是这么看的，他说："传世《论语》中找到的文献材料可能来源于自公元前 5 世纪早期孔子去世直至公元前 2 世纪甚至更晚的任何时间。"参见 Weingarten, Oliver. 2009. "Confucius and Pregnant Women: An Investigation into the Intertextuality of the Lunyu." Journal of the American Oriental Society 129. 4: 598; 另见 Weingarten, Oliver. 2010. "Textual Representation of a Sage: Studies of Pre-Qin and Western Han Sources on Confucius (551-479 BCE)." Ph. D. diss., Cambridge University, 199。Stumpfeldt 说："在过去的二十年……有一件事被逐渐意识到，即《论语》中的材料在本质上有很大差别并且真实性差异很大。"（不过 Stumpfeldt 没有给出具体引用）参见 Stumpfeldt, Hans. 2010. "Thinking beyond the 'Sayings': Comments about Sources Concerning the Life and Teachings of Confucius (551-479)." *Oriens Extremus* 49: 24。
   郭店楚简《语丛三》中有两句与《论语》第七章第六条、第九章第四条非常相似，这显示出至少《论语》中的一些材料确实是有很早的起源的。参见 Scott Cook (顾史考). 2012. *The Bamboo Texts of Guodian: A Study & Complete Translation*, 2: 866-868; 另见李学勤:《中国古代文明研究》，上海：华东师范大学出版社，2009 年，第 293—297 页。(需要留意李学勤的这本书有一个较早的分页不同的版本。)（译者按，作者所指为 2005 年版，在这一版中《〈语丛〉与〈论语〉》一文见第 223—226 页。)

④ 这与李零的一个比喻相似。李零把古代中国文献比喻为一杯酒，酒（文本内容）和酒杯（文本内容被表现出来的版本）应当被分别对待。参见李零:《简帛古书与学术源流》，北京：生活・读书・新知三联书店，2008 年，第 213 页。

支持传统的《论语》—《墨子》—《孟子》—《老子》—《荀子》这一年代排序。

一 《论语》从未提及发生于公元前 5 世纪之后的哲学进展。最有力的是，《论语》从未涉及身体意义上的自我修养（physical self-cultivation）这个概念①

通过对孔子的《论语》和"墨子语录"（Mohist Analects）（在中文中有时也被叫作"墨语"）的对比，这一点能够被很好地阐释。② "墨子语录"是一组和《论语》结构非常类似的文献，因此它是一个很自然的参照（comparandum），然而它几乎被完全忽视了。首先我会对这两种文献做一些简单的说明。当我用到《论语》的时候我会只用前十五章，因为我接受刘殿爵（D. C. Lau）和其他学者基于崔述的发现所做的推断，即《论语》最后五章的写作风格不同，它们属于另一个时期。③

"墨子语录"这个非正式的名称常常被用来指《墨子》的第四十六到五十章。这些部分关涉墨子和包括其弟子、王侯卿士、多个不同学派的代表人物在内的一系列对话者的讨论。其中最著名的段落出现在第五十章（《公输》），它讲述了墨子在劝阻拥有公输般④所发明的围城器械的楚国进攻宋国一事中的形象。但是，由于众多因素，这是这部分文本中最没用的部分，而且这部分的文风也很可疑。这章实质上没有任何关于墨子哲学的信息，而且几乎没有具体谈到他的任何弟子。⑤

对于第四十六至四十九章，"语录"这个称号很适合，因为这几章的语言和结构确实让读者想到了《论语》：文本是一小段跟着一小段的，细节极少，常常在来自老师之口的教学中升华。一些学者认为"墨子语录"就是墨家的《论

---

① 参见 Slingerland, Edward（森舸澜）. 2000. "Why Philosophy Is Not 'Extra' in Understanding the Analects." *Philosophy East and West* 50.1: 139。
② 参见例如丁四新：《论〈墨子·墨语〉墨家后学之鬼神观》，载于《安徽大学学报》（哲学社会科学版）2011 年第 2 期。
③ 参见刘殿爵（Lau, D. C.）, tr. 1992. *Confucius: The Analects*. 2nd edition. Hong Kong: Chinese University Press, 267-275. 但这并不意味着十六至二十章可以被看作一个有其他外部来源的部分。
④ 关于公输般的名的争议，参见吴毓江：《墨子校注》，北京：中华书局，2006 年，第 764 页注释 1。另见 Goldin, Paul R. 2005. *After Confucius: Studies in Early Chinese Philosophy*. Honolulu: University of Hawaii Press, 158n. 45。
⑤ 栾调甫：《墨子研究论文集》，北京：人民出版社，1957 年，第 119 页。

语》,认为它是墨子死后他的弟子们编纂的一个墨子生平和话语的权威记录。① 虽然在成书年代的判断上存在一些棘手的问题,但显而易见的是,传世本被一些编辑者或多或少规整过。② (例如墨子的弟子禽滑釐就被称为子禽子。③)无论如何,认为"墨子语录"是墨子刚去世不久后形成的原始文献的学者一定会把它看作是中国哲学史上最珍贵的文献之一。不仅因为它是最古老的现存文献之一,还因为我们也能把它看成墨家的语录,也即对老师的亲口教导的记录。④ 在其他的案例中——特别是朱熹的案例中——只要思想家的语录流传下来了,它一般而言都会成为思想家作品(œuvre)中被最细致地研究的部分之一。然而在"墨子语录"这个案例中,我只知道一例这样的集中研

---

① 例如张纯一在《耕柱》章前的说明。张纯一还引用了王闿运的意见。参见张纯一:《墨子集解》,见严灵峰编著:《无求备斋墨子集成》,上海:世界书局,1936 年,第 412 页。吴毓江引述了胡适和梁启超的意见,胡和梁都用这些章节和《论语》做比较。参见吴毓江:《墨子校注》,第 1027 页。另见郑杰文:《中国墨学通史》(上),北京:人民出版社,2006 年,第 1—4 页。另见蒋伯潜:《诸子通考》,杭州:浙江古籍出版社,1985 年,第 477—479 页。另见王冬珍:《墨学新探》,台北:世界书局,1981 年,第 51—54 页。日本学者倾向于一种相反的看法,如 Yoshinaga Shinjirō(吉永慎二郎). 2004. *Sengoku shisōshi kenkyū: Juka to Bokuka no shisōshiteki kōshō*(《戰國思想史研究:儒家と墨家の思想史の交渉》). Kyoto: Hōyū, 34-69;另见 Watanabe Takashi(渡邊卓). 1973. *Kodai Chūgoku shisō no kenkyū—'Kōshiden no keisei' to Ju Boku shūdan no shisō kōdō*(《古代中國思想の研究—〈孔子傳の形成〉と儒墨集團の思想行動》). Tōyōgaku sōsho 7. Tokyo: Sōbunsha, 538f。两位学者都主张这些章是整部《墨子》中最晚出的。对此可对比丁四新:《论〈墨子·墨语〉墨家后学之鬼神观》。Durrant(杜润德)发现"墨子语录"的语法在某些方面与《墨子》其他部分的有不同,并且认为所预期的读者的差异(也即并不必然是时间差异)或许造成了这些"文本差异"。见 Durrant, Stephen W. 1977-1978. "A Consideration of Differences in the Grammar of the Mo tzu 'Essays' and 'Dialogues.'" *Monumenta Serica* 33: 265f。

② 在成书时间判定上有两个争论不休的著名问题。第一个关于墨翟与齐大王的会面,齐大王的字面含义是齐国的太王,见《鲁问》,参见吴毓江:《墨子校注》,第 743 页。苏时学和其他学者认为"齐大王"指田和,他在公元前 391 年篡夺了齐国的王位,然而田和的谥号是"太公"。见司马迁:《史记》,北京:中华书局,1959 年,第 1886—1887 页。也有一些学者提出,根据"太王"这个称谓,《鲁问》这篇传世文献的成书一定晚于公元前 357 年,根据从那年起田家才开始叫自己"王"。然而,事态并不那么简单。首先,宝历七年(1757)的日文版指出一个版本写作"齐大夫"而不是"齐大王"。更重要的是,毕沅指出,《太平御览》中相似的段落甚至不包含"大"字,仅写为"齐王"。参见《太平御览》,《四部丛刊》本,卷第三百四十六。因此,没有确凿的证据支持这个词就指田和。请留意 Forke(佛尔克)关于年代考据的说法完全是混乱的,参见 Forke, Alfred. 1922. *Mê Ti des Sozialethikers und seiner Schüler philosophischen Werke*. Mitteilungen des Seminars für Orientalische Sprachen, Beiband 23/25. Berlin, 579, n7. 最好的总结还是钱穆所做的,参见钱穆:《先秦诸子系年》,香港:香港大学出版社,1956 年,第 64—65、70 节。

第二个问题更复杂,它与出现于若干轶事中的鲁阳文君有关。关于这些事件的概览(如果不算是完美解决的话),参见何浩:《鲁阳君、鲁阳公及鲁阳设县的问题》,载于《中原文物》,1994 年第 4 期。

③ 参见栾调甫:《墨子研究论文集》,第 118 页。另见罗根泽:《诸子考索》,北京:人民出版社,1958 年,第 194 页。

④ 参见谭家健:《墨子研究》,贵阳:贵州教育出版社,1995 年,第 21 页。

究:郑杰文于2006年出版的《中国墨学通史》。①

"墨子语录"和《论语》之间的最大差别是"墨子语录"讨论了更多种哲学立场,然而对"墨子语录"缺少关注这一情况或许解释了为什么这一点躲过了学者的研究评价。例如,葛瑞汉(A. C. Graham)提到有一篇引述了"杨朱学派"(Yangism):②

> 巫马子谓子墨子曰:"我与子异,我不能兼爱。我爱邹人于越人,爱鲁人于邹人,爱我乡人于鲁人,爱我家人于乡人,爱我亲于我家人,爱我身于吾亲,以为近我也。击我则疾,击彼则不疾于我,我何故疾者之不拂,而不疾者之拂?故有我,有杀彼以利我,无杀我以利彼。"
>
> 子墨子曰:"子之义将匿邪?意将以告人乎?"
>
> 巫马子曰:"我何故匿我义?吾将以告人。"
>
> 子墨子曰:"然则一人说子,一人欲杀子以利己;十人说子,十人欲杀子以利己;天下说子,天下欲杀子以利己。"③

墨子认为,巫马子的"义"错在如果世界上的每个人都这样来做的话,结果将会是死亡和苦厄。④ 从巫马子自己的话来看,他来自鲁国。一些评论者认为他就是孔子的弟子巫马施或者他的后人。⑤ 他究竟是不是"杨朱学派"的成员,也即他是不是杨朱的追随者,这一问题是不可能有确定答案的,因为我们对杨朱的思想了解太少,而且"杨朱学派"这个术语(和与它相应的中文术语

---

① 郑杰文在他研究的开始写道:"墨子语录"是"更为原始的墨家资料。所以,以下主要依据此5篇所记。"参见郑杰文:《中国墨学通史》(上),第4页。
② 对巫马子与杨朱学派关系的讨论参见孙道升:《巫马子与杨朱学派的关系》,见顾颉刚:《古史辨》(六),上海:上海古籍出版社,1982年,第193—197页。
③ 吴毓江:《墨子校注》,第660页。对比梅贻宝的翻译,参见 Mei, Yi-pao, tr. 1929. *The Ethical and Political Works of Motse.* Probsthain's Oriental Series 19. London, 219f。
④ Graham. 1989. *Disputers of the Tao: Philosophical Argument in Ancient China.* La Salle, Ill.: Open Court, 61f.(译者按:本书已有中文翻译,中译本参见葛瑞汉著,张海晏译:《论道者:中国古代哲学论辩》,北京:中国社会科学出版社,2003年,第74—79页)
⑤ 参见苏时学和吴毓江的评论,见吴毓江:《墨子校注》,第663页注释9。巫马施的名字有时被读作巫马期,参见陈奇猷的评论,见陈奇猷:《吕氏春秋新校释》,上海:上海古籍出版社,2002年,第1240页注释18。
然而,也有可能巫马子是指其他人。在同一章前面的部分,巫马子还说过:"舍今之人而誉先王,是誉槁骨也。譬若匠人然,智槁木也,而不智生木。"这听上去并不像孔子弟子的观点。见吴毓江:《墨子校注》,第658页。

"为我")在学术文献中已经被非常宽泛地用来指涉太多不同的观点了。①

然而,"墨子语录"明显地反映了中国思想一个重要的新进展:关于自我和身体的思考。在其他地方,墨子说:

> 今谓人曰:"予子冠履,而断子之手足,子为之乎?"必不为。何故?则冠履不若手足之贵也。又曰:"予子天下,而杀子之身,子为之乎?"必不为。何故?则天下不若身之贵也。②

这是一种在战国时代的中国非常常见的想法:拥有天下不如拥有生命和身体珍贵。(顺便提一下,这个观点和那种之后被断言和杨朱有关的观点很相似。③)《吕氏春秋》似乎借用了墨子的图景:

> 今有人于此,断首以易冠,杀身以易衣,世必惑之。是何也?冠所以饰首也,衣所以饰身也,杀所饰、要所饰,则不知所为矣。④

"墨子语录"中另外的一些段落让读者有更进一步的感觉,即墨子知道这样的争论有一段时间了。比如下面这段:

> 子墨子曰:"今士之用身,不若商人之用一布之慎也。商人用一布⑤,不敢继苟而雠[=售]⑥焉,必择良者。今士之用身则不然,意之所欲则为之,厚者入刑罚,薄者被毁丑。则士之用身,不若商人之用一布之慎也。"⑦

因为他们的道德志向,"今士"是鲁莽的,并且他们最终的结局是把自己置于

---

① 参见 Goldin, Paul R. 2003. Review of A. C. Graham, tr., *Chuang-tzǔ: The Inner Chapters*. Early China 28:204ff。
② 吴毓江:《墨子校注》,第685页。对比梅贻宝的翻译,参见 Mei. 1929, 222。
③ "全性保真,不以物累形,杨子之所立也。"见刘文典:《淮南鸿烈集解》,北京:中华书局,1989年,第436页。
④ 陈奇猷:《吕氏春秋新校释》,第1463页。对比 John Knoblock 和 Riegel(王安国)的翻译,见 Knoblock, John, and Jeffrey Riegel, trs. 2000. *The Annals of Lü Buwei*. Stanford: Stanford University Press, 557。这章还有一个和哲学家子华子相似的论辩,它几乎是逐字(*verbatim*)出现在《让王》篇中。见郭庆藩:《庄子集释》,北京:中华书局,1961年,第969—970页。
⑤ 从吴毓江说,原文中此"布"字后第二个"布"字为衍文,删去。
⑥ 从毕沅说。
⑦ 吴毓江:《墨子校注》,第687页。参照梅贻宝的翻译,见 Mei. 1929, 225。

危险中。当然,墨子自己并不同意在任何情况下都保存自身这样的观点,①并且,就像我们已经看到的,他不能不加批判地接受巫马子的主张。然而无论如何,一个关键点在于他被描述为对于上述言论非常熟悉,以至于他愿意拿这套说辞来论证自己的主张。

不论我们是不是一定要把这一命题界定为"杨朱学派的"(Yangist),众所周知的是,这种对自己的健康和健全的关注在公元前 4 世纪之后的中国思想史中至关重要。然而这部分思想在《论语》中完全没有。在大多数关于自我修养的讨论中出现的其他一些常见的偏物质意义的范式(materialistic paradigm)同样也并不存在,例如阴阳。与此形成鲜明对照的文本如《孟子》的《公孙丑》章第二段,这一段一定要在与身体意义上的自我修养理论对话的背景下来读,也即这个身体意义上的自我修养理论的背景正是孟子想要应对的。②

"敢问夫子恶乎长?"

曰:"我知言,我善养吾浩然之气。"

"敢问何谓浩然之气?"

曰:"难言也。其为气也,至大至刚,以直养而无害,则塞于天地之间。其为气也,配义与道。无是,馁矣。是集义所生者,非义袭而取之也。行有不慊于心,则馁矣。"③

简而言之,孟子的理论强调:习惯性的好行为——而不是冥想或健身——造就健康的体质。④ 如果孟子没有对于类似《内业》这样解释养气如何能被用来

---

① 参考常常被引述的孟胜的故事。孟胜是墨家的巨子,他宁死也不背叛学派的荣誉。见陈奇猷:《吕氏春秋新校释》,第 1266 页。另参见郑杰文:《中国墨学通史》(上),第 67—69 页。另见 Kanaya Osamu(金谷治). 1997. *Kanaya Osamu Chūgoku shisō ronshū*(《金谷治中國思想論集[上]》). Tokyo: Hirakawa, 312f. and 404。另见 Graham 1989, 44f(译者按:中译本参见葛瑞汉:《论道者:中国古代哲学论辩》,张海晏译,第 54—56 页)。
② 关于阴阳的考察,参见 Pines, Yuri(尤锐). 2002. "Lexical Changes in Zhanguo Texts." *Journal of the American Oriental Society* 122.4: 701。
③ 焦循:《孟子正义》,北京:中华书局,1987 年,第 199—202 页。参考刘殿爵(Lau)的翻译,见 Lau, D. C., tr. 2003. *Mencius: A Bilingual Edition. Revised edition.* Hong Kong: Chinese University Press, 61ff。
④ 参见 Goldin, Paul R. 2011. *Confucianism. Ancient Philosophies 9.* Berkeley and Los Angeles: University of California Press, 42。

获得一个更高的智慧、健康状态的传统①有所了解,很难想象孟子的如上对话如何能够进行。总结而言,墨子和孟子似乎都很熟悉他们那个时代的身体意义上的自我修养实践,然而《论语》中的孔子却并非如此。

另外一个似乎在孔子之后,但是在墨子和孟子之前发生的哲学创新是:"墨子语录"展示出了对农家学派的了解。② 很值得注意的是,我们知道与农家信徒的辩论在《孟子》中也有涉及,这一点我们之后也会提到。

在墨子语录中我们可以读到:"鲁之南鄙人有吴虑③者,冬陶夏耕,自比于舜。"吴虑相信侈谈道德没有用,一个人要做的所有事只是参加维持生计所必需的每日劳作。墨子对此有一个反驳:

> 子墨子曰:"翟尝计之。翟虑耕而食天下之人矣,盛,然后当一农之耕,分诸天下,不能人得一升粟。籍[=藉]④而以为得一升粟,其不能饱天下之饥者,既可睹矣。翟虑织而衣天下之人矣,盛,然后当一妇人之织,分诸天下,不能人得尺布。籍而以为尺布,其不能暖天下之寒者,既可睹矣。"⑤

墨子接下来说明了他作为老师的价值要远远大过他作为农夫的价值,因为老师可以教所有人耕种,但是农夫只能自己一个人耕种。我们不太可能判断这里的吴虑事实上是不是农家的追随者,因为文本没有告诉我们关于他的更多东西。但是这一整段,包括墨子的反驳,都可以拿来与孟子和被明确断定是"为神农之言者"的许行⑥的会面作对比。许行的信条是:"贤者与民并耕而

---

① Roth, Harold D., tr. 1999. *Original Tao: Inward Training and the Foundations of Taoist Mysticism*. Translations from the Asian Classics. New York: Columbia University Press.
② 对此的精彩研究,参见 Graham, A. C. 1986. *Studies in Chinese Philosophy and Philosophical Literature*. Singapore: Institute of East Asian Philosophies, 67-110;另见 Graham 1989, 61-74(译者按:后者的中译本参见葛瑞汉:《论道者:中国古代哲学论辩》,张海晏译,第74—90页)。
③ 毕沅说在《太平御览》相似的段落中吴虑被叫作吴宪。参见《太平御览》,《四部丛刊》本,卷第八百二十二。
④ 从毕沅说。
⑤ 吴毓江:《墨子校注》,第736页。参看梅贻宝的翻译,见 Mei. 1929, 248f。
⑥ 参看梅贻宝 1934, 132f;另见萧公权(Hsiao, Kung-chuan). 1979. *A History of Chinese Political Thought, vol. 1: From the Beginnings to the Sixth Century A. D.* Tr. F. W. Mote. Princeton Library of Asian Translations. Princeton, 220n. 21. 另见杨俊光:《墨子新论》,南京:江苏教育出版社,1992年,第228—243、304—308页。钱穆认为许行是许犯,许犯在《吕氏春秋》中被记载为学于禽滑釐。参见钱穆:《先秦诸子系年》,第113节。另见钱穆:《墨子》,上海:商务印书馆,1930年,第56—58页。这个观点曾被多次反驳,除了上引文献外另可参见童书业:《童书业史籍考证论集》(下),北京:中华书局,2005年,第658—661页。另见方授楚:《墨学源流》,上海:中华书局,1937年,第143—144页。

食,饔飧而治。"①当孟子从弟子处听说了许行后,他辩驳了许行过分单纯的观点:

> 孟子曰:"许子必种粟而后食乎?"
>
> 曰:"然"……
>
> "许子冠乎?"
>
> 曰:"冠。"
>
> 曰:"奚冠?"
>
> 曰:"冠素。"
>
> 曰:"自织之与?"
>
> 曰:"否。以粟易之。"
>
> 曰:"许子奚为不自织?"
>
> 曰:"害于耕。"②

孟子进而指出,甚至是许行所用的犁中的金属,他都需要从别人那里获得。孟子证明说,一个和谐的社会一定要有分工,即每个人把自己的力量投入不同的任务中。对于相信人类是道德动物的孟子而言,分工当然也容纳像他自己一样的伦理道德专家(specialists in ethics)。孟子反驳许行的核心在"墨子语录"里墨子的论辩中得到了共鸣:让每个人都去耕种是不可能的。虽然孟子强调的重点落于监管者,而墨子则落在教师,但是他们俩都确实是在谈论劳动分工。③

在《论语》中,孔子和弟子们并未谈到这一话题。《论语》中有出现于各处的隐士,他们以各种高深莫测的理由来批评孔子,但是没有任何一个人用与吴虑、许行相似的原因批评孔子,不论是在推进这一立场还是在批评这一立场的层面上。

---

① 参看赵岐关于术语饔、飧的评论。焦循还引述了王念孙的支持意见。参见焦循:《孟子正义》,第367页。
② 焦循:《孟子正义》,第368—370页。参看刘殿爵的翻译,见 Lau. 2003, 113。
③ 《墨子》中对这一概念的其他讨论,参见王冬珍:《墨学新探》,1981年,第203—204页。另见 Okamoto Mitsuo(冈本光生). 1992. "Bokushi ni okeru 'zai' no kōkan". (《「墨子」における「財」の交換》). Tōyō no shisō to shūkyō(《东洋の思想と宗教》). 9: 21-30。

最后,关于性和情的尝试性讨论的缺失也需要被提及。① 就像葛瑞汉已经说明的,情(常常写作"请")是一个在《墨子》之后被广泛援用的哲学概念,②但是这个术语在《论语》中仅仅出现了两次(13.4 和 19.19),两处在用法上没有任何争议。至于"性",子贡尖锐地向我们指出这是孔子从未讨论过的概念之一(《论语》5.12)。除此之外,《论语》中仅有另一处"性"字出现在 17.2,在那一章中孔子说:"性相近也,习相远也。"不仅这处引文是可疑的,因为第十七章整个都是有问题的,而且,孔子和弟子们对于"性"这个概念的讨论很单薄。然而他们似乎满意于这样单薄的讨论,这反映出他们或许对塑造了未来哲学的关于"性"的激烈辩论没有兴趣,或者对此意见并不统一。(可以作为例证的不仅有孟子和荀子的态度,还有新出土的文献《性自命出》。③)子贡的话似乎告诉我们孔子是知道"性"这个术语的,但是他并不认为它需要被详细探究。

在《论语》9.14 中,孔子陈述了一个可能被解释为荀子和《郭店楚简》的理论先导的观点:"君子居之,何陋之有?"这其中的暗示是:如果没有君子训导的辅翼,人将会和蛮夷一样鄙陋(并且,同样的话中也提示出,蛮夷如果接

---

① 我们或许也可以同时留意"俗"(vulgar)的缺失,这个字在公元前 4 世纪之前的文献中是不常见的。参见 Pines, Yuri(尤锐). 2005-2006. "Bodies, Lineages, Citizens, and Regions: A Review of Mark Edward Lewis' The Construction of Space in Early China." *Early China* 30: 185。关于《论语》的语言的一般讨论可以参看 Li, Charles N. (李讷). 1996. "A Cryptic Language with a Minimal Grammar: The Confucian Analects of Late Archaic Chinese." Lexical Structures and Language Use: Proceedings of the International Conference on Lexicology and Lexical Semantics, Münster, September 13-15, 1994. Ed. Edda Weigand and Franz Hundsnurscher. *Beiträge zur Dialogforschung* 9. Tübingen: Niemeyer. 1: 53-118。

② 参见 Graham, A. C. 1978. *Later Mohist Logic, Ethics and Science*. Hong Kong: Chinese University Press, 179-182。另见 Graham. 1986, 59-65。一本新出版的会议论文集包含了两篇有用的关于"情"的研究综述,参见 Puett, Michael(普鸣). 2004. "The Ethics of Responding Properly: The Notion of qíng in Early Chinese Thought." In Eifring, Halvor, ed. 2004. *Love and Emotions in Traditional Chinese Literature*. Sinica Leidensia 63. Leiden and Boston: Brill, 37-68。另见 Harbsmeier, Christoph(何莫邪). 2004. "The Semantics of qíng in Pre-Buddhist Chinese." In Eifring 2004. 69-148。

③ 参见 Goldin. 2005, 36-57。《檀弓》中有子和子游关于丧礼中踊的原因的对话导向了一个关于情的分析。它可以和《性自命出》,甚至《诗大序》对照看。参见孙希旦:《礼记集解》,北京:中华书局,1989 年,第 270—272 页。类似关于"情"的对话在《论语》中完全没有这一事实,否定了《檀弓》可以被当成是与《论语》一样的关于孔子言行的记录这一常见的假说。对于这一点我要感谢 Kenneth W. Holloway。

受正确的教化也会变得文明)。① 然而,与大多数汉朝作者不同,②孔子似乎不觉得有必要把这些想法与关键术语"性"联系在一起。

二 《论语》的哲学词汇没有反映发生于公元前 3、前 4 世纪的思想界新变化

高本汉(Bernhard Karlgren)领衔的语言学研究已经被证明几乎完全是无效的。这一研究即使在他的年代就被质疑过,自 20 世纪 70 年代以来大量战国和早期帝国文献的发现也再一次显示文本的纂集方式并非是高本汉设想的那样。③ 然而这些进展并不能否定哲学术语研究本身,这种研究显然能反映出作者所期待的读者的思想倾向。举个例子,有学识的读者会知道,如果一个文本讨论"感受性"(qualia)时这个概念与意识和知觉联系在一起,那么这个文本出现的日期不会早于 20 世纪。这并不需要任何神秘的语言学原因,仅仅因为克拉伦斯·刘易斯(Clarence Irving Lewis)在 1929 年如此使用"感受性"(qualia)这个概念之前,这个概念没有这种特殊的哲学含义。④

举一个离我将要考察的《论语》中的现象更近的例子:如果一个哲学文本使用了一个含义经常改变的术语,它的使用对于想要定位术语思想语境的历史学家而言就是非常有帮助的。库恩(Thomas S. Kuhn)已经指出在科学史中有一个这样的术语"行星"(planet),它可以提示出它背后的一整套思想系统。如果一部天文学著作中称月亮为行星(planet),读者就有很强的理由假定它

---

① 参见 Goldin, Paul R. 2011. *Confucianism*. Ancient Philosophies 9. Berkeley and Los Angeles:University of California Press,220-224。
② 参见 Goldin, Paul R. 2011. "Steppe Nomads as a Philosophical Problem in Classical China." *Mapping Mongolia: Situating Mongolia in the World from Geologic Time to the Present*. Ed. Paula L. W. Sabloff, Penn Museum International Research Conferences 2. Philadelphia:University of Pennsylvania Museum of Archaeology and Anthropology. 228-232。
③ 参见 Rudolf Wagner(瓦格纳)深入的分析评论,见 Allan, Sarah(艾兰), and Crispin Williams(魏克彬), eds. 2000. The Guodian Laozi:Proceedings of the International Conference, Dartmouth College, May 1998. Early China Special Monograph Series 5. Berkeley, Calif, 130。另见 Shaughnessy, Edward L(夏含夷). 2006. *Rewriting Early Chinese Texts*. SUNY Series in Chinese Philosophy and Culture. Albany, 40f。另见 Luo, Shaodan. 2003. "Inadequacy of Karlgren's Linguistic Method as Seen in Rune Svarverud's Study of the Xinshu." *Journal of Chinese Linguistics* 31.2:270-299。
④ 参见 Lewis, Clarence Irving. 1929. *Mind and the World Order:Outline of a Theory of Knowledge*. New York:Charles Scriber's Sons, 121。

是在无视哥白尼的情况下写成的。① 另一个可以用作标杆的术语是元素（element）。如果一个文本把地（Earth）、风（Air）、火（Fire）、水（Water）看作"元素"（element），它就明显是依据一个不同于现代化学的本体论系统运行的。当然，并非所有的词在这类分析中都有相似的价值。"獒"（mastiff）这个概念就持续数世纪都有着实质上相同的相对狭窄的内涵。但是"变态"（perversion）这个概念却不然。②

"忠"在《论语》中有着独特含义，或者更具体地说，是拥有古义（antique-looking senses）的两个概念之一。在东周、汉代以来的大多数哲学作品中，忠的含义和忠诚（loyalty）很相似，但是，当孔子的弟子曾参把"忠"和"恕"看成孔子伦理学的精髓时（《论语》4.15），忠诚这个含义显然不是曾参想要说的。就像我曾在其他地方说到的，③《论语》中的"忠"与一般在青铜铭文和《尚书》中写为"中"的字有关，在铭文和《尚书》中它的含义是"公正"（being impartial）、"不偏"（being unbiased），有时也特别指"兼听两边"（hearing both sides of a case）。只有从慎到之后，"忠诚"这个含义才出现。古老的含义并没有马上完全消失。在其他文献中，如《墨子》和《左传》中，忠就既有"忠诚"的意思又有"公正"的意思，需要依据语境而定。但是当我们到了《孙子》和《荀子》的世界中，忠除了"忠诚"外就鲜有别的含义了。（有一种理论认为《孙子》是甚至比孔子所在的时代更早的最古老的中国哲学文本④，这个细节将会使这一结论同样被质疑。）《论语》中"忠"的用法因此即使不是最古的也明显是较早的。

---

① 参见 Kuhn, Thomas S. 1957. *The Copernican Revolution: Planetary Astronomy in the Development of Western Thought*. Cambridge, Mass.: Harvard University Press. 45-77（译者按：本书已有中文翻译，中译本参见托马斯·库恩：《哥白尼革命——西方思想发展中的行星天文学》，吴国盛等译，北京：北京大学出版社，2003年，第44—75页）。

② 参见 Davidson, Arnold I. 2001. *The Emergence of Sexuality: Historical Epistemology and the Formation of Concepts*. Cambridge, Mass.: Harvard University Press。

③ 参见 Goldin, Paul R. 2008. "When zhong Does Not Mean 'Loyalty.'" *Dao* 7.2: 165-174。行文需要，我将不再复述那项研究中引述的各项例证。

④ 参见何炳棣：《中国现存最古的私家著述〈孙子兵法〉》，载于《历史研究》，1999年第5期。另见 Chang, Chun-shu（张春树）. 2007. *The Rise of the Chinese Empire*. 2 vols. Ann Arbor: University of Michigan Press, I, 412n.38。在 Lewis（陆威仪）看来，兵书是中国的第一批哲学文本，它们开启了战国时代的哲学勃兴，参见 Lewis, Mark Edward. 1990. *Sanctioned Violence in Early China*. SUNY Series in Chinese Philosophy and Culture. Albany, 285n. 5. 对此的另一个问题是《孙子》提到了弩和扳机，参见 Pines（尤锐）. 2002, 703。

正因如此,需要援用"忠""恕"概念的"金规则"(Golden Rule)路径下的道德推演,在孔子弟子之后的时代似乎就不再持续流行了。① 不论是儒家还是非儒家,不论是墨子、孟子、老庄派哲学家或者荀子,不久后就更倾向于把他们的伦理学奠立于其他基石之上。"恕"在《尸子》②中被严肃使用,《尸子》这份仅存残篇的文献被认为是尸佼③所做,但是对此并没有更多信息允许我们做出更强的推断。④

第二个具有启示性的哲学概念是"道"。当以名词形式出现于《论语》中时(亦即不是以动词"引导""带领"的意思出现时),"道"意味着正确的或典范性的行为(right or exemplary conduct)。它不是如同在《老子》和《荀子》等文本中发现的宇宙论概念(cosmological concept)。《老子》和《荀子》中的"道"的首要区别在于:在《老子》中道创生天,但是在《荀子》中天主宰道。一个相关的差异在于:《老子》中的"道"没有内在固有的道德倾向性,但是对于荀子而言,"道"是道德性的基石。但是,"道"在两种文献中的用法是相似的:道是宇宙不可更改的结构,对此我们应当学习体察,然后在日常生活中应用,而不是徒劳地与之抗争。⑤

当理学家(Neo-Confucians)在宋明时期读到《论语》时,他们断定"道"这个字在孔子的习惯用法里和他们的用法里有相同的含义。因此,当孔子说"朝闻道,夕死可矣"(《论语》4.8)时,朱熹的注说:"道者,事物当然之理。"⑥这或许符合朱熹的自然主义形上学(naturalistic metaphysics),但是这是时代错位的。在《论语》中(应该指出在《孟子》中也是)不存在将"道"和自然进程(natural processes)联系起来的尝试。事实上,《论语》中的孔子没有拥护过或

---

① Goldin, Paul R. 2011. *Confucianism*. Ancient Philosophies 9. Berkeley and Los Angeles: University of California Press, 15ff.
② 魏徵:《群书治要》,上海:商务印书馆,1936 年,第 625 页。
③ 钱穆:《先秦诸子系年》,第 90 节。
④ Fischer(方破)认为它确实是尸佼所做的真实作品,参见 Fischer, Paul, tr. and ed. 2012. *Shizi: China's First Syncretist*. New York: Columbia University Press, e. g., 5, 12, 42。
⑤ 参见 Goldin, Paul R. 2011. *Confucianism*. Ancient Philosophies 9. Berkeley and Los Angeles: University of California Press, 81ff. 相比于我 1999 年在 *Rituals of the Way: The Philosophy of Xunzi* 中的表述,此处的表述既更简洁,也更精准。另参看 Peerenboom(裴文睿)关于"基础自然主义"(foundational naturalism)的分析,参见 Peerenboom, R. P. 1993. *Law and Morality in Ancient China: The Silk Manuscripts of Huang-Lao*. SUNY Series in Chinese Philosophy and Culture. Albany。
⑥ 朱熹:《四书章句集注》,北京:中华书局,1983 年,第 71 页。

简或繁的任何宇宙论理论。在孔子的话中,最接近于对宇宙的讨论的一条也出现于第十七章这一章,他指出天通过四季的正常变化而言说(《论语》17.19)。普鸣(Michael J. Puett)已经论述过,系统的宇宙论直到战国后期才出现,①因此它支持了这一推论:孔子所处的语境与此无关。

三 不同哲学文本中对其他哲学家的引述提供了一个整体的年代框架

分析谁在作品中回应了谁,谁引用了哪位前辈,这是一种目前价值被普遍低估的研究早期中国思想史的方法。举个例子,近年来学者们对"什么是中国哲学?"这个问题争论不休,为此大费笔墨。我认为这个方法能让这个问题不再纷扰。在大多数20世纪的学术研究中,"中国哲学"或多或少对应于中国文献目录中的"子"或"诸子"部分。(有时更严格来说应该判为经部的一些文献也被涵盖进来了,之所以这么说,是因为像《论语》和《孟子》被认为是"十三经"中的两部,而且其他经,如《左传》,也包含了不少哲学材料。)最近,有一些学者在质疑根据传统中国图书分类类目来框定研究范围的这种做法。夏德安(Donald Harper)已经开始用"自然哲学"(natural philosophy)来指传统上包括医药(medicine)、卜筮(divination)、驱魔(exorcism)和其他一些他界定为"奇异"(occult)的部分,他认为"哲学"不必要限定于被拔高出来的子学文献。②还有一些学者也曾质疑过"中国哲学"是否也可以关涉一些别的相关学科,还质疑过"中国哲学"这个概念是否已经被西方哲学的前提无可救药地污染了。③

---

① Puett, Michael J. 2002. *To Become a God: Cosmology, Sacrifice, and Self-Divinization in Early China*. Harvard-Yenching Institute Monographs Series 57. Cambridge, Mass., and London, 145-200.
② Harper, Donald. 1999. "Warring States Natural Philosophy and Occult Thought." *The Cambridge History of Ancient China*. Ed. Michael Loewe(鲁惟一) and Edward L. Shaughnessy(夏含夷). Cambridge. 813ff.
③ Defoort, Carine(戴卡琳). 2001. "Is There Such a Thing as Chinese Philosophy: Arguments of an Implicit Debate." *Philosophy East and West* 51.3: 393-413. 另见 Raud 的回应,见 Raud, Rein. 2006. "Philosophies versus Philosophy: In Defense of a Flexible Definition." *Philosophy East and West* 56.4: 618-625。另见 Denecke, Wiebke. 2010. *The Dynamics of Masters Literature: Early Chinese Thought from Confucius to Han Feizi*. Harvard-Yenching Institute Monographs 74. Cambridge, Mass., and London, 2010, 1-31 and 326-346. Van Norden(万百安)为中国哲学这个概念做了辩护,并且提出了对它的价值的思考,参见 Van Norden, Bryan W. 1996. "What Should Western Philosophy Learn from Chinese Philosophy?" *Chinese Language, Thought, and Culture: Nivison and His Critics*. Ed. Philip J. Ivanhoe(艾文贺). Critics and Their Critics 3. Chicago and La Salle, Ill.: Open Court. 224-249。

浏览一下荀子曾经提过名字的人物(通常是在驳斥他们的时候),就能发现在荀子看来他自己的研究领域的轮廓:最主要的是孔子、墨子、孟子、老子、庄子、孙子和慎到,换句话说,就是那些在"中国哲学"教科书中会出现的名字。他基本没有讨论过医药、卜筮或者驱魔,据我所知他也没有提过任何一个"奇异学"专家。因此,即使一个人不论出于多么审慎的方法论原因极不情愿把荀子的事业称为"哲学",子学文献在它们的时代被认为构成了一个融贯的学科整体这一点,在事实上是绝无疑问的。

这样的相互引述还意味着有一个论辩次序:荀子回应过孟子,孟子没有回应过荀子。(在西方哲学中也有相似的现象:亚里士多德回应过柏拉图,柏拉图没有回应过亚里士多德。[1])并且,在其中我们可以找到有力的证据来支持传统的年代表。参见下表:

文本	提及的人物
《论语》	(没有下述任何)
《墨子》	孔子[2](此外没有下述任何)
《孟子》	孔子[3],墨子[4],宋牼[5](此外没有下述任何)
《庄子》	孔子,墨子[6],宋牼[7],老子[8],慎到[9](此外没有下述任何)[10]

---

[1] Taylor, A. E. 1969. *Aristotle on His Predecessors*. 2nd edition. Open Court Library of Philosophy. La Salle, Ill, 100-105 and 116-138.

[2] 最著名的在《非儒下》,见吴毓江:《墨子校注》,第 436—441 页。另见《耕柱》,见吴毓江:《墨子校注》,第 658 页(暗示了《论语》13.16 中的对话)。另见《公孟》,见吴毓江:《墨子校注》,第 707 页。

[3] 多处。

[4] 一些著名的例子如:《孟子》3a5, 3b9, 7a26, 7b26。

[5] 《孟子》6b.4。

[6] "儒墨"在《庄子》中出现了七次。对于专指孔子的,参见 Littlejohn(张仁宁),见 Littlejohn, Ronnie. 2010. "Kongzi in the Zhuangzi." *Experimental Essays on Zhuangzi*. Ed. Victor H. Mair(梅维恒). 2nd edition. Dunedin, Fl.: Three Pines。

[7] 《天下》,见郭庆藩:《庄子集释》,第 1082 页。

[8] 多处。

[9] 《天下》,见郭庆藩:《庄子集释》,第 1086—1088 页。

[10] 孟子在《庄子》中未被提及,但是《庄子》中有一些传世《孟子》中的典故,如"仁义之端",这是《孟子》中很出名的,见《孟子》2a.6。见《齐物论》,郭庆藩:《庄子集释》,第 93 页。

续 表

文本	提及的人物
《荀子》	孔子①、墨子②、孟子③、宋牼④、老子⑤、慎到⑥、庄子⑦、孙子⑧

必须要始终留意的是,上表中的文本都不是在某一时刻编成的,因此在它们中应该会有大量的时间重叠。传统观点中必须被修正的一点是它倾向于把一个文本对应给一位作者,⑨但是新近的研究已经证明,在荀子和韩非子之前没有任何文本是这样的,甚至荀子和韩非子本人写作的版本也不就是现在署名为《荀子》和《韩非子》的版本。⑩ 特别要提到的是,《庄子》这部书包含的材料横跨了几个世纪。⑪

尽管如此,如上整体图景还是不支持下面这个命题,即:《论语》的内容形

---

① 多处,如《解蔽》,见王先谦:《荀子集解》,北京:中华书局,1988 年,第 393—394 页。
② 多处,最严厉的一处见《乐论》,见王先谦:《荀子集解》,第 379—385 页。
③ 主要见《性恶》,如王先谦:《荀子集解》,第 439 页。
④ 《非十二子》,见王先谦:《荀子集解》,第 92 页。《天论》,见王先谦:《荀子集解》,第 319 页。《正论》,见王先谦:《荀子集解》,第 340—345 页。《解蔽》,见王先谦:《荀子集解》,第 392 页。
⑤ 《天论》,见王先谦:《荀子集解》,第 319 页。
⑥ 《非十二子》,见王先谦:《荀子集解》,第 93 页。《天论》,见王先谦:《荀子集解》,第 319 页。《解蔽》,见王先谦:《荀子集解》,第 392 页。
⑦ 《解蔽》,见王先谦:《荀子集解》,第 392 页。
⑧ 间接出现于《议兵》,见王先谦:《荀子集解》,第 265—290 页。参见 Knoblock, John, tr. 1988-1994. *Xunzi: A Translation and Study of the Complete Works.* Stanford: Stanford University Press, II, 331n. 4.
⑨ 这是一种形成于数世纪前的理解倾向,见司马迁关于孟子写了《孟子》的论断。见司马迁:《史记》,第 2343 页。几乎没有西方学者会对这个主张当真。(例如 Hunter 对董洪利的反驳,见 Hunter, Michael. 2014. "Did Mencius Know the Analects?" *T'oung Pao*, 100. 1-3: 58-74. 董说见董洪利:《孟子研究》,南京:江苏古籍出版社,1997 年,第 151—154 页)
⑩ Fischer, Paul(方破). 2008-2009. "Authentication Studies (辨伪学) as Methodology and the Polymorphous Text Paradigm." *Early China* 32: 1-43;另见 Lewis, Mark Edward(陆威仪). 1999. *Writing and Authority in Early China.* SUNY Series in Chinese Philosophy and Culture. Albany, 57ff. 关于《荀子》文本历史的权威分析,参见高正:《荀子版本源流考》(第二版),北京:中华书局,2010 年。关于《韩非子》,目前最好的研究是郑良树:《韩非之著述及思想》,台北:学生书局,1993 年;和 Lundahl, Bertil. 1992. *Han Fei Zi: The Man and the Work.* Stockholm: Institute of Oriental Languages, Stockholm University。
⑪ 通常认为被称为"内篇"的部分可以代表《庄子》的真正核心,对此的一个最新的批评可以参见 Klein, Esther. 2010. "Were There 'Inner Chapters' in the Warring States? A New Examination of Evidence about the Zhuangzi." *T'oung Pao* 96. 4-5: 299-369.

成于孔子及其弟子所处时代之后很久的后代。① 因为如果真的是那样的话，我们应当能够期待在《论语》中找到一些类似其他后期材料中提到的对某些后代人物的引述。在这一思考理路上，亚瑟·威利（Arthur Waley）的观察也同样值得提及，他说："《论语》中的孔子形象与所有别的书中的都不同，差别在于《论语》中不包含任何明显有民间传说（folk-lore）和圣徒传（hagiography）特征的元素。"②汉代关于孔子的描绘都让孔子示现各种超人神迹（如徒手举起吊门），但是这样的奇事在《论语》中都找不到。③

* * *

有两个假说可以解释本研究所展示的证据。第一个可能会被理解为对于传统理解的更新版本：即使不是全部，《论语》中包含的大部分对话和讨论都来自孔子及其弟子的时代。第二个是：《论语》来源于一个后世的文本，并且被巧妙地编辑了，以至于它避免了尴尬的时间错乱。读者们必须自己判断哪一个假说更有道理，但是我会提出一些质疑第二个假说的理由，并以此为本文做总结。

命题"《论语》的编者避免了时代错乱"本身其实是时代错乱的。早期中国文献充满了时代错乱，它们是一种在事实准确性之上更看重道德准确性的历史文献的伴生物。④ 更重要的是，为了把自己伪装成更古老时代的遗物而被巧妙编辑的文本，还是往往很难讲通它们和它们被放入的思想世界的关系

---

① Brooks, E. Bruce 和 A. Taeko Brook 提出的"层累理论"（accretion theory）同样也是有问题的。他们的推理是错误的：虽然他们指出不同的章节展示了不同的主题和写作方式，这是对的，但是他们似乎假定了解释这一现象的唯一方法是假定每一章都有一个唯一的编成时间。参见 Brooks, E. Bruce, and A. Taeko Brooks, trs. 1998. *The Original Analects: Sayings of Confucius and His Successors*. Translations from the Asian Classics. New York：Columbia University Press, Appendix 1, 201-248.

② Waley, Arthur, tr. 1938. *The Analects of Confucius*. London：George Allen & Unwin, 14.

③ 《主术》，见刘文典：《淮南鸿烈集解》，第 312 页。对此经典的论述来自顾颉刚，见顾颉刚：《春秋时的孔子和汉代的孔子》，见《古史辨》（二），上海：上海古籍出版社，1982 年，第 130—139 页。对于孔子在后世的不同形象，一个近期的研究综述参见 Nylan, Michael（戴梅可），and Thomas Wilson（魏伟森）. 2010. *Lives of Confucius: Civilization's Greatest Sage through the Ages*. New York：Doubleday（译者按：本书已有中文翻译，中译本参见戴梅可、魏伟森著，何剑叶译：《幻化之龙：两千年中国历史变迁中的孔子》，香港：香港中文大学出版社，2016 年）。

④ Goldin, Paul R. 2008. "Appeals to History in Early Chinese Philosophy and Rhetoric." *Journal of Chinese Philosophy* 35.1：79-96.

这个问题。就像亚历山大·坎贝尔(Alexander Campbell)在评论《摩尔门经》(*The Book of Mormon*)时写道:

> 这位先知史密斯,透过他的石镜(stone spectacles)①,在他的《摩尔门经》中把过去十年在纽约讨论过的每一个错误和几乎每一个真理写在尼腓片(the plates of Nephi)上。他决定所有的争议——婴儿受洗,神职,三位一体,死而复活,忏悔,称义,人类的堕落,救赎,变体说,禁食,告解,教政体制,宗教经验,神职的召唤,复活接受末日审判,永恒惩罚,施洗,甚至共济会的问题,共和政府的问题和人权问题。所有这些话题都会被反复提及。②

中国历史中的例子也很容易就能罗列出来。大多数学者认为《列子》是六朝时的伪作,而不是《汉书·艺文志》中所列的那部同名文献。③ 并不出人意料,新近的研究已经能呈现《列子》与六朝士人的关联。④ 与此相似,王肃在他为《孔子家语》——一部现在被广泛认为是王肃自己伪造的著作——所写的序言中声称,《家语》是孔子的一位后人给他的,所以他认为公开这份文献是极端必要的,因为它证明了很多他与郑玄的追随者不同的观点。⑤ 其实,如果《家语》没有和3世纪早期的思想关切对话的话,它就绝不会出现。一个更缺乏善意的判断是:这本书就是王肃拼凑出来的,好为自己的观点提供一些学术上的庇护。即使这部作品中包含了真正的更古老的材料,问题文献在脱离

---

① 在摩门教内有一个说法,先知史密斯通过天使赐予的石镜阅读并转译了《摩尔门经》。——译者注
② Campbell, Alexander. 1831. "Delusions." *The Millennial Harbinger* 2.2. February 7, 93. 如 Timothy(*3 Nephi* 19:4)等希腊名字的出现对于绝大多数非信仰者而言已经构成了怀疑《摩尔门经》正统性的充足理由。Campbell 对《摩尔门经》更多的批评,另见 Gutjahr, Paul C. 2012. *The Book of Mormon: A Biography. Lives of Great Religious Books.* Princeton and Oxford, 42ff.
③ 最有影响力的两种观点是马叙伦:《天马山房丛著》(它的一个总结参见杨伯峻:《列子集释》,北京:中华书局,1979 年,第 301—305 页);和 Graham. 1986, 216-282. 在西方,《列子》真实性的问题现在基本已被看作无望证明,但是一些中国学者还在试图为之辩护,如马达,见氏著:《〈列子〉真伪考辨》,北京:北京出版社,2000 年。
④ 袁济喜:《〈列子〉与六朝文士的演生》,载于《中国人民大学学报》,2005 年第 6 期。另见 Dippmann, Jeffrey. 2011. "Reading the Zhuangzi in Liezi: Redefining Xianship." *Riding the Wind with Liezi: New Perspectives on the Daoist Classic.* Ed. Ronnie Littlejohn and Jeffrey Dippmann. SUNY Series in Chinese Philosophy and Culture. Albany. 151-164.
⑤ Kramers, R.P. 1950. *K'ung tzu chia yü: The School Sayings of Confucius.* Sinica Leidensia 7. Leiden: E. J. Brill, 91ff. 另见 Goldin, Paul Rakita. 1999. *Rituals of the Way: The Philosophy of Xunzi.* Chicago and La Salle, Ill.: Open Court, 138n. 53.

自身的社会语境这方面而产生的微妙的不可能性也能被识别。毕竟对于组成《列子》的大部分段落和事实上几乎整部《孔子家语》而言,我们都能找到断代没有什么争议的相对应的文本。

当我们回到《论语》,作为对比,我们几乎看不到与汉代早期的基本哲学问题有关的内容。《论语》中没有关于宇宙结构、帝国天命、通过自然界的祥瑞和灾异来测度天意的学说、对不同社会等级的合礼与奢靡的区分等等内容。如果我们以陆贾、贾谊和董仲舒的作品为评判标准来看,这些内容肯定是吸引当时最高级别哲学家的问题。① 与此相对的是,《论语》中最显著的关切是瓦解对鬼神的崇拜,因为鬼神对道德修为没有指导意义。② 孔子生活于从青铜时代的宗教世界观向更符合东周凡俗社会的世俗世界观的转型期,在这个时期,这个视角肯定会引起争论。但是在汉朝,它看上去似乎基本过时了。

这一困难提示我们,如果一个解释《论语》编纂的理论中没有一个对编纂目的的说明,那么它就是不完整的。人们创作、记录并保存文献时脑子里一定有一个动机,也即要纠正某个错误。我的想法是:彻底的社会和政治变革威胁到了旧式的传承方式(例如师与弟子间的言传),《论语》之所以被记录是为了保护孔子的教导在这个状况下依旧不消失。如果不是被写下来的话,这些观念在新的境遇下的存续就将得不到保障。齐思敏(Mark Csikszentmihalyi)已经收集了引人注目的证据来证明《论语》"在西汉的大部分时间里与太子老师的公署有密切联系",并且,一个可能的假设是:《论语》这本书是为了教育帝国的王储而在那个时候被做成的。③ 但是,这份证据的重要性同时提示出:不论是谁在负责编纂这个文本,他在其中纂集的最主要的是真实的原始材料。

---

① Goldin, Paul R. 2007. "Xunzi and Early Han Philosophy." *Harvard Journal of Asiatic Studies* 67.1: 135-166.
② Goldin, Paul R. 2011. *Confucianism*. Ancient Philosophies 9. Berkeley and Los Angeles: University of California Press, 13f.
③ Csikszentmihalyi. 2002, 149.

Confucius and His Disciples in the Analects: The Basis for the Traditional View

Paul R. Goldin

Abstract: There is an emerging consensus that the received text of the *Analects, though regarded throughout Chinese history as the best single source* for the life and philosophy of Confucius, did not exist before the Han dynasty. The work of scholars such as Zhu Weizheng (朱维铮), John Makeham, and Mark Csikszentmihalyi has left little doubt that the text was redacted sometime during the Western Han. This does not necessarily mean, however, that the contents must date to a period later than Confucius and his disciples. A work that was compiled in a certain century does not necessarily consist of material dating from that same century. Thus the new insights regarding the relatively late compilation of the Analects do not invalidate the traditional understanding of the text's philosophical importance. In this paper, I shall present several examples suggesting that the Analects reflect an intellectual environment from long before the Han dynasty. These distinctive features of the text would have to be explained by any theory of its origin. The same evidence will also support the traditional chronology, which postulates the sequence Analects-Mozi-Mencius-Laozi-Xunzi.

Key words: Confucius, dating early Chinese texts, "Mohist Analects", philosophical vocabulary

中国古典哲学中的非演绎论证[*]

金鹏程著　秦晋楠译[**]

对作为一种哲学文献的奇闻轶事(anecdotes)的强烈兴趣从战国至少一直持续到六朝,这种兴趣可以被理解为大多数中国古典哲学思维的非演绎本质的副产品。一个由来已久的对中国思想的批评是它并不在真正意义上是"哲学的",因为它缺少可行的论辩规则。[①]因此,中国哲学至多只能被称为是"智慧"。例如,孔子或许讲出了有价值的教导,或者值得体味的深刻的警句,但是没有任何算得上是正式的推理,这也就是说,听众不被允许在某种可设

---

[*] 本文受国家留学基金资助。

[**] 金鹏程(Paul R. Goldin),1972年生,美国宾夕法尼亚大学东亚系教授。秦晋楠,1991年生,中国政法大学人文学院哲学系讲师。谢伟杰、赵路校对了全部译文。

[①] 围绕中国哲学合法性的学术论争近年产生了很多新的著述。其中有代表性的如:Franklin Perkins(方岚生), *Heaven and Earth Are Not Humane: The Problem of Evil in Classical Chinese Philosophy*, World Philosophies (Bloomington and Indianapolis: Indiana University Press, 2014), 4f;另见 Wiebke Denecke(魏朴和), *The Dynamics of Masters Literature: Early Chinese Thought from Confucius to Han Feizi*, Harvard-Yenching Institute Monographs 74, Cambridge, Mass., and London, 2010, 11-18;另见 Carine Defoort(戴卡琳), "Is There Such a Thing as Chinese Philosophy? Arguments of an Implicit Debate", *Philosophy East and West* 51.3 (2001), 393-413(译者按,此论文已被翻译成中文,参见戴卡琳著,杨民、季薇译:《究竟有无"中国哲学"?》,载于《中国哲学史》,2006年第2期);另见 Carine Defoort, "Is 'Chinese Philosophy' a Proper Name? A Response to Rein Raud", *Philosophy East and West* 56.4 (2006), 625-660;另见 Lin Tongqi et al., "Chinese Philosophy: A Philosophical Essay on the 'State-of-the-Art'", *Journal of Asian Studies* 54.3 (1995), esp. 746ff.

想的语境中去重构和重新思考他的论证。① 正如胡适曾说过:"中国已饱受缺乏充足的逻辑思维之困扰。"②

上述顾虑表现出一种预先判断,即令人满意的论证必须是演绎论证。我并没有关于"演绎"的特殊定义,使用亚里士多德关于演绎的定义就足够,即:"只要确定某些论断,某些异于它们的事物便可以必然地从如此确定的论断中推出,这就构成一个论证。"(《前分析篇》24b18-20)③在以前的翻译中,这也常常被叫作"三段论"(syllogism),因为亚里士多德认为所有的演绎推理一定是三段论式的(《前分析篇41b1-3》)④——这是一个已经被现代逻辑学家拒

---

① 此类批评的一个例子如 Donald J. Munro(孟旦), *The Concept of Man in Early China* (Stanford: Stanford University Press, 1969), ix(译者按,此书已被翻译成中文,参见孟旦:《早期中国"人"的观念》,丁栋、张兴东译,北京:北京大学出版社,2009 年)。对此的回应参见 Bryan W. Van Norden(万白安), "What Should Western Philosophy Learn from Chinese Philosophy?" in *Chinese Language, Thought, and Culture: Nivison and His Critics*, ed. Philip J. Ivanhoe(艾文贺), Critics and Their Critics 3 (Chicago and La Salle, Ill.: Open Court, 1996), 230。另见 Robert M. Hartwell(郝若贝), "Historical Analogism, Public Policy, and Social Science in Eleventh- and Twelfth-Century China", *American Historical Review* 76.3 (1971), 722ff。在前辈学者中,典型的批评是"中国思维"没有能力进行更高的逻辑思辨,例如 Alfred Forke(佛尔克,1867—1944), "The Chinese Sophists", *Journal of the North China Branch of the Royal Asiatic Society* 34 (1901-1902), 5。我们只能假定这样的意见直接或间接受到了黑格尔(G. W. F. Hegel, 1770—1831)无知且盲目爱国的对中国描述的影响。对于这一点可以参见 Sander Griffioen, "Hegel on Chinese Religion", in *Hegel's Philosophy of the Historical Religions*, ed. Bart Labuschagne and Timo Slootweg, Critical Studies in German Idealism 6 (Leiden: Brill, 2012), 21-30。
② *The Development of the Logical Method in Ancient China* (Shanghai: Oriental Book Company, 1922), 6。关于中国人对古典文献中逻辑的出现或缺失的看法的研究参见 Joachim Kurtz, *The Discovery of Chinese Logic*, Modern Chinese Philosophy 1 (Leiden and Boston: Brill, 2011), esp. 277-337。
③ 作者使用的英译为:"a discourse in which, certain things being stated, something other than what is stated follows of necessity from their being so." Tr. A. J. Jenkinson in *The Complete Works of Aristotle: The Revised Oxford Translation*, ed. Jonathan Barnes, Bollingen Series 71. 2 (Princeton: Princeton University Press, 1984), I, 40(译者按:中译参考余纪元等译:《前分析篇》,《工具论》,北京:中国人民大学出版社,2003 年,第 85 页)。

Richard E. Nisbett 说:"亚里士多德关于世界的假说是可检验的,而中国人则没有这类的假说。"参见 *The Geography of Thought: How Asians and Westerners Think Differently* (New York: Free Press, 2003), 134(译者按,此书已被翻译成中文,参见理查德·尼斯贝特:《思维的版图》,李秀霞译,北京:中信出版社,2005 年,第 83 页)。这一说法是明显的言过其实。科学家们恰恰因为亚里士多德提出了不可检测的假说而批评他。参见 John A. Moore, *Science as a Way of Knowing: The Foundations of Modern Biology* (Cambridge, Mass.: Harvard University Press, 1993), 41。
④ 更精确地讲:"虽然亚里士多德明白存在很多种不能被简化为三段论式的有效证明,但是据我们现在所知,他没能成功给出一个对这些证明的正式分析。"对此,参看 William Kneale and Martha Kneale, *The Development of Logic* (Oxford: Clarendon, 1962), 99。在这一点上我和 Bryan W. Van Norden(万白安)有争论。

绝的概念。① 亚里士多德进一步给出了一些三段论的例子，这些例子被中世纪哲学传统按照它们的"式"(mood)整理为若干类。所谓"式"即前提和结论的样式。② 举个例子，AAA 式(有时也叫"芭芭拉三段式"[Barbara syllogism])主张如果所有的 A 都是 B，而且所有的 B 都是 C，那么所有的 A 都必须是 C（《前分析篇》26a1）。

     所有的大象都是哺乳动物。
     所有的哺乳动物都是动物。
  所以 所有的大象都是动物。

不论你一生中分别见过多少头不同的大象，如上推理能得出对每一头可设想的大象都必须为真的推论。亚里士多德似乎相信这样的推理能力是人类独有的。③

  中国则选择了一条不同的路径。④ 最著名的中国哲学论断大多都明显不是三段论式的。例如：

    季文子三思而后行。子闻之，曰："再，斯可矣。"(《论语》5.20)

这可以被理解为有用的实践忠告。相反的一组格言往往被用来表达行动太鲁莽和太迟缓都是危险的这一主题。(例如，在我们的文化中就有相反的"Look before you leap"和"He who hesitates is lost"。）在这里，孔子建议一种明智的中道。在行动之前"再"思，不是一思，也不是三思。显然这不是演绎推论，这个结论也不是任何可设想的情景下都适用的。在要不要躲避一辆迎面而来的汽车这个问题上，一个人就不应该"再"思。虽然孔子没有直接说明这个忠告可能的适用范围，这需要我们来探索，不过想必孔子是在讨论重大道

---

① 参见 Jonathan Barnes, "Aristotle", in R. M. Hare et al., *Founders of Thought* (Oxford: Oxford University Press, 1991), 120f.
② 参见 W. V. Quine, *Methods of Logic*, fourth edition (Cambridge, Mass.: Harvard University Press, 1982), 102-108。
③ 参见 Deborah K. W. Modrak, *Aristotle: The Power of Perception* (Chicago and London: University of Chicago Press, 1987), 128f.
④ 参见 Michael Nylan(戴梅可), "Lots of Pleasure but Little Happiness", *Philosophy East and West* 65.1 (2015), 212；另见张文修：《中国哲学中的证明问题》，载于《文史哲》，2015 年第 4 期。

德决策。这些决策确实值得思考、再思考,①但是一旦拿定主意了,未来的犹豫就只会导致无所作为。

《论语》中的另一个例子:

> 子曰:"岁寒,然后知松柏之后凋也。"(《论语》9.28)

我在别处也讨论过这一段,②细节在此就不再复述了。但是有一个重要的值得留意之处,即这个论断一定要被当成比喻,③因为如果这一条真的仅仅是和松树、柏树相关的话,是没有人会费力记录、保存它的。(《论语》不是森林学手册。)演绎论证中没有比喻的位置。当我们说所有的大象都是哺乳动物的时候,我们**不能**用比喻的方式说。如果以比喻的方式说,我们的推论一定会被质疑。(英语中有时会用"the elephant in the room"来指一个非常明显但没有人愿意提及的问题,但是这里的 elephant 不是哺乳动物。)因此,不论我们选择怎样来诠释孔子的那段话(通常它被理解为在评论友谊),它都不是演绎的。

在中国古典哲学中,有三大类非演绎论证值得进一步延伸讨论:悖论(paradox)、类比(analogy)和诉诸例证(appeal to example)。④

---

① 可以和拉丁版主题为"多思考一些更好"(second thoughts are wiser)的其他众多格言对比,如西塞罗(Cicero,前106—前43)在第十二篇《反腓力辞》中讲的"第二个想法,因为他们说,通常是明智的"(*Posteriores enim cogitationes, ut aiunt, sapientiores solent esse*)。文本见 D. R. Shackleton Bailey, *Philippics 7-14*, ed. John T. Ramsey, Loeb Classical Library 507 (Cambridge, Mass.: Harvard University Press, 2010), 190(译者按,中译本可参见西塞罗:《西塞罗全集·演说词卷下》,王晓朝译,北京:人民出版社,2008年,第758页。王晓朝将此句译为:"因为如俗话所说,犯错误的总是那些比较聪明的人")。

② *Confucianism*, Ancient Philosophies 9 (Berkeley and Los Angeles: University of California Press, 2011), 10f.

③ 对中国哲学中的比喻的进一步反思,参见 Edward Slingerland, "Metaphor and Meaning in Early China", *Dao* 10.1 (2011), 1-30。一些研究中国文学的历史学家或许更倾向于称此为想象(image)而非比喻(metaphor),如 Pauline Yu(余宝琳),*The Reading of Imagery in the Chinese Poetic Tradition* (Princeton: Princeton University Press, 1987), 37-43。余认为中国诗歌更趋向于凭借一些自然关联在一起的概念,它们是真实的,因此是被发现的,而不是比喻的、被发明的。这一观点虽然与本文的讨论不直接相关,但是值得关注。

④ 这当然不是一个穷尽所有可能的列表。另外的一些例子还有:我关于双关语的思考,参见 *After Confucius: Studies in Early Chinese Philosophy* (Honolulu: University of Hawaii Press, 2005), 14ff。Derk Bodde(卜德)也研究了一部分相关问题,见 *China's First Unifier: A Study of the Ch'in Dynasty as Seen in the Life of Li Ssŭ*, Sinica Leidensia 3 (Leiden: E. J. Brill, 1938), 223-232。

一 悖论(Paradox)①

辩者②的很多悖论似乎是成立的(veridical),③至少如果被同情地诠释的话其精神是成立的。举个例子,在被认为是惠施提出的"历物十事"中我们可以找到如下这条:"南方无穷而有穷。"④我们不知道惠施本人是怎样为这个悖论辩护的,但是有可以让这一悖论成立的解释:被叫作"南方"的这片区域包含无数多个点;但是它又不能包含整个世界,南方当然与被叫作"北方""东方""西方"的区域不同。因此,它同时既是无限的又是有限的。⑤ 另一个成立的悖论的(可能的)例子是"卵有毛":⑥如果这个命题是在讲"在鸡蛋中有毛",也即鸡蛋中未出生的小鸡的茸毛,那么它就是一个真命题。(汉字"毛"表示身体上的毛,例如动物的皮毛,并且也可以被引申来指代鸡雏的绒毛。)一个可能会更吸引现代语言学家的悖论是:"犬可以为羊。"⑦如果它的意思是"狗或许也可以被叫作羊",那么这个命题也是成立的:"狗"这个称谓其实是

---

① 我此处所讲的不是谜语(riddles)。李惠仪(Wai-yee Li)在研究中认为谜语可以成为一种进谏的技艺,见"Riddles, Concealment, and Rhetoric in Early China", in *Facing the Monarch: Modes of Advice in the Early Chinese Court*, ed. Garrett P. S. Olberding, Harvard East Asian Monographs 359 (Cambridge, Mass., and London, 2013), 100-132。另见 Galia Patt-Shamir, "To Live a Riddle: The Transformative Aspect of the *Laozi*", *Journal of Chinese Philosophy* 36.3 (2009), 408-423。
② 在之前的著作中,我把辩者翻译为"辩证法专家"(dialecticians),但是我现在认为这可能会引起误解。之前的翻译见 Paul Rakita Goldin, *Rituals of the Way: The Philosophy of Xunzi* (Chicago and La Salle, Ill.: Open Court, 1999), 83ff。
③ 我从蒯因(W. V. Quine)处借用了这个术语。见 *The Ways of Paradox and Other Essays*, revised edition (Cambridge, Mass., and London: Harvard University Press, 1976), 1-18。
④ 郭庆藩:《庄子集释》,北京:中华书局,1961年,第1103页。
⑤ 参见 Bernard S. Solomon, *On the School of Names in Ancient China*, Monumenta Serica Monograph Series 64 (Sankt Augustin, Germany, 2013), 36f。另外一些阐发参见 Christoph Harbsmeier, *Language and Logic*, ed. Kenneth Robinson, *Science and Civilisation in China*, vol. VII.1 (Cambridge: Cambridge University Press, 1998), 296-297。另见 A. C. Graham, *Disputers of the Tao: Philosophical Argument in Ancient China* (La Salle, Ill.: Open Court, 1989), 79f(译者按,此书已被翻译成中文,参见葛瑞汉:《论道者:中国古代哲学论辩》,张海晏译,北京:中国社会科学出版社,2003年,第94—98页)。另见 Jean-Paul Reding, *Les fondements philosophiques de la rhétorique chez les sophistes grecs et chez les sophistes chinois* (Berne: Peter Lang, 1985), 369-372。
⑥ 王天海:《荀子校释》,上海:上海古籍出版社,2005年,第81页。另见郭庆藩:《庄子集释》,第1105页。
⑦ 郭庆藩:《庄子集释》,第1106页。

任意选定的,它和狗自身的本质没有什么必然关联。①

很多辩者的悖论都依赖于发掘敏感关键词的技艺。他们或者用这个词的一种听众意想不到的意思,或者在悖论的一部分用这个词的一个意思,在另一部分用这个词的另一个意思。②(这与西方哲学中的歧义谬误[fallacy of equivocation]相似。)③因此,如果我们把"龟长于蛇"中的"长"理解成"长寿"的话,确实如此。④ 虽然出人意料,但是绝非有误。最著名的悖论"白马非马"⑤也可以被视为这个技术的另一个例子。如果白马和马不是指代马,而是指代某些马组成的集合,那么,由白马组成的集合和由马组成的集合确实不等同。⑥

后期墨家在符号学上的实践表明他们对分析悖论在何种程度上可以被构造这一话题产生了兴趣。一个典型的例子是:"桃之实,桃也;棘之实,非棘也"。⑦ 它以一个神奇的事情为基础,即"桃"这个字既可以指代桃树,也可以指代桃树上结的桃子(就像英文里的 peach 一样),但是"棘"这个字就只能指树,因为它的果实被叫作枣(英文里的 jujube 或 Chinese date)。⑧ 从这里出发我们很容易设想一个悖论,比如"桃不是水果"(因为它是树)。

并不是每个人都对这种语言探索的价值深信不疑,荀子就因为它对自我

---

① Reding 的解释是:"羊"这个词也有可能是对狗而言一个合适的名字。见 *Les fondements philosophiques de la rhétorique*, 439。
② 参见 Goldin, *Rituals of the Way*, 91。我相信这一点首先是牟宗三提出的,见牟宗三:《名家与荀子》,台北:学生书局,1979 年,第 3—70 页。
③ 参见 Lawrence H. Powers, "Equivocation", in *Fallacies: Classical and Contemporary Readings*, ed. Hans V. Hansen and Robert C. Pinto (University Park: Pennsylvania State University Press, 1995), 287-301.
④ 郭庆藩:《庄子集释》,第 1106 页。另参见 Reding, *Les fondements philosophiques de la rhétorique*, 440-441。
⑤ 谭戒甫:《公孙龙子形名发微》,北京:中华书局,1963 年,第 24 页。请注意《韩非子》中认为这个悖论出自一个不知名的人物兒说,见陈奇猷:《韩非子新校注》,上海:上海古籍出版社,2000 年,第 674 页。针对这一点对我们的意义的讨论,参见 Goldin, *Rituals of the Way*, 138n. 3。
⑥ 这一思路上的研究众多,无法在一个脚注中全部引述,但是对我而言最有道理的是 Harbsmeier, 1998, 298-321。
⑦ 吴毓江:《墨子校注》,北京:中华书局,2006 年,第 630 页。另见 A. C. Graham, *Later Mohist Logic, Ethics and Science*, reprint edition (Hong Kong: Chinese University Press, 2003), 492 (NO 18)。然而葛瑞汉把"棘"翻译为"荆棘"(bramble),这反映了他对这个命题有不一样的理解。
⑧ 参考孙诒让的说法,见吴毓江:《墨子校注》,第 645 页注释 64。Yiu-ming Feng(冯耀明)却把它仅仅当作一个无效的论证驳斥了,见 Yiu-ming Feng, "A Logical Perspective on the Parallelism in Later Moism", *Journal of Chinese Philosophy* 39.3 (2012), 348。

道德修养事业无用而拒斥它。① 但是《老子》中一些非常重要的论断其实也依赖于这种在两种不同意义上使用关键词的技术（因此它们或许来源于同样的思想背景）。"上德不德,是以有德"(《老子》第 38 章) 常常不被看作类似于"龟长于蛇"一类的诡辩,但是它其实也依赖于相同的修辞方法。为了让"上德不德"有清晰的含义,关键词德(virtue, inner power) 一定要有两层含义。一层是"上德"(highest virtue),它指真实、有力的德,因为它来自于道。然而另一层"德"指在人类社会自发的骄傲自大中错误地被定义为德的大伪(great sham)。因此,上德有真的德,恰恰因为它不是每个人被规训要去尊敬的假的德。② 通常,这样的悖论会被解释为《老子》通贯全书的修辞的一部分,它主要是为了打击自满的读者,让他们开始反思他们对世界不自然的假设。③

二 类比(Analogy)

通过类比来进行推理是古代中国非常重要的思考模式。④ 它是中国法理学(jurisprudence)的特点之一,⑤ 也是早期中国诗歌的突出特征,术语"比"(comparison or juxtaposition) 或者"兴"(arousal) 讲的就是它。("比和兴的精确定义"这个问题是公认很难讲清楚的,而且权威专家们的说法确实也各不

---

① 参见 Goldin, *Confucianism*, 92f。
② 参见 Bryan W. Van Norden, "Method in the Madness of the *Laozi*", in *Religious and Philosophical Aspects of the Laozi*, ed. Mark Csikszentmihalyi and Philip J. Ivanhoe, SUNY Series in Chinese Philosophy and Culture (Albany, 1999), 197。
③ 参见 Graham, *Disputers of the Tao*, 231-234(译者按,中译本参见葛瑞汉:《论道者:中国古代哲学论辩》,张海晏译,第 267—271 页)。
④ 最新的研究参见 Jean-Paul Reding, *Comparative Essays in Early Greek and Chinese Rational Thinking* (Aldershot, U. K. , and Burlington, Vt. : Ashgate, 2004), 31-48;另见 Alexeï Volkov, "Analogical Reasoning in Ancient China: Some Examples", *Extrême-Orient, Extrême-Occident* 14 (1992), 15-48。数学中的类比推理问题,参见 Christopher Cullen, *Astronomy and Mathematics in Ancient China: The Zhou bi suan jing*, Needham Research Institute Series 1 (Cambridge: Cambridge University Press, 1996), 74-75。
⑤ 参见 Geoffrey MacCormack, *The Spirit of Traditional Chinese Law*, The Spirit of the Laws (Athens, Ga. , and London: University of Georgia Press, 1996), 166-174;另见 Derk Bodde(卜德) and Clarence Morris(莫里斯), *Law in Imperial China: Exemplified by 190 Ch'ing Dynasty Cases* (Philadelphia: University of Pennsylvania Press, 1967), 517-530(译者按,此书已被翻译成中文,参见布迪、莫里斯:《中华帝国的法律》,朱勇译,南京:江苏人民出版社,1995 年,第 419—430 页)。

相同。)① 在哲学中,最著名的例子之一是《孟子》(6a.10)中的一段:

> 孟子曰:"鱼,我所欲也;熊掌,亦我所欲也。二者不可得兼,舍鱼而取熊掌者也。生,亦我所欲也;义,亦我所欲也。二者不可得兼,舍生而取义者也。生亦我所欲,所欲有甚于生者,故不为苟得也;死亦我所恶,所恶有甚于死者,故患有所不辟也。"②

作为道德哲学,这段话传递了一种确定的态度,而不是建立了一个清晰的论证。(并且,即便作为论证,它也显然不是演绎的。)就像美食家准备好为了熊掌那样的美味而放弃鱼一样,道德专家(moral connoisseur)③也准备好为了追求正义而牺牲生命。当然,类比并不能**证明**正义是值得为之牺牲的,它仅仅体现了孟子的热情。

很多类似这样的类比都借助于自然现象,它们有一个隐含的预设,即可以在自然中发现的图景是不会错的。④ 这个信念是一些今天我们不那么容易接受的论证的前提。例如,在孟子和告子著名辩论的一开始,告子认为人性缺乏任何固有的道德倾向,就像水流,决诸东方则东流,决诸西方则西流。孟子通过攻击这个类比的方式回应道:水其实是有固有倾向性的,因为它总向下流。因此,人性本善和水自然而然向下流的道理是一样的(《孟子》6a.2)。这个论证在当代遭到了猛烈的批评,⑤但是在与古代中国相似的文明中,也即通过类比来推理这一方式被深深尊重的文明中,这个论证的效力一

---

① 参见 Pauline Yu(余宝琳), 57-67;另见 Karl S. Y. Kao, "Comparative Literature and the Ideology of Metaphor, East and West", in *Comparative Literature and Comparative Cultural Studies*, ed. Steven Tötösy de Zepetnek, Comparative Cultural Studies 2 (West Lafayette, Ind.: Purdue University Press, 2003), 102ff; 另见 Ming Dong Gu, "*Fu-bi-xing*: A Metatheory of Poetry-Making", *Chinese Literature: Essays, Articles, Reviews* 19 (1997), 1-22;另见 François Cheng, "*Bi* 比 et *xing* 興", *Cahiers de linguistique: Asie orientale* 6 (1979), 63-74。
② 对比 D. C. Lau 的翻译,见 *Mencius: A Bilingual Edition*, revised edition (Hong Kong: Chinese University Press, 2003), 253。
③ 关于这个概念,参见 Philip J. Ivanhoe, "McDowell, Wang Yangming, and Mengzi's Contributions to Understanding Moral Perception", *Dao* 10.3 (2011), 285ff;另见 Eric L. Hutton, "Moral Connoisseurship in Mengzi", in *Essays on the Moral Philosophy of Mengzi*, ed. Xiusheng Liu and Philip J. Ivanhoe(Indianapolis and Cambridge, Mass.: Hackett, 2002), 163-186。
④ 《诗经》中的《烝民》一诗最好地展示了这一原则,它说:"天生烝民,有物有则。"自然图景是有规范性的,因为它们源自于天。
⑤ 或许批评最严厉的是 Arthur Waley (1889—1966),参见 *Three Ways of Thought in Ancient China* (London: George Allen & Unwin, 1939), 194。

定是更高的。①

同样还需要提到的是,诉诸自然现象这种方式也常被用来把女性固定在她们的位置上。在《牧誓》中,周武王对他伐商之决定的陈述就以商王听信妇人之言为基础:

> 王曰:"古人有言曰:'牝鸡无晨;牝鸡之晨,惟家之索。'今商王受惟妇言是用。"②

母鸡在早晨应当保持静默,因为如果它们试图去做公鸡的工作,它们会对家庭的生存构成威胁。③

并不少见的是,中国的作者们也看到了一些我们今天不再认可的自然现象,比如《白虎通》说应该夫唱妇随,因为阳倡阴和。④ 从自然直接进行类比的问题在于:所有对自然世界的观察必须要经过一个人特定的解释性过滤(interpretive filter),因此即便是看到了同样的一组对象,不同的人并不是常常都能感受到同一个图景。⑤

三 诉诸例证(Appeal to example)

诉诸例证这一方法几乎出现在所有古代中国哲学中(最明显的反例是《老子》),我们还可以把它再细分为一些小的类型。诉诸历史已经被公认是中国哲学中非常典型的,以至于边沁(Jeremy Bentham)嘲笑它是"中式论证"(Chinese argument)。⑥ 中国的论辩者在诉诸支持自己的历史事件这个事上很

---

① 参见 David B. Wong, "Reasons and Analogical Reasoning in Mengzi", in Liu and Ivanhoe, 187-220;另见 Lau, 362-390。
② 顾颉刚、刘起釪:《尚书校释译论》,北京:中华书局,2005 年,第 1098 页。对比理雅各(James Legge, 1815—1897)的翻译,见 *The Chinese Classics*, 2nd edition (Oxford: Clarendon, 1893-1895; rpt., Taipei: SMC, 1991), III, 302f。
③ 参见 Paul Rakita Goldin, *The Culture of Sex in Ancient China* (Honolulu: University of Hawaii Press, 2002), 48ff。
④ 陈立:《白虎通疏证》,北京:中华书局,1994 年,第 452 页。
⑤ 关于中国思想中类比推理的其他缺点的思考,参见 Yuet Keung Lo, "From Analogy to Proof: An Inquiry into the Chinese Mode of Knowledge", *Monumenta Serica* 43 (1995), 141-158。
⑥ *Bentham's Handbook of Political Fallacies*, ed. Harold A. Larrabee (Baltimore: Johns Hopkins University Press, 1952), 43-53。

少会失败,而且他们常常不觉得有要准确陈述细节的义务。①

一个更具体的类别是诉诸上古圣人和他们的经典文本。虽然这常常被认为是典型的儒家式论证,但是其实是墨家率先使用这一方式的,因为诉诸圣人是墨家"三表"(Three Gnomons)的第一条,而"三表"是墨家用来验证命题是否为真的依据:

> 然则明辨此之说将奈何哉?子墨子言曰:必立仪。言而毋仪,譬犹运钧之上而立朝夕者也;是非利害之辨,不可得而明知也。故言必有三表。何谓三表?子墨子言曰:有本之者,有原之者,有用之者。② 于何本之? 上本之于古者圣王之事。于何原之? 下原察百姓耳目之实。于何用之? 废[= 发]③以为刑政,观其中国家百姓人民之利。此所谓言有三表也。④

举个例子,墨家认为"命"(fatalism)是孔子和他的追随者们的思想,墨家对此的反驳是这样的:圣王并不相信所有的事情都是事先注定的(对此有数章、多处相关的文献可做参考文献);而且一般人正常情况下也不信命;再者,"命"的思想是危险的,因为如果人们信命的话就会导致对道德修养失去兴趣。因此,"命"是错的。⑤《墨子》书中还不厌其烦地详细对比了上天视之为天子的圣王尧、舜、禹、汤、文王、武王和上天让其倾覆的暴君桀、纣、幽、厉。⑥

---

① 参见我的文章"Appeals to History in Early Chinese Philosophy and Rhetoric", *Journal of Chinese Philosophy* 35.1 (2008), 79-96。
② 在英语中,我们必须要用一些啰唆的句子如"verifying the root"、"verifying the origin"和"verifying the utility"来指代"本""原"和"用"是动词这一事实。
③ 从王念孙说,见吴毓江:《墨子校注》,第 398 页注释 10。
④ 吴毓江:《墨子校注》,第 394 页。对比 Burton Watson(华兹生)的翻译,见 Burton Watson, *Mozi: Basic Writings*, Translations from the Asian Classics (New York: Columbia University Press, 2003), 120f;另对比 Yi-pao Mei 的翻译,见 *The Ethical and Political Works of Motse*, Probsthain's Oriental Series 19 (London, 1929), 182f.
⑤ 参见 Paul R. Goldin, "Why *Mozi* Is Included in the *Daoist Canon*: Or, Why There Is More to Mohism Than Utilitarian Ethics", in *How Should One Live?: Comparing Ethics in Ancient China and Greco-Roman Antiquity*, ed. R. A. H. King and Dennis Schilling (Berlin: De Gruyter, 2011), 79。墨家此处的第三条论证单独地被现代神经学家证实了,对此参见如 Azim F. Shariff and Kathleen D. Vohs, "The World without Free Will: What Happens to a Society That Believes People Have No Conscious Control over Their Actions?" *Scientific American* 310.6 (2014), 77-79。
⑥ 参见吴毓江:《墨子校注》,第 77、289、300、314 页。

诉诸圣王的频繁使用导致了一个反弹,其中的一个例子是《韩非子》。①《韩非子》中提到,教百姓建筑巢穴或者钻木取火在史前时代是巨大的进步,但是在后代,这些成就微小到可笑:

> 今有构木钻燧于夏后氏之世者,必为鲧、禹笑矣。有决渎于殷、周之世者,必为汤、武笑矣。然则今有美尧、舜、汤、武、禹之道于当今之世者,必为新圣笑矣。②

古代圣王那些值得称赞的事不一定适合已经变化了的现代社会。

另一个被大量使用的类型是诉诸谚语(proverbs),例如上文提到的牝鸡司晨。在一个较后代的例子中,贾谊写道:"野谚曰:'前事之不忘,后之师也。'"③这是同时既诉诸谚语又诉诸历史,虽然贾谊在之后也强调了过去的方法或许需要被调整以适应当下的环境。这个谚语应该不是贾谊编造的,因为它**逐字**(verbatim)出现在了与贾谊不相关的《战国策》中。④《战国策》是一本保留了很多其他格言的文献(如三人成虎)。⑤

这些诉诸例证的诸种类型很难真正说服现代的读者。诉诸历史有时或许会被认为是有说服力的,但是如果环境变了,它恐怕就也会失效(而且如果例证还被扭曲篡改过,诉诸例证就显然会失效)。诉诸经典文献和谚语的情况更差,它们常常会被看作是仅仅诉诸权威(argumentum ad verecundiam),并被拒斥。但是,有一种类型的诉诸例证并不一定会被看作错:诉诸典范性的行为(exemplary conduct),既可以是好的也可以是坏的。这类话语是《论语》的一个特点:

> 子曰:"三人行,必有我师焉。择其善者而从之,其不善者而改之。"(《论语》7.22)

---

① 现在最好的讨论是 Yuri Pines(尤锐), "From Historical Evolution to the End of History: Past, Present and Future from Shang Yang to the First Emperor", in *Dao Companion to the Philosophy of Han Fei*, ed. Paul R. Goldin, *Dao Companions to Chinese Philosophy* 2 (Dordrecht, Netherlands: Springer, 2012), 25-45;另见 Graham, *Disputers of the Tao*, 270-273(译者按,中译本参见葛瑞汉:《论道者:中国古代哲学论辩》,张海晏译,第 311—314 页)。
② 陈奇猷:《韩非子新校注》,2000 年,第 1085 页。
③ 阎振益、钟夏:《新书校注》,北京:中华书局,2000 年,第 17 页。
④ 何建章:《战国策注释》,北京:中华书局,1990 年,第 613 页。
⑤ 对此以及《战国策》中其他诉诸历史、文学、谚语的情况,参见 Goldin, *After Confucius*, 82-83。

就像孟子对鱼和熊掌的论述一样,这段也更像是表达一种特定的态度,而不是建立一个正式的论证。这段话仅仅断言了一个原则,即不论他人的例子是善还是恶,从中总有值得学习思考的地方。我们可以通过模仿他人的长处,同时避免他人的毛病也在自己身上出现这样的方式学习成长,这个想法一直以来都是中国哲学的核心思想之一。① 这一思想也塑造了一个相关的看法,即我们要客观地评价一个人的行为,也包括客观地评价自己的行为。②

最后,诉诸例证中还有一个类型是诉诸奇闻轶事(anecdote),这也是本文这一部分的主题。本文的其他部分分别关注了一些特殊的个案,而在这部分我会专门讨论一些基本的观察。诉诸奇闻轶事也是诉诸例证的一种,因为它们的论证模式和论证目的是一样的:奇闻轶事的目的是提供一些有用的例证来凸显论辩中的某些特殊的哲学问题。从奇闻轶事中得到的结论当然也必然不是演绎的。

让我们以《韩非子》中的守株待兔为例:

> 宋人有耕田者,田中有株,兔走,触株折颈而死,因释其耒而守株,冀复得兔,兔不可复得,而身为宋国笑。今欲以先王之政,治当世之民,皆守株之类也。③

这个论证的思路是非常明确的:"以先王之政,治当世之民"和等待**第二只撞树的兔子**一样愚蠢(因为就像等到第二只撞树的兔子是不可能的一样,贤才自己无偿[*pro bono*]出现于政府中也是不可能的)。

这样的奇闻轶事可以被稍作修改以用于别的论证,在这个意义上它们是可替代的。而且正因为如此,它们传递一种先验的(*a priori*)真理的能力即使不为零,也是很有限的。守株待兔的例证在《韩非子》中被有效地用来讨论政治哲学问题,但是这个例子也同样可以用来论证在赌桌上赢了一轮之后,一个人不应该把自己毕生的积蓄再一次孤注一掷去豪赌。(本质上,这则寓言

---

① 关于《论语》中的这一点,参见 Amy Olberding, *Moral Exemplars in the Analects: The Good Person Is That*, Routledge Studies in Ethics and Moral Theory 15 (New York and London, 2012)。
② Matthias Richter(李孟涛)认为,这样的道德评价方式来源于官僚系统运作中对一个官员的优缺点的简洁判断。即使这个观点是正确的,我认为从他人身上学习依旧可以是一个道德自我修养的有效模式。Richter 的观点参见,*Guan ren: Texte der altchinesischen Literatur zur Charakterkunde und Beamtenrekrutierung*, Welten Ostasiens 3 (Berne: Peter Lang, 2005)。
③ 陈奇猷:《韩非子新校注》,2000 年,第 1085 页。对比 Bruton Watson 的翻译,见 *Han Feizi: Basic Writings*, Translations from the Asian Classics (New York: Columbia University Press, 2003), 97。

的目的是强调把一个人对未来的计划奠基于对一个我们虽然期待其发生但它基本绝不可能再发生的事上是愚蠢的。)在《韩非子》中,对奇闻轶事的寓意的阐发非常灵活,我们时常可以发现同一则奇闻轶事被用来支持截然相反的观点。在《十过》中,管仲临终前向齐桓公建议撤换三位自私的大臣,齐桓公因为忽视了这一建议而被批评。① 但是在《难一》中,管仲的临终建议却是自我批判的,因为一位诸侯王需要知道怎样利用自私的大臣为自己服务。② 如果《韩非子》教会了我们什么的话,那只能是大臣们或许都是自私的,但是自私的大臣又是不可缺少的。③

《韩非子》其实并不关心管仲是否**真的**说了上面的那段话。(毕竟管仲临终前究竟是什么样的记录者在他身边呢?)于是这里的关键在于:两版故事都涉及怎样处理自私大臣,但是故事结论不同,所以关于这件事的证明究竟应该被赞赏还是批评,是依赖于每个人不同的视角的。这就是类似上文提到的大量的诉诸历史事件的论证会包含显而易见的事实错误的原因。因为相比于它们的阐发性,它们的准确性受到的关注就小得多了。

故而,对类似《韩非子》中管仲临终建议一样的"奇闻轶事"(anecdotes)和类似《庄子》中那些显而易见虚构故事的严格区分是没有用的。对《庄子》中的虚构故事更常见的界定是"寓言"(parables)。④(需要指出的是,这些用来对应翻译的英语术语找不到完全合适的对应中文词汇。)⑤我们可以再详细考

---

① 陈奇猷:《韩非子新校注》,2000 年,第 228—229 页。三位大臣是竖刁、卫公子开方和易牙,他们在后来囚禁齐桓公直到他饿死。参看黎翔凤:《管子校注》,北京:中华书局,2004 年,第 6、8、609 页。另参见陈奇猷:《吕氏春秋新校释》,上海:上海古籍出版社,2002 年,第 978—980 页。
② 陈奇猷:《韩非子新校注》,2000 年,第 849—852 页。卫公子开方在这一段没有出现。
③ 参见 Paul R. Goldin, "Introduction", in *Dao Companion to the Philosophy of Han Fei*, 2ff。
④ 例如,Victor H. Mair(梅维恒)在他一本书的标题中就用了"Parables"来翻译"寓言",参见 *Wandering on the Way: Early Taoist Tales and Parables of Chuang Tzu* (New York: Bantam, 1994; rpt., Honolulu: University of Hawaii Press, 1998)。
⑤ "Anecdote"和中文中的"掌故"接近,"掌故"这个词的经典用例(*locus classicus*)参见《史记》,北京:中华书局,1959 年,第 3224 页。"parable"的标准中文翻译是"寓言",这个词借用自《庄子》,参见郭庆藩:《庄子集释》,1961 年,第 947—964 页。在那里这个词有着更广的含义。中文术语"典故"可以表示任何一种文学典故,它和"anecdote"的含义也有重合。但是这些术语在古代中国的文体理论(genre theory)中含义都不是始终不变的。更多内容参见 Jack W. Chen(陈威), "Introduction", in *Idle Talk: Gossip and Anecdote in Traditional China*, ed. Jack W. Chen and David Schaberg(史嘉柏), New Perspectives on Chinese Culture and Society 5 (Berkeley: University of California Press, 2014), 4; 另见 David Schaberg, "Chinese History and Philosophy", in *The Oxford History of Historical Writing*, vol. I: *Beginnings to AD 600*, ed. Andrew Feldherr and Grant Hardy(侯格睿)(Oxford, 2011), 394ff。

察一下《庄子》"内篇"中著名的寓言：

> 南海之帝为儵，北海之帝为忽，中央之帝为浑沌。儵与忽时相与遇于浑沌之地，浑沌待之甚善。儵与忽谋报浑沌之德，曰："人皆有七窍，以视听食息，此独无有，尝试凿之。"日凿一窍，七日而浑沌死。①

在这则寓言中儵、忽与浑沌都不是真实的人，但凡有理智的读者都不会反对这一基本共识。② 因为我们对保护生态整体性的新的急切的关怀，在我们完全知道这个故事肯定是虚构的之后，我们还需要重新回味它，回味其中并没有直接说，但是直到现在都还葆有意义的哲学洞见。③ 诉诸历史、奇闻轶事和寓言组成了一条光谱，标记出不同的史实性：光谱的一端是当时几乎被每一个古代论辩者在证明、论辩中使用的，一般而言确定无疑的历史例证。光谱的中间是真实性比较值得怀疑的例子，比如《韩非子》中管仲的临终建议，而光谱的另一端则是显而易见虚构出来的寓言，例如《庄子》中的儵、忽与混沌的故事。它们虽然各自形式不同，但从根源上讲是一类：它们都是以能够说服别人的例子来澄清哲学问题的手段。

* * *

前文的论述不能被误解为否认了中国哲学家曾经从事过演绎论证。也

---

① 郭庆藩：《庄子集释》，1961 年，第 309 页。对比 Mair 的翻译，见 Mair，71。
② Tamara Chin（秦大伦）讨论过早期中国经济论文中类似的虚构人物的使用，参见 Tamara Chin, *Savage Exchange: Han Imperialism, Chinese Literary Style, and the Imperial Imagination*, Harvard-Yenching Institute Monograph Series 94 (Cambridge, Mass., 2014), 40-48。
③ 参见 Paul R. Goldin, "Why Daoism Is Not Environmentalism", *Journal of Chinese Philosophy* 32.1 (2005), 80。另外的诠释可参见陈之斌：《论庄子哲学的本喻》，载于《中国哲学史》，2016 年第 3 期。另见 N. J. Girardot, *Myth and Meaning in Early Taoism: The Theme of Chaos (hun-tun)*, Hermeneutics: Studies in the History of Religion (Berkeley: University of California Press, 1983), 81-98。另见 Max Kaltenmark, *Lao Tzu and Taoism*, tr. Roger Greaves (Stanford: Stanford University Press, 1969), 101。另见 Joseph Needham, *Science and Civilisation in China* (Cambridge: Cambridge University Press, 1954-), II, 112ff。另见 Arthur Waley, *Three Ways of Thought in Ancient China* (London: George Allen & Unwin, 1939), 66ff。另见 Marcel Granet, *La pensée chinoise*, Bibliothèque de "L'évolution de l'Humanité" (Paris: La Renaissance du Livre, 1934; rpt. Paris: Albin Michel, 1999), 320f。另见 *Danses et légendes de la Chine ancienne*, ed. Rémi Mathieu, 3rd edition, Orientales (Paris: Presses Universitaires de France, 1994), 544。

有一些重要的中国古典论证可以用命题逻辑的术语重构,①例如墨子对于兼爱的辩护:

> 姑尝本原若众害之所自生,此胡自生?此自爱人利人生与?即必曰非然也;必曰从恶人贼人生。分名乎天下,恶人而贼人者,兼与?别与?即必曰别也。然即之交别者,果生天下之大害者与?是故别非也。②

我认为这是演绎论证的一个早期尝试(本质上它是一个复合式芭芭拉三段论[composite Barbara syllogism]):

p → q
(如果一个人是自私的,那么他会讨厌和掠夺他人)

q → r
(如果一个人讨厌和掠夺他人,那么他会带来伤害)

r → s
(如果一个人带来伤害,那么他是错的)

∴ p → s
(如果一个人是自私的,那么他是错的)

更复杂的演绎论证可以在年代晚一些的材料中找到。荀子对于禅让有一个驳论,他想要通过这个驳论把禅让从可能的权力转移方式中剔除出去。③在荀子的驳论中包含一个析取式消去(disjunctive elimination)的例子。

> 曰:"死而擅之。"是又不然。……圣王已没,天下无圣,则固莫足以

---

① 我了解到的最深入的讨论是 Harbsmeier, 278-286。John S. Cikoski 提出《吕氏春秋》中的一段可以作为三段论式(the syllogism form)的一个例子,但是我并没有看出它为什么是三段论式。Cikoski 的意见参见"On Standards of Analogic Reasoning in the Late Chou", *Journal of Chinese Philosophy* 2.3 (1975), 325;另见 Janusz Chmielewski, "Concerning the Problem of Analogic Reasoning in Ancient China", *Rocznik orientalisticzny* 40.2 (1979), 67n.4。詹剑锋也给出了一些墨家经典里三段论式的例子,参见詹剑锋:《墨家的形式逻辑》,武汉:湖北人民出版社,1979 年,第 110—118 页。
② 吴毓江:《墨子校注》,第 172 页。对比 Watson 的翻译,见 *Mozi*, 41。和 Mei 的翻译,见 87。
③ 参见 Goldin, "Appeals to History in Chinese Philosophy and Rhetoric", 88f。我对这段的理解与 Yuri Pines 略有不同,Pines 的观点参见 "Disputers of Abdication: Zhanguo Egalitarianism and the Sovereign's Power", *T'oung Pao* 91.4-5 (2005), 289ff。另参见罗根泽:《诸子考索》,北京:人民出版社,1958 年,第 72—77 页。

擅天下矣。天下有圣，而在后子者，则天下不离，朝不易位，国不更制。天下厌然，与乡无以异也；以尧继尧，夫又何变之有矣！圣不在后子而在三公，则天下如归，犹复而振之矣。天下厌然，与乡无以异也；以尧继尧，夫又何变之有矣！唯其徙朝改制为难。故天子生则天下一隆，致顺而治，论德而定次，死则能任天下者必有之矣。夫礼义之分尽矣，擅让恶用矣哉！①

此处在结构上同样也是演绎的：

¬ p □ (q □ r)

（没有圣人 或 王的后代或三公中有一个圣人）

¬ p → ¬ s

（如果没有圣人，那么没有禅让的理由）

q → ¬ s

（如果王的后代中有一个圣人，那么没有禅让的理由）

r → ¬ s

（如果三公中有一个圣人，那么没有禅让的理由）

∴ ¬ s

（没有禅让的理由）

这里的大前提其实是有问题的。荀子似乎没有想到如下这种情况：有一个圣人，他既不是王的后代，也不是三公之一。还有一个不完全清楚的地方是，为什么在荀子的思想中，三公之一继承王位不算是建立了新的王朝。（夏禹就是一个例子，他接受了舜的禅让，因此开启了一个新的朝代夏朝。）然而无论如何，这个推理的过程是没问题的。

古代中国听众对于析取式消去非常熟悉，以至于开玩笑的人也会用它来娱乐，而非仅仅只是把它用于论述道德箴言：

---

① 王天海：《荀子校释》，上海：上海古籍出版社，2005 年，第 722—723 页。对比 John Knoblock 的翻译，见 *Xunzi: A Translation and Study of the Complete Works*（Stanford：Stanford University Press，1988-1994），III, 40。

秦宣太后爱魏丑夫①。太后病将死,出令曰:"为我葬,必以魏子为殉。"

魏子患之。庸芮为魏子说太后曰:"以死者为有知乎?"

太后曰:"无知也。"

曰:"若太后之神灵,明知死者之无知矣,何为空以生所爱,葬于无知之死人哉!若死者有知,先王积怒之日久矣,太后救过不赡,何暇乃私魏丑夫乎?"

太后曰:"善。"乃止。②

如果我们用命题的形式重构的话,上面的论证即:

p □ ¬ p

(死者有知觉 或 死者没有知觉)

p → r

(如果死者有知觉,那么让自己所爱的人去殉葬是浪费)

¬ p → r

(如果死者没有知觉,那么让自己所爱的人去殉葬是浪费)

∴ r

(让自己所爱的人去殉葬是浪费)

这是一个有效的推论。

例子虽然很少,但是这些令人难忘的例子让我们确信,听众对于析取式消去的原理是了解的。因此,这显示出中国哲学家应用非演绎论证是一个经过考虑后的决策。像荀子反对禅让这个例子中这种全部依赖演绎论证的推论并不容易找到,我们只能总结说演绎论证并不被青睐。

与此相关的一个后果是中国哲学倾向于要求它的读者有一个更深入的解释性参与(interpretive participation)。或许这也是孔子在说"举一隅不以三

---

① 这个名字的字面意思是魏国丑男子。
② 何建章:《战国策注释》,北京:中华书局,1990 年,第 148 页。对比 J. I. Crump(柯润璞)的翻译,参见 *Chan-kuo Ts'e*, revised edition, Michigan Monographs in Chinese Studies 77 (Ann Arbor, 1996),§98。

隅反,则不复也"(《论语》7.8)①时的意思。如果演绎论证的力量被预设为它无论在什么环境下都能得出正确的推论(modus tollens is as valid in Dallas as in Krasnoyarsk),那么一个结论是:不论听众的心情、接受程度、视角等等因素如何,演绎论证都能得出相同的结果。与此恰恰相反,如果给听众一个像"岁寒,然后知松柏之后凋也"这样的论证,听众一定要同情地理解,否则听众可能并不能从中得到很多收获,甚至得不到任何收获。听众在人生不同的阶段听到这样的论证时感受到的东西也不必然相同。在年轻时,这段话可能是一个意思,当成年后,随着人生经验的增长,当他用这段话和别的意见比较的时候,这段话可能就会有之前根本没想到的其他含义了。就像中国文学、绘画、音乐一样,中国哲学也要求鉴赏力(connoisseurship)。② 如果我们缺乏品味,甚至纵容自己不去培养品味,我们会错过中国哲学所讲的大部分内容。

Non-Deductive Argumentation in Classical Chinese Philosophy

Paul R. Goldin

Abstract: One longstanding criticism of Chinese thought is that is not truly "philosophical" because it lacks viable protocols of argumentation. Thus it qualifies at best as "wisdom"; Confucius, for example, might provide valuable guidance, or thoughtful epigrams to ponder, but nothing in the way of formal reasoning that would permit his audience to reconstruct and reconsider his arguments in any conceivable context.

This criticism stands only if one accepts the premise that all argumenta-

---

① 对比《论语》中孔子赞美弟子子贡的另一条:"告诸往而知来者。"见《论语》1.15。
② 参见 Sarah A. Mattice, *Metaphor and Metaphilosophy: Philosophy as Combat, Play, and Aesthetic Experience*, Studies in Comparative Philosophy and Religion (Lanham, Md.: Lexington, 2014), 91-100。

tion must be deductive argumentation, because the most famous Chinese arguments tend to be non-deductive. This paper will survey the types of non-deductive argumentation commonly found in Chinese philosophy. One of the most prolific types is appeal to example, and this, I contend, is the basis of the strong interest in anecdotes as a genre of philosophical literature from the Springs and Autumns at least through the Six Dynasties.

There are important examples of deductive argument as well, which will be briefly reviewed.

Whether these observations are sufficient to rescue Chinese thought from the wilderness of "wisdom" and enshrine it in the halls of "philosophy" will be left for the reader to decide, but a conception of "philosophy" that can account for Chinese thought is naturally more interesting than one that cannot.

Key words: appeal to example, deductive inference, metaphor, non-deductive argumentation, paradox

书讯

《激情社会——亚当·弗格森的社会、政治和道德思想》
[澳]丽莎·希尔著,张江伟译
上海:华东师范大学出版社,2018年

作为苏格兰启蒙运动的重要人物之一,亚当·弗格森的思想光芒一直为大卫·休谟、亚当·斯密等名字所掩盖。然而,随着近年来思想史研究的不断推进,对社会学起源及早期的现代性批判感兴趣的学者开始将目光转向这位曾被人们所忽略的思想家。一方面,和他同时代的思想家一样,弗格森感受并观察着现代化给人类社会带来的巨大变迁,有的学者甚至将弗格森称为"第一位社会学家";而另一方面,与同时代人的乐观精神所不同的是,弗格森的思想中始终包含着对现代商业社会及理性文明的警惕和批判。因此,在弗格森的思想中,古典共和主义的倾向和对现代进步主义的接受相互交织。理解弗格森的思想理路,既有助于我们更全面地把握历史上的苏格兰启蒙运动,也能够帮助我们进一步地反思现代化所带来的社会变迁以及在现代化过程中人们为之所付出的道德代价。

本书的作者丽莎·希尔(Lisa Hill)是澳大利亚阿德雷德大学政治系的教授,其学术兴趣主要集中于对政治思想史和选举法的研究,同时她也关注澳大利亚政治及女性与政治等议题,除该书外,她还有《政治腐败的思想史》等著作。本书是英语学界关于亚当·弗格森研究的一部里程碑式作品。全书共十三章,系统性地介绍了弗格森思想中社会科学、道德哲学、心理学、历史学等各个维度,全面地展示了弗格森本人的思想面貌。无论是对专门的弗格森研究者,还是对关心启蒙运动、早期社会学理论等议题的读者而言,该书都是一部值得一读的佳作。(赵洪彬)

"横渠之论，与愚见同否"
——张载与王廷相气论思想关系辨正[*]

胡栋材[**]

提　要：张载与王廷相的气论思想关系问题理应得到重新辨正，二者最根本的相通之处在于造化问题，张载强调要"先识造化"，在此基础上，王廷相认为"必识气本，然后可以论造化"。与之相较，二者的异质之别表现为他们对人性问题的看法持不同进路，张载主张"变化气质"，区分"天地之性"与"气质之性"；王廷相则认为"性生于气""性与气相资而有"。气论学说经由张载到王廷相的发展演变，其间折射出宋明儒学发展的问题以及儒学传统更新的途径。将张载和王廷相思想关系问题纳入气论传统与儒学发展交互作用的视域中予以辨析，既可以超越简单的思想同异之见，又从方法上推进了儒家气论哲学的探究，揭示气论之于宋明儒学发展的复杂性作用。

关键词：张载　王廷相　气论　造化论　人性论　辨正

一　引　言

随着宋明理学研究尤其是宋明理学中气论思想研究的深化与推进，张载与王廷相的气论思想关系问题成为一个愈加突出的学术议题。在讨论和处

---

[*] 本文属国家社科基金重大项目"多卷本《宋明理学史新编》"（17ZDA013）的阶段性成果。
[**] 胡栋材，1987年生，中南大学马克思主义学院讲师。

理该议题的过程中,学界基本形成两种看法。一种看法以张岱年、侯外庐、程宜山、李存山等为代表,他们普遍将王廷相视为张载的真正继承人。理由在于,王廷相的气论思想无疑是对张载之说的承续。这种看法在大陆学界成为主流观点,它强调了王廷相与张载在气论学说上的一致性。① 另一种看法以杨儒宾、刘又铭、王俊彦以及马渊昌也等为代表,他们从明清气论学说的分系出发,普遍倾向于将张载气论和王廷相气论分为两种不同的思想类型。② 如杨儒宾就将张载的气论视为先天型气学,将王廷相的气论视为后天型气学,其划分的依据在于气论视域下人性论的差异。③ 这种看法强调了张载与王廷相在气论学说上的异质之别。要而论之,前一种看法不能说不可取,但它确实未充分注意到张、王的异质之别;后一种看法的论述存在夸大之嫌,以至于抹杀了二者的相通之处。

近年来,有论者(如王昌伟[Chang Woei Ong])从宋明儒学的宏观视野来揭示张载与王廷相在气论学说上的异质之处,对以往的讨论有所更新和深化。④ 笔者认为,张载与王廷相的思想关系应置于气论传统和儒学发展交互作用的视域中来理解和辨析,就是说,气论传统与儒学发展的融合与演变构成了张载与王廷相思想关系问题的内在机理和思想要义,我们的研究要超越简单的同异说,认识到气论学说经由宋明儒学发展过程中所发生的思想转变。本文将通过造化论和人性论,具体揭示出张载与王廷相思想的同异之处,并指出气论传统与儒学发展的交互作用是儒家气论哲学研究的新视域和新方法。

---

① 与这种主流观点不同,曾振宇指出:与张载气学相比较,王廷相气学在有些方面体现出停滞、倒退与回复的特点。参见曾振宇:《思想世界的概念系统》,北京:人民出版社,2012年,第164—176页。这种看法的依据在于"王廷相哲学之'气'的抽象性与思辨性远远不如张载气学",笔者认为其论述依据和论证思路不尽妥当。
② 荒木见悟的讨论涉及张载与王廷相气论思想关系问题,值得注意。参见氏著:《气学商兑——以王廷相为中心》,载《明末清初的思想与佛教》,廖肇亨译,上海:上海古籍出版社,2010年,第8—31页。
③ 杨儒宾:《检证气学——理学史脉络下的观点》,载《异议的意义——近世东亚的反理学思潮》,台北:台大出版中心,2012年,第121—122页。刘又铭:《明清儒家自然气本论的哲学典范》,载《中国儒学》第六辑,北京:中国社会科学出版社,2011年,第153—176页。以及拙文:《气论研究:回顾与展望——以气学分系问题为中心》,《河北师范大学学报》(哲学社会科学版),2014年第6期。
④ 参见王昌伟:《求同与存异:张载与王廷相气论之比较》,《汉学研究》,2005年第23卷第2期,第133—159页;另可参见Chang Woei Ong(王昌伟):"The Principles are Many: Wang Tingxiang and Intellectual Transition in Mid-Ming China", *Harvard Journal of Asiatic Studies*, Vol. 66, No2, 2006, pp.461-493。

二 造化论:张载与王廷相思想的相通之处

(一)"圣人之意莫先乎要识造化"

张载之学的主旋律在于以气论为思想根底,彻底反对佛老虚无主义的世界观和人生观,肯定世界万物的实在和人生价值的实有,从而达到天道性命的相贯通。如《宋史·张载传》所言,张载之学"以《易》为宗,以《中庸》为体,以孔孟为法",也就是说,张载是以对《周易》的阐释(即《横渠易说》)为思想基点,通过吸收和改造之前的气论传统尤其是元气说,从而挺立起儒家的基本立场,并以此肯认世界及其价值的实在性、确定性。如他在《横渠易说·系辞上》就说:

> 乾坤,天地也;易,造化也。圣人之意莫先乎要识造化,既识造化,然后其理可穷。彼惟不识造化,以为幻妄也。不见易则何以知天道?不知天道则何以语性?〔不见易则不识造化,不识造化则不知性命,既不识造化,则将何谓之性命也?〕①

性命与天道的问题被溯之于《易》,足见张载对《易》的信持和体认之深。在张载看来,《易》的要义就在造化这一点上,因此"深于《易》者"的当务之需就是"先识造化",这既是圣人撰《易》的宗旨,又是其气论学说的根本问题意识。很显然,张载以上持论的目的就是要批判佛教"以心法起灭天地""诬世界乾坤为幻化"的观念。职此之故,如何才能"识造化"的问题对于他来说就具有理论上的优先性和迫切性。《正蒙》的首要主题即在于此。

"造化"即"一阴一阳"之道,此"一阴一阳"之道"范围天地之化""弥纶天地之道""通乎昼夜",故"易行乎其中,造化之谓也"。关于这一点,李存山等的讨论已足可参考,此处无须细论。② 问题在于,张载在《正蒙》中往往从"气化"或"神化"的角度来讨论造化问题,而没有直接说明造化与气化、神化之间的关联。张载关于"先识造化"的说明就表现在气化和神化这一体之两面。

---

① 张载:《张载集》,北京:中华书局,1978 年,第 206 页。
② 参见李存山:《"先识造化":张载的气本论哲学》,《中国哲学史》,2009 年第 2 期。

关于气化与神化,张载有一段典型的表述:

> 气有阴阳,推行有渐为化,合一不测为神。其在人也,知义用利,则神化之事备矣。德盛者穷神则知不足道,知化则义不足云。天之化也运诸气,人之化也顺夫时;非气非时,则化之名何有?化之实何施?……世人取释氏销碍入空,学者舍恶趋善以为化,此直可为始学遣累者,薄乎云尔,岂天道神化所同语也哉!①

气化就是由阴阳之气"推行有渐"而来,神化就是由阴阳之气"合一不测"而来,二者均属于气的造化内容。张载此处特别点明"神化之事"必须落在人道领域,由人才能"利用安身""穷神知化"。因此,当他说"神,天德;化,天道""神化者,天之良能,非人能;故大而位天德,然后能穷神知化"时,并非一意从天道的角度来规定"神化",其中也要求人(圣人)"穷神知化,与天为一"。与此相应,"天之化"与"人之化"在于指明造化的存在条件("气")及其实践基础("时")。张载之所以意在强调"先识造化"的重要性,就在于他强烈地意识到世人多迷惑于佛教寂灭虚空之旨,而罔识儒家仁义忠信之道。② 在儒家的担当精神、造道意识以及排击佛老的心态的作用下,他自觉选择以其气论学说阐明儒家性与天道之说,而阐明性与天道的首要就在于论明造化问题。这就是张载所谓"圣人之意莫先乎要识造化"的真义之所在。

需留意的是,张载气论学说是以"太虚即气"的论述方式展开③,"太虚"以及"太和"等是其中重要概念,相较而言,他几乎没有论及"元气"或元气说。这种截断众流的做法至少表明,盛行于汉唐的元气说已不足以解释张载所理解的天道性命之说。抑或说,由于元气说在汉唐时期与佛道之学多有纠缠,故张载索性扬弃前论,另辟他说。

---

① 张载:《张载集》,第 16 页。
② 关于这一点,王夫之阐述得已比较清晰,参见氏著:《张子正蒙注》,北京:中华书局,1975 年,第 66 页。
③ 关于张载"太虚即气"的解读,学界主要存在两种路向,张岱年一系解读为"太虚就是气",牟宗三一系解读为"太虚与气相即不离"。牟先生一系的解读具有深刻的哲学意蕴,但从张载文本实际情况以及准确理解层面来说,张先生一系的解读更为可取。参见杨立华:《宋明理学十五讲》,北京:北京大学出版社,2015 年,第 130—131 页。

(二)"学者必识气本,然后可以论造化"

与张载不同,在王廷相的时代,佛老的挑战已经不再是儒者需要迫切应对的主要时代课题,取而代之的是,对正统化程朱理学进行反思。嘉靖六年(1527)十二月王廷相在《慎言》的自序中言:"仲尼没而微言绝,异端起而正义凿,斯道以之芜杂,其所由来渐矣。非异端能杂之,诸儒自杂之也。"①这一发展儒学的学问意识,并非王廷相的臆断,而是当时儒家有识之士的共识。基于此共识,几乎在同一时间轴上,明中期儒学主要开展出三条径路:罗钦顺力图从朱子学内部对其进行反思和局部改造,并选择以理气关系为突破口;王阳明则承续陆九渊、陈献章的思想方向,在与朱子学的对话中创发出良知学说;王廷相以张载气学为思想的大本营,在批判正统化程朱理学的过程中建构起其独具特色的气论学说,力图以之复归"六经"孔子之道。

王廷相之所以会在"此亦一述朱,彼亦一述朱"的思想氛围中独标气论学说,直接原因是他对朱子学理气论有所不满,根本原因则在于他认为唯有气论学说才能实现作为"明体适用"的儒家之道。与此同时,"求真""自得"的为学精神以及张载学说的理论支持也是他独标气论学说的重要原因。委实如此,造化问题仍是王廷相气论学说形成的思想基点,如他在《答许廷纶》的开头就指出:

> 春初,令亲至蜀,辱教翰,兼以《图》《书》、太极等论,启发良多,感感。其辩太极、无极,甚善,真足以破千古之迷。但一例据《易》以准造化,恐亦有未然者,恨不得与执事细讲耳。②

正德十三年(1518)春初,许诰亲至蜀地与王廷相论学,此后王廷相撰成此信,以答复好友并言明自己的学问态度和思想观点。这封《答许廷纶》简要交代了王廷相气论思想形成的动机、过程以及基本主张,其中就涉及造化问题。对于许诰"一例据《易》以准造化"的做法,王廷相持保留意见。以《易》论造化不仅是许诰的做法,如前所论,这也是张载一以贯之的思想态度。尽管目前我们无法确知许诰讨论的具体内容,然造化问题引起了王廷相高度重视,

---

① 王廷相:《王廷相集》,北京:中华书局,1989年,第750页。
② 同上书,第487页。

却是无可争辩的理论事实。以至《慎言》开篇(即《道体篇》)就以气论造化和道体的问题,可见从《答许廷纶》到《慎言》,造化问题一直是王廷相气论思想的中心关切。

王廷相对造化问题的论述与张载"先识造化"之说有何差别?要回答这一问题,我们必须引出王廷相的话。他在《慎言》以及《答何柏斋造化论(十四首)》中分别说:

> 气者造化之本,有浑浑者,有生生者,皆道之体也。生则有灭,故有始有终;浑然者充塞宇宙,无迹无执,不见其始,安知其终?世儒止知气化而不知气本,皆于道远。①

> 愚谓学者必识气本,然后可以论造化;不然,头脑既差,难与辩其余矣。②

这两段文献均属于王廷相思想比较成熟时期的看法(其中后一段话是六十一岁所言),可以说代表了他关于造化问题的最终诉求。在他看来,造化之道必兼论气本与气化,并且,气化要以气本为前提,气本是气化的"头脑"。所谓"必识气本",就是指体认气化之道何以如此以及气化之道本身如此的价值。由此一来,努力达到气本与气化相结合,就成为王廷相气论思想的核心要义。他的元气论及其气种说就是围绕这一要义展开的。③

同样是对造化问题的集中讨论,张载的首要目标在于"先识造化",而王廷相在此基础上特地标出气本,以达到气本与气化相结合为终极目的。可见,二者的气论学说在出发点上几近一致,但在问题意识以及思想任务等方面却发生了转移。在张载处,气本与气化的结合问题并不突出,儒家气论思想的当务之急是为了与佛老之学划清界限,为儒者提供"入德之途";在王廷相处,造化问题的讨论成为他批判朱子学理气论的重要突破口,他认为朱子学理气论是对气论学说的贬抑,气本与气化相结合才是儒家气论的题中之意。这些变化与其说意味着张载与王廷相在气论思想上存在异质之别,不如说是气论传统与儒学发展相互作用的理论结果。他们在人性问题上的看法

---

① 王廷相:《王廷相集》,第755页。
② 同上书,第973页。
③ 参见拙文:《试论王廷相的"气种说"》,《中州学刊》,2013年第4期。

就更是如此。①

三 人性论:张载与王廷相思想的异质之别

(一)"人性二分"与"变化气质"

张载关于人性论最典型的说法无非是天地之性与气质之性的二分,与此相应,他的工夫论主要体现为变化气质之说。这些看法基本成为研究者的共识,似乎无须多论。然问题在于,张载所说的天地之性与气质之性是不是完全等同于朱子学理气论意义上的义理之性与气质之性。进一步而言,天地之性与气质之性的二分与"性者万物之一源"的说法是何关系?变化气质之说与它们的关联又如何?这些问题并非无关紧要,它们直接关系到本文处理的议题。要而言之,这些问题实质上涉及的是张载究竟如何在其气论视域中来处理和交代人性论问题和工夫论问题。

天地之性与气质之性的说法在张载思想文本中比较简略:

> 形而后有气质之性,善反之则天地之性存焉。故气质之性,君子有弗性者焉。人之刚柔、缓急、有才与不才,气之偏也。天本参和不偏,养其气,反之本而不偏,则尽性而天矣。②

气质之性来源于"形而后","形而后"也就是指"气之偏",即气的实然化、具体化。"人之刚柔、缓急、有才与不才"等这些内容,即是所谓的气质之性的呈现。这种看法与王充以来的气禀说以及元气自然说似乎没有本质的不同。张载的重心显然不在于对气之厚薄、清浊进行客观描述,而是在于发扬孟子的性善论立场,即如他所倡言:"性于人无不善,系其善反不善反而已。"③"性于人无不善"是强调人人具有道德善性的良知良能,然这种道德本性能不能

---

① 丁为祥认为张载的太虚即气说属于本体宇宙论,而到王廷相处则演变为气化宇宙论。这种说法有断章取义之嫌,在王廷相气论思想中,太虚并不是核心概念。我们不能以张载的太虚概念来衡定王廷相对太虚的理解。参见氏著:《虚气相即——张载哲学体系及其定位》,北京:人民出版社,2000 年,第310—312 页。相较而言,杨立华的说法更加恰当,参见陈来、杨立华、杨柱才、方旭东:《中国儒学史·宋元卷》,北京:北京大学出版社,2011 年,第140—143 页。
② 张载:《张载集》,第23 页。
③ 同上书,第22 页。

实现出来,关键在于"反"的工夫。用张载的话说,"善反之则天地之性存焉";或者更全面地说,"上达反天理,下达徇人欲"。① 在人性论问题上,张载大体上承接了李翱以降的复性论的理路。

即使如此,我们应该注意到,气质之性与天地之性在张载这里只是被赋予了二分的理论形式,还远未达到朱子学理气论意义上二元对立的程度。② 准确地说,张载关于人性问题的看法,其核心在于把"气"引入到孔孟以来"性"和"习"的解说结构中,进而形成了"性、气、习"的解说结构。③ 张载将气质之性与天地之性视为小大之分、本末之别,而不是非此即彼的关系,他强调的是"不以嗜欲累其心,不以小害大、末丧本",而不是"除去一分人欲,即复得一分天理"。某种意义上说,天地之性与气质之性的分别就相当于"性"与"命"的分别,"性通乎气之外,命行乎气之内,气无内外,假有形而言尔"。④ 况且,我们更不应忽视的是,张载关于性的看法还以其气论思想作为基座,如其所言:

> 性者万物之一源,非有我之得私也。⑤

> 有无虚实通为一物者,性也;不能为一,非尽性也。饮食男女皆性也,是乌可灭?然则有无皆性也,是岂无对?⑥

张载意在指出,人与万物同出于气这一造化之源。对此朱熹解释得清晰,"所谓性者,人物之所同得。非惟己有是,人亦有是;非为人有是,物亦有是"⑦。朱熹所说的"有是",就是指人物之性都是由气"造化所成"。这表明张载论性有万物一体的思想背景,这一思想背景的内在机理只能是气之"湛一"与"攻取"。如"饮食男女"这样的"攻取之性",应当变化之,不宜灭除之。

张载看重的是如何由实然的气质之性复返至本然的天地之性。在这一

---

① 张载:《张载集》,第22页。
② 可参见丁为祥:《虚气相即——张载哲学体系及其定位》,第122—123页。
③ 这个观点主要见之于杨立华,参见氏著:《宋明理学十五讲》,第152页。笔者有专文讨论儒家的性习之辨及其转变问题,将张载人性论置于宋明儒学性习之辨的传统中加以考察,参见拙文:《儒家"性习之辨"及其当代意义重省》,未刊稿。
④ 张载:《张载集》,第21页。
⑤ 同上。
⑥ 同上书,第63页。
⑦ 黎靖德编:《朱子语类》,北京:中华书局,1986年,第2511页。

过程中,"反"的工夫扮演着十分重要的角色。"反"主要指涉的是《孟子》和《中庸》所说的"反身而诚",以至于张载指出:"天所以长久不已之道,乃所谓诚。仁人孝子所以事天诚身,不过不已于仁孝而已。故君子诚之为贵。"① 可见,"诚"即天道,它在人道的表现就是"事天诚身"。"事天诚身"与"反身而诚"形成对举。如果说"反"是张载人性修养理论的总方针,那么"变化气质"之说就是这一总方针的实施纲略,他说:

> 变化气质。孟子曰:"居移气,养移体",况居天下之广居者乎!居仁由义,自然心和而体正。更要约时,但拂去旧日所为,使动作皆中礼,则气质自然完好。②

> 为学大益,在自求变化气质,不尔〔皆为人之弊〕,卒无所发明,不得见圣人之奥。故学者先须变化气质,变化气质与虚心相表里。③

《经学理窟》中这两则有关"变化气质"的文献实质上就是张载对"养其气"的说明。从以上所论可知,张载的"变化气质"之说基本承袭孟子而来,他把由仁义行视为变化气质的定盘针,这与孟子之说如出一辙。值得注意的是,张载认为"变化气质与虚心相表里",这里的"虚心"似乎与荀子所说的"人能虚静其心"有密切关联。④

变化气质的对象是"气习",其实质在以"气质"言"性"。在张载这里,气质比气质之性的范围更广,气质既指人所受之"定分",也包括草木等物类,"气质是一物,若草木之生亦可言气质"。气质之性特指人而言,并且它必定关联于"知礼成性"和"穷理尽性";与天地之性相对而言的气质之性,即气凝聚为形质后具有的属性,与"气质中之性"存在关联,但又有必要区别。⑤ 简要而言,张载的变化气质之说基本是道德修养领域的大人之学、成性之学,这一点后来成为理学家的基本信念之一。

---

① 张载:《张载集》,第 21 页。
② 同上书,第 265 页。
③ 同上书,第 274 页。
④ 张载的完整表述是:"修持之道,既须虚心,又须得礼,内外发明,此合内外之道也。"参见张载:《张载集》,第 270 页。
⑤ 参见陈来:《宋明理学》,沈阳:辽宁教育出版社,1991 年,第 67—68 页。

(二)"性生于气"与"性成于习"

王廷相曾在《横渠理气辩》中盛赞张载的气论学说"阐造化之秘,明人性之源",这是从造化论和人性论两方面所做的评价。王廷相的这番评语是在批判朱子学理气论的语境中给出的,并不表明他会全盘接收张载之说。并且,"阐造化之秘,明人性之源"的说法出自王廷相前期,不代表他思想成熟后的态度。尤其是在"成性"的问题上,张载在气本论视域下主张变化气质,而王廷相的"性生于气"以及"性成于习"等观点表现出他与张载思想有不同的取向,即在"气""习"中挖掘出更多的积极内涵。

王廷相认为,气与性不可分离,是内在一元的,性的本原就来自于气化生生,性的内容就在气化生生中得以成立和展开。他说:"离气无性。气外有本然之性,诸儒拟议之过也。"① 由此理念出发,他尤其反对宋儒离气言性的行为,并认为离气言性或分性为二都是偏失之举,应予以救正。王廷相这类讨论不少,其中以下面一段文献较为典型:

> 性生于气,万物皆然。宋儒只为强成孟子性善之说,故离气而论性,使性之实不明于后世,而起诸儒之纷辩,是谁之过哉?明道先生曰:"性即气,气即性,生之谓也。"又曰:"论性不论气,不备;论气不论性,不明。二之,便不是。"又曰:"恶亦不可不谓之性。"此三言者,于性极为明尽,而后之学者,梏于朱子本然气质二性之说,而不致思,悲哉!②

在这段讨论中,王廷相首先指出"性生于气,万物皆然",其意在说明性来源于气。这一看法和"生之谓性"说的区别在于,它强调气本身就是生生的主体,对"生"的理解和规定都要以气为根据,而气包括了"生"之所然和所以然。基于性气一元的立场,王廷相明确赞同"明道"之说,批判了"朱子"及其追随者(宋儒、诸儒)的性二元论。在他看来,"性之实"才是最先需要肯认的,进一步说,本然之性和气质之性(包括恶)都是人性整全真实的呈现与组成内容,它们都构成"性之实"。程颢的讨论被王廷相视为"于性极为明尽",乃在于程颢肯认"性之实"。逻辑地看,程颢以上三言的重点在表明性与气是内在一元

---

① 王廷相:《王廷相集》,第814页。
② 同上书,第837页。

的,这正符合王廷相的意旨。"性生于气"指出气是性的来源,其目的在于突出"人性之实",并以人性的实然为出发点,在实践过程成就人性。王廷相在《答薛君采论性书》中申言:

> 余以为人物之性无非气质所为者,离气言性,则性无处所,与虚同归;离性言气,则气非生动,与死同途;是性与气相资,而有不得相离者也。但主于气质,则性必有恶,而孟子性善之说不通矣。①

王廷相在此阐述了两个重要观点,其一,"人物之性无非气质所为"。这种说法看上去是重复程颢的话,其实不然,王廷相基本否认"本然之性"或"天命之性"先验存在的可能性,同时也否认恶的品质的先天根据。其二,"性与气相资,而有不得相离者"。他认定人性只有在气质中养成,性与气根本上互为取用、相互滋养,不得彼此剥离。质言之,性、气不是二元的,而是一元的。"性与气相资"是在"性生于气"的基础上对性气关系的进一步说明,它在认取气质之性的道路上迈出了实质性的一步。可见,王廷相关于性的看法在很大程度上的确可以称为"气质之性一元论"。②

王廷相反对以性善为第一位原则,压制人情欲望的做法。对他而言,人性是生成的、开放的。如此一来,"习"在培养人性、改造人性方面的社会作用更有必要得到正视。尽管他尚未明确区分伦理道德意义上的"习"与认识论意义上的"习",但其"凡人之性成于习"的主张仍有突破前人之处:

> 凡人之性成于习,圣人教以率之,法以治之,天下古今之风以善为归,以恶为禁,久矣。以从善而为贤也,任其情而为恶者,则必为小人之流,静言思之,安得无悔愧乎?③

王廷相没有把人性看成是已经完成的、固有的现成给定,而认为它在性与习的交互作用之下处于动态、开放的行为活动之中。这就倾向于一种生成论意义上的人性观。然而,他只是隐约地意识到或提示这种新的人性思想,并没有对之作更多的阐发,也没有突出这种人性思想的时代意义。后来陈确、王

---

① 王廷相:《王廷相集》,第518页。
② 参见杨儒宾:《气质之性的问题》,《台大中文学报》,1996年第8期,第41—103页。
③ 王廷相:《王廷相集》,第519页。

夫之等提出"习与性成""性日生日成"之说，比王廷相以上所论更为完善，也更具有现代性意蕴。①

王廷相极力批判朱子学强分"本然气质二性之说"，为何他对这一做法的"始作俑者"张载没有只言片语的批评？在理学范围内，这种关于人性的划分或源于张载。② 王廷相不可能不熟悉《正蒙》，但他没有点名批判张载的人性二分说，这一情形可以从两方面来理解：其一，这说明在人性论问题上，王廷相非但没有承袭张载的路子，而且委婉地表示了反对。其二，王廷相对张载划分天地之性与气质之性的行为"视而不见"，这意味着他在批判朱子学性二元论的道路上并没有清除最后的理论障碍。从学理上说，张载的人性二分说并不具备朱子学理气论意义上性二元论的意涵，但从效果历史的角度看，天地之性与气质之性无疑是本然之性与气质之性的理论前奏。

与张载的变化气质之说相比较，王廷相的人性修养论显得复杂得多。他既主张"克己寡欲""澹然无欲"的工夫，又肯定人欲的合理性，强调"著实处养之"的必要性；既主张圣人之教在变性移习方面的主导性，又突出人心与人情之于社会时势的重要作用。要而言之，王廷相的人性论及其修养工夫偏重于社会历史文化领域的探讨，不再局限于道德心性领域，这体现了他对儒学独特的体认与理解，显示其不同于张载之处。

四　气论传统与儒学发展的交互作用：张载与王廷相思想关系的内在机理

透过以上考察可以知道，那种强调张载与王廷相思想上具有一致性的观点，主要是从造化论立场而言的；那种主张二者思想上有异质之别的观点，主要是从人性论及其修养工夫论而言的。持第二种观点的论者往往认为王廷

---

① 有关该论题，参见吴根友：《明清之际三种人性论与中国伦理学的现代转向》，《学术月刊》，2004年第5期。
② 历史地看，张载并不是划分天地之性与气质之性的肇始者。早在《左传》襄公十四年的相关记载中，就存在这种暗含之义。而在《礼记·乐记》中，天理与人欲相对举的说法也是昭然的事实。张载虽然区分天地之性与气质之性，但重视"变化气质"，并未完全贬损气质之性，并且，他的二分还不具备朱熹意义上的二分。张岱年早已指出了这一点，参见张岱年：《中国伦理思想研究》，见《张岱年全集》第三卷，石家庄：河北人民出版社，1996年，第574页。

相的人性观缺乏超越性，因而只是一种自然主义的人性论。这种看法带有一定的主观性和片面性，其实王廷相也讲天道与人道的贯通，其元气论也不乏超越性内涵，如其所言："人一受元气以生，天地之美无不备具，故知至于道，行极于德，谓之完人，足以答天矣。"①只不过他的立论之基在于气质之性的实然层面以及其现实实践问题，为此他提出一种新型的善恶观，即"性与道合则为善，性与道乖则为恶"②。这里的性也不再是先验的善性，而是"人性之实"；道也已经不再完全是先验的天道、天命、天理，而是由圣人从社会群体中规约出来的具体制度规范，即所谓的"人心之所同然"。因此，以人性是否具有超越面向（有限或无限）这一点来裁定张载与王廷相之间的思想关系的做法并不妥帖。

如果说造化论是儒家气论思想学说的基石，那么王廷相在张载的基础之上对这一基石做出的扩展和推移就不能不引起我们的高度注意。特别是他的元气论及其气种说，与张载的气论学说多有交错，其中某些内容已非张载之论所能范围。简单地把张、王拉到同一思想阵营，这种看法不仅失于肤浅，而且容易遮蔽一些重要的思想细节。从气论传统与儒学发展的相互关系的视域来辨正张载与王廷相的气论思想关系，才是比较合适的做法。

具体而论，在回应佛老的挑战中标出其气论学说，张载没有沿用元气说的理论形式，而是创构出太虚即气说并以之证成天道性命相贯通的思想宗旨；但由于张载强烈的造道意识和排击佛老的态度，他被认为是宋初理学的重镇，在整个宋明理学中占有举足轻重的地位。从学理上说，张载的身份及其定位应当从气论传统与儒学传统来予以考虑。这一情况同样适用于王廷相。王廷相成长于以程朱理学为思想意识形态的时代氛围之下，由张载开创的气论学说经过朱子学的整合与论定，基本呈现为理气论及其相关说法。基于对儒家学说现状的不满，王廷相主动承担了批判理学的历史使命，他力图通过对理学的批判恢复"六经"孔子之道。气论学说既成为他的批判武器，又是通达其理想中的儒家之道的途径。与张载不同的是，王廷相重新拾起了元气说这一气论传统，并明确提出了气本与气化如何结合的问题。

---

① 王廷相：《王廷相集》，第780页。
② 同上书，第814页。

归根结底,张载之学是从"反而求之六经"中得来,王廷相之学的宗旨在于复归"六经"孔子之道。二者的气论思想均系于此,只不过随着儒家学说在不同时代的开展,他们对"六经""明体适用"的思想精神的领悟和侧重有所不同。简略而论,张载的思想指向体用不二、天人合一,而王廷相更强调经世致用、客观实证。事实上,王廷相对他与张载的思想关系不是没有理论自觉,只不过他尚未明确意识到这一点的重要性。

六十一岁的王廷相在回复何瑭的质问时说道:

> 气为造化之宗枢,安得不谓之有?执事(引者注:何瑭)曰:"释老谓自无而有,诚非矣";又谓余论"出于横渠,要其归,则与老氏合"。横渠之论,与愚见同否,且未暇辩。但老氏之所谓虚,其旨本虚无也,非愚见以元气为道之本体者,此不可以同论也,望再思之。①

何瑭认为王廷相的气论思想出于张载,归根结底,他们所论与道家之学合于同流。面对这种指责,王廷相首先申辩的是他与道家有异质之别,即道家以虚无为本,而他则"以元气为道之本体"。对于其学说与张载气论思想的关系,王廷相答之以"横渠之论,与愚见同否,且未暇辩",这些话并非搪塞之语,而确实是暗含深意。"且未暇辩"不是无所可辩,更不是不置可否,相反,它是指张载与王廷相气论思想之间必有一辩。

王廷相本人并未来得及(或准备好)辨明他与张载气论的关系,不过其思想言说中至少包含以下两项信息:其一,"以横渠为然",即赞同和阐发那些他深以为然的张载之说。如在《五行辩》中王廷相就表示:"且夫天地之间,无非气之所为者,其性其种,已各具于太始之先矣。……此义也,惟张子《正蒙》乃独得之。"②不仅如此,他还要揭示张载气论思想的"意谓"和"蕴谓"③,《横渠理气辩》就是其中的典范之一。其二,"(横渠之论)似欠会通",即批判那些他以为不尽合理的张载之说。《雅述》中就有两处专门的讨论,其中一处表示:"张横渠云:'读书以维持此心,一时放下则一时德性有懈。'此与维摩诘数念

---

① 王廷相:《王廷相集》,第964页。
② 同上书,第598页。
③ 傅伟勋的观点具体可参见氏著:《从西方哲学到禅佛教》,北京:生活·读书·新知三联书店,1989年,第51—52页。

珠何异？学者贵收养其心，不令放纵耳，何必用书以为维持之具？"①暂且不论王廷相的批评妥当与否，这几句话至少表明了他对张载的不满。可见，一方面，王廷相在宇宙—本体论方面大力继承和发扬张载气论思想；另一方面，他在人性论、心性论以及修养工夫论等方面不满于张载的说法。这些态度的变化显然是王廷相对张载气论学说的全面认识与其自身气论思想的成熟相互作用的结果。

从张载气论的角度来看，王廷相气论学说最大的理论功绩无疑在于使之从朱子学理气论的体系框架中解放出来。实际上，这与元至明初理学家对理气关系的重新探索有很大关系，及至明代中期，理学家不仅没有放弃气的观念，而且他们还在气论思想上进行着各有会心的建构与运用。② 王廷相在明中期独标气论学说，并非是脱离时代的夐夐独造，它与彼时儒学的内在发展要求有深刻的关联。随着王廷相对张载气论学说的简择与发挥，儒家气论思想的内在超越性被大大减弱了。气论传统本身所蕴涵有与无、一与多、存有论（包含宇宙、社会与家国等）与人生论（包括道德、心灵与境界等）的内涵③，随着儒者对其体认以及取舍的不同而呈现出相应的特点。

五 结语：超越简单的同异说

气论传统在中国思想史上分别呈现为不同的理论形态，粗略地看，先后有先秦的六气五行说、精气说和一气说，汉唐的元气说、宋以后的理气说以及明末至清中期的气化说④。原始儒家特别是孟子提出"浩然之气""知言养气"之说，体现出儒家对气论的独特理解，那就是注重气论在道德心性修养方面的作用。不过随着汉唐宇宙论儒学的发达，气论与成德之学的联系相对被忽视。直至宋代理学肇兴，这一方面的内容才由张载等人重提出来。理学家偏重于道德心性之学的营造，特别是在程朱理学思想体系中，气被设置为形

---

① 王廷相：《王廷相集》，第 855 页。
② 相关讨论参见陈来：《有无之境——王阳明哲学的精神》，北京：人民出版社，1991 年，第 267 页；杨儒宾：《检证气学——理学史脉络下的观点》，载《异议的意义——近世东亚的反理学思潮》，第 98—115 页。
③ 可参见李存山：《"气"概念的几个层次意义的分殊》，《哲学研究》，2006 年第 9 期。
④ 这里的"气化说"是突破理学传统之后而言的，它与一般意义上的气化论有所区别。

而下的位阶,气论学说随之被限定在理气论的范围之内。明中后期以降的儒者重新举起气论学说的旗帜,对正统化理学进行批判和反叛,并以之为契机,开出了儒学的新形态、新生命。① 在这一思想史过程中,王廷相最先标举出张载的气论,他对张载气论的传接和拣择引发了后世学者的理论反响。全面评估这一思想动向的理论意义,不是本文能够胜任的理论任务,但依照本文所论至少可知,张、王气思想关系议题关联于宋元明清儒学的发展及其转型问题,而非简单的同异说所能概括。

本文之所以明确主张以气论与儒学的交互作用的视域来辨正张载和王廷相的思想关系,一方面是为了能更加切近他们的学说特质,从而深入剖析其学说的内在机理;另一方面是为了超越简单的线性比较,以从张载到王廷相的气论演变中窥见儒家思想转变的契机及其实质。一直以来,理学主流认知范式(即程朱理学与陆王心学的二分架构)和唯物论范式(唯气论即是唯物论)先后主导了张载、王廷相等这些气本论思想家的研究。张岱年的理学、心学、气学的"三系说"虽然为气本论思潮开辟了一席之地,然其中诸多细节问题仍有待辨析和廓清。如何扬弃并超越以往两大研究范式,在儒家气论思想研究上创造出合理的范式或开拓出新的视野,仍是摆在研究者面前的一大议题。② 本文的目的在于重新辨正张载和王廷相的气论思想关系,但也是对该议题的一种回应。

---

① 据笔者所知,已有学者注意到气论传统与儒学转型的关系问题,他们所讨论的具体对象有历史差别,但基本上处在同一组论题。可分别参见山井涌:《戴震思想中的气》,载《气的思想——中国自然观与人的观念的发展》,上海:上海人民出版社,1990 年,第 452—466 页;金观涛、刘青峰:《气论与儒学的近代转型——中国与日本前现代思想的比较研究》,《政大中文学报》,2009 年第 11 期,第 1—30 页;丁为祥:《气学——明清学术转换的真正开启者》,《孔子研究》,2007 年第 3 期。
② 关于这一重要议题,陈来等早已指出。参见杨立华:《气本与神化:张载哲学述论》,序,北京:北京大学出版社,2008 年,第 4 页。

A Rethinking between the *Qi* Philosophy of Zhang Zai and Wang Tingxiang

Hu Dongcai

Abstract: Both Zhang Zai and Wang Tingxiang have displayed the tendency to construct a monist philosophy based on the concept of *Qi*, the relationship between this two philosophers should be inspected and analyzed under a vision of interaction between the tradition of theory of *Qi* and the development of Confucianism. From the academic point of view, they were in the same way on the theory of fortification, in contrast, their difference showed on the theory of human nature. The theory of *Qi* developed from Zhang to Wang, which demonstrated some transformation of Confucianism in Song and Ming Dynasties and its inner problem consciousness. Compared with the complex relationship between Zhang and Wang could better enhance understanding between Song and Ming Confucianism and the theory of *Qi*.

Key words: Zhang Zai, Wang Tingxiang, the theory of *Qi*, the theory of fortification, the theory of human nature, distinguishing

书讯

《剑桥阿伦特指南》

[美]达纳·维拉编,陈伟、张笑宇译,陈伟校

南京:译林出版社,2018年

汉娜·阿伦特被广泛视为20世纪最具原创性、最有影响力的政治思想家之一,也素来被视为一位难以把握的人物。她从来没有以托马斯·霍布斯或约翰·罗尔斯的方式创作过一种有体系的政治哲学,她的书所关注的话题极其多样:极权主义、政治行动在人类生活中的位置、阿道夫·艾希曼审判,现代革命传统的意义,政治自由与权威的性质以及构成"精神生活"的各种能力。阿伦特在写作这些作品的时候,并非围绕单一的论点展开,也不是以一种线性的方式去叙述。倒不如说,这些著述建立于阿伦特所做出的一系列明确的概念区分之上(暴政和极权主义,行动、劳动和制作,政治革命和争取解放的斗争,思考、意志与判断,等等),阿伦特仔细阐发这些区分,并将其组织成复杂的主题系列。

本书是一部阿伦特研究论文集,15位作者立足于自己的专业领域,发挥所长,在政治学、哲学、历史学等语境中,全面地解析阿伦特的思想,合力编织出阿伦特作为政治思想家、哲学家、历史反思者的多重身份,展现出阿伦特跨越学科分野的丰富性与复杂性。

15篇论文按照六大主题划分:阿伦特关于极权主义与民族主义的思考、关于犹太人大屠杀的思考、关于政治行动的思考、关于希腊与罗马的思考、关于革命的思考、关于人的判断能力的思考。每一个主题下,关键概念都得到简洁而清晰的阐发。读者可以此为纲要,对阿伦特思想有一个全景的认识。

编者达纳·维拉(Dana Villa),圣母大学政治学系教授,国际知名的阿伦特政治思想研究学者。主要著作有《人民的老师:卢梭、黑格尔、托克维尔、密尔的政治教育》(2017)、《公共自由》(2008)、《政治、哲学、恐怖:汉娜·阿伦特思想论文集》(1999)、《阿伦特和海德格尔:政治的命运》(1996)等。(陈曦)

平日涵养与临事持守
——论朱子对《论语》"君子所贵乎道者三"的诠释

焦德明[*]

提　要：《论语·泰伯》曾子答孟敬子"君子所贵乎道者三"一段是理学家讨论持敬工夫的重要思想资源。在与吕祖谦、张栻等人的书信讨论中，朱子作《君子所贵乎道者三说》，批评以谢良佐为代表的程门弟子只重临事持守的诠释，认为工夫在于平日涵养，曾子所说只是效验。乾道九年以后，朱子一直坚持效验说；直到晚年与弟子讨论，庆元四年以后才修改《论语集注》中"涵养有素"的效验说，重新强调"操存省察"的工夫说。《集注》的修改引起了门人后学的讨论，认为既要重视平日涵养，也要重视临事持守，集注改本正可以包括二者，而诸家之说也都不可偏废。这些讨论对于理解容貌辞气上的持敬工夫具有重要的意义。

关键词：君子所贵乎道者三　朱子　涵养　持守　《论语集注》

持敬，是理学中一项重要的修养工夫。对于持敬，程朱都强调"整齐严肃"[①]，在容貌辞气上做工夫[②]。《论语·泰伯》中"曾子有疾孟敬子问之"一

---

[*]　焦德明，1989年生，清华大学人文学院哲学系博士生。
[①]　《二程遗书》卷十五有："一者，无他，只是整齐一作庄整。严肃，则心便一，一则自是无非僻之奸。"见程颢、程颐：《二程集》，北京：中华书局，2004年，第149页。
[②]　例如在《写照铭》中以"端尔躬，肃尔容"自期。（朱熹：《朱子全书》，上海：上海古籍出版社；合肥：安徽教育出版社，2002年，第3995页。本文以下简称《全书》）；在《敬斋箴》中以"正其衣冠，尊其瞻视""足容必重，手容必恭"自戒（《全书》，第3996页），都表现出朱子极其重视容貌辞气的修养工夫。

章,曾子说"君子所贵乎道者三:动容貌,斯远暴慢矣;正颜色,斯近信矣;出辞气,斯远鄙倍矣。笾豆之事,则有司存",是重要的思想资源。而对于此段的诠释,程门弟子中出现了"平日涵养"和"临事持守"的不同说法,而朱子也反复沉潜吟咏,直到晚年才形成定论。其中的讨论,对于这一段的义理曲折进行了深度的诠释,对于理解持敬如何用功也具有非常重要的意义。

一　朱子与张栻、吕祖谦之间的讨论与"效验说"

朱子因与何镐的通信开始讨论持敬之说①,主张在容貌辞气上做工夫。乾道六年四月,李宗思、蔡元定、何镐、杨方等来寒泉精舍与朱子会讲,持敬问题也是一个重要的主题。而所谓"容貌辞气",本是来自《论语·泰伯》中"曾子有疾孟敬子问之"一章。关于这一段,朱子想必在二程、吕、谢、杨、尹等先生之诸说中,反复沉潜吟咏。在四月的会讲中,何镐曾问及此段②,其中有:

> "动容貌,出辞气。"先生云:"只伊川语解平平说,未有如此张筋弩力意思。"谓上蔡语。方。③

可见,此时朱子基本赞同伊川语解,而对上蔡之说已经有些不满了。《论孟精义》引伊川说:

> 伊川解曰……君子所贵者,慎之于身,言动之间皆有法则,容貌庄敬则可以远暴慢,颜色正则自知其信,辞气之出不使至于鄙倍……或问:"出辞气,莫是于言语上用工夫否?"曰:"须是养于中,自然言语顺理。今人自底事说得甚分明。若是生事,便说得蹇涩。但涵养久,便得自然。

---

① 朱子与何镐的书信一直有讨论持敬问题。从乾道三年《答何叔京》六(《文集》四十)开始,一直到乾道己丑庚寅之间集中的六封书信:《答何叔京》三十一(《文集》四十)、《答何叔京》(《别集》卷四)、《答何叔京》二十一至二十四。此外,乾道六年朱子与杨方直、林择之、方耕道、陈师德之间的书信也广泛地讨论了须就容貌辞气做工夫的问题。可以说这一年有持敬之辩。
② 杨方所录两段语录中有记载何叔京问此段:"叔京来问'所贵乎道者三'。因云:'正、动、出时,也要整齐,平时也要整齐。'方云:'乃是敬贯动静。'曰:'恁头底人,言语无不贯动静者。'方。"见黎靖德编:《朱子语类》第3册,北京:中华书局,1986年3月,第916页。以下简称《语类》。"'所贵乎道者三'。礼亦是道。但道中所贵此三者在身上。李先生云:'曾子临死,空洞中只余此念。'方"同上书,第919页。
③ 同上书,第921页。

若是慎言语,不妄发,此却可著力。"①

可见,伊川的解释很平实,而且主要强调须涵养于中,久而自然的意思。而朱子认为上蔡之说有"张筋弩力",又具体何指呢?今《论孟精义》引上蔡说:

> 谢曰:人之将死,无物我心,故其言善。人之应事,不过容貌、辞气、颜色三事,特系所养如何耳。动也、正也、出也,君子自牧处,故暴慢鄙倍不生于心,**远自远也**。信,以实之谓也。与礼乐不斯须去身之意同。孟子之养浩然之气,盖出于远暴慢、鄙倍之学。或问:"动容貌、正颜色、出辞气,**先生尝谓要紧在上三字**。如下句是谓人说、谓己说?"曰:"是谓己也。方动容貌,暴慢自然远。"又问:"下三句换得转否?"正色曰:"自然。动容貌,暴慢著不得,自然远。正颜色,自然近信。信,有诸己之谓也。正颜色近之。出辞气,逊以出之,修辞也。修辞立其诚也。修辞不是咬文嚼字。咬文嚼字却是巧言……"②

上蔡之说,虽强调应事还是要看其所养如何,但于此处特别点出动、正、出三字是要紧,而在此三字上下功,自然能远暴慢鄙倍,自然近信。对上蔡之说,朱子将自己的疑问与吕祖谦和张栻讨论。③ 吕祖谦曾经在《与朱侍讲》十二中表示不同意见,他说:

> 曾子答孟敬子一章,窃谓上蔡所解与二先生之意不异。其曰:"人之应事,不过颜色、容貌、辞气三事,特系所养如何耳。"此可见其平日涵养之功矣。其曰:"动也、正也、出也,君子自牧处。"此可见其临事持守之力矣。语意颇似完备,恐难以**临事作主张断之**。惟是"远自远也"一语,不若二先生之言工夫细密耳。④

看东莱之答书,可推见朱子以为上蔡只重临事持守,不事平日涵养。而东莱

---

① 《全书》第7册,第289页。
② 同上。
③ 这一段讨论在乾道六年庚寅、乾道七年辛卯之间。乾道六年吕祖谦先是除太学博士,后又进国史院编修,而同年张栻入为吏部员外郎,二人连墙而居,朝夕讲论。朱子与二人分别通信多封,主要讨论新作之《太极图说解》《西铭解》,朝廷遣祈请使使金等内容。而从往复之片段中可以发现,三人亦有此关于"曾子答孟敬子"一章的讨论。
④ 吕祖谦:《吕祖谦全集》第1册,杭州:浙江古籍出版社,2008年,第405页。

以为上蔡两边都说到了,只是"远自远也"说得又太过轻松,效验太过容易了。朱子对东莱此信之答书是《答吕伯恭》七(《文集》三十三),没有再提及这个问题。但是从张栻给朱子的信中却可以看出,张栻对朱子的看法表示同意:

> 所贵乎道者三,上蔡之说诚欠却本来一段工夫,二程先生之言真格言也。①

按照张栻和朱子的看法,诸家包括上蔡对这一段的理解都是欠缺本来工夫,而以临事主张为主。何谓临事主张呢? 也就是说到了需要动容貌的时候才在容貌上下功,需要正颜色的时候才调整自己的颜色,需要出辞气的时候才注意自己的言语声气,以此期待能够远离粗粝放肆、能够近于信而非色庄、远离凡陋和悖理。这几乎是不可能的。只有在平日就对容貌、颜色、辞气三事加以涵养,临事才有功效。因此诸家都错解了。此一年朱子有《记谢上蔡论语疑义》,记录了多条与上蔡商榷之处。因此总结持敬之说,强调平日的涵养工夫,反对仅主临事省察,朱子大概在庚寅辛卯之间写作了《君子所贵乎道者三说》:

> 本末精粗,无非道也,而君子所贵,贵其本而已矣。盖动容貌而能远暴慢也,正颜色而能近信也,出辞气而能远鄙倍也,三者,道之得于身者也,所谓本也。若夫仪章器数之末,道虽不外乎是,然其分则有司之守,而非君子之所有事矣。曾子之言,亦如此而已。至论三者之所以然,则必有内外交相养之功焉,积之之久而后能至于此也。二先生发明此意,最为详备。朱公掞《问学》、刘元承《手编》内各有一段。至于诸儒,往往只以临时强勉修饰为功,此固失之。惟上蔡专以动、正、出三字为用力处,以能此则暴慢、鄙倍不期远而自远,此庶几得其本矣。然亦只是临时著力,不见平日涵养功夫,又只以由中而出为正,不是恭敬持守之则,以二先生之说格之,则亦未免为一偏之论也。②

对于这一段的义理,朱子重视的是"平日涵养功夫",在诸家之说的比较中,只有二程的说法才全面,其他人在工夫上都有偏颇。虽然上蔡也不免缺了平日

---

① 张栻:《张栻集》第 4 册,北京:中华书局,2015 年,第 1097 页。
② 《全书》第 23 册,第 3272 页。

涵养的本来工夫,但却能够点出动、正、出三者是用力处,还是比诸家要更得理一些。但也因此,上蔡所论的工夫,仍是临时着力,与何叔京一样,强调由中而出、觉而后操,与朱子理解的平日涵养不同。但是,这里又有一个问题:因为不能临事着力,所以需要平日涵养;但既然要涵养,按照朱子的说法,又不能只是中出为正,就又必然要在容貌辞气上做工夫。而容貌辞气上要如何做工夫呢?不正是要"动"容貌、"正"颜色、"出"辞气吗?既然要在容貌辞气上加工,就要在面临此事、有动有出的时候加工,这样一来,又难免要临事持守。若说不能临事持守,要平日涵养,而不临事时,容貌不动、辞气不出,所涵养不又不是于容貌辞气上做工夫,而是以中出为正了吗?曾子此段话真是解不得。朱子后来说"某初看此,都安排不成。按得东头西头起,按得前面后面起",可见看道理之难。果然,后来朱子的观点变了。《答张敬夫》六(《文集》三十一)中说:

> 曾子告孟敬子语只明道、和靖说得浑全,文意亦顺,其他说皆可疑。向来牵合,强为一说,固未是,后来又以经解之说**指下句为工用处**,亦未然也。不审尊意以为如何?①

按照这里的说法,明道、尹氏也说得对了。之前都没有提到这一点。二人之说,今本《集注》都有所引用。其中,明道之说有"正由中出"②,尹氏之说有"养于中则见于外"③,这都与伊川语解的"须是养于中"一致。所谓"强为一说",指的就是《君子所贵乎道者三说》。"下句",指的是"远暴慢""近信"和"远鄙倍"。"指下句为工用处",是指工夫不应该用在"动""正"与"出"字上,而应该在"远暴慢""近信"和"远鄙倍"的"远""近"上。而朱子此时认为,不仅上蔡所说动、正、出为下工夫处的说法未是,就连工夫在"远、近"二字上也未然也。这样说的理由从《论语或问》可见一斑:

> 经文但曰动曰正曰出而已,其动之中否、正之真伪、出之得失皆未可知也。所贵者乃在其平日庄敬诚实,涵养有素,故其动能远暴慢,其正能近信,其出能远鄙倍耳。今乃以动为矜庄,出为审度,则其文义自无所

---

① 《全书》第 21 册,第 1337 页。
② 《全书》第 7 册,第 289 页。
③ 同上书,第 290 页。

当。又谓一矜庄便能远暴慢,一端俨便能近信,一审度便能远鄙倍,则是其所用其力者止于扬眉瞬目之际,而遽责其有睟面盎背之功,吾恐其无沉浸浓郁之风,而未免于浮躁急迫之病也。且一为端俨之也,安知其非色庄也耶?此又不但文义之疵而已。其始皆自谢氏失之,吾不得而不论也。①

这里的矛头仍指向谢氏。动、正、出只是人心之发动,而其中理与否却未可知。若说工夫在动、正、出上,易让人以为是要矜庄、审度,这样未免让人临事把捉;而若不强调平日涵养有素,易使人以为工夫甚容易,只要稍一用心自觉,暴慢、鄙倍就自能远之。如此做工夫,正是"浮躁急迫"。大约写作于同一时间的《仁说》所谓:"专言知觉者,使人张皇迫躁而无沉潜之味",正指此类。且专以"动""正""出"为工夫,"安知其非色庄也耶?"安知其非巧言令色也耶?《巧言令色说》亦作于此时。正所谓"其弊或至于认欲为理者有之矣"②。所以工夫不能在动、正、出上,而动而能远,正而能近,都是平日涵养之效验。但当张栻乾道九年作《癸巳论语说》的时候,对这一段注释的注释仍然本于谢氏:

> 孟敬子问之。将死而言善,人之性则然。动容貌者,动以礼也。正颜色者,正而不妄也。出词气者,言有物也。动容貌,则慢之事可远。正颜色,则以实而近信。出词气,则鄙倍之意可远。③

针对张栻的注释,朱子在《与张敬夫论癸巳论语说》中再申己意:

> 此说盖出于谢氏,以文意求之,既所未安;而以义理观之,则尤有病。盖此文意但谓君子之所贵乎道者,有此三事,动容貌而必中礼也,正颜色而非色庄也,出词气而能合理也。**盖必平日庄敬诚实,涵养有素,方能如此。**若其不然,则动容貌而不能远暴慢矣,正颜色而不能近信矣,出辞气而不能远鄙倍矣。文势如此,极为顺便。**又其用功在于平日积累深厚,而其效验乃见于此**,意味尤觉深长。明道、尹氏说盖如此,惟谢氏之说以

---

① 《全书》第 6 册,第 759 页。
② 《全书》第 23 册,第 3281 页。
③ 《全书》第 21 册,第 1370 页,《与张敬夫论癸巳论语说》中引。

动、正、出为下功处,而此解宗之。夫经但云"动",则其以礼与否未可知;但云"正",则其妄与不妄未可见;但云"出",则其有物无物亦未有以验也。盖夫子尝言"非礼勿动",则动容固有非礼者矣。今但曰"动",则暴慢如何而遽可远乎?又曰"色取仁而行违",则正色固有不实者矣。今但曰"正",则信如何而遽可近乎?又曰"出其言不善",则出言固有不善者矣。今但曰"出",则鄙倍如何而遽可远乎?此以文义考之,皆所未合。且其用力至浅而责效过深,正恐未免于浮躁浅迫之病,非圣贤之本指也。①

这一段与《论语或问》中那一段意思相同。看今本《癸巳论语解》,此段已改成:"必也平日庄敬笃实,涵养有素,而后其发见乃能如此。"②看来全用朱子之意。按照此说,工夫不在动、正、出上,还是要看平日的涵养。而从文意来看,"动容貌,斯远暴慢矣",只能看成是平日涵养有素的效验了。

二 朱子与弟子的晚年讨论与《论语集注》之修改

因此,朱子认为这一段主要是在讲效验。这种理解可以说被朱子长期坚持。我们有一条明晰的时间线,直到绍熙四年癸丑(1193),朱子在解此段之时,仍然都在强调工夫在平时涵养,不在动、正、出时的临事持守。③ 而到晚年的讨论,除了反对临事着力的理由之外,朱子还提出,解字的轻重也是十分关键的因素:

> 问:"'君子道者三'章,谢氏就'正、动、出'上用工。窃谓此三句,其要紧处皆是'斯'字上。盖斯者,便自然如此也。才动容貌,便自然远暴

---

① 《全书》第21册,第1371页。
② 张栻:《癸巳论语解》卷四,文渊阁四库全书本。
③ 这里涉及若干可以明确断定时间的书信和语录。例如淳熙元年甲午(1174),有《答连嵩卿》一(《全书》第22册,第1852页);淳熙二年(1175)有金去伪所录一条(《语类》第3册,第919页);淳熙十六年己酉(1189),朱子有《答李时可》四(《全书》第23册,第2612页);绍熙二年辛亥(1191)有滕璘所录一条(《语类》第3册,第918页)、黄㬊(升卿)所录一条(《语类》第3册,第914页);绍熙四年癸丑(1193),又有潘植所录一条(《语类》第3册,第920页),均强调以效验来解释此段。可见从乾道九年癸巳,至少到绍熙四年癸丑,朱子一直秉持这样的观念。而绍熙五年(1194)的情况可能略有变化,见下文之讨论。

慢；非平昔涵养之熟，何以至此！此三句乃以效言，非指用功地步也。"曰："是如此。"柄。①

此条潘柄所录。查《语录姓氏》，潘柄所录是癸卯（1183）以后所闻。尽管不能确定具体时间，但"以效言，非指用功地步"来看，还是朱子尚未改变的观念。可以看出，朱子完全赞同潘柄将理解曾子之语的重点放在"斯"字上。斯，作自然解。万人杰所录又有一条说"'斯'字，只是自然意思"②。可见这确是朱子的看法。斯，有"乃、就"的意思。所以，"远暴慢""近信""远鄙倍"都可以看作是效验。然而，之所以总有人以工夫来解读此段，正是因为这个动、正、出三字若都连上效验说，似乎不能全部说通：

> 正卿问："正颜色之正字，独重于动与出字，何如？"曰："前辈多就动、正、出三字上说，一向都将三字重了。若从今说，便三字都轻，却不可于中自分两样。……道之所以可贵者，惟是动容貌，自然便会远暴慢；正颜色，自然便会近信；出辞气，自然便会远鄙倍，此所以贵乎道者此也。"贺孙。③

叶贺孙所录在辛亥（1191）以后。此处出现的正卿，即林学蒙。学蒙从学朱子在甲寅（1194）以后，可见此条讨论定发生在甲寅（1194）以后。在这里，林学蒙提出动、正、出三字之间有两种不同的层面，动与出字是一样，正字是一样。动、出，两个动作仅仅是一种一般的行为描述，如朱子癸巳驳南轩时所说；而正字，却有工夫的意思在。如此，则不能完全看成是效验。朱子在此段中虽然没有首肯，仍强调自然会远暴慢、鄙倍，但同是贺孙所录，另一条已有不同：

> "'动容貌，斯远暴慢；正颜色，斯近信；出辞气，斯远鄙倍。'须要会理如何得动容貌，便会远暴慢；正颜色，便会近信；出辞气，便会远鄙倍。须知得曾子如此说，不是到动容貌，正颜色，出辞气时，方自会恁地。须知得工夫在未动容貌，未正颜色，未出辞气之前。"又云："正颜色，若要相似说，合当着得个远虚伪矣。动、出都说自然，惟正字，却似方整顿底意思。

---

① 《语类》第3册，第920页。
② 同上书，第917页。
③ 同上书，第918页。

盖缘是正颜色亦有假做恁地,内实不然者。若容貌之动,辞气之出,却容伪不得。"贺孙。①

这里虽然仍然认为工夫在动整之前,但已经接受了林学蒙分两样的说法,动、出是自然,"正"却是有整顿的意思。有"整顿底意思",也就意味着有临事持守的意味在,不能专主效验了。但此时朱子还没有明确这样说。可是紧接着,同样是强调"斯"字,对"斯"的理解却也发生了一些变化:

> 杨问:"'君子所贵乎道者三',若未至此,如何用工?"曰:"只是就容貌辞色之间用工,更无别法。但上面临时可做,下面临时做不得,须是熟后能如此。初间未熟时,虽蜀本淳录作'须'字是动容貌,到熟后自然远暴慢;虽是正颜色,到熟后自然近信;虽是出辞气,到熟后自然远鄙倍。"寓。②

此条是徐寓所录,陈淳同录。根据陈淳与徐寓同时师事朱子的时间判断,这是绍熙元年二年(1190—1191)之间的事情。徐寓录作"虽",陈淳录作"须"。斯字,本有解作"虽"的,但在此段中似乎是"须"更好。可是,斯虽然有与须连用的时候,但却是"斯须",是片刻的意思,并非是将斯解作须。但若作须的话,便不是自然的意思,而是说这里曾子是在告诫孟敬子动容貌时应该远暴慢,正颜色时应该近信,出辞气时应该远鄙倍。若以须来理解斯,那就不应该看作是效验。但朱子在绍熙二年是否开始动摇了"效验说"还不一定,因为前面我们还引用了一条绍熙四年的材料。但上面几条有所松动的材料都录自在绍熙二年(1191)以后,而叶贺孙、徐寓、陈淳同在漳州师事朱子,可见此时朱子确实已经开始重新思考对这一段的理解。而陈文蔚所录的一段却更明确:

> 陈寅伯问"君子所贵乎道者三"。曰:"且只看那'所贵'二字。莫非道也。如笾豆之事,亦是道,但非所贵。君子所贵,只在此三者。'动容貌,斯远暴慢矣','斯'字来得甚紧。动容貌,便**须**远暴慢;正颜色,便**须**近信;出辞气,便**须**远鄙倍……要紧处却在那'斯'字、'矣'字这般闲字

---

① 《语类》第3册,第915页。
② 同上。

上。此一段,程门只有尹和靖看得出。"文蔚。①

陈文蔚所录,在戊申(1188)以后所闻。根据田中谦二的考证,陈文蔚四次师事朱子,分别在:淳熙十五年(1188)、淳熙十六年(1189)、绍熙四年—五年(1193—1194)、庆元四年—五年(1198—1199)②。从前引叶贺孙(1194)以后所闻那条来看,朱子尚以为"斯"是自然的意思,而陈文蔚此条虽然仍把"斯"作为要紧处看,但却已经解作"须",不看作是自然了。恐怕此条应是第四次所闻。如果理解为须,那正文文意便是一种告诫,而不是强调效验。最终朱子修改了"效验说":

> 问:"先生旧解,以三者为'修身之验,为政之本,非其平日庄敬诚实存省之功积之有素,则不能也',专是做效验说。如此,则'动、正、出'三字,只是闲字。后来改本以'验'为'要','非其'以下,改为'学者所当操存省察,而不可有造次顷刻之违者也'。如此,则工夫却在'动、正、出'三字上,如上蔡之说,而不可以效验言矣。某疑'动、正、出'三字,不可以为做工夫字。'正'字尚可说。'动'字、'出'字,岂可以为工夫耶?"曰:"这三字虽不是做工夫底字,然便是做工夫处。正如着衣吃饭,其着其吃,虽不是做工夫,然便是做工夫处。此意所争,只是丝发之间,要人自认得。旧来解以为效验,语似有病,故改从今说。盖若专以为平日庄敬持养,方能如此,则不成未庄敬持养底人,便不要'远暴慢,近信,远鄙倍'!便是旧说'效验'字太深,有病。"僴。③

根据《语录姓氏》,沈僴所录在戊午(1198)以后。而徐时仪点校之《朱子语录》尚存池录之第38卷戊午所闻,其中没有这一段。看来此段还当在戊午以后。《集注》改为"修身之要"云云,就已与今本相同了。新本不再说涵养有素,而说当操存省察,的确增加了对工夫的强调。但从语录内容来看,朱子所强调的还是"须远暴慢""须近信""须远鄙倍"。虽然"动""正""出"不是"做工夫字",但却已经是"做工夫处"了。如果是"做工夫字"就意味着工夫在于动整,便是临事持守的工夫;若说是"做工夫处",便知重点还在于涵养,只是

---

① 《语类》第3册,第914页。
② 田中谦二:《朱门弟子师事年考》,《东方学报》第44卷,1973年2月,第147—218页。
③ 《语类》第3册,第919页。

以远暴慢、近信、远鄙倍为目标。但朱子在这里所补充的是,不曾做涵养工夫的人,也要远暴慢、近信和远鄙倍。若只是效验,便让人以为此处没有工夫,便会放过;但如今说有工夫处,不曾涵养的人不还是只能临事主张吗?所以这一对矛盾仍没有完全解决。

> 问"君子所贵乎道者三"。曰:"看来三者只有'非礼勿视,非礼勿听,非礼勿言,非礼勿动'。"又问:"要之,三者以涵养为主。"曰:"涵养便是。只这三者,便是涵养地头。但动容貌、远暴慢便是,不远暴慢,便不是;颜色近信便是,不近信,便不是。"焘。①

吕焘所录在己未(1199)所闻。此时已不再说效验,应该与沈僩所录修改集注在同一时期。四勿是克己工夫,不是效验。工夫在于涵养,但涵养要以容貌、颜色、辞气为"地头",也就是"做工夫处"。而涵养的方式,也就是以远暴慢、近信、远鄙倍为目标。这一点与陈文蔚所录一段以"须"解斯字是一致的。可见,虽然朱子在晚年不再专以效验来理解这段话,但也并不是回到早年所否定的上蔡之说,并不是回到专在临事动整容貌颜色的理解上去。"君子所贵乎道者三"一段,还是应该作为理解朱子涵养工夫的重要一环。而语录中保留了之前许多未定之论,可以让我们窥见朱子一生艰苦钻研的心路历程。

三 朱子后学对《集注》新旧不同的讨论

《集注》新旧不同,早为朱门弟子所重视。赵顺孙《四书纂疏》中收集了黄榦和陈淳的两种观点:

> 黄氏曰:容貌、颜色、辞气,见于外者也。欲正其外,亦不过致谨于言动之间而已。今集注以为操存省察,则反用力于其内。未有不正其内而能正其外者也。况夫暴慢也、信也、鄙倍也,皆心术之所形见者也,不正其内,安能使其外之无不正乎?有诸中以形诸外,制于外以养其中,则心可正、理可明、敬可存、诚可固,修身之要孰有急于此者乎?②

---

① 《语类》第3册,第915页。
② 赵顺孙:《四书纂疏》卷四,文渊阁四库全书本。

黄幹此说,不见于《勉斋集》。此说颇有难说通之处。首先说欲正其外,不过是用力于言动之间。似乎主临事持守之说。但又认为《集注》新本是反用力于内。如此解,则有诸中以形诸外,可也;而制于外所以养其中却完全没有解释。若如此解,似乎说朱子又回归了早年所反对的何叔京的观点。或许正因为这些难以说通的问题,胡炳文在作《四书通》的时候就删去了这段,只保留陈淳的说法。陈淳的说法今见《北溪大全集》卷三十八《答陈伯澡问论语·问所贵乎道者三集注新旧说》:

> "斯"字,犹"必"字意。据曾子此章,**主意不在"斯"字上,最重在"贵"字上**。动容貌,以能远暴慢为贵;正颜色,以能近信为贵;出辞气,以能远鄙倍为贵。其意止此而已。程子及门人发明究极三者之所以然,则有平时涵养之功、有临事持守之力。以平时涵养而言,则工夫在上三句之前,而下三句乃其效验处。"斯"字,犹"绥之斯来"之"斯",谓其必能如此也。以临事持守而言,则工夫在上三句之时,而归宿在下三句。"斯"字犹"闻斯行之"之"斯",谓其必要如此也。是二义,皆曾子意之所未及。《集注》旧本以为"修身之验,非庄敬诚实涵养有素者不能",则申程门平时涵养之说也;改本以为"修身之要,学者所当操存省察,而不可有造次颠沛之违",则申程门临事持守之说也。今考之,平时涵养之说虽有根原,然却在三言之外起意,其工夫全在日前,而目下则疏阔,有任其自尔。如前所谓信脚动、信口出之弊,不若改本工夫缜密亲切,既可以包平日涵养在内,又从目今临事以至于将死一息未绝之前,皆无有顷刻之违。其所谓操存,则在上三句;所谓省察,则在下三句。本末不偏,终始兼贯,其义为长。却皆在曾子三言之中起意,于曾子正意不相悖,所以《集注》如此改定,而程子尹氏之发明有味不可废,亦必系之于其后也。①

首先,陈淳阐述了曾子此章的原意,重点只是在"贵"字上。接着又分析出程门的两种主流观点,一是看重平时涵养之功,一是强调临事持守之力。这两种说法,工夫所在之处不同,对"斯"字的理解也各异。但这两点都是曾子所没有提到的。按陈淳的说法,旧本强调效验,是主张平时涵养之说;新本强调

---

① 陈淳:《北溪大全集》卷三十八,文渊阁四库全书本。

工夫,亦申明临事持守之说。针对这两种说法,陈淳分别给予了评价。首先若旧本专主平时涵养之说,目下则疏阔,也就是说缺乏临事时加以警切用功的意思,不利于学者做工夫。而改本则包括工夫之两段,既有平时涵养,也有临时持守。这样说得条分缕析,又十分全面,几乎为朱子一生观点的变化做了最好的总结。只是最后不应说操存工夫在上三句,而应说在上三句之前,这样才是平时涵养之意。金履祥《论语集注考证》:"操存,动、正、出之前;省察,动、正、出之际"①,才说得准确。如此,则平时涵养之功、临事持守之力可以并存而无害也。

陈淳已有调和两说的精神,而真德秀《四书集编》和《西山读书记》又有这样一段:

> 朱子曰:明道之言,简约明白,意趣深远,深得乎曾子未发之意;尹氏之言,温厚易直,有得于平日涵养之深;谢氏之言,发强刚毅,有得于临事持守之要;吕氏之言,深潜缜密,有得于涵养持守之则。学者合是三者而用力焉,无使偏废,则日用之间、动静语默无非妙用,而曾子之意、程子之言亦不外是矣。②

在这里,程氏、尹氏、谢氏、吕氏诸家之说皆不相悖。但此段似乎不见于别处,这是否是朱子的文字或语录却不可知。但调和诸家的意思非常明显,旨在要学者无所偏废,无处不用工夫而已。又有许谦《读论语丛说》:

> 《集注》曾子工夫在动正出之先。盖平日敬义工夫纯熟,至动正出时自然有此效验,则工夫意在"道"字上。朱子以操存二字上承曾子之旨,以省察二字使用之于动正出之际,是工夫在"斯"字上。金先生谓此是成德之事,恐非敬子所及。以曾子语意,工夫只在"远""近"字上,使只就地头做工夫,必欲其远之近之,如此则下学亦有入头处,久而至于曾子地位。③

许谦则总结了三种工夫的重点:一种工夫重在"道"字上,这对应效验说;

---

① 金履祥:《论语集注考证》卷四,文渊阁四库全书本。
② 真德秀:《四书集编》卷四,文渊阁四库全书本。
③ 许谦:《读四书丛说》中,文渊阁四库全书本。

一种工夫在"斯"字上,这对应临事持守说;另一种工夫在"远""近"上,对应涵养说。这也是一种调和的说法。可见,南宋至元代的朱子后学们,在理解曾子这一段话时,有几个共同的倾向:一是对程门弟子和朱子的各种不同说法进行分类,指出其各自的侧重点;二是让这些有不同侧重的观点并存,使它们能够从不同的方面指导学者的工夫实践;三是区分曾子的本意与程朱的理解的不同,一方面说明程朱并未遵循曾子之本意,另一方面也承认程朱深化和拓展了对这一段的理解。

四 结 论

朱子对"君子所贵乎道者三"一段的理解,经历了多次转变的曲折变化。一开始朱子还承认谢良佐在"动""正""出"三字上用功的说法。但经过权衡,他放弃了临事持守的理解。他给出的理由,一是经文所说只是一般的行为描述,并非一动整便能远暴近信,只有平日涵养有素,才自然有此效验;二是临事主张,多浮躁急迫,难免色庄,难免作伪。这都非涵养工夫所当为。这个观点集中表现在纠正张栻《癸巳论语说》上。因此从乾道九年到绍熙庆元年间,朱子一直以效验说来理解此段。然而,大概是考虑到太过强调效验,会使学者以为没有工夫便将此段轻易放过,所以朱子最后又将《集注》中"修身之验"改为"修身之要","涵养有素"改为"操存省察",告诫学者以此为涵养用功地头。而集注的这次修改由于距离朱子易箦太近,尚未与弟子进行深入的讨论,因而在门人后学中产生了许多调和之论。但最终还是要学者能够兼采众家之长,实下工夫。总之,有关这一段的讨论难有最终的定论,但要深入理解程朱思想中的涵养工夫,还是不能不重视这一段的经典诠释。

Nourishing One's Nature Everyday or Preserving One's Mind Temporarily
——Zhu Xi's Commentary on *the Analects of Confucius* 8.4

Jiao Deming

Abstract: During the discussion with Lv Zuqian and Zhang Shi, Zhu Xi wrote a treatise: *On the three principles of conduct which the man of high rank should consider specially important*, critisizing Xie Liangzuo's opinion which is based on preserving one's mind temporarily. He argued that a scholar should practise nourishing his nature in everyday life. After 1173, Zhu Xi had discussed it with his pupils for more than 20 years, and at last revised his commentary on *the Analects of Confucius* in 1198. This had brought about more debates after his death. His pupils generally thought we should attach importance to both sides.

Key words: *Analects* 8.4, Zhu Xi, preserving one's mind temporarily, nourishing one's nature everyday, *Collected Commentaries on Analects*

书讯

《自然作为理性——托马斯主义自然法理论》

[美]简·波特著,杨天江译

上海:华东师范大学出版社,2018年

对多元价值的尊重,早已经成为现代社会道德生活中不言自明的前提。然而,因为人们对道德原则的理解不同,道德困境便也随之产生。本书试图发掘中世纪的自然法理论传统,以期能够为在当代提出一种建构性的道德理论提供理论资源。作者试图表明:自然法代表着一个庞大的思想传统。一方面,它包含人们一般关注的16—18世纪的自然法理论,在这些理论中,自然法代表着为理性所普遍接受的道德规则;另一方面,这些自然法理论并未穷尽自然法的全部可能,12—13世纪以阿奎那为代表的经院主义神学家和法学家便代表了一种与之不同的传统。在这种传统中,自然法意味着对人类本性及其在自然秩序中地位的关注,并且这些经院哲学家们最终借用了某种潜能或能力的普遍性而对自然法提供了一种与近代理解有所不同的解释。同时,它不仅提供了自然法理论的另一种可能,在某些方面这一传统还体现为一种对当代哲学而言更有希望的哲学理论。本书作者希望把从托马斯主义中发掘出的理论资源转化为一种建构性的道德学说,以此为我们的道德生活提供一个有说服力的解释。

本书作者简·波特(Jean Porter),是美国圣母大学神学系教授。除本书以外,她还另著有《自然法与神圣法:重回基督教伦理学传统》《法律的牧师:一种法律权威的自然法理论》等著作。在系统性地考察与梳理经院哲学传统中的自然观、幸福论、德性论、恩典论的同时,本书还与当代的哲学、神学与生物学展开了积极对话,以此试图在当代的道德生活当中重新凸显托马斯主义所包含的价值。本书较为完整地介绍了作者对自然法理论所做的理论阐释,无论是对理解托马斯主义传统,还是对了解当代道德争论而言,都具有重要的价值。(赵洪彬)

惠栋"求古"之学的义理生机

谷继明[*]

提　要：惠栋虽然以"古训是式"为宗旨，但并非如徐复观先生所理解的那样为考据学或训诂学张目。恰恰相反，惠栋此语是要扩大、丰富训诂学的意涵。惠栋一再申说的"诂训""故训"等等，强调的重点在于"古"，而非语言学意义上的"训"。他把"古训"与"雅言"并提，相对于雅的是俗，相对于古的是今。由此宣告了他的学术是要追求古雅，遮拨今俗。"古"固然可以指研究的对象，更是一种经学方法。惠栋对于汉代易学的继承，不是奉汉儒的任何一句话为圭臬，而是深入到他们的家法和义理之中，在不违背其家法、义理的前提下，对于具体的注释有选择、有辨析、有修正。这绝非是戴震所谓的"信古而愚"或者王引之指责的"不论是非"。

关键词：求古　清代思想　经学　惠栋

清代学术思想中，最具有代表性的形态，一般被称作考据学或者朴学。哲学界以往多认为此种学问沉溺于故纸之中，不具备思想性和太多的现实意义。在传统的哲学史叙述中，讲到清代，主要涉及戴震、章学诚，再到今文学的龚自珍、魏源。这是因为戴震虽做考据，却同时也有义理的著作如《原善》《孟子字义疏证》等，有鲜明的思想批判意识。近些年来学界发现，这一时期

---

[*] 谷继明，1986年生，同济大学人文学院哲学系副教授。

的礼学考证之中，也存在着巨大的思想活力，此尤以张寿安的成果为代表，最近吴飞教授对此又有新的见解①。

那么，除了戴震等对古代思想概念有直接讨论的学者，以及凌廷堪等礼学考证家之外，那些一般被视作典型的朴学学者或者训诂学家的人呢？他们到底是否也有义理上的追求，并一定程度上已然"见道"，在义理上卓然有所建立呢？

一 "古训是式"的解释

徐复观先生曾经有一篇著名的《清代汉学衡论》，从心性之学的立场，对清代的考据学做了一番全面、严厉的分析和批判。他将清代汉学与考据学相等同，并指出清代汉学的精神完全与汉代相背离。其中一个强有力的指控是，惠栋、钱大昕等人根本歪曲了"古训是式"的意思，将先秦和汉人的学问精神，狭隘化为考据学（训诂学）。"古训是式"的确是惠栋等人的学术标志，但它是否是徐先生理解的意思呢？惠栋释"古训是式"曰：

> 《诗》云："古训是式。"汉时谓之故训，又谓之诂训。诂训者，雅言也。《鲁语》曰："诗书执礼，皆雅言也。"周之古训，仲山式之；子之雅言，门人记之。《尔雅》以观于古，故又谓之《尔雅》。俗儒不信《尔雅》，而仲山之古训，夫子之雅言，皆不存矣。后之学者，省诸《尔雅·释故》《释训》，乃周公所作以教成王，故《诗》曰："古训是式。"②

徐复观先生对惠栋之说的评价是："遵法先王之训典，乃周公的常教，此参阅《尚书》中所录周公之言可见。……毛、郑、孔的解释，以训诂为可据，于义理为明顺。乃惠氏转一个弯以'古训'为解文释字的'诂训'，为'训诂'，于是仲山甫在西周便遵法了清代汉学家所提倡的训诂之学了。这种牵强附会，轶出了常识范围，但居然发生了影响，被钱大昕、陈奂们所信服。"③徐先生所连带批评的钱大昕的说法，则见于下：

---

① 吴飞：《礼学即理学——定海黄氏父子的义理学》，《中国哲学史》，2016 年第 4 期。
② 惠栋：《左传补注》卷三，《文渊阁四库全书》第 181 册，第 172 页。
③ 徐复观：《中国思想史论集续编》，上海：上海书店出版社，2004 年，第 365—366 页。

> 有文字而后有诂训,有诂训而后有义理。训诂者,义理之所由出,非别有义理出乎训诂之外者也。《诗·烝民》之篇曰:"天生烝民,有物有则。民之秉彝,好是懿德。"宣尼赞为知道之言。而其诗述仲山甫之德,本于"古训是式"。古训者,诂训也。诂训之不忘,乃能全乎民秉之懿。诂训之于人,大矣哉。①

徐先生认为惠栋、钱大昕的诠释"轶出了常识范围",也就是说,惠氏等人简直不可理喻。但如果惠栋、钱大昕等以客观、真实为学术目标,那么他们怎可能做出如此违背客观理解的解读? 如果他们仅仅是出于文学修辞的手法给作为语言的"训诂学"张大旗而已,那么类似的叙述如何一再地在惠栋、钱大昕等人那里出现? 于是我们不得不反思,这样一种对惠栋等人的理解是否准确。

古代的注释,当出现"甲者,乙也"的时候,一般被认为是用乙来解释甲。比如赵振铎先生认为"甲,乙也"的训释结构是"被解释的词—解释的词—也","甲谓某"的结构是"解释的词—曰(为、谓之)—被解释的词"。② 但这仅仅是一种经验的归类,并非严格的规则。而当出现"甲即乙"或"甲、乙一也"之类的结构时,解释者有可能是用乙来解释甲,也有可能是用甲来解释乙,甚至是双向互释。前引惠栋的那段话,首先说《烝民》的"故训"就是汉代的"诂训",貌似是用清代语言学意义上的训诂学来解释《诗经》的"故训";但接下来惠栋却又用"雅言"来解释"诂训"。雅言,即《诗》《书》等经典。任何一个有常识和基本国学素养的人,都不可能将《诗》《书》等与作为语言学的训诂学等同起来,惠栋更是绝不可能。所以在这里,惠栋其实不是要用狭窄的"诂训"去定义《诗》《书》,而是用《诗》《书》来解释"诂训"。惠栋恰恰是要展示,他所从事的"诂训"不是狭窄的语言学,而是古代的典籍、先王的教训。

进一步细读可发现,惠栋一再申说的"诂训""故训"等等,强调的重点在于"古",而非语言学意义上的"训"。他把"古训"与"雅言"并提,相对于雅的是俗,相对于古的是今。由此宣告了他的学术是要追求古雅,遮拨今俗。

六经是古雅的代表,是大道的寄托,它以语言文字作为载体;而《尔雅》则是将六经中之古训、雅言归类加以保存。语言学里面有以《说文》为字形之

---

① 钱大昕:《经籍籑诂序》,《嘉定钱大昕全集》第9册,南京:凤凰出版社,2016年,第366页。
② 赵振铎:《训诂学纲要》,西安:陕西人民出版社,1987年,第35、38页。

书,以《广韵》为字音之书,以《尔雅》为字义之书的观点,比如段玉裁《广雅疏证序》所指出的①。这种观点仅仅把《尔雅》看作文字之学的形音义三方面之一,忽视了《尔雅》的经学性质。《尔雅》其实具有完备的义理结构,惠氏正是在这个角度推重《尔雅》。《汉书·艺文志》说《尔雅》"解古今语",其重点在于使人了解、遵循古训,《大戴礼记》亦有"《尔雅》以观于古"的说法。他的另一段文字解释"古训是式"说:

> 《烝民》云:"古训是式。"《传》云:"古故,训道。"笺云:"故训,先王之遗典也。"《说文》引《诗》作"诂训",云"训故言也"。张揖《杂字》云:"诂者,古今之异语也。训者,谓字有意义也。"郭氏《尒疋》有释诂、释训,樊孙等《尒疋》皆为释故(见《诗·释文》)、释训。《艺文志》,《诗》有《鲁故》《韩故》《齐后氏故》《孙氏故》《毛诗故训传》(唐石经及正义皆作诂训,《释文》作故训,正义云定本作故),《书》有《大、小夏矦解故》,皆所谓"故训,先王之遗典也"。小颜曰:"故者,通其指义。"……《周书·大开武》曰:"淫文破典,典不式教,民乃不类。"荀卿子引传曰:"博闻强志,不合王制,君子贱之。"皆谓不式古训者也。②

惠栋的经学著作可以分为两类,一是"小学"类的著作,一是探讨制度和义理的著作。像《周易述》《明堂大道录》《易大义》(《中庸注》)、《易微言》这些真正能代表惠氏思想的著作,都不是训诂类的;即便是貌似"小学"类的著作,比如《九经古义》,也仅仅以小学为工具,而是要把汉代及以前的旧注揭示出来,由旧注以探发旧的义理。

就目前来看,张素卿对于惠栋经学"古训"的师法面向有所揭示,但他仍然将惠氏的"经之义存乎训"放在考据学脉络中,不分辨汉学与考据学各自的特色,并特别强调惠栋"识字审音"的训诂方法。③ 这说明要把惠栋与考据学家分清楚,我们仍然需要严格的辨析和更深入地去理解惠栋。

---

① 段玉裁:《经韵楼集》,上海:上海古籍出版社,2007 年,第 188 页。
② 惠栋:《九经古义》,《丛书集成初编》本,上海:商务印书馆,1937 年,第 73 页。
③ 张素卿:《经之义存乎训的解释观念——惠栋经学管窥》,载林庆彰主编:《乾嘉学者的义理学》,台北:"中研院"文哲所,2003 年,第 309 页。

二 作为解释学方法的"求古"

惠栋强调"故训",重点在于"古",其经学所谓的"古"含义是十分丰富的:它固然可以指研究的对象,更是一种经学方法。

从研究对象来看,"古"主要是以下两个范围:一是六经本身,二是从孔子那里传承到汉儒的大义。所谓的"今",则指魏晋以后的经说。是故其《易汉学》自序说:"六经定于孔子,毁于秦,传于汉。汉学之亡久矣,独《诗》《礼》《公羊》犹存毛、郑、何三家。《春秋》为杜氏所乱,《尚书》为伪孔氏所乱,《易经》为王氏所乱。"①在《左传补注》中,他比较服虔与杜预注的差别,指出"古训之亡自杜始"②。钱大昕之意与此类似:

> 昔唐虞典谟,首称稽古;姬公《尔雅》,诂训具备。孔子大圣,自谓"好古敏以求之";又云"信而好古",而深恶夫"不知而作者"。由是删定六经,归于雅言。文也,而道即存焉。汉儒说经,遵守家法,诂训传笺不失先民之旨。自晋代尚空虚,宋贤喜顿悟,笑问学为支离,弃注疏为糟粕,谈经之家师心自用,乃以俚俗之言诠说经典,若欧阳永叔解吉士诱之为挑诱,后儒遂有诋《召南》为淫奔而删之者。古训之不讲,其贻害于圣经甚矣。③

钱大昕将六经及汉人经训看作"古训",将魏晋和宋明经学看作"今",这是从范围上说,更是以方法而言。亦即,"古"更是一种判定经学的方法。

钱大昕列举了两种方法态度:一是"信而好古",一是"不知而作"。前者是遵承古训之学的态度,后者则是自作主张、强逞私意的态度。惠栋也是在这个意义上肯定汉儒:

> 汉人通经有家法,故有五经师。训诂之学皆师所口授,其后乃著竹帛,所以汉经师之说立于学官,与经并行。五经出于屋壁,多古字古言,非经师不能辨。经之义存乎训,识字审音,乃知其义,是故古训不可改

---

① 惠栋:《易汉学》,清乾隆间《经训堂丛书》本,序文。
② 惠栋:《左传补注》卷六,第221页。
③ 钱大昕:《经籍籑诂序》,第366页。

也,经师不可废也。①

在惠栋看来,汉儒之可信,不在于他们考据学的水平高,而在于他们从时间上来说"去古未远",从传承来说存在着口授的传统。口授,意味着每一代都是亲传。

具体来说,惠栋等认为圣人是人伦之表,经典则是义理的承载者。后代的学者在水平上,多数是低于圣人的。既然如此,面对圣人传下来的经典及其解释,就应当保持一种谦卑的态度和谨慎的方法。圣人之道的传承,不是"以心印心"的方式,乃是要通过口耳之传和文字训释。汉儒之学传自七十子,七十子传自孔子,他们之间有实实在在的传承链条,故汉儒之经说可信。

如果比较一下宋代经学道统说,会很有意思。程颐给其兄程颢写的墓表说:"周公没,圣人之道不行;孟轲死,圣人之学不传。道不行,百世无善治;学不传,千载无真儒。……先生生千四百年后,得不传之学于遗经,志将以斯道觉斯民。"②理学认为道统中断于孟子,自此以后周敦颐、二程等接续道统,接续的方式自然是己心体贴了圣人之道。当然这个道也有一个来源和寄托,即"遗经"。既然道统中断于孟子,则意味着汉代以后的经学皆未见道,这是越过所有的经注而直面经典的过程。程颐又在《易传序》中说:"前儒失意以传言,后学诵言而忘味。自秦而下,盖无传矣。……予所传者辞也。由辞以得其意,则在乎人焉。"③在这里,程颐似乎又回到经典文本的立场,与不立文字的"传心"方式相对立。但需要注意的是,程颐不仅强调辞,也强调意;且辞主要指的是六经本身,而非自汉代以后的经典注疏。朱子在《中庸章句序》中也说:"子思之功于是为大,而微程夫子,则亦莫能因其语而得其心也。"④《中庸章句序》主要处理道统问题,并且从心的角度讲道统之传⑤;而程子之所以能接续思孟之道统,在朱子看来,除了因为子思所留下的有文字的《中庸》,更在于他能上得子思之心。惠栋则以为,经学之传中断于魏晋,此后的玄学、理学家之经解皆非真经学,到了他的时代,是有意要重接汉儒之绪,进而承接先王

---

① 惠栋:《九经古义·述首》,载《松崖文钞》,《续修四库全书》第 1427 册,第 269 页。
② 程颢、程颐:《二程集》,北京:中华书局,2004 年,第 630 页。
③ 同上书,第 689 页。
④ 朱熹:《四书章句集注》,北京:中华书局,1983 年,第 15 页。
⑤ 陈来:《朱熹〈中庸章句〉及其儒学思想》,《中国文化研究》,2007 年第 2 期。

之道,这样他的志向不可谓不大了。

但是以惠栋的标准而言,汉儒的合法性在于去古未远,又有口传,故能得其真;但惠栋距汉儒已甚远,其《易汉学》初成之年岁(1744)较郑玄之卒年(200)已有一千五百多岁,更遑论其他。年岁久远,而没有口传,惠栋宣称得经学之真解的合法性,是需要自我辩护的。

三 所谓"信古而愚"

作为惠栋学友的王鸣盛,曾与戴震在有关"光被四表"的问题上有争论。王鸣盛推许郑玄的读法,以光为光照,戴震则以为光是桄之误,桄即横。戴震的回信中曾这样说:"仆情僻识狭,以谓信古而愚,愈于不知而作。但宜推求,勿为株守。"①这实际是讥讽惠栋、王鸣盛等执守古义,有点"信古而愚"了。在这里,我们看到作为考据学家的戴震,与作为汉学家的王鸣盛,在根本立场上是有冲突的。如果说戴震身尚兼考据学与义理学的双重面孔,不足以代表纯粹的考据学家,那么王引之的观点则可以作为考据家的代表。王引之在给焦循的信中抱怨了惠栋《易汉学》之后,称赞焦循的易学著作"足使株守汉学而不求是者爽然自失"②。这里也是私下里指责汉学派有"株守"的毛病,与"信古而愚"是一个意思。到了晚清,以调和汉宋为宗旨的黄式三、黄以周父子,对惠栋、张惠言易学的崇古也是多有非议。③

戴震学派的指责是否真的那么严重呢?汉学派真的全是愚戆琐屑之徒?我想这恐怕是因为他们未能仔细阅读其著作,并深入了解其用心。我们先考察一下惠栋是否仅仅掇拾旧注,一味蹈袭汉儒之说。

惠栋的著作中,《易汉学》是学案体,或许可以看作以考订为主,但考订之中仍有惠氏的裁断和安排。张素卿即曾以《毛氏古注》为例,指出它"似乎只是众说罗列而已,实则引述自有条理,略以按语点缀其间,要言不烦。这样的著述形式,援引许多文献资料,自抒见解的断案则相对简要,并非没有己

---

① 戴震:《与王内翰凤喈书》,见《戴震全书》第6册,合肥:黄山书社,2010年,第276页。
② 王引之:《王文简公文集》,南京:江苏古籍出版社,2000年,第205页。
③ 谷继明:《黄式三与晚清易学》,载《云南大学学报》(社会科学版),2016年第6期。

见"①。《周易述》《易大义》《易微言》《易例》《明堂大道录》完全是非考订的,而以求古为特色。这种求古,又不尽然是在古注里面故步自封。我喜欢用器物修复来比喻乾嘉学者的工作。他们面临的古注多已亡佚,有的只剩吉光片羽,就好像出土的很多陶罐碎片一样。仅根据这样几个碎片,无法拼缀、复原出陶罐的原貌。而是需要:一者,对于碎片的性质、功能有深刻而非浅层的描述性认识,从而确定其位置;二者,对于陶罐的性质、结构有一通贯性或整体的理解。对于后者,问题在于:如何获得通贯性以及整体的理解呢?这其中的可能性在于,存在着类似的上古器型可供参照,有自己的体会和理性可以凭依。但问题也恰恰出在这里:其他古代器物仅仅可以作个参照,而这几个碎片可能不是已出土的任何器型中的一种,这时如果一味相信自己的理性和逻辑去"求是"从而断定某一个碎片不属于此器物,则很可能会因武断而丢掉宝贵的东西。惠栋、王鸣盛等人重视、崇信汉儒的经说,其原因正在此;戴震、王念孙等,则是想捡取碎片中合用的,制造一个自己心目中的新罐子。

在惠栋所推崇的汉代学术里,尽管对于师法、家法非常强调,对于改师法非常忌讳,但我们也看到汉代经学并没有止步不前。师说在传承中,面临新问题,是会扩大其讨论的,比如汉代夏侯有"左右采获"。惠栋自己的汉学,也是如此。古义的简明,本身就给后代学者带来了发展的广大空间。就《周易述》而言,其著述形式是纂辑旧注,而后自为之疏。李慈铭尝评价《尚书集注音疏》谓:

> 自注自疏,古所罕见,江氏盖用其师惠定宇氏《周易述》家法。惠氏以荀、郑、虞等《易》注既亡,掇拾奇零,非有一家之学可据,故不得不为变例。江氏亦以马郑之注,由于辑集,故用其师法。钜儒著述,皆有本原,不得以井管拘墟,轻相訾议也。②

李慈铭认为《尚书集注音疏》在自注自疏方面与惠氏一致,是用师法。但《音疏》和《周易述》已渐渐呈现出一关键的差别。江声的注文,主要由四类构成:一是所辑的郑玄、马融、古文家等对于《尚书》的直接注解,此部分会标出"某

---

① 张素卿:《经之义存乎训的解释观念——惠栋经学管窥》,第304页。
② 李慈铭:《越缦堂读书记》,北京:中华书局,2006年,第109页。

某曰";二是将一些人的《尚书》说解、串讲稍加变通,不注明说者,在疏中说明来源;三是根据《尔雅》《说文》以及郑玄等其他经注对某字的训解,直接训释,在疏中说明来源;四是江声自己的讨论、串讲,以"声谓"体现在注中。这说明江声还保留了《周易述》的一些特色,即效法其师"融会汉儒之说以为注"①的方法。但其注文部分已经比较清楚地区分层次,并且比较严格地引用原文;这与惠氏体会汉易家法,将旧注以自己语言说出、混融不分何家注释的方法,还是有一定的距离。《集注音疏》再往下发展,就是《尚书今古文注疏》《左传旧注疏证》等注疏,在注文部分完全属于辑佚学范围。惠栋则完全将诸家学说融入自己的注释中。可以说《易汉学》只是一个准备工作;《周易述》则是惠栋随顺经文、融会汉儒而成一家之言的工作;《易例》则是以问题为纲的《易》学通论。

我们可以举《周易述》的一处注释:

复亨。出入无疾,朋来无咎,反复其道,七日来复。

【注】自上下者为崩。剥艮反初得正,故无咎。反复其道,有崩道也。虞氏作"朋来",云"兑为朋,在内称来。五阴从初,初阳正,息而成兑,故朋来无咎。乾成坤,反于震,阳为道,故复其道"。

【疏】自上下者为崩,京房义也。京《剥》传曰:"小人剥庐,厥妖山崩。"《复》传曰:"崩来无咎。自上下者为崩,厥应大山之石颠而下。"阳极于艮,艮为石,为山。剥之上九消艮入坤,山崩之象。《春秋》僖十四年"沙鹿崩",《谷梁传》曰:"高曰崩。"故知崩,自上而下也。自上而下者,非爻自上反初,乃消艮、入坤、出震耳。故虞于《象传》注云:"阳不从上来反初,故不言刚自外来。"知非爻自上反初也。若然,序卦言"剥穷上反下",亦云消艮、入坤、出震也。……虞氏作"朋来"。兑二阳同类,故为朋。在外曰往,在内曰来。初为卦主,故五阴从初。初得正,阳息在二,成兑,故云"初阳息正而成兑,朋来无咎"也。……虞以朋来为阳息兑,今知不然者:下云"七日来复",则方及初阳,何得先言息二成兑?至"利有攸往",乃可云"息临成乾"。虞氏非是,当从京氏作"崩来"也。②

---

① 江声:《尚书集注音疏》,《皇清经解》卷四百零二,第15页。
② 惠栋:《周易述》卷四,清乾隆间雅雨堂刻本,第4页。

《周易述》以虞氏为主，其中有数处却对虞氏有非难或修正。比如此处，虞翻因为经文有"朋来"之辞，《说卦》兑为朋，故要在复卦中找寻兑象，便取消息卦为说。惠栋指出，七日来复讲的是刚刚发生过的事情，从复卦生长为兑卦，则是将来时，虞翻的说法有问题。他根据《京氏易传》，将"朋来"读为"崩来"。《京氏易传》是以《易》为讲占候灾异之书，作"崩"自然是为了配合灾异的需要。惠栋采取了京氏的文本之后，在解释上又与京房有别，而是用了月体纳甲的说法。即用消艮、入坤、出震这样一个过程解释"崩来"。以月体消息说《易》是虞翻易学的一个特色。我们由此可以看出，惠栋对于汉代易学的继承，不是奉汉儒的任何一句话为圭臬，而是深入到他们的家法和义理之中，在不违背其家法、义理的前提下，对于具体的注释有选择、有辨析、有修正。这绝非是戴震所谓的"信古而愚"或者王引之指责的"不论是非"。

四　求古之学中的义理生机

上一节举的有关器物复原的譬喻，仍有未尽之处。器物的复原，最理想的状态是恢复其原貌，但仍然仅仅是一件艺术品或文物，陈列、封藏在博物馆里。这绝不是经学，而只是经学史。惠栋不是仅仅要恢复一件器物，且是认为此器物乃宗庙最尊贵之器，有最隆重的用处。他要发挥此器物的真实功用。陈黄中给惠栋写的墓志铭说他"识趣高迈，又雅不欲仅以经师自命"①，可谓知言、知人。

戴震于扬州刚刚结识惠栋时，便给钱大昕写信，说"晤惠定翁，读所著《明堂大道录》，真如禹碑商彝，周鼎齐钟，藏藏千载，班班复睹。微不满鄙怀者，好古太过耳"②。戴震只是从复古、考订古代明堂形制的角度去看待《明堂大道录》，却忽视了"明堂"后面的"大道"二字。漆永祥即曾指出过其经世特色。③ 其实此书与《周易述》相互发明，乃是惠栋对于宇宙、政治的一个基本构想。他当然不是要把明堂政治直接复制在现实中，而是要通过明堂来表达一

---

① 陈黄中:《惠定宇先生墓志铭》，见王昶辑:《湖海文传》卷五十五，清道光十七年经训堂刻本，第 2020 页。
② 杨应芹:《段著东原年谱订补》，《戴震全书》第七册，第 149 页。按此书信不载于其文集中，见《昭代名人尺牍小传》。
③ 漆永祥:《乾嘉考据学研究》，北京:中国社会科学出版社，1998 年，第 151 页。

种关于政治制度和社会秩序的理念。明堂法象于宇宙秩序,与他所揭示的汉代易学爻变成既济的模式,一以贯之。

惠氏所重视的,是汉代的师法,而非规于字形辨析(尽管可以有这一部分)。求古,所求的即是西汉之师说。师说有许多高尚的政治理想与精微的义理诉求,这也正是求古之学的义理之所在。惠栋在解释屯卦的《象传》时说:

> 何氏于定六年注云"《春秋》定、哀之间,文致太平",即是此《传》"君子以经论"成既济,《中庸》经论大经、赞化育之事。何氏传先师之说,知孔子作《春秋》文致太平;后儒无师法,不能通其义也。①

惠栋追求的师法,即是今文经师所传自七十子的微言和大义。文王作卦爻辞的宗旨,在惠栋看来,是要使六十三卦皆变而之正,成既济。既济,便是太平之世,这便是孔子的宗旨;同时,也就是天地位焉、万物育焉的状态,这便是子思《中庸》的宗旨。惠栋的《易大义》即《中庸注》②,一书二名,亦可见惠氏融摄《中庸》与《周易》,会通文王、孔子、子思的努力。

惠栋曾经对《周易》的性质加以定位:"《易》者,赞化育之书也,其次为寡过。夫子以《易》赞化育,而言'无大过'者,谦辞。"③这也是求古而从汉学的立场。以往易学的研究,往往把汉代易学定位为象数学,而又喜欢将象数与占筮术数混为一谈。其实汉代不仅是象数,而象数与术数也是基于不同的分类方法,虽有交叉,不能混为一谈。"寡过",可以通过占筮来寡过,也可以通过阅读、思考卦爻辞的道理来寡过,这是魏晋以来不少学人对于《周易》的定位。但在惠栋看来,这尚非《周易》的第一义,因为"寡过"的占筮实际上偏重于指向个人的吉凶福祸,或者德性修养;但"赞化育",却是讲自我与宇宙和社会、政治贯通唯一的事业。

《汉书·艺文志》称"仲尼没而微言绝,七十子丧而大义乖",惠栋对此语十分熟稔。那么他在《周易述》之后安排《易微言》一书,其志向亦不可谓小。如果说《易汉学》《周易述》还处在通过师说口传而恢复七十子之大义的阶段,

---

① 惠栋:《周易述》卷十一,第5页。
② 漆永祥:《惠栋易学著述考》,《周易研究》,2004年第3期。
③ 惠栋:《易例》上卷,贷园丛书本,第4页。

《易微言》则是要更进一步直达孔子之微言。这些地方,是真正展现惠栋思想活力和精微之处。笔者将会另有文章专门具体探讨惠栋的思想。

Reconsidering Hui Dong's "following the model of 'gu xun'" Methodology: On Hui Dong's Pursuit of "gu" as a Pursuit of Meanings

Gu Jiming

Abstract: This paper argues that we should not understand Hui Dong's methodological principle, "following the model of 'gu xun'", as advocacy for the study of textual criticism. Disagreeing with Xu Fuguan, I contend that by proposing "following the model of 'gu xun'" Hui Dong meant to broaden the horizon of textual criticism and emphasize the pursuit of "gu (antiquity)" instead of "xun (glossary)", since in Hui Dong's mind, the antithesis of "gu xun" was the recent, vulgar understandings of the classics. As such, I propose that Hui Dong treated "antiquity" as not only the subject for his study of the classics but also his methodology to pursue their meanings. This methodology is reflected in his study of Yijing, in which he followed the Han school of Yijing through probing into their modes of interpretation, instead of taking their words at face value. In fact, Hui Dong actively engaged himself in selectively adopting and critically reappraising the Han commentaries in his study of Yijing. Therefore, I suggest that Dai Zhen and Wang Yinzhi were unfair to criticize him as "ignorant for over-trusting words of antiquity" or "confusing right and wrong."

Key words: Huidong, philology, Han-Study, thoughts of Qing Dynasty

"未有教化不起而王道能兴者"
——试析船山《大学》诠释中的政教论

程 旺**

提　要：以往有关王船山《大学》学的研究，少有对其修齐治平论的系统探讨，统合船山四书学著作而观，其对修齐治平的诠释和讨论是深入而统贯的。船山从"身心相应之理""身家相关之义""家国一理""治平所同之道"四个层面对《大学》修齐治平论做出了细致入微的分疏。从诠释策略看，船山重在对修齐治平工夫逐层展开中的联通关系加以实质阐明。从理论关怀看，船山以"教化"观念提摄内外、统贯政教，尤其对为政而言，"言教不言养"，"以政为教"为船山所着力强调。船山的诠释，可以深化我们对《大学》修齐治平工夫进路的理解，并进一步彰显儒家政教论的理论品格。

关键词：王船山　《大学》　修齐治平　政教论　教化

作为宋明理学的总结者，王船山的经典诠释集理学之大成，总结吸取朱子、阳明一路衍展开来的思想资源，对四书等经典进行了全面的解读，并从中提出独到见解，于诠释中实现道学的新发展。船山经典诠释著作繁多，对此

---

* 本文为教育部人文社科研究青年基金项目（18YJC720002）、北京中医药大学基本科研业务费青年教师项目（2017-JYB-JS-040）、北京高校思想政治理论课改革示范点项目、北京高校中国特色社会主义理论研究协同创新中心（首都师范大学）PXM2016-014203-000107）的阶段性成果。

** 程旺，1987年生，北京中医药大学马克思主义学院讲师。

加以全面清理，是理解船山哲学乃至整个宋明理学不可或缺之环节。本文以船山的《大学》诠释为中心，集中于细读讨论其对《大学》修齐治平论的诠解，试图管窥《大学》所代表的理学外王观具体如何展开，《大学》的政教价值理念又获得了怎样的新诠。从学术研究的自觉性考虑，以往对船山《大学》学的研究，多集中于心性论，即船山对格致诚正的讨论①，而少有对其修齐治平之政教论的系统研究，本文将予之详论；此外，以往的相关讨论多关注船山《读四书大全说》这部著作②，在统合船山四书学著作进行综合研究方面，似仍有较大的挖掘空间。③ 事实上，统合船山四书学的著作，尤其是《四书训义》和《读四书大全说》看，他对修齐治平的解释和讨论是深入而统贯的，政教方面是船山甚为关注和倾心的一面，值得仔细加以分疏总结。

一　身心相应

在围绕格、致、诚、正的疏解中，船山以"正心"为宗旨，以"持志"作新诠，明确确立了以"持志正心"为本的内圣旨趣。④ 船山这一可称为"正心教"的内圣体系，一方面接续了理学传统从朱子"格物教"、阳明"致知教"、蕺山"诚

---

① 这方面的代表作如陈来：《道学视野下的船山心性学——以〈读四书大全说〉的〈大学〉部分为中心》，《中国哲学史》，2002 年第 3 期。
② 如邓辉先生特别指出的："需要说明的是，以往我们过于忽视船山这两本著作（指《笺解》《训义》）的研究，而将《读四书大全说》作为船山四书学甚或其儒学思想的主要文本。《读四书大全说》定稿于船山 47 岁时，应为其早期重要儒学著作。是书根本无法取代船山晚年所作，对孔孟精义多有创获且能完全体现其较圆熟儒家思想的《四书训义》《四书笺解》等文本的。"（《王船山四书学著作与〈船山经义〉年考》，《湘潭大学学报》[哲社版]，2008 年第 2 期）
③ 船山《四书》诠释主要著作的基本情况：《读四书大全说》47 岁重订，《四书稗疏》《四书考异》作于大全说前，《礼记章句》55 岁初成，《四书笺解》《四书训义》作于晚年，61 岁之后；《稗疏》《考异》以辨正字词命题居多，以疏通字义、典故为旨，《大全说》围绕朱门后学阐朱者之说进行解说，对朱门后学多有批评，对朱子之说间有批评，《章句》中学、庸两篇则转向以朱子为正宗的立场，推衍朱子章句之义，《训义》《笺解》成于晚年讲授门人弟子过程中，以阐发朱子集注及四书义理为主。可见，不同的著述体例、言说对象、对朱子的态度以及自身思想的发展等，都导致船山四书诠释呈现出丰富性、发展性、差异性，也证明了将船山这些论著综合整治进行研究的必要性。
④ 船山"持志正心"的宗旨论，基本一贯，如"'欲修其身者，先正其心'，圣学提纲之要也"（王船山：《船山思问录》，上海：上海古籍出版社，2000 年，第 42 页）；"心之正者，志之持也"（王船山：《礼记章句》，长沙：岳麓书社，2011 年，第 1472 页）；"心之所欲正，即是素志所秉，为立身行己之主"（王船山：《四书稗疏·四书考异·四书笺解·读四书大全说》，长沙：岳麓书社，2011 年，第 117 页）；等等。拙文《持志以定心——王船山的"正心教"及其定位》（待刊）有具体讨论，限于篇幅，此处无法详述。

意教"的发展轨迹,重新挺立理学价值传统于不坠,反映出船山对宋明理学心性论命脉的自觉体认和承继;另一方面,再次凸显《大学》对宋明理学范式转换的形塑作用,开创理学范式逻辑开展的新阶段。更重要的是,内圣宗旨的贞定,为外王一面确立起内在根基,修、齐、治、平为中心的政教论,同样未曾离却以"正心"宗旨为本始。经由内圣之学构建理论支点,然后转出一体相应的外王观照,这是儒家政教论的一般逻辑。下面即逐节申述船山《大学》诠释中政教论内外贯通的完整关节序列。

正心对修身的导引:"'心者身之所主',主乎视听言动者也,则唯志而已矣"①。正心为修身之主,真正起主宰之用的,不能离乎志而有。以心为本,也就是以志为本,正所谓"不睹不闻之中,而修齐治平之理皆具足矣。"②如果说,身意之交体现心之本然当为其归,那么修诚之际,无疑应以"正"为实功。当然,这不意味着正修的合一,而是指身与心的关通所在,修身出现问题,依经文可知,是心内无定理的缘故,心失其正则身之精爽不灵。否则,心身相应最速而相合无间,故心为身之主,与之相应,正乃修之原。③

正心作为修身工夫的根据,离不开"意"这一环节的中介作用。船山指出"意为心身之关键""意居心身之介""意居身心之交"。④ 这也是为何"诚意"章会谈到"诚中形外""心广体胖"的内外关联,也是为何"修身"章关乎"意"的问题切入。需要指出的是,意为中介,但不仅仅是平面化地联结二者,不能简单地将心、身、意的关系理解为从正心到诚意到身心的线性序列。一则这样理解与诚意—正心—修身的经文节目次序互歧;二则言身时心亦在,修身并不是单纯言其血肉,而是身心一体并在;三是从心看,心恒存而恒在,心可以说是内,但心也涵着外,如心广体胖之心广,即指"形外之验"⑤,故船山说"形于外者,兼身心而言"⑥。因此仅将三者视为由内而外之线性平铺结构,则失于笼统,三者实乃一个内在嵌套的立体结构,意之于心与意之于身,是在不

---

① 《读四书大全说》,第403页。
② 同上。
③ 王船山:《四书训义》,长沙:岳麓书社,2011年,第70页。
④ 《读四书大全说》,第420、426页。
⑤ 同上书,第419页。
⑥ 同上书,第420页。

同理论层面展开的论述。心意关系是分析地言,是心体内部的结构性分析,心发即有意,意是心的一个必然结果,是心体活动展现的必然资介,又"因心发意",故本质上二者是心先意后的关系。而意之于身,是就身心关系而言,身心关系是综合地言,心作为整体而言与身之关系,外在地看,心身一体,内在地看,又心体活动须先发为意,正所谓"心之为功过于身者,必以意为之传达"①,故修身在正其心,必从其发显之"意"入手分析。不变的是,心作为主宰地位始终贯穿,此主宰地位具有本体意义,故"心"能立乎其内,又显乎其外。船山本此分八目为:"八条目自天下至心,是步步向内说;自心而意而知而物,是步步向外说"②,再次凸显了船山思想以正心为宗旨亦即以内圣为本的基本立场。

"身有所忿懥则不得其正"四者,是对"所谓修身在正其心"的解释,以往不能厘清其间的逻辑关系,而认为前后之间似论证相反,不能融通,如程子提出将"身有所忿懥"改为"心有所忿懥",认为此处当指"心"之忿懥导致"身"之不正,才能与"修身在正其心"的章旨统一。但船山提出新见,指出这四者实应解为:身有所忿懥、恐惧、好恶、忧患,则说明心不得其正。这里的"则",不是引出结果,而是说明原因。如此理解,合乎修身在正心的逻辑。而心之不得其正非本来就不正,"乃欲正而不得也",推究所自,在于"此章跟意来","乃言意累其心,使心不正"。③ 这又明确点明了与诚意章的关联。船山未改动文本,解释却更显融贯。

意动乎心,心亦达乎意。具体到修身章,身有所……不得其正,有所之病源于意,而意之不诚又是因心之不正而来,船山称"心苟不正,而其害必达于意,而无所施其诚"④。因"有所"问题在于心不得其正,心不正则犹如不在,故下文讲出"心不在焉……"⑤

由上两段分析,可知心意之间是互相影响的关系,用船山的话"心之与

---

① 《读四书大全说》,第426页。
② 同上。
③ 《四书笺解》,第119页。
④ 《读四书大全说》,第425页。
⑤ 《四书笺解》,第111页。

意,互相为因,互相为用,互相为功,互相为效"①。通过心、意之间的互相作用,心身关联一体,"修身在正其心"的内在意蕴才能表见无余。

修身在正其心,船山认为此章并非仅论正心工夫处,"不能将他处言心者混看"②,关键在于此处言心是切于身而言。船山强调此点,意在针砭朱子及其后学受佛道影响,以"湛然虚明、心如太虚""莹然虚明、鉴空衡平"等邪说解"心"。船山对此十分警触,大加批驳,指出此论谬甚。其要有五。一、自相矛盾。以虚明解心主要是欣羡不期不留的自然境界,但"若至虚至明,鉴空衡平,则只消说个正心,便是明明德,不须更有身、意、知之妙"③,虚矣则不会去正修,根本无所谓期、留;而"苟欲正之,则已有期、有留、有系,实而不虚也"④,总之以虚明解此处修身在正心,"不可施正,而亦无待正矣。又将以忿懥等为心之用,则体无而用有,既不相应"⑤,本就自构矛盾,不能融通。二、不合此处文义。此章后段提出"心不在"者云云,船山认为正如孟子"放其心",但若以虚明之心解之,显然不通,岂能放其虚明之心,这说明心必是实的,如孟子放其仁义之心才合乎文义。三、不够分明。"人之释心意之分,必曰心静而意动,今使有忿懥等以为用,则心亦乘于动矣"⑥,可见虚明解心不分明之甚。四、不够全面。无法将此心真正与修身关联起来,在形式上看顶多算作解了半截文字,无从彰显身心一体的整体性。五、有违章旨。正如此章首尾提揭"修身在正其心","在"字不能虚看,而具有实在性的工夫指向意义,"在"不仅反衬着正心之条目不是无关身心的"迂远之教",更指明着欲修其身必须从以心上确立根据,本章章旨正在于此,"为吾身之言行动立主宰之学",而虚明之论对于此心"不正之由与得正之故,全无指正"⑦,使此心根本无着落,遑论为修身立主宰了。

身心一体,故修身即正心之"践形"。心为身主,持志而守护心之本然,乃修身最根本的道理。"古之欲修其身者,则以为及其发而治之,有不胜制者

---

① 《读四书大全说》,第426页。
② 同上书,第425页。
③ 同上书,第424页。
④ 同上书,第423页。
⑤ 同上书,第425页。
⑥ 同上。
⑦ 同上书,第424页。

矣。吾立身之始,有为身之主者心也。当物之未感,身之未应,而**执持吾志**,使一守其正而不随感以迷,则所以**修身之理,立之有素**矣。"①船山明确指出,此心之着落在于"志",只有执持吾志,修身才真正确立起根据。因所谓志,"其位有定向,其体可执持,或置之不正而后从而正之"②,为正心确保方向和可行,可使心落到实处,真正显明身心一贯之实学;更重要的是,于此亦可见佛道虚明论心之妄,即使如其所论虚明之心如鉴如衡,亦应有其所以然之道,如同孟子言不动心亦有其"道"。这说明明乎此"志",修身方可立本,正心方可得实,也体现出若真能本有此"志",则以之为本的正心工夫并不必然失却那种不滞不留的自然境界。因为此志持之恒在,使正心"过去不忘,未来必豫,当前无丝毫放过"③,即通过内在心志的恒常性把持,将外在私欲干扰汰渍无余,可以获得修身实践工夫的逐步纯化。同时,在具体的实践工夫进程中,此内在心志得以展现、淬炼、丰富、提升,并最终实现自身,具体的工夫不再是其拘限,心志与修身互动互成、融洽融合,也就是说,心志在修身的具体工夫中,实现自身的超拔,体现为一种有内涵的、具体性的自如自在之自然境界,这超越了那种空洞虚无虚明之心论,实质上是更为高明、圆融的道德形上学形态。

二 家身相关

"修身"是连接内外的关节。由己及人,展开外王,外王以自身为本,其展开是以涵着其"内"为前提,修身之前格致诚正四条目的意义所归,即在内圣方面具体地指出修身之本所在。内圣不仅为外王而立,真正的内圣需要在修身内建立,修身成为内圣修养的具体呈现,修身为本说明的正是以内圣为本;而对修身而言,内圣是其本质内容。"修身为本,而心尤其原也"④,他以正心为内圣根基,故修身亦依归正心;本诸经文"所谓修身在正其心者",船山之身心相应之说,不亦宜乎。

---

① 《四书训义》,第48页。
② 《读四书大全说》,第423页。
③ 同上书,第427页。
④ 《四书训义》,第71页。

修身以下即入外王,内圣外王在修身中连续为一体。"修身"一节的特殊性于此可见一斑。尤其是对齐家、治国、平天下而言,修身的重要地位尤其凸显。《大学》本经"壹是皆以修身为本",此处"壹是"的理解非常关键。船山指出,"壹"与"一"不同,"一"是对"两"而言,《章句》以"一"作解,解为"一切",是不对的,而且解为"一切"也与"皆"字重复,显为不通;这样理解也显然未审"壹"的特出之处,"壹,专壹也",与"一"并不相通,"犹言专此",对"修身"之后的齐、治、平而言,即只要处于齐治平的工夫施展,就要务于明确"修身"的根本地位,这正是其后本末厚薄之旨的体现。①

这里显示出的另一个问题是,船山解经特别重视字义的体贴和理解,把"字"放入经文中切实理会,不轻易放过,通过字义的透彻理解,对文义作出新的厘正。在此章读说中,船山直接提纲挈领地提出:"凡释字义,须补先儒之所未备,逐一清出,不可将次带过。"②要求对字义要逐字、全面地加以考量;特别是双字语词,不能浑沦视之,船山肯定地说"一部十三经,初无一字因彼字带出混下者"③,应仔细区别其间含义的微异处。④ 如此章言身之不修之"辟"有亲爱、畏敬、哀矜、贱恶、敖惰五类,但或因人别、或以事别,五类实则各有具体的情景存乎其中,认清这点才能明乎其"辟"何在。船山逐一分疏道:"亲者相洽相近之谓,爱则有护惜而愿得之意","畏则畏其威,敬则敬其仪,畏存乎人,敬尽乎己","哀则因所有所丧而悼之,矜则因其未足以成而怜之","贱则以庸陋,恶以待顽恶"⑤,"敖者亢傲自尊而卑之也,惰者适意自便而简之也","敖则必相与为礼时始见""惰则闲居治事未与为礼时乃然"⑥。经过船山的分疏,五个词语的意思不再是简单的拼合,而是拨开类中之异,使各自所指有清楚的指点,其所关涉的身家相关的情景更为明确,在实际的修身活动可以得到更切实的指引。这十类"皆吾好恶之情所必出而施之于家人者也"⑦,是

---

① 《四书稗疏》,第 20 页。
② 《读四书大全说》,第 427 页。
③ 同上。
④ 《四书稗疏》《四书笺解》对这一方法运用自如,《读四书大全》也时有运用,多有新见,往往能发前人之未发。船山在此方面的锐见丰富,但还未得到充分的挖掘。
⑤ 《读四书大全说》,第 428 页。
⑥ 同上书,第 427 页。
⑦ 《四书训义》,第 73 页。

由身以行于家的情感活动的必然体现,但若不能反身自修,即加以适当的节制或文饰,都会导致"任情而动,则好恶因之不正而流于邪辟"①的情形,此类修身之"辟"的出现,接以施教齐家,"皆失其当"就在所难免了。

所谓"辟","言不以理,行不顾义,动不中礼,身不行道,使人不以道,俱是辟"②。从具体的现实状况考量,修身之辟首先是由自身最切近的亲属关系引发,"身之所行,必家人之所受意"③。修身之辟往往是因家人及家庭情景所引发,正反映着由家带来的问题。

经过船山的析义,此章的主题更易得到理解:"一家之中,繁有其人,亦繁有其时","身之不修,家缘不齐之一端也"。④ 家之不齐,正在于此身所施未得其正,"列数所施之地,以验其言行动辟与不辟之实"。此五类十种,船山认为不能局限于情之所发而言,"修其身而使不辟者,必施之得宜,而非但平情以治其好恶",仅以情言有"略于身"的嫌疑,其中一个重要表现是在外在的言行举动上不能有其照应。船山认为,"亲爱等见于事,故属外,知与好恶属内","修身者,则修之于言行动而已。由言行动而内之,则心意知为功,乃所以修身之本,而非于身致修之实"。⑤ 修身以心意知之外为本,但修之实功也有相对的独立性,在言语行动、应事接物上加谨简束,以此外来化内,显示出"居家"修身与"修身在正其心"重在治内路向的不同。此章传意在辟还是不辟上致立克治修为之功,朱门后学只求之于情而不求之于事,不知情更容易失偏而导出"辟",故只能劳而无功、误入歧途。"齐家亦有齐家之事,则予以均平之理而施吾肃雍之教"⑥,这才合乎船山所言"在家言家"⑦的原则。

不过从其根由看,处家之失,均是"吾心先自失其和平中正之则也"⑧,故施教于家"必先正吾之好恶"⑨,吾之好恶端正明了,家人可由之通晓吾之情意所指,本此以革除其恶增益其美。以藏乎身恕而使人自喻的方式,实现身修

---

① 《四书训义》,第 72 页。
② 《四书笺解》,第 120 页。
③ 同上。
④ 《读四书大全说》,第 427 页。
⑤ 同上书,第 429 页。
⑥ 《四书训义》,第 72 页。
⑦ 《读四书大全说》,第 427 页。
⑧ 《四书训义》,第 73 页。
⑨ 同上书,第 72 页。

而家齐的效果。教家之道,在乎修身而已。

《大学》本文多言好恶,诚意章言好好色恶恶臭,治平章又言民之所好所恶,可见好恶的重要性。船山于此章特为指出十章互相通贯,并无二理,"好恶者身之大用,而家国天下受之,家齐先受者尔"①。至于"好恶"之来由,还是要归结到心志之宗上。"由人之多辟,而知天下之鲜能好知恶,恶知美也,其失在好恶不正上,跟正心来。"②修身之辟的实质体现为情感发用的失偏,持志定心以端正内心情感的本原之好恶,乃修身去辟的根本所在。可见,修身又与上章正心处分不开。船山对"修身"的诠解,使其上接正心、下开齐家的缘由亦得到澄清。

"此传之旨,乃以发修身、齐家相因之理。"③就齐家而论,"近取之身,远取之于天下"④皆本诸修身才能见其教化之效;而从另一面,齐家对修身而言,正是其"推行于远"的首要环节。所以维护正常有序的家庭关系乃修身必不可少的面相,修身施教以得家齐;此间所言以施教为功,则接引出齐家"立教"的原则,修身与下一章关联起来。

三 家国一理

上节分析说明,修身的问题在于去辟,修身之辟的解决,首先不离齐家做工夫。在船山看来,齐家主要是"立教"的问题。"修身在于去辟,无所辟而后身修。若齐家之功,则教孝、教悌、教慈,非但知之,而必教之也。"⑤教的内容是孝、悌、慈。一方面孝、悌、慈指的是就亲亲、兄弟、长幼关系而言,皆是从与自身相关的家庭伦理关系为核心的展开;另一方面,孝、悌、慈按经文所言,分别对应事君、事长、使众,与家之外的公共层面相连通。孝悌慈为教家之道,事君、事长、使众乃教国之道,孝者所以事君式的关联,意在说明"家国一理"⑥。

---

① 《礼记章句》,第 1492 页。
② 《四书笺解》,第 120 页。
③ 《读四书大全说》,第 427 页。
④ 《四书训义》,第 72 页。
⑤ 《读四书大全说》,第 428 页。
⑥ 《四书笺解》,第 120 页。

也就是说，尽孝以事亲者，作为国之臣民定可以做到尽职以事君，"尊之亲之，其道同也"，二者之间的道理是相通的，并不是讲"移孝作忠"，而是强调"心同此理"，悌、慈皆然。修齐同德，齐治通理，理一而分殊。从自身教养上立定根基，其推展于外不待求而可知。船山指出"理在心而不在事"，"但求之心"，而其为理"因乎固有之心者则同也"①。虽然家与国有异、齐与治各有其道，但二者所"喻之者同此理也""兴之者同此心也"。② 立定此心可知，治国齐家可统之于身而为立教之本。"故君子原本其身，克慎其修，本固有之心，尽当然之理，不待出家以敷教于国，而一国之人心风化已成一矩而可推行矣。"③心—身—家—国，由本该末，一体推展，相因而治。

"教家教国皆以修身为本"，身修于上，则教之家国，得其齐、治。身而家而国，无分远近，相因而治，无所不至。"教"是贯通齐家与治国的本质方式。正如经文所言"不出家而成教于国""宜兄宜弟而后可以教国人"。此章前后六"教"字，需要多加措意。

经文"心诚求之，虽不中不远矣，未有学养子而后嫁者也"，朱子于此注曰"又明立教之本，不假强为，在识其端而推广之耳"。朱子切中两个方面作解，一是"识端"，二是"推广"。前者强调必先明其端。从性情会通处来说明家国一理的缘由，"本"的成立正因家国对堪而有，同得于天，同率于性，而后则天理流行，各正性命，事君、事长、使众不待别有所学，从此端可推出。后一面则强调有端还需有推。识端推广并非经文本义，是朱子特意发明，恐人将孝悌慈说得太容易，像"未有学养子而后嫁者也"，以为不待学而能，故于此略为推补。④ 此间深意所存，容易被瞽歪曲乱。船山指出，此"推广"不能理解为"君子将其慈爱之恩以慈国"，原因在于"一家之教"内，只是教以孝悌慈，并未教示以"推"，不能模糊理解。应怎样理解此"推"？"所谓推者，乃推教家以教国也，非君子推其慈于家者以使国之众也"⑤，这是说"推"所指的是在各自充分发展得"教"后，家国自然地连接一体，而不能仅仅附会孝—事、慈—使式的比

---

① 《四书训义》，第77页。
② 同上书，第79页。
③ 同上书，第76页。
④ 《读四书大全说》，第431页。
⑤ 同上书，第432页。

附,而简单地将家国直接"推"为一体。这样才能充分阐明"齐""治"之理,真正认清"教有通理,但在推广,而不待出家以别立一教"的恰切意义。①

在此家、国因教贯通的意义上,可更好地看待家、国关联的紧密性,即经文叹言的"其机如此"。船山对此解释道"机者发动之由","动于此而至于彼",表达的是从家至国之间影响所施的必然性和确定性,"如弩机一发,近者亦至之有准,远者亦至之有准,一条蓦直去,终无迁曲走移"②。至于一人可定国,"其必至而不差",亦是同样的道理。

尽管如此,也不能完全抹杀家国之间的分别,以防坠入乱道之嫌。如以孝悌慈出于天性,至有说到"天地明察"处,船山廓清此说不啻以愚夫愚妇尽可得其明德之明,乃陆王乱禅、佛氏慈悲之贼道。在船山看来,并不是说孝悌慈不合乎人之天性,只是明德属本体层,而此处孝悌慈乃直就施教之工夫言,轻许之为"明明德",无异于径以工夫为本体,这是对工夫的泯灭,是船山所特为警惕的,且不说还存在表面作孝悌文章背后趋利济私的情况。孝、悌、慈应紧据教家、教国的工夫言,通过教之工夫"识端推广",使家国得其贯通。而另一方面,"家"层面的孝、悌、慈,到"国"的层面表现为事君、事长、使众,两个层面的工夫规模之不同还是很明显的。"朱子预防其弊,而言识、言推,显出家国殊等来"③,或可说,"家国一理"正以家国殊等为前提。故工夫必要而不可缺,既是家国贯通一理的依据,也是家国分界的原因。

这一分疏反映出船山在解经问题上把握之细致,也说明了船山在工夫—本体关系上的基本运思。从"教化"的视域看,船山的理解是全面的,前面所言的心志说构成其教化思想的本体,此处在家国关系对教化工夫特加强调,总体不离工夫—本体合一的整全理解。其中,对工夫的切紧是要点,故船山明确反对即本体以为工夫的进路。由此不难理解其言:"《大学》一部,恰紧在次序上,不许人做无翼而飞见解。"④

此章主要从教之工夫层面立论,还表现在对"诚"字的理解上。此章"心诚求之"之"诚","不过与'苟'字义通。言'心'言'求',则不待言'诚'而其

---

① 《读四书大全说》,第432页。
② 同上书,第434页。
③ 同上书,第433页。
④ 同上书,第435页。

真实不妄自显矣"①。不要一讲到"诚"就理解为至诚无息、诚者天道、直达性天的本体之"诚"②,此处不过以'诚'为工夫语,这样理解才合乎"但据立教而言,以明家国之一理"的章旨。③ 船山解经注重贯通大义,结合具体章旨作具体分析,不主张僵化理解,更不赞同离经之戏论。

总之,由此以至身、家、国之际,无不有厚薄区分,理一分殊尔。"然原其分殊,理未尝不一。"④章末引诗证家之"足法"为民之先,"有教众意在内"⑤,仍应注重"恕"的精神,"推己所有以及人。己无有则无可推,徒责之人,曰不恕。"⑥"有诸己而后求诸人,无诸己而后非诸人",有、无之于求、非,前后深浅不同,就关系论,前者只是后者的必要不充分条件,并不必然推出后者,其立言重心在突出前部分,强调"君子自治之功"。⑦

四　治平同道

治国之事,有政有教,"家之通于国者教也,国之通于天下者政也"⑧。上章言教,此章言政。

政与教的不同偏重正是齐家与治国的分际所在,但言教、言政,只是明其大小公私之分的方便说法,家教、国政实则相通,二者都是"教化"精神的具体体现:"家政在教而别无政,国教在政而政皆教,斯理一分殊之准也。"⑨故家教为教,政亦皆属政教。家国、教政之分,即此教化精神理一之分殊尔。结合治平章,教化精神的实质有两方面需加明确:

一方面,对家教而言,以孝悌慈为代表的教化途径,实质是因情设教,以

---

① 《读四书大全说》,第434页。
② 与此意相合,船山在论及孟子"反身而诚""思诚"时,特别指出,这两处"诚"与《大学》"诚意"之"诚"并不在一个层次,"诚意"是在动察的意义上言诚,只是"思诚"的一段工夫,至于"反身而诚",更是通动静、和内外而言了。如果不加分别,则不能真正把握其意涵。(《读四书大全说》,第996页)船山在概念意涵和脉络条理上的分疏非常深刻细致。
③ 《读四书大全说》,第434页。
④ 同上书,第436页。
⑤ 《四书笺解》,第120页。
⑥ 同上。
⑦ 《读四书大全说》,第435页。
⑧ 《四书笺解》,第120页。
⑨ 《读四书大全说》,第440页。

情的体贴、感化为推展教化的主要方式,是一种软性的教化,"政"的硬性教化不被包括在内。情上通于性,是性的体现,并不是私情,"自然天理应得之处,性命各正者,无不可使遂仰事俯育之情"。这种性情感通以设教,其实从齐家以推至天下,无不可通,只是若仅据以"情",有其缺陷:"在家则情近易迷,而治好恶也以'知';在国则情殊难一,而齐好恶也以'矩'。"①对家之情教的偏失,应以"知"加以提撕,情教本身并不与理性之知相斥:"君子之道,斯以与天地同流,知明处当,而人情皆絜也。"②情教推展于国,更难得其一致,此正是"絜矩之道"作为治国之道提出之所由也。

另一方面,与家教相对,治国更需诉诸"政"的方式。"齐家是恃教而不恃法,故立教之本不假外求。治国推教而必有恒政,故既以孝悌慈为教本,而尤以通其意于法制,以旁行于理财用人之中,而纳民于清明公正之道。故教与养有兼成,而政与教无殊理。"③齐家以情教为主,不假外求,治国则需诉诸为"政",其中重要的体现是,情教的影响减弱,而法制、理财、用人等实用政治措施的意义凸显,此为齐家之养不能涵及。家国之间,有教政不同,但无不统于"教化",尤其是对"政"而言,不能脱离教化的精神。船山一再强调"国教在政而政皆教""政与教无殊理"。"政"之为"教"既要以孝悌慈之情教为基础来展开,又以教与养并重不偏废。在新民与亲民的争论中,阳明主亲民而批新民,认为亲民兼教养义,新民说的偏了,船山此处教养兼成,实际上是以教立政,从新民涵化出养民义,既与阳明不同,也对之有所吸收而有补朱学,应是朱王融合的新见。

十章传意,俱在说治国:"有国者""得众得国""国不以利为利",以及絜矩之道、以财发身、选贤用人等,都是治国要义。"言国与天下所同然之理,治平一致之道。则言国而天下在其中。"④若仅为平天下而设,则省方立俗、柔远能迩之政,皆所不言,如同说齐家章可不言教家、治国章可不言散财用人之类,反不能通。那么,是否"治国之外,别无平天下之道"⑤了呢?当然不是,应

---

① 《读四书大全说》,第440页。
② 同上。
③ 同上书,第438页。
④ 《四书笺解》,第122页。
⑤ 《读四书大全说》,第436页。

考虑其历史语境,古之天下对应"封建"而有,天下不易得,自秦以来,有治而无平,不可开口便说天下。故船山主要从治国的角度出发,对治平之道的理论展开进行疏解,具体要点有:君子先慎乎德;治国之道,须立絜矩;絜矩之道在于公好恶;用人理财为同民好恶的两大端;大道必待忠信。限于篇幅,此处重点疏解船山围绕"君子先慎乎德"展开的讨论。

"君子先慎乎德":此"先"不是时间上的先后之先,而是逻辑上的先在之先,应认识到德乃先在性的本体。"财之聚散,人之用舍,国之治乱之几,即天下平不平之要,而岂有二道哉?"①从财聚财散一直到治平之道,以德为先是通行的道理。财用问题是人日常生活均需面对的普遍性问题,最能反映修为之态度,经文讲"德本财末",就是强调以德作为先在前提,在德的基础上获取财用,其实效之生发才具有恒定性:"德为万化之本原,而财乃绪余之必有,图其本而自可生其末,即欲讫其末,亦必先培其本,而外内之权衡定矣。"②经文强调"国不以利为利,以义为利",也是同样的道理。以德为本,固其所本,则能"慎之于好恶之原,而知夫人心之所同然者,乃天理之极致"③。此为"君子先慎乎德"的体现。

"是故君子先慎乎德",作为治平章提出的重要总结性论断,不仅与《大学》首章"明明德""事有先后"存在照应关系,更接引着本章后面以"本末"论德财等政教理念。所以对此论断的理解须格外注意。具体来讲,德具有先在性的本体地位,但并非全然如此,"慎"之工夫正于此显现其必要性;在这个意义上,船山不认同朱子在《大学章句》(包括《或问》)中将此处之"德"解为"明德",坚决予以廓清。在《四书笺解》中,船山指出:"慎乃谨持而不使骄泰之谓","德乃清心寡欲、贱货贵德之德"。④《读四书大全说》做了更细致的分疏。

首先,"慎"不足以与"明德"合体。"慎之云者,临其所事,拣夫不善而执夫善之谓也。"⑤如《书》云"慎厥身",身有小体、大体之不同,从而也就有善恶

---

① 《读四书大全说》,第436页。
② 同上书,第91页。
③ 同上书,第90页。
④ 《四书笺解》,第123页。
⑤ 《读四书大全说》,第441页。

之分,所以可称"慎"。《论语》言"子之所慎:斋、战、疾",正从存亡得失之际而保有存得与避免亡失的意思上用此"慎";《礼记》之"慎独",独是意之先机的善恶未审的状态,宜乎为之"慎"。而"明德"作为"虚灵不昧之本体",乃主体的本然存在根据,有善无恶、有得无失,其不待、不需拣择不善以保存其善明矣,与后天工夫性"慎"不在同一层次,"明德"只可言"明",不可言"慎",故"慎其德"之"德"解为"明德"实为不妥。① 有说法认为朱子之"明德"为"明其明德",这样以"明德"解慎德之德,就是"慎其明"能否成立的问题。船山指出,"当其未明,不可言明;当其已明,亦无待慎"②。先慎明其德亦是无法成立的解读。其次,"慎"不能尽"明德"之全体。"明德"作为本体,其功效可盖乎格致诚正。但"慎"之意涵,只在意之一节工夫可行,因意乃缘事而有,以意临事,内外交接之几,正需慎之工夫。心意之际,亦以心临意,则心可用慎否?不可,因心未缘物而有,心不受后天的干扰,只是先天活动的呈现,故与其存养先于省察的基本定位一致,"意"在于省察,而"心"只需存养,"省察不可不慎,而存养则无待乎慎"。至于格致之功,至少包括博学、慎思、明辨等几方面,而慎思仅居其一。可见,除诚意外,慎之工夫不能用于正心,也无法尽格致之功,以其合于"明德",只能是对"明德"本体的遮蔽。③ 再次,阐明"德"者何谓。"德者,行焉而有得于心之谓也。则凡行而有得者,皆可谓之德矣。"④ 船山引经为证,如古经会有"德二三"(《书》)、"不恒其德"(《易》)、"二三其德"(《诗》)等说法,"德"不定就是有善而无恶的。像"迁徙无恒,佹得以自据者"⑤,也可成为"德",不具备相应的超越性价值贞定,正是"慎"之工夫所必需之由。复次,从"德"与"明德"的关系澄清"慎"之必要。由上可知"德"与船山以"明德"为本体的定位显然不同,亦可知二者不能互释。那么二者之间的关系是怎样的?明德本于天而虚灵不昧,纯乎其善,故系之以"明"。而"德"之行有所得者,亦有有得于心处,对明德之本体,反观内心亦能有同然之感,但总不免于"浮动禽取之情,而所丧者多"的结果。对于德,存其善、慎其

---

① 《读四书大全说》,第441页。
② 同上。
③ 同上。
④ 同上。
⑤ 同上书,第441—442页。

不善,也能达到"有德"之境地。但这还不是本然的"明德",只是后天修为的结果,德之不善并不能彻底无有,故"君子之于德,必慎之也"。① 最后,"慎"之所以然及其新民之效的说明。"慎者,慎之于正而不使有辟也。"②而慎之所出,源出"好恶",因之有正、辟之分。所谓"好恶",又关涉两方面,内在严乎诚意之发,外在显乎修身之效。不仅如此,就此章言治、平看,修身之动,见之行事,由己及人,有与民休戚相关者;同时,因其"好恶"之由,均有得于心,而可与民有同然之感通,故新民之"矩"正在其中。"絜"民之好恶而与之同,允为"民之父母";任其好恶而无关其民,不免乎"为天下戮"。此章提出此"是故"先慎其德,正缘乎此,人土财用由此才可得而有,故为之后。亦因慎其好恶之几,使其心所得足以印证人心所至同然,具体行事中显发此好恶之效用,使其心所用尽乎众心好恶之所趋,总之对民心之好恶实现最大限度地体认,使民心所向、举措所动,能知其为大公至正之心而与之产生全面的共鸣而归之。所谓"有德此有人"者,以此。③

能否透彻解读"慎其德",直接关系到恰切理会"治平"章所统贯的政教理念。"《大学》一书,自始至终,其次第节目,统以理一分殊为之经纬。"④明德为此理一而统贯《大学》工夫,并无异议,但若以此认为此处言"慎德"即可得天下之治平,则失之过易,无异于抹杀"分殊"的意义。"理一分殊"是一体互成的,"分殊"对"理一"而言并非可有可无,这样才能使"治平"章得其提点。具体来看:其一,因分之殊,本末各有其序。如家有家教、国有国政、天下有天下之经。由本统末,但从本向末的展开,"茎条枝叶之不容夷也",正如此章有德而后有人、土、财、用的获致,此间渐及之次序不可或缺,也说明"国之不易抵于治",若云君子有其明德而遂有人,是则迫促、躐等、无序之甚,再次说明不能解此德为明德。⑤ 其二,明德虽为新民之本,但不能由其涵盖、取代新民,故身修之后,还须经家齐、国治而后得其天下平的新民之效;新民固本于已明之德,然亦未远乎其民,故后加之以齐治平之功。君子先慎乎其德,而有德此

---

① 《读四书大全说》,第442页。
② 同上。
③ 同上。
④ 同上书,第438页。
⑤ 同上书,第433页。

有人,治平章的主旨决定了此德当为新民之德,一味解此德为明德,无疑又有取消工夫过程的危险。"是以明德、新民,理虽一贯,而显立两纲,如日月之并行而不相悖"①。明德新民并立,不可无视新民过程之序的存在。其三,新民之德,在于彰显其与民之德亦有相应、相及处,是故治平章言先慎其德,并著乎絜矩之道成其新民之效。这并非言其不本乎明德,而是强调新民与明德并立互成。否则《大学》之道,一"明德"可以尽之,何须再言新民乎;不尝接及于民,又何期人土财用之应成哉?

治平章合而言之,"……得失在于一心,而大道归于一理。仁义也,忠信也,慎德也,絜矩以同民也,皆人心理之所同然,而教自此立,政自此修者也。"②大道归宗,不过在此一心,立乎仁义、忠信,慎乎此德,推广絜矩,以此化民成俗,内教而外化、自教而教他,教化之效得显,所谓政者,亦由教化而透矣。

五　明新合一

从诠释策略看,修身以后诸章,在船山看来,"未尝实在正修齐治平上著工夫讲"③,乃分别从"身心相应之理""身家相关之义""家国一理""治平所同之道"四个层面,重在对外王政教逐层展开中的**联通关系**加以实质阐明。如修身章所云视而不见、听而不闻、食而不知其味,并不即是身修的状态,只是"但言身必以心为主"的道理;齐家章莫知其子之恶、其苗之硕,并不能径谓家已齐,不过是彰明家与身紧密相关的道理。"大学之教,有要归焉,极乎详而有要也;有次序焉,极乎博以反约也。于方学之日,已取天下国家之理,而修之于渊默,必致格致诚正之功而密用其涵养。"④船山论述修齐治平关系的高明之处在于,通过"相应""相关""一理""同道"的揭示,身、家、国、天下不再是各自独立的论域,而是构建起具有间性层级,但又有着内在逻辑关联的有机整体。《大学》所立"内圣外王"理念之一体及其推展,不仅在展开路径上有了具体环节的充实和说明,更在理论逻辑上得到合理性和必然性的确证。

---

① 《读四书大全说》,第433页。
② 《四书训义》,第98页。
③ 《四书笺解》,第118—119页。
④ 《四书训义》,第50页。

统合而观，身、家、国、天下之间关系的层展逻辑为：

> 顾天下大矣……修君德以正一国之好恶，天下无异道焉。先治其国而后建诸侯，一道同风之事，可相因而行焉。乃欲治其国，而国之人安其政，必先顺其教，国大而未易教也，则古之人以家为国之本焉。教立则一家之中亲疏贤愚，皆整齐以从吾之匡正，而后教可达于国也，则政亦可行于国也。乃欲齐其家，而家之人率其教，必得其情；家人各得其情，而惟吾之情是视也，则古之人以身为家之本矣。情正则吾身所行，厚薄喜怒皆中节以尽道之当然，而后情可宜于家也，则教亦可成于家也。夫自天下而国，自国而家，自家而身，其本末昭然。唯先起本以治其末，则本得而末自理，此明德新民自然之先后，而古人知之审矣。①

教化为本，家国有别，修身之外，归之为政，政不离教，但更须理清选人、理财等制度次序的问题；修身之内，属之为教，以情教为归，家教齐整，故可为国政之基础。本末的问题、政教的问题、明新的问题、对国而言政教分合问题如何处理等等，均可得到一贯的解决。这同时表明，诠释策略上的紧密，必有内圣外王合一的理念为其实质内容。

结合明、新、至善的解释，进一步从纲领上整体剖析来看：

明德，朱子解作自明，船山主张"明明德是君子自尽其性事"②，自明之德之"克尽"，则家齐国治天下平，可以接引出新民。明新至善节以"物有本末"作结，"明德所以谓之物者，以身心意知亦是待治之物，如言有物有则"③。这是以明德不离乎身心意知，同时又作为后者的原则、根据。"其修之也密，其行之也至，其用之也大，然而所以为善之本者，唯于吾心所秉之明德还自明焉。"④船山故以明明德为学者之本务，此即明明德于天下，自明于天下，推以及于天下。

新民，船山首先明确反对"亲民"之说，认为经传屡言及"新"，而没有于民言"亲"的说法，更重要之处在于，"亲民"完全有悖于孟子"亲亲而仁民"这一

---

① 《四书训义》，第47页。
② 《四书笺解》，第123页。
③ 同上书，第111页。
④ 《四书训义》，第52页。

一本而万殊的价值理念,在船山看来至多是呴沫其民之小恩小惠,严格讲已滑入异端之列,故力辟阳明亲民说乃"释氏悲悯之余渖而墨子二本之委波"。① 船山主张"新民",与其对《大学》之道的整体把握也是分不开的,"大学之道,则所以推斯民观化之原,革其非心而生其善气,而教日隆,治日美也"②。船山之《大学》乃立教之学,通过教化达到修己安人、治国安民的目的:"未有教化不起而王道能兴者",而"新"无疑正显示着教化的具体展开和实现,使其"立教有本而敷教有道"③。立教之本在于自新,"君子知民之治必原于己也"④。所谓新,是民有所进而其德新,释新之义如此,皆本于自明。故"作新民","本诸身之德以教之,慎于德以立政而治之"⑤,本质上是德政德教的展开。故曰"新者,自治治人之合德"⑥。教化行于天下而民无不治。新民为王者出政敷治的行为,并不意味无关乎学者之事。因为"民"难以主动维新,非由学者作为表率、加以劝化引导使之觉悟不可;再者说,即使民想要维新,没有相应的兴发、感召使其"欢欣奋励、而旧染日忘,流风渐美"⑦,也不可能实有新民之行。

从厚薄之论看,家为所厚,国、天下为所薄,天理自然之序如此,而民不居家之内,而在国、天下之列,于此亦可见于民不可言亲。⑧ 从三纲之序看,新民与明其明德具有内在的递承关系,"新"适可与"明"相应,一实言、一深言,"新民"正体现着"明德"的落实和展开。这是说"明德"之"明"内在逻辑地决定了必当于民言"新"。⑨ 明德自明而后推明于民,新民之新而必本于自新。"大人之学密于修己而密于治人"⑩,修己治人密合无间。

此系自教而教他的教化精神,内在而超越的本体贯通内外、人己,内有所本而外有所化,己有所新而推以明人。这说明明新应合而一之,且不能仅视

---

① 《礼记章句》,第1468—1469页。
② 《四书训义》,第44页。
③ 同上书,第55页。
④ 同上。
⑤ 《四书笺解》,第114页。
⑥ 《礼记章句》,第1476页。
⑦ 《四书训义》,第54页。
⑧ 《礼记章句》,第1474页。
⑨ 同上书,第1472页。
⑩ 《四书训义》,第55页。

为两截工夫的衔接合一,而是内在的合一,二者互相包含着彼此的意涵而作为自身本有之规定。从本质上讲,明新合一是本末一贯的合一,即船山多次强调的"知本之为先务而末之所自生"①。"天下之物,有其本必有其末,而凡其末皆依其本;则所谓新者民也,所以新民者,吾之德也。德明而后**教之本**立,治之理得,本末昭然矣。"②不过,"有其本必有其末"(本于明德而新民在是)较易理解,但"末皆依其本"(由新民上推其本在明德),并不易于表见。夫子不满足于听讼而提倡无讼,对此点有所透显。听讼只要做到公正、明察、审其曲直等,就可取得良效,并不是太难之事;但无讼就很难了,必须从明德之明,发出和平正直之心,与人情实相与,使无情实之人心志自畏而不敢尽其虚辞。民之无讼,无异乎使民革去其非而得其维新。由此,真正新民之效(如此处"无讼")离不开明德之本的教化推展。船山认为天下之大当然不可能尽无讼,不过船山在此层面上依然强调"不可舍本而求末以图其效之大,而本之既先,亦非无事于末而末自治"③的"本末相因"之理。

明德、新民合一,将内圣外王之理推展于极致,就是所谓"至善"应止的境地。"《大学》之道,明德以修己,新民以治人,人道备矣。而必申之曰'止于至善'。不知止至善,则不定,不静,不安,而虑非所虑,未有能得者也。"④至善不过形容明新之必至而不迁,并非别有一工夫;但"止于至善"并非虚而不实之设,而是作为民、新实有所得的必要条件,或者说,是二者真正实现自身的内在要求。分开看,明、新之至善各有不同的轨则。明德之事,在格致之始、诚意之要、以正心为修身之主、以修身为天下国家之本等方面,"极乎学修内外而交尽",达到德无不盛,以至使人"敬而爱之,思而慕之,而终不能忘也"⑤;新民之事,"本诸好恶之平,而后能得天下之情;尽乎事物之理,而后能逮无穷之治"⑥。其实,二者至善之所止,明能通于新、新之本乎明,还是以明新交尽其理为鹄的,"德之明必全乎性之善,民之新必底于化之成,明新合一而极乎内

---

① 《四书训义》,第63页。
② 同上书,第46页。
③ 《礼记章句》,第1181页。
④ 《张子正蒙注》,序。
⑤ 《四书训义》,第61页。
⑥ 同上。

圣外王之理者,则至善也"①。这样方能做到不"恃一念之明悟""无取小康之涂饰"②。所以说,至善之止,不仅是明新各自意义上的推致,而且是时刻以"明新合一"亦即内圣外王之理的透彻灌注为要求;在明新交织的不断推进中,至善本身也获得了实质性的存在意义。至善在"明新合一"中展开自身、实现自身,《大学》之道的全体大用由此方可显现无余。

小结:船山修齐治平论与儒家政教的理论品格

船山学术思想总体上以"文化反省"和"正统重建"为总体特征③,与之一致,船山对《大学》修齐治平论的诠释,突出《大学》作为整体规划之学的旨趣,内圣外王理念得以全幅打开,实现儒家传统政教论的重建与新生。

船山《大学》诠释的核心论点在于揭橥内圣外王理念的教化精神。尤其对为政而言,"《大学》于治国平天下,言教不言养"④,"以政为教"为船山所着力强调。在家言教,在国言政,政、教均是教化精神的具体表征。"政与教不同而理同也。其理同者,人心之顺逆、天理之存亡同也"⑤,教化精神正是贯穿二者"理同"之理,以"人心顺逆、天理存亡"标示"教化"之旨归,说明教化既发之于内、又不失于公:"所以平之者,则惟有本吾正心诚意之学,以慎好恶而达民之情;致知格物之功,以审善恶而尽物之理。"⑥通过家教可以感通国人之心,经由国政可以通达天下之心;立足修身之本,观照私己性之本真,体现的不是私欲而是天下之理的显现,个体性内蕴的是具有公共性的普遍精神,或者说,公共性本身就是在个体中获得其实存的,故知修身以审其私理而可通其公理,则即使天下之心也可得到。"本身以立教,则国人之心自感,则本身以立政,而国与天下之人心皆得,一也。内取诸心,而天下之理皆存焉。苟得其理,而天下之心皆获焉。"⑦对于修身而言,其私己性之理源于内心之中,其

---

① 《四书训义》,第44页。
② 同上书,第62页。
③ 参陈来:《诠释与重建——王船山的哲学精神》,北京:生活·读书·新知三联书店,2010年,第21页。
④ 同上书,第406页。
⑤ 《四书训义》,第87页。
⑥ 同上。
⑦ 《四书笺解》,第121页。

中关键的表象在好恶而已,与公私贯通的道理一致,好恶出于对民之好恶的体贴,正所谓"人心之所同",由此内取诸心,就可达民之情以得天下。这反映出应直透"教化"精神的内在本体,识得其真精神,教而化之、推己及人、自教教他,真正发挥修己安人以成大人德业的功效。

内圣外王是彻上彻下的全体。外王之展开不能离开内圣之本体,内圣的工夫也贯彻于外王的施设中。"内不拘小身心意知而丧其用,外不侈大天下国家而丧其体。"①承体起用,用以显体。从"体用"而非"本末"的角度言内外,无疑强化了内之于外的超越性。身心相应而逐层联通,修齐治平的规模始终要收归到心上来立定本体,船山以"持志正心"为宗,"心"是修身工夫展开的赋义基础;重视内在根基的同时,外推工夫的落实亦离不开理论条理的分说与辨明,故船山于修齐治平环节细致地予以疏通。总之是外不离内、内不遗外的。船山赞赏程子"探本立论,以显实学"②的解经态度,不认同泥文失理,不能贯通大体的路径。"经传之旨,有大义,有微言,亦有相助成文之语。字字求已而不顾其安,鲜有不悖者。"③所谓微言大义,不外乎内圣外王之间,船山在总体上定位说:"谓夫大学者,所以教人修己治人而成大人之德业者也"④,这才是要归所在,才是真正的"实学"。

船山以"教化"提摄政教论,明确应推本立论,教化观念的本真含义可得到进一步的澄清,在此基础上,《大学》在当今时代的思想价值可不待言而明。对"教化"理解产生出现偏失的一个核心表现是仅以自上而下单向度视野中的政教论来理解教化,且停留于未明其旨的表层现象义,对其背后的深层逻辑并未透析,即"政"之所以为教内在理路,"教而化之"之所以可能的先天基础,均未加明确,未得以贯通。"教化"观念的哲理逻辑,实发端于人之为人的本然之心,以此超越而内在的根基,为实存确立内在需求的意义本原,以"转变""保存"为进路,实现价值观念的发生与践形,并在"普遍化"精神品行的提升中,获得具有共通性的公共品格。从船山立足心志之本、辩述敷教之道的论述看,其对"教化"观念的把握是准确的、透彻的、全面的。而且,船山明确

---

① 《四书笺解》,第401页。
② 《读四书大全说》,第421页。
③ 同上书,第433页。
④ 《四书训义》,第43页。

《大学》之道的首要标示在于——《大学》"所以立教者备矣",认为这是夫子取诸古之《大学》之法而深切显明的旨趣所在。① 由此也使《大学》升格时所被赋予"须从此学方不差"的"祖训"得到重申及深化,《大学》实应为今日重启教化拓开门径并承担起"立教之规"的重要作用。

总之,透过船山《大学》"修齐治平"论,我们对儒家的家国天下情怀可以有更深入、细微的体认,而船山对教化观念的抉发也使儒家传统政教论的理论品格得到彰显。

"Wang-Dao Can not be Build without the Rise of Edification"
—An Analysis of the Theory of Politics and Edification in Wang Chuanshan's Interpretation on *Daxue*

Cheng Wang

Abstract: Wang Chuan-shan made a detailed interpretation of Xiu-Qi-Zhi-Ping theory in the work of *Daxue*. He emphasized the relationship between the four terms. Wang Chuan-shan explained meticulously of the theory of politics and edification on his joint and consistent way, and took "edification" as a way to integrate internal and external politics. Through Wang Chuan-shan's interpretation, we can get deeper understanding of Xiu-Qi-Zhi-Ping theory, and further recognization on the theoretical character of the Confucian theory of politics and edification.

Key words: Wang Chuan-shan, *Daxue*, Xiu-Qi-Zhi-Ping, theory of politics and edification, edification

---

① 《四书训义》,第43页。

书讯

《谢林：论人类自由的本质》

[德]海德格尔著，王丁、李阳译

北京：商务印书馆，2018年

在德国唯心论诸家之中，海德格尔（Heidegger, M）尤为重视谢林哲学。1936年夏季学期，海德格尔在弗莱堡大学开设了一门题为"谢林：论人类自由的本质"的课程，深入阐释了谢林于1809年出版的所谓"自由论文"（全称为《对人类自由的本质及其相关对象的哲学探究》）。讲课稿整理后于1971年首次出版，1988年重新修订后编为德文《海德格尔全集》第42卷再版。本书是继1999年第一部中译本出版之后的再度新译本，在译文流畅度和术语严谨性上都更为考究，相信它能够帮助我们更好地把握海氏与谢林晦涩行文背后的深刻洞见。（康维阳）

《世界时代》

[德]谢林著，先刚译

北京：北京大学出版社，2018年

所谓"世界时代哲学"，是对谢林（Schelling, F. W. J. von）在1811年至1827年间一系列哲学体系构建尝试的总称，是谢林哲学生涯承前启后的枢纽。作为中文版《谢林著作集》的又一成员，《世界时代》收录了1811年和1813年两部正式排印的原稿、1814年的第81号手稿以及1815年的残篇，是国内外学界最完整的《世界时代》文本辑录。本书的出版极大地便利了中文世界的谢林研究与德国唯心论研究，对于学界更好地理解谢林的早期哲学和后期哲学都有重大意义。（康维阳）

马克思、维柯和历史建构主义

汤姆·洛克莫尔著　陈辞达译[*]

提　要：现代传统中的认识问题体现为形而上学现实主义者和认知建构主义者之间的争论，他们分别认为知识依赖于对真实或者对我们所建构的东西的把握。而在现代所兴起的认知结构主义者内部，与康德的非历史建构主义不同，维柯与马克思都作为历史建构主义者而呈现出他们之间的相似性。只有借助于此，我们才能够很好地理解马克思对于维柯的关注及二者间的联系。而马克思与维柯的历史建构主义又有所不同，借助于马克思与费希特的关系，我们能够清楚地发现，维柯的历史建构主义基于天意，而马克思的历史建构主义则基于有限的人类。

关键词：马克思　维柯　历史建构主义

对于那些为了认识是什么真正主宰古代哲学的努力来说，它们在现代传统中让位于形而上学现实主义者和认知建构主义者之间的争论，形而上学现实主义者承认知识依赖于对真实的把握，而认知建构主义者则相信尽管我们不知道也不能认识真实，但我们认识我们所建构的东西。

后一种观点是认知建构主义的核心，在现代哲学中它作为形而上学现实主义的替代品而产生。马克思和维柯都是认知建构主义者。在《资本论》深处隐藏的一个脚注中，马克思提到了维柯。这一参引指出了马克思与维柯在

---

*　汤姆·洛克莫尔（Tom Rockmore），1942年生，北京大学哲学系人文讲席教授。陈辞达，北京大学哲学系宗教学系硕士。

知识的现代理论语境中的一种未被觉察到的相似性。

一 什么是认知建构主义？

形而上学现实主义,作为西方哲学所偏爱的认知方法,早在前苏格拉底哲学的时代就出现了,并贯穿了整个之后的传统。在他唯一现存的文本《论自然》中,巴门尼德声称思维和存在是同一的。根据巴门尼德的说法,"思维与存在是同一的(to gar auto noein estin te kai einai)"①。这一有影响力的陈述确定了形而上学现实主义的一种认知倾向。巴门尼德显然将这一陈述理解为这样一种主张,各种知识都取决于对独立于思想的世界,也即对真实或现实的把握。②

形而上学现实主义在整个西方传统中普遍存在。正如通常归属于柏拉图的形式(或理念)的理论说明了对于巴门尼德同一性论题的另一个版本的证明努力。柏拉图认为,如果有知识,那么一些有天赋的人必须能够直接直觉到或者"看到"真实。

认识真实的持续努力是现代研究知识理论的核心。古代柏拉图式的认识论是建立在一种对于思维和存在关系的思辨观点之上的。而现代理性主义者和现代经验主义者则以不同的方式论证了思维与存在的关系是由一种代表和正确表现真实的思想连接起来的。

为了表现真实的现代努力在康德对于物自体的观点中得到了承认。根据康德的说法,如果有一个表象那就意味着出现了什么东西,尽管我们不能够认识它。③ 这一见解明确了现代理性主义者和现代经验主义者所提出的一种表象性的认知方法的局限。

那些讨论经验的哲学家似乎只有很少部分能从中吸取教训。从古希腊到现在,有一种执着的信念,认为知识是对真实的把握的认识从未真的动摇

---

① DK 28 B 3, Clem. Alex. strom. 440, 12; Plot. Enn. 5, 1, 8.
② See Myles Burnyeat, "Idealism and Greek Philosophy: What Descartes Saw and Berkeley Missed", in *Philosophical Review* 91, no. 1, 3-40, January 1982.
③ See Immanuel Kant, *Critique of Pure Reason*, Paul Guyer and Allen Wood, trans., New York: Cambridge University Press, 1998, B XXVII, p.115.

过。这种信念直到今天还像在巴门尼德活着时一样鲜活。部分原因在于,尽管重要的思想家们做出了巨大的努力,但很少有观察者能够评估几个世纪以来在这个任务上取得的进展,包括任何进展的那种无力所隐含的意义。作为先验思想家的康德是一个重要的例外。在18世纪末的哥白尼式革命(或哥白尼转向)中他正确地指出,在认识真实的任务上我们从没有取得过进展。

康德是一位认知建构主义者。认知建构主义,作为形而上学现实主义的主要替代观点,是一种第二好的理论。这是因为如果事实证明尽管我们付出了最大的努力我们也不能掌握真实,同时我们又要避免怀疑论,因为我们知道我们在某种意义上建构了关于真实是什么,那认知建构主义就将会作为替代的观点而出现。

认知建构主义起源于古代几何学中平面图形的构造。根据欧几里得几何学,运用直尺和圆规的单平面图形的构造证明了其整个类的存在。之后这种几何学方法进入现代哲学之中,在弗朗西斯·培根、霍布斯和维柯,以及之后的康德和费希特、马克思乃至其他人身上都有所体现。

主导古代哲学的为了认识真实的努力,在现代传统中让位于形而上学现实主义者与现代建构主义者之间的争论。形而上学现实主义者承认知识依赖于对真实的把握的观点,而现代建构主义者们则相信,尽管我们不知道也不能认识真实,但我们可以认识那些我们所建构的东西。

二 马克思论唯物主义

既然马克思被认为是一个唯物主义者,那么我们就可以从他对唯物主义的观点出发。在其他地方我已经呼吁人们注意马克思和马克思主义与唯物主义之间的关系。马克思主义像费希特一样将唯物主义(或实在论)看作是唯心主义的替代物。马克思主义区分了"辩证唯物主义"这个马克思和恩格斯都没有提到过的概念和"历史唯物主义"这个马克思从未将他自己的立场归结于此的概念。"唯物主义",这个马克思主义的核心,对于马克思来说似乎不是那么的重要,马克思在《关于费尔巴哈的提纲》之后,就只有为数不多的几次再提到这个概念。

在马克思后期更加经济学化的著作中,"唯物主义"这一术语在很大程度上是缺席的。这一术语只是在《大纲》的一个不重要的段落,在马克思提及他打算写什么的时候明显出现过一次,而与《政治经济学批判》没有什么关系。在对之前研究工作介绍的第四部分中,马克思谈到了有必要对他所谓的"自然的唯物主义"的评论做出回应,但他并没有进一步展开。这一概念可能指的是人类是自然存在物的观点,而照此则需要将其理解为具体地植根于社会背景之中。同时尽管在三卷本的《资本论》中"唯物主义"同样很少被提及,但其出现的两个段落却极其重要。

这两个段落都可以在第一卷中找到。第一个段落是在第十五章"机械和现代工业"的一个脚注当中。在关于与"机器的发展"的第一节中,马克思提到了在工具和机器之间的区别。他接着又提到约翰·怀亚特在1735年所发明的纺纱机开启了18世纪的工业革命。怀亚特的机器最初是依靠驴的力量来驱动的,后来有了水力装置,也就是由水力驱动。这一水力驱动的机器由理查德·阿克莱特,工业革命的缔造者之一在1769年发明并取得专利。

在一个详细的脚注当中,马克思比较了达尔文主义的自然选择学说和技术,或者说"所有社会组织的物质基础"①这一比较依赖于在自然选择史和技术史之间的值得商榷的类比。如果说历史是对人类所做的事情的记录,那么这一术语是否可以用于自然就是不明确的。在这里评论说没有技术的批判史的马克思,现在在进一步的反问中提到了维柯:"这样的历史是否更容易编纂和完成?因为,正如维柯所说,在这一点上人类的历史不同于自然的历史。虽然我们选择了前者,但历史又为何不能是后者呢?"

三 马克思论维柯

初看上去,作为德国革命家的马克思对于一个意大利修辞学教授维柯的兴趣显然令人惊讶。然而,在现代认知建构主义兴起的背景下这是很容易理解的。

维柯很少被人谈论起其与马克思的关系,这部分是因为马克思仅仅提到

---

① Karl Marx, *Capital: A Critique of Political Economy*, trans. by Samuel Moore and Edward Aveling, New York: International Publishers, 1967, p. 372, n. 3.

了三次那不勒斯人,两次在信里,还有一次在这个脚注中。那两封信都是在同一天,即1862年4月28日所写的。在第一封给费迪南德·拉萨尔的信中,马克思写道:"我惊讶的是你似乎没有读过维柯的《新科学》——你在那里当然找不到与你的直接目的有关的东西,但因为与法学市侩的理解相反,其中做了对罗马法精神的哲学的理解……在维柯那里,以萌芽状态包含着沃尔弗(《荷马绪论》)、尼布尔(《罗马帝王史》)、比较语言学基础(虽然是幻想的),以及还有不少天才的闪光。"①在第二封给恩格斯的信中,马克思写道:"维柯在自己的《新科学》中说,德国是欧洲唯一的还在用'英雄语言'的国家。如果这个老那不勒斯人有幸领略维也纳《新闻报》或柏林《国民报》的语言,那他是会抛弃这种成见的。"②

尽管马克思的阅读非常广泛,但他对于维柯的认识仍然令人惊讶。在他的家乡意大利,几百年来维柯一直是处于中心地位的思想家。在意大利之外,维柯也在诸如孟德斯鸠、卢梭,以及法国的狄德罗、德国的J.G.哈曼、赫尔德、歌德、雅各比,还有英国的柯勒律治等思想家中有着广为人知的影响。然而在马克思之前,他似乎并没有对德国主要的唯心主义者产生影响,甚至他们或许都不知道维柯。这并不奇怪,因为他的主要著作《新科学》(1724),直到1822年才被翻译为德文,并在1824年被翻译为法文。

尽管马克思后来看到了他的理论与维柯理论的关系,但没有证据表明他在形成自己观点时是受到了维柯的影响,甚至当时他都没有意识到这位那不勒斯的思想家。维柯在主要的德国唯心主义者的争论中没有影响力的事实,表现在从康德对于知识的反心理学立场到后康德时代费希特以及之后的马克思那里的一种人类学方法的明显恢复,这一漫长而复杂的过程之中。然而,在马克思对于知识的准黑格尔式的历史方法,也即作为其核心的将现代工业资本主义转变为一个从未实现的后现代共产主义的巨大努力,与维柯的各种知识都建立在历史建构之上的观点之间,的确存在着明显的关联。

---

① Marx's letter to Lassalle, dated London, 28 April 1862, in *Marx-Engels Collected Works*, New York: International Publishers, Volume 41, p. 356.
② Marx's letter to Engels, 28 April 1862, in *Marx-Engels Collected Works*, Volume 41, pp. 353-354.

四 维柯,反笛卡尔主义和认知建构主义

在他的脚注中,马克思显然将自然与历史相合并。而维柯在对于笛卡尔理性主义的批评与提出其替代方案的过程中确立了他的立场。他将笛卡尔描绘成一个怀疑任何不以形而上学为基础的东西,以引起人们对它们之间根本差异予以关注的教条的思想家。他对笛卡尔的批评依赖于霍布斯的反笛卡尔立场。霍布斯明确了数学的建构与证明,他将几何学的建构主义运用于认识论,声称我们知道我们能够建构的东西或者直接从构建物中将其推论出来。① 在霍布斯影响下进行的写作,使得维柯反对笛卡尔主义声称的认识独立于思想的世界。② 在拒绝从头脑中的固有观念到独立于思想的真实的认识推论的想法中,他采取了建构主义的观点,即我们知道在某种意义上我们所创造和建构的东西。他在《论意大利最古老的智慧》(1710)、在《新科学》(1724)以及其他著作中描述了一种建构主义的知识理论。在前一个文本中,他否认了笛卡尔所相信的,我们能够将知识建立在对于真实的内在观念之上的观点。维柯写道:"真实的标准和规则就是被创造。因此,我们思想中清楚明白的观念不能成为思想自身的标准,更不是其他真理的标准。因为一旦思想感知到自身,它也就不再创造它自身了。"③

根据维柯的观点,对于怀疑论的唯一反驳就在于它们是由我们所创造的。④ 现在我们不是在空洞的抽象中创造事物而是在周围社会化的世界的背景下进行创造。他将这一原则运用于后来的文本中,以制定人类社会的一般科学。维柯使我们关注到自然世界和社会世界之间的分别。他认为,既然上帝创造了自然,那就只有上帝才能够认识自然。但是,既然人类创造了历史,

---

① See Thomas Hobbes, Six Lessons to the Professors of the Mathematics.... In *The English Works of Thomas Hobbes*, edited by Sir William Molesworth, Long: Jules Bohn, 1839 et seq., cited in Child, Making and Knowing, pp. 272-273.
② See, for the relation of Vico to Hobbes, Franco Ratto, *Materiali per un Confronto Hobbes: Vico*, Roma: Edizioni Guerra, 2000.
③ Giambattista Vico, *On the Most Ancient Wisdom of the Italians*, trans. by Jason Taylor, with an introduction by Robert Miner, New Haven: Yale University Press, 2010, p. 27.
④ See *On the Most Ancient Wisdom of the Italians*, p. 39.

那人类就能够认识历史。基于他的知识方法的原则,维柯清楚地预见了康德的哥白尼式转向,"市民社会的世界当然是由人所创造的,因此它的原则也将在对于我们人类自身思想的改良中被发现。"①他明确地声称,"真实和创造物是可以互换的……"②他还进一步声称,社会科学存在普遍的原则并适用于所有的社会机构。

维柯所主张的我们认识我们所创造的东西的观点,预见到了之后认知建构主义的形式,特别是它的后康德式的历史形式。康德更倾向于先验而非后验的认知形式,他并不是一个历史性的思想家。康德式的建构主义不是历史的,而是非历史甚至反历史的。根据康德的观点,用在认识独立于思想的真实③上的徒劳努力表明,更好的是像他实际建议的那样,假设事物必须符合我们的认知,④或者说事物必须符合人类头脑中的固有结构,更具体地说就是范畴或者综合的原则。康德力图在这些范畴的形而上学和先验推论中推断出知识的条件。在范畴的先验推论中,他提出了一种认知对象的一般理论,这种理论是在将多样的感觉内容置于头脑中固有的范畴或综合的原则之下而建构、产生并创造的。康德的知识概念是先验的,因此是非历史的,也是因果性的。康德认为,知识在两种意义上是具有因果性的:我们受到独立于思想但不可知的世界的影响,而他从未怀疑这一世界的存在(并进一步声称会在"反驳唯心主义"的部分中进行证明);此外,通过人类思维的活动,主体引发对于认知对象的综合。⑤

五 维柯的历史建构主义

建构主义以先验的、后验的、社会的、历史的等不同形式出现。康德是一

---

① The New Science of Giambattista Vico, trans. by T. G. Bergin and M. H. Fisch, Ithaca: Cornell University Press, 1970, pp. 52-53.
② Vico, On the Most Ancient Wisdom of the Italians, p. 17.
③ See Kant, Critique of Pure Reason, trans. Paul Guyer and Allen Wood, New York: Cambridge University Press, 1998, Bvii, p. 106.
④ See Kant, Critique of Pure Reason, Bxvi, p. 110.
⑤ See Robert Paul Wolf, Kant's Theory of Mental Activity: A Commentary on the Transcendental Analytic of the Critique of Pure Reason, Cambridge: Harvard University Press, 1969.

个先验的、因此是非历史性的思想家。而维柯则深深地是一个历史性的思想家,所以是一位历史建构主义者。维柯的建构主义是以市民社会知识的后验的、历史性的和因果性的方法为特征。根据维柯的观点,知识是从对事实的信念到普遍的真理。①

维柯是一位难以理解的作者,在明确地表达他的基本见解上他从来没有成功。作为一个合格的观察者,以赛亚·伯林区分了四种知识:科学(*scienza*),它产生真实的或者先验的真理;意识(*coscienza*),或者对于外部事实的固定的认识;柏拉图式的对于形式或者永恒真理的知识;以及由于人类所创造的历史性的知识。② 目前还不清楚维柯的真理是否像黑格尔那样是一种规范性的想法,或者像康德那样是构成性的。他的观点有时被认为涉及先验真理,因为他给出了几何学作为他的例子。很明显他对于数学采取了一种建构性的方法,数学之正确性是因为它是由人类所创造的。对于维柯来说,几何学是人类所创造的东西。

以他对知识的方法的两种相关联的见解为基础,维柯预见了康德更为广泛的建构主义理论。③ 一方面,其有着我们不知道也不能知道独立于思想的真实这一反笛卡尔主义的原则,因为我们只知道我们以某种方式所建构的东西。这一说法恰恰预见了后来康德的哥白尼式革命。另一方面,其还有更进一步的主张,将这一论断应用到社会科学的内容中,因为"市民社会的世界当然是由人所创造的……因此它的原则也将在对于我们人类自身思想的改良

---

① 伯林(Berlin)总结如下:"我们从对特定事实的认识和信仰开始,这是所有思想和行动的先决条件;并且能够获得关于普遍真理的真知灼见。"Isaiah Berlin, *Vico and Herder: Two Studies in the History of Ideas*, London: Chatto and Windus, 1976, p. 99.
② See Isaiah Berlin, *Vico and Herder*, pp. 130-131.
③ 庞帕(Pompa)总结了维柯的认知观点:"第一个是他作为笛卡尔知识论的替代者,对事实论的显著认同:真实的和被创造的东西是等同的。然而,在这一点上,他能为人类提供的唯一例子是与神圣的知识不同的几何学。第二个是他从这个理论中得出的结论:要知道某件事需要知道创造它所需要的一切,也就是说,知道它的所有原因。关于事实真相理论本身,维柯再也没有用这些术语具体阐述过。然而,在他后来的主张中,看到它的另一版本的再现似乎是合理的,即在《第一新科学》(*The First New Science*)文中所提供的知识是基于'独特的真理……异邦民族的世界当然是由人创造的……因此,它的原则必须在人类思想的本质中被发现……通过人类思想的形而上学',一种现在被认为是国家或民族的常识,而不仅仅是知识分子的常识。"Introduction to Leon Pompa, edited and translated, *Vico, The First New Science*, Cambridge: Cambridge University Press, 2002, pp. xx-xxi.

中被发现"①。

维柯的观点是对古代柏拉图主义观点的一种重述，即头脑中的观念是创造某物的条件。可想而知柏拉图主义的木匠可以在有限数量的想法中自由选择，因为有限数量的可能性能够指引那些想要制作物品的人。制作床的木匠意识到了对于床这个理念的一种诠释。柏拉图似乎认为形式或者理念是按照等级被组织在一起的，所以可以通过更高等级的形式来构建，并从而解释更低级的形式。这大致与通过善来解释真和美的方式相同。这一方法表明，所有的形式都可以从少数的理念中得出。在《蒂迈欧篇》中，柏拉图利用这一见解来指明，四种经典元素都各自与不同的柏拉图的实体相对应。这种见解以不同的方式回荡在后来的传统当中，例如，在欧几里得关于元素的最后一本书中对于柏拉图式实体的描述，在 16 世纪开普勒的《宇宙的奥秘》一书中将五个外地行星与五种元素相联系的尝试，在莱布尼茨的普遍文字（characteristica universalis）中等等。

维柯将这种柏拉图式的理解推广到了社会背景的层面，继而断言，存在着建构社会科学的普遍原则。根据维柯的说法，出生、死亡和婚姻对于所有人都是共同的。因此，在我们所说的对于市民社会认识的基础之上，我们就可以反思人类思想的结构。

维柯对于历史建构主义的叙述可以被重建，因为认识取决于创造，而创造取决于历史。这一思想跟随在我们不知道也不能知道世界，或者这种语境下的自然的观点之后而出现。其又指向了我们能够并且事实上通过一种历史科学，就以它的各种形式认识了人类社会的论断。

马克思立即将这一论断应用于技术和宗教。技术批判史的重要性是双重的：正如马克思所指出的，它揭示了人类如何处理自然和"他们社会关系的形成方式，以及从社会关系中产生的精神观念"②。换句话说，技术在阐明人类社会关系的历史方面超出了其自身。然而，对于马克思在社会关系和思想之间所发现的确切的联系来说，这仍然是不清晰的。

---

① Vico, *The First New Science*, chapter xi: "必须通过形而上学来寻求国家本质的原则, 这种形而上学是为了思考所有民族的某种共同思想而提出的。" p. 30; see also G. Vico, *The New Science*, trans. Bergin and Fisch, §331, p. 85.

② Marx, *Capital* I, p. 372 fn.

六　马克思的建构主义

在自然的、社会的和历史的知识概念之间有一个基本的区别。维柯也许是不一致地将人类社会视为历史的,而将自然世界视为永恒。马克思与维柯一样认为,人类社会的一切方面都必须被历史地理解,但绝没有迹象表明他接受了任何版本的将自然世界作为永恒的维柯式观点。他进一步拒绝了只有上帝知道自然世界的维柯式观点,而赞同人类知道他们所创造的东西。

在《关于费尔巴哈的提纲》中,马克思将这种历史的方法运用于宗教。就像之前对于费尔巴哈的评论一样,他坚持一种植根于"物质基础"的、他将其称为"生命的真实关系"的具体方法。对于宗教的批判史来说,其不仅仅是不同观点的罗列,而是一个通过分析,让我们发现宗教其实是作为以具体方式出现的不同学说和实践的范例的总述。马克思明确地说,具体的历史方法"是唯一唯物主义的,因而也是唯一科学的那一个"①。"唯物主义"在这里和在其他地方似乎指的是经验性参照超越于其他一切方法的概念上的优先性。

德语概念"科学"(Wissenschaft)指的是自然和社会科学以及哲学上严谨的方法,例如在黑格尔《逻辑学》中的那样。在马克思对于"科学"的频繁使用中,对于这个词是否是指严谨的方法,就像在严谨的哲学中那样,还是指具体的概念方法,就像恩格斯所认为的,将哲学抛在身后的自然科学那样,这一点是不清楚的。

在关于维柯的段落中,马克思没有在这一点上展开。他更倾向于把注意力放在自然科学上,而自然科学的内在缺陷一般被认为在于它"排除了历史及其过程"的事实,而这恰恰是一种可以接受的认知方法的最低限度的必要成分。马克思认为,这种缺陷在"抽象的和意识形态的概念"中是显而易见的。而这里不清楚的地方是,困难是否在于自然科学家在其特定的科学领域之外受教育不足的事实,还是说抽象的观点也是意识形态的、非真实的,因而是错误的。

---

① Marx, *Capital* I, p. 373 fn.

对维柯的引用为马克思如何在哲学和自然科学方面确定自己的立场提供了一个重要的暗示。马克思显然看到了在《资本论》中他立场的推进以及在其他地方的扩展,而正像恩格斯所宣称的,这不是一种自然科学的形式,而是遵循着维柯所开辟的社会的建构主义科学道路的一种哲学的理论。两者的明显区别在于,马克思的革命关注的不仅仅是解释世界,更是改变世界。

这一脚注进一步表明了在马克思的早期努力与确立他的"唯物主义"之间的一惯性,这既不是通过一种本体论的主张,也不是通过对于孤立个体的抽象概念,而是通过历史的,因而也是具体的方法来完成的。在他对于具体的高于抽象的坚持中,马克思限制了他的科学概念,像他所明确指出的,他的科学概念作为历史的概念是严谨的,但又不同于自然科学。根据经典马克思主义的观点,马克思的立场在各个方面都等同于自然科学,只是在其领域,即作为社会的科学上有所不同。然而,对维柯的参考表明,马克思的立场不是一门科学的立场,它通过其内在的历史特性与以往的科学进一步相区分,例如通过在《德意志意识形态》中提出的主张表明:"我们仅仅知道一门唯一的科学,即历史科学。"①

七 马克思、费希特和历史

维柯和马克思都以历史的方法作为主要特征来理解社会和他们自身。人们普遍认为历史的方法是由 14 世纪阿拉伯哲学家伊本·赫勒敦(Ibn Khaldun)在他的《历史绪论》(*The Muqaddimah: An Introduction to History*)②以及其他著作中提出的。他在早期著作中对柏柏尔人历史的研究后来被扩展到整个普遍的历史。据说,他最重要的观念是,一个成为伟大文明的社会将会在之后的衰落前达到高点。这种也许在黑格尔那里更为熟悉的生物学隐喻最初是由伊本·赫勒敦提出的。正如维柯后来所指出的那样,伊本·赫勒敦表明存在一种在不同的具体社会环境中独立重复着的普遍元素。例如,维

---

① "Wir kennen nur eine einzige Wissenschaft, die Wissenschaft der Geschichte", *Marx-Engels Werke*, Berlin: Dietz Verlag, vol. III, p. 18.
② *Franz Rosenthal*, trans., N. J. Dawood, abridged and edited, Princeton: Princeton University Press, 1974.

柯在他的常识概念中提出了类似的观点,即"被整个阶级、整个民族、整个国家或整个人类所共享的未经反思的判断。"① 根据维柯的说法,哲学家可以发现一个"通过所有国家的历史穿越时间长河的理想的永恒历史"②。像康德、黑格尔一样,维柯认为文明记录的是那有时被称为世界天意的前进的表现。

维柯和马克思之间有很多相似之处,但在他们各自的历史观上也有很大的不同。③ 对于维柯而言,历史源于天意。但对于马克思来说,历史完全且唯一地取决于有限的人类。马克思的历史观的本质和作用在意大利关于马克思的争论中是很重要的。我们记得,在20世纪的转折时期,詹蒂莱(Gentile)、克罗齐(Croce)和其他一些意大利思想家都在关注马克思的历史唯物主义的地位问题。

通过拉布里奥拉(Labriola)而走向马克思主义的克罗齐,对历史唯物主义和政治经济学之间的关系特别感兴趣。④ 根据詹蒂莱的说法,马克思,可以说生来是一个唯心主义者并受到了费希特和黑格尔思想的教育,但他没有忘记遇到费尔巴哈时的一切。在一个多世纪以前的一篇重要文章中,詹蒂莱认为马克思的论述致力于古希腊的唯物主义,而不是一个在任何普通意义上的唯物主义者。⑤ 詹蒂莱认为,马克思将辩证法变成了一个取代物质的外在的过程。

詹蒂莱认为,马克思以费希特的方向修正黑格尔的观点仍然是真实的。例如,富萨罗(Fusaro)就认为在费希特、马克思和詹蒂莱之间有着很强的相似性,他最近更是认为费希特的实践理论是马克思《关于费尔巴哈的提纲》的基础。⑥ 而贝利纳齐(Bellinazzi)近来也在对于德国唯心主义进行大量研究的背

---

① Element XII, §145, in *The New Science of Giambattista Vico*, pp. 63-64.
② Proposition XLII, §114, in *The New Science of Giambattista Vico*, p. 57.
③ 对于相似性是肤浅的,而差异性是深刻的观点,see "Vico and Marx on 'Making' History", in Terence Ball, *Reappraising Political Theory*, New York: Oxford University Press, 2002, pp. 212-227.
④ See Benedetto Croce, *Historical Materialism and the Economics of Karl Marx*, London: G. Allen and Unwin, 1914.
⑤ 对于原始文章的一个加强版本,see "La filosofia della prassi", in Giovanni Gentile, *La Filosofia di Marx*, a cura di Caterina Genna, Le Lettere. See for discussion, A. James Gregor, "Giovanni Gentile and the Philosophy of the Young Karl Marx", in *Journal of the History of Ideas*, Vol. 24, No. 2 (Apr.-Jun., 1963), pp. 213-230.
⑥ See Diego Fusaro, *Idealismo e prassi. Fichte, Marx e Gentile*, Genova: Il nuovo Melangolo, 2013.

景下,更加详细地讨论了詹蒂莱对于马克思的观点。①

重视马克思与费希特之间的关系,有助于在他与德国唯心主义的复杂关系的背景下,对马克思的历史观做出正确的评定。而恩格斯错误地认为是跟随着费尔巴哈,马克思才从黑格尔、唯心主义和哲学转向了自然科学的方向。但是恩格斯又正确地指出,马克思欠着康德、费希特和黑格尔一笔重要的债。而欠费希特的特定债务,对于马克思对主体的观点来说是十分重要的,这包括了它与历史的关系。在19世纪40年代初,费希特通过他内在积极主动而永不陷入消极被动的主体或有限人类主体的概念,取得了巨大的影响。在其他地方,我已经提到过,费希特主义的积极主体的概念至少回溯到了亚里士多德的活动概念的传统当中。② 这种观点影响到了例如费尔巴哈(Feuerbach)、赫斯(Hess)、冯·契希考夫斯基(von Cieszkowski)、黑格尔(Hegel)本人以及其他思想家。在《巴黎手稿》的第三部分中,我们看到了费希特对当时仍十分年轻的马克思的影响。③

费希特主义所认为的,在自我建构的社会背景中主体或者我是积极主动的,而永不会陷入消极被动的观点,在青年黑格尔派的语境中是有着影响的。一些青年黑格尔派学者转向费希特主义的行动观,将其作为黑格尔之后实现哲学的一种方式。④ 在海德堡大学获得博士学位的波兰哲学家奥古斯特·冯·契希考夫斯基(August von Cieszkowski)有时被认为,在他的《历史学导论》(*Prolegomena To A Historiosophie*, 1838)一书中发明了行动哲学。契希考夫斯基影响了摩西·赫斯(Moses Hess)以及马克思。赫斯是社会主义的早期支持者,也是马克思和恩格斯的朋友。他几乎是在马克思开始写作的同时就出版了他的《行动哲学》(*Philosophie der Tat*, 1843)。

青年黑格尔派关于行动的或活动主体的不同观点几乎都来自于费希特。费希特的出发点基本上是康德主义的(超验的主体),费希特在"我"中发现了

---

① See Paolo Bellinazzi, L'idealismo Tedesco. *Da Kant a Hegel*, *da Marx a Gentile*, Libro 1, Padova, Ezdioni Sapere, 2018.
② See Tom Rockmore, *Fichte, Marx and the German Philosophical Tradition*, Carbondale: Southern Illinois University Press, 1980.
③ Ibid.
④ See Horst Stuke, *Philosophie der Tat. Studien zur Verwerklichung der Philosophie bei den Junghegelianern und den wahren Sozialisten*, E. Kletta, 1963.

他的唯心主义的根源,而他所理解的这个"我"是自我设定的我,是一个始终在寻求纯粹的自我确定性的、在道德行为上的自由主体。

马克思批评了黑格尔主义对于主体的观点。他的思想建立在对费希特的内在主动的主体观念的修订版本的基础上,以取代黑格尔主义的绝对概念。马克思认为,人类社会源于在历史进程内的人类的实践活动,而在这一原则下历史进程将最终从资本主义走向共产主义。① 这一推理思路要求主体的理论不仅要理解商品生产,还要将人类、社会关系和社会本身理解为人类活动的结果,也就是人类的产物。这一观点在整个《巴黎手稿》中都得到了发展,特别是在对黑格尔和费尔巴哈的一系列复杂的评论中所插入的关于"费希特主义"的评论当中。

维柯和马克思都是他们各自时代的孩子。维柯活跃于 18 世纪上半叶,而在这一历史节点将理解人类历史的核心因素诉诸天意似乎仍然是合适的。然而,这种解释作为不断增加的从组织化的宗教内容中消失的部分,其作为在 19 世纪的一种解释因素,就已经变得越来越不适于这个黑格尔已经离场的时代。与费希特不同,马克思认为有限的人类,不依赖于天意或者以任何方式所制定的类似观点,有限的人类只能通过在现代工业社会背景下的人类活动来克服身边世界的社会限制。简而言之,与尽管受到无神论指控但仍然是一位宗教思想家的费希特不同,马克思超越了各种宗教,努力通过依靠完全是人类自身的方式来解答或解决人类的问题矛盾。

八 维柯、马克思和历史建构主义

费希特和马克思围绕着历史建构主义而汇集在一起。但它们对历史的不同观点指向了不同的建构主义方向。如果说维柯的观点是基于天意,那么马克思的观点就是基于有限的人类,因此,尽管两者有许多相似之处,但区别是明显的。简而言之,前者是对于在历史中自行展现的上帝进行描述,而后者则是对在历史中自我展现的人类进行描述。他们的观点涉及非常不同的

---

① See Tom Rockmore, *Marx's Dream: From Capitalism to Communism*, Chicago: University of Chicago Press, 2018.

历史观,因此对于历史建构主义的概念也截然不同。而这不同之处就在于具体的认知主张。

历史是由神圣的天意所决定的观点在 19 世纪还能经常遇到。研究柏柏尔人的伊本·赫勒敦,在城市居民的正常生活和游牧生活的两分之间分析了关于社会凝聚力(asibaya)的问题。他认为伟大文明的兴起和最终的衰落是按照一个预定的周期进行的。尽管他是一个宗教信徒,但他的讨论是基于与神学概念无关的分析而展开的。

在这方面,伊本·赫勒敦是一个例外。关于历史遵循着宗教标准的观点在论辩中总是经常遇到。维柯、康德,也许还有黑格尔,以及许多认为历史实现了神圣天意的人都是如此。有一种普遍的观点认为,当我们认识历史的时候,我们也就通过历史认识了上帝的前进步伐。根据康德的说法,自然的目的在于在人与人之间产生出和谐,即使这是和他们个人的意愿相违背的。

这种观点是被维柯所预料到的。在《新科学》中,他坚持哲学的和语言学的依据在于,存在"一个基于……天意观念的理想的永恒的历史……[并且]它还通过所有国家的特定历史,通过它们每一个的兴起、发展、顶峰、衰退和败落的历史,穿越时间长河地表现出来。"[①]马克思打破了这种宗教式方法的任何形式,认为历史记录了人类的努力,在这努力中塑造了现代社会,并将解决在现代工业社会中人类自我发展的问题。

马克思认为人类在历史上不是在自由地实现着上帝的计划,而是在自由地解决人类繁荣问题的现代形式。这需要人类在日益人化的世界中,在关于人类自我发展的实质和可能结果的张力之间仔细地研究弥合,进而去实现他们自身的计划。马克思改变世界的计划需要实现从现代工业社会或者资本主义社会向共产主义社会的过渡。我们现在正从事于这一伟大的实验,以看看这在历史空间中是否可能。而在改变世界之外,这一实验的结果也将决定认知建构主义的历史方法的合理性。

[①] *The Autobiography of Giambattista Vico with the Continuation by Villarosa* [1818], translated by Max Harold Fisch and Thomas Goddard Bergin, Ithaca: Cornell University Press, 1944, revised 1963, p. 169.

Marx, Vico and Historical Constructivism

Tom Rockmore

Abstract: The cognitive problem in modern tradition is embodied in the debate between metaphysical realists and cognitive constructivism, who believe that knowledge depends on the certainty of truth or what we construct. And within the cognitive structuralism that emerged in modern times, unlike Kant's non-historical constructivism, both Vico and Marx showed similarities as thinkers of historical constructivism. We can easily understand Marx's concern for Vico and the connection between them only with this view. The historical constructivism of Marx and Vico is different, and with the help of the relationship between Marx and Fichte, we can find that Vico's historical constructivism is based on Providence, while Marx's historical Constructivism is based on finite human being.

Key words: Marx, Vico, historical constructivism

意识与自我
——胡塞尔《逻辑研究》中的意识理论

赵 猛[*]

提　要：在《逻辑研究》的"第五研究"中,胡塞尔试图通过三个相互补充的意识概念界定意识的结构和意识性特征。在第一个概念之下,胡塞尔刻画了意识的自组织结构,第二个概念揭示了意识的自身给予的特征,第三个概念展示了意识的意向性结构。本文重点讨论胡塞尔在前两个意识概念之下对意识的本质特征的界定,指出为什么胡塞尔在这里(尤其是第一版)的讨论是不充分的,并指向了他在先验现象学立场上所进行的纯粹现象学还原的努力方向。《逻辑研究》初步勾勒了现象学的意识理论,同时建立了具有开放性的问题域。

关键词：意识　自我　内知觉　现象学的纯化

本文集中讨论的是埃德蒙德·胡塞尔(Edmund Husserl, 1859—1938)在《逻辑研究》的"第五研究"第一章中所提供的意识理论。在"第五研究"中,胡塞尔主要处理了三个关于意识的概念,即作为意识体验统一体的意识、内觉知意义上的意识以及意向性体验意义上的意识：

(1) 意识作为经验自我的全部实项的现象学存在,即作为在体验流的统一体中心灵体验的交织。(第二版)

---

[*] 赵猛,1983年生,中国社会科学院大学人文学院哲学系副教授。

意识作为精神自我的全部现象学存在。(意识=现象学的自我,作为心灵体验的"一束"或交织)。(第一版)

(2)意识作为对自己的心灵体验的内部觉知状态。

(3)意识作为各种"心灵活动"或"意向性体验"的总称。①

"第五研究"的标题是"意向性体验与其'内容'"。三个意识概念构成了第五研究的主题。在这一主题之下,胡塞尔用了五章的内容来处理意识的意向性结构,在意向性的相关关系中,在意向活动这一侧,重点说明意义的理念性和对象的对象性的构成条件等问题。关于前两个意识的概念,胡塞尔仅仅在第一章中进行了极为精简而又复杂的讨论。在这一章中,胡塞尔考察的重点是意识自身的构成结构与意识的意识性问题。在第一个意识概念之下,胡塞尔试图将意识统一体理解为一个由体验内容以自组织的方式所构成的整体,否认这个统一体需要依赖一个额外的原则——自我——才能构成。对于自我概念,他(在第一版中)只承认经验的对象意义上的自我,以及与意识统一体在同一个意义上的自我。在第二个意识概念之下,他认为,刻画意识之所以是意识或者说意识的"意识性"(Bewußtheit)的一个特质在于,意识通过内知觉被充分地把握,而不在于存在着一个作为所有意识体验的关系点的自我极(Ichpol)。胡塞尔在这两个概念之下的讨论,向我们展示了他在《逻辑研究》时期对意识的"基本看法"。

然而,这一"基本看法"似乎并不构成一个一致的看法,因为,在《逻辑研究》第二版中,"第五研究"受到了深度修改。在第一版中,胡塞尔认为,无论是意识统一体的构成,还是对意识的意识性的刻画,都没有一个有别于具体的意识内容的纯粹自我的位置。但是,在第二版中,胡塞尔做出了两个重大的调整。首先,他取消了第一版中对纯粹自我的合法性的拒斥,但是,他并没有交代这种立场变化的理由,也没有将纯粹自我引入到分析与论证结构中来。其次,在现象学先验还原的引导下,对第一版所讨论的体验内容和自我

---

① E. Husserl, *Logische Untersuchungen. Zweiter Band: Untersuchungen zur Phänomenologie und Theorie der Erkenntnis*, hrsg. von Ursula Panzer, The Hague: Martinus Nijhoff, 1984; *Logical Investigations*, 2 vols. tr. by J. N. Findlay, London: Routledge & Kegan Paul, 1970;《逻辑研究》,倪梁康译,北京:商务印书馆,2015年,第356页。(文中所引用胡塞尔文献皆标注德文胡塞尔全集版页码,引文参考相关英译本与汉译本。引者有改动)

进行了纯粹现象学的"纯化"。

在先验现象学的转向之后,胡塞尔对《逻辑研究》的改写受到他关于自我问题看法的引导。在先验现象学中,胡塞尔明确引入了先验自我的概念,并将现象学看作一种自我论,即对自我及其自身体验的研究。在这一基本立场导向中,胡塞尔试图将整个世界、整个对象和意义的领域看作主体性或自我的先验构成作用的成果。

对于与"自我"问题相关的胡塞尔现象学的先验转向,现象学家持不同的意见。例如,马克斯·舍勒、阿荣·古尔维奇与罗曼·英伽登等人更欣赏《逻辑研究》中的实在论立场以及在此立场上对意识与意向性本质的研究,反对胡塞尔先验现象学的进路,反对胡塞尔的自我论与纯粹自我的概念。① 胡塞尔的先验现象学转向受到了新康德主义者保罗·纳托尔普(Paul Natorp,1854—1924)的欢迎,并吸引了新的现象学者,如欧根·芬克(Eugen Fink)。② 大多数现象学研究者会严肃地对待胡塞尔的先验现象学的唯心主义与纯粹自我,认为胡塞尔克服了在《逻辑研究》中所残留的自然主义实在论的观点,而胡塞尔先验现象学转向表明他早期的分析已经完结,取而代之的是代表了其现象学成熟的纯粹意识与先验自我的概念。但是,在克服自然主义态度的同时,是否意味着胡塞尔对《逻辑研究》的修改放弃了他原初的关于意识的基本分析?在这方面,对于胡塞尔的先验转向对其早期工作的修正的评估更多地针对他在"第一研究"和"第六研究"中关于意义与真理问题的讨论,以及"第五研究"中的意向性问题。而对于他早期的意识理论,由于先验现象学通过还原所发现的纯粹意识与纯粹自我的重大意义,很多学者认为,这部分的内容受到了彻底的修改。然而,事实上,我们可以发现,对于胡塞尔通过前两个意识概念的讨论所提供的意识理论,现有的研究非常不足,甚至充满了误解。昆廷·史密斯(Quentin Smith)认为,虽然胡塞尔做出了许多精彩的描述,但是他在某些主

---

① A. Gurwitsch, "A Non-egological Conception of Consciousness", in *Studies in Phenomenology and Psychology*, Northwestern University Press, 1966, pp. 287-299. R. Ingarden, "Die Hauptphasen der Entwicklung der Philosophie Edmund Husserls", in *Schriften zur Phänomenologie Edmund Husserls*, Tübingen: Max Niemeyer Verlag, 1998, pp. 134-208.

② E. Fink, "Reflexionen zu Husserls Phänomenologischer Reduktion", in *Nähe und Distanz: phänomenologische Vorträge und Aufsätze*, München: Verlag Karl Alber Freiburg, 2004, pp. 299-322.

要论题上的表述充满了"混乱与困难"。① 罗伯特·索科洛夫斯基(Robert Sokolowski)甚至认为,关于"第五研究"第一章所研究的两个概念事实上是胡塞尔所拒斥的,最终这两个概念让位于胡塞尔所坚持刻画的意识的意向性特征的第三个概念。② 爱德华·马巴赫(Eduard Marbach)在其著作 Das Problem des Ich in der Phänomenologie Husserls 对胡塞尔现象学中的自我问题进行了全局式的讨论,也包含对《逻辑研究》的相关讨论。③ 丹·扎哈维(Dan Zahavi)在一篇论文中也着重讨论了前两个意识概念。④ 但是他们的这些讨论没有对胡塞尔的第二版修正给予充分的注意,而在许多的论证中不加辨别地直接将胡塞尔在第二版中的立场和分析引入到对第一版的相关内容的理解中。

笔者认为,如果我们希望对胡塞尔《逻辑研究》中的意识理论,以及对它与胡塞尔后来相关思想的发展做准确把握的话,我们必须对第一版的意识理论有一个准确的理解,对第二版所进行的修正进行恰当的评估。我们需要考察胡塞尔的《逻辑研究》关于意识的"基本看法"是什么?从第一版到第二版的修正中,胡塞尔的"基本看法"在哪些方面仍然保持其有效性?针对这些问题,本篇论文的基本观点是:在意识统一体的构成方面,胡塞尔坚持意识体验的自组织原则,拒斥形而上学自我论的自我概念,现象学的纯化并不是对意识的自组织原则的否定;而在意识的本质方面,只有通过纯粹现象学的还原,排除对意识的实在性设定,才能严格地界定意识的意识性,确定纯粹现象学所研究的纯粹意识的领域。

一 体验内容与意向性内容

讨论意识,或者提供一种意识理论,首要任务是界定哪些现象是意识现象。胡塞尔对体验内容与意向性内容的区分率先承担了这一任务。

---

① Q. Smith, "On Husserl's Theory of Consciousness in the Fifth Logical Investigation", *Philosophy and Phenomenological Research*, 37:4 (1977): 482-497.
② R. Sokolowski, "The Structure and Content of Husserl's *Logical Investigations*", *Inquiry: An Interdisciplinary Journal of Philosophy*, 14:1(1971): 318-347.
③ E. Marbach, *Das Problem des Ich in der Phänomenologie Husserls*, Martinus Nijhoff, 1974.
④ D. Zahavi, "The Three Concepts of Consciousness in *Logische Untersuchungen*", *Husserl Studies*, 18 (2002): 51-64.

在日常用语中，我们可以谈论我们意识到了某种对象性质或事态，我们当然也可以说，我们在心灵生活中经历了特定的意识。但是，被意识到的对象性质与关于对象性质的意识体验并不等同。在现象学的描述中，胡塞尔对二者做了严格的区分；他将前者称为意向性内容，将后者称为体验内容。

胡塞尔以外知觉为例，对体验内容与意向性内容做出了区分。例如，在关于颜色的外知觉中，作为感觉要素的颜色不同于作为对象之属性的颜色；前者是一个具体的视觉活动的组成部分，而后者是知觉所指向的对象的属性。在严格的现象学描述的意义上，作为感觉要素的颜色与知觉活动的特征、整个知觉显现都是我们所体验的或所意识的内容。而对象本身及其颜色属性则不是所体验的或所意识的内容，即它们不是我的意识的构成要素。

从存在属性上来看，即使我们发现某个知觉是错觉或幻觉，其对象及颜色属性并不现实地存在，也不会影响知觉的内部的、纯粹描述的现象学特征——我们仍然在意识活动中，体验了相关的颜色要素。我们当然也可以设想，在我们没有看见一个对象，在没有关于它及其颜色属性的知觉时，对象及其性质也现实地存在。因此，体验内容与意向性内容在存在上并不是同一的，双方不能因对方的存在而必然地被推导出来。

从显现方式上来看，通过澄清"显现"一词的歧义，也可以在体验内容与意向性内容之间做出区分。在不严格的用语中，我们一方面可以说，我们体验了对象向我们的显现，另一方面还会把进行显现的对象称作显现。针对这个有歧义的用语，胡塞尔指出，"只要我们对此给出一个现象学上的说明，即关于如此显现的对象，我们能够在对显现的体验中发现哪些是实项的东西，那么这一歧义所带来的欺骗就会消失了"①。当我们从现象学立场反思关于一个对象的体验内容时，我们发现的是处于变动中的、仅仅对应于对象的某个方面的显现，而我们所知觉到的却是在时间中保持同一性的整体的对象和对象的属性。这一描述上的差异性说明，体验内容意义上的显现不同于进行显现的对象。胡塞尔明确规定，"（现象学上所理解的）体验本身被称作显现"②。因此，对于"显现"一词，我们必须明确对象的显现（Erscheinungen）与

---

① E. Husserl, *Logische Untersuchungen*, p. 359.
② Ebd., p. 361.

进行显现的对象(erscheinende Gegenstände)之间的区分;前者说的是实项的体验内容,后者说的是意识所指向的意向性内容。"对于属于意识关联体的显现,我们体验它;对于属于现象世界的物体,它们向我们显现。显现本身并不显现,它们是被体验的。"① 因此,从显现方式上来看,体验内容作为显现,自身不显现;意向性内容是进行显现的对象,而不是显现本身。

与此相关,另一个用语的不严格是关于"在……之中"(in)。我们有时候会说,我们在知觉之中意识到相关的体验内容;有时候还会说,我们在知觉之中知觉到了外部对象。这一歧义与体验内容和意向对象之间的关系有关。作为体验内容的事物的显现与进行显现的事物之间是一种展示(Darstellung)的关系;前者展示了后者,我们在对前者的体验中,意向性地指向作为对象的后者。在胡塞尔的刻画中,这种展现关系是一种对象化的关系(objektivierende Beziehung),即我们在相关的意识活动中体验了某些感觉要素,通过特定方式的把握或统觉,它们被激活,从而展现特定的对象。针对体验内容与外部对象,我们可以对所谓的"在知觉之中"做出澄清。体验内容以作为实项组成部分的方式包含在知觉之中,而不以"意向性地当下在场的方式'在它之中'",而进行显现的对象只是"在一种非本真的('意向性的')意义上'在它之中'"。② 虽然在不严格的用语中,我们经常不加区分地以"在知觉之中"来谓述体验内容和知觉对象,但是在对二者的谓述中,"在知觉之中"具有完全不同的含义,并不是同一个谓词。

胡塞尔继续指出,不止以上的歧义性,至于"体验"一词,我们也需要将关于体验的现象学概念与其日常意义区分开来。例如,如果有人说他经历或体验了第二次世界大战,那么第二次世界大战作为一个外部的过程是这个人"所体验的"。但是,在现象学的分析中,关于体验的这一用法是不恰当的。因为,真正构成他的体验的是他当时的知觉、判断和情绪等意识活动,以及不断变动的感觉材料等。他当然并不能将第二次世界大战这一外部事件当作他的心灵体验或者他的体验的实项的组成部分。当我们说,我们经历或体验一个外部事件的时候,实际上是在说,我们进行了指向这一事件的知觉、认知

---

① E. Husserl, *Logische Untersuchungen*, pp. 359-360.
② Ebd., pp. 360-361.

等活动。这些活动构成了我们的体验。在这个意义上,胡塞尔说:"被体验的或被意识的内容与体验本身之间没有区别。"①相反,与体验有着严格区别的是被知觉或被判断的对象或事件。从严格的意义上来说,后者不是被体验或被意识的,而是我们在体验和意识中所指向的意向性内容。总之,"体验"在本真的与实项的意义上是指意识的内容,而对象或事件只能在非本真的意义上被说成意识的内容,确切地说,它们是意识的意向性内容。

澄清了体验内容与意向性内容之间的区分,任务并没有完成,因为,内容是相对于总体而言的;体验内容是意识统一体的实项的构成部分,是它的内容。因此,进一步的目标是界定意识统一体的概念。

如果说体验是内容,那么与它相对的是将这些内容作为部分的整体。这个整体就是胡塞尔通过意识的第一个概念所界定的实项的意识统一体。这个实项的意识统一体的内容就是在意识的统一体中出现的、作为其组成部分的实项的体验。体验内容与意识统一体之间构成了部分与整体的关系。对于实项的体验内容,胡塞尔也称为现象学内容或现象学内含(phänomenologischer Gehalt)。② 由这些现象学内容所构成的总体是一个现象学的整体,胡塞尔称作"现象学的自我"(phänomenologisches Ich)。③ 这样,胡塞尔界定了关于意识的第一个概念,即作为经验自我的全部实项的现象学存在的意识。

那么,这些作为部分的体验内容如何构成了作为整体的意识统一体呢?胡塞尔认为,这种部分与整体关系的构成不需要第三者,即一个漂浮于诸多体验内容之上的自我。为体验内容的相互联结而预设一个作为统一原则的自我是没有必要的。④

意识统一体就等于相互联结起来的体验内容。这些体验内容具有自组织性,"特定的联结形式基于这些内容的本质与它们所从属的规则"⑤。内容

---

① E. Husserl, *Logische Untersuchungen*, p. 362.
② Ebd. , p. 363.
③ Ebd. , pp. 356, 364, 375.
④ Dan Zahavi 指出,胡塞尔"关于意识流的本质的分析基本上是在捍卫一个关于意识的非自我论的立场"。笔者在此也试图论证,胡塞尔在意识统一体的构成问题上反对一种自我的形而上学(Ichmetaphysik)。(D. Zahavi, "The Three Concepts of Consciousness in *Logische Untersuchungen*".)
⑤ E. Husserl, *Logische Untersuchungen*, p. 364.

之间以及内容的复合体之间,通过这些联结形式,以各种各样的方式相互串联,并最终构成了一个统一的内容总体。胡塞尔指出,这些内容能够相互结合,融合为一个统一体的基础并不在于一个自我原则(Ichprinzip),而在于内容本身所具有的合规则的确定的联结方式。对于这些内容如何根据这些规则构成意识统一体,胡塞尔在此认为,这是发生心理学所处理的问题,不属于描述心理学的范围。①

对于体验内容的相互联结,它们是否还从属于一种因果规则链条,从而在因果规律中构成一个形而上学意义上的物体?根据这种因果联结的规则,一个符合因果律的统一体建立起来。或者说,我们能否从因果联结的角度来考虑,将意识体验的联结看作因果关系,将意识统一体看作是在因果关系中建立起来的物体?一旦在因果关系中这个物体性的统一体建立起来,它就可以在其属性的变化中作为同一个形而上学意义上的对象持存。持有这种自我概念的人会认为,正如外部物体不是眼下诸多分散的特征的复合体,而是贯穿所有这些特征,并在它们的变化中保持不变的东西,自我也可以是在囊括体验复合体的所有现实的与可能的变化中持存的对象(subsistierender Gegenstand)。② 对于从属于因果规则经验的个人,我们可以将之类比于一般的物体,看作在各种特征和习惯的变化中持存的对象。但是,根据胡塞尔的看法,在描述心理学上,我们只考察意识体验的现象学内容,及其构成的现象学意义上的统一体。对于是否能够在因果性的考察中将这个统一体看作一个物体,这在描述心理学对意识体验的现象学的描述中无法得到正面的支持。因为,描述心理学的所考察的是实项的意识体验的一般本质和结构,而不是从第三人称视角对意识进行因果性的解释。因此,脱离了因果性考察的视野,在描述心理学的考察中,自我可以被描述为一个由体验内容以自组织的方式所构成的统一体。

到此,我们可以初步了解胡塞尔在意识与自我问题上的基本立场。现象学上的自我就等于意识统一体,它是由作为部分的体验内容根据特定规则联结而成的整体,除此之外不需要一个超出这些体验内容,起到联结原则作用

---

① E. Husserl, *Logische Untersuchungen*, p. 370.
② Ebd., p. 364.

的自我。①

二 经验的自我与现象学的自我

胡塞尔承认一个现象学的自我概念,自我就等于由体验内容自组织所构成意识统一体。除此,胡塞尔还承认在日常意义上作为个人、在现象学分析中作为对象的经验的自我。② 但是,现象学的自我不等于经验的自我:

> 很明显,**现象对象**(我们也喜欢称之为意识内容)**与现象主体**(作为**经验的人的自我**[*Ich als empirische Person*],作为物体)**之间的关系,区别于在我们所界定的体验意义上的意识内容与在意识内容统一体**(经验自我的现象学存在)**意义上的意识之间的关系**。前者有关于两个进行显现的物体之间的关系,后者则是有关于一个个别的体验与体验的复合体之间的关系。③

对于现象学的自我与经验的自我的界定,胡塞尔对体验内容与意向性内容的区分起到了关键作用。在内容的意义上理解体验,那么,这些体验就是"现象学的自我的实项的组成成分"(das reelle Konstituens des phänomenologischen Ich)。这些内容完全按照它们本身的特性而嵌入体验统一体,正如部分嵌入整体一样。④ 在描述心理学和现象学的考察中,现象学的自我就是体验内容的统一体,或者说体验的"一束"。⑤ 如果在意向性内容、对象的意义上来理解自我,那么,自我就不等于由体验内容所构成的意识统一体。经验的自我是进行显现的现象世界中的自我,与世界中的其他物体一样,是物体性的统一体,是意向性的对象。胡塞尔也将经验自我称为"经验的个人"(empirische

---

① 胡塞尔在第一版中直接将意识流称作"现象学自我",并且在第二版中保持了这一用法。(E. Husserl, *Logische Untersuchungen*, p. 363.)
② Ebd., p. 374.
③ Ebd., p. 360.
④ Ebd., p. 375.
⑤ Ebd., p. 390. 胡塞尔在第一版中说:"显然,自我不是一个漂浮于多样体验之上的独特的东西,而是等同于这些体验本身联结起来的统一体。"(根据第一版)(E. Husserl, op. cit., pp. 363-364)胡塞尔在这里不是在讨论经验的自我概念,而是通过意识体验的统一体来规定一个自我概念,而这个自我显然是等同于意识统一体的现象学的自我。

Person)、"精神的个人"(geistige Person)、"经验的自我主体"(empirisches Ichsubjekt)或"现象的人"(phänomenale Person)等。

在日常用语中,我们经常将人的精神与身体结合起来称为人。正如对于外部的物体和其他人,我们也可以对自己采取第三人称观察的视角,把它作为同其他事物一样处在现象世界中的事物,对人进行知觉或做出判断。在这些意识活动中,人作为现象世界中的对象显现出来。以第三人称观察的视角,人被当作世界中诸物体中间的一个,他与其他事物同处于各种时空的、物质的或因果的关系中。自然科学,例如生物学、神经科学或认知科学等,可以根据自己学科的需要,重新界定自我的概念。但是,自然科学始终把经验的我作为个体的、物体性的对象,它有其组成部分和属性,以及所从属的自然规律。

在对个人进行的经验性考察中,我们认识到经验自我的心灵状态、活动和习惯性格等。这些状态、活动和习性构成了经验自我进行显现的各个方面,经验自我作为整体的对象进行显现。在这种考察中,"自我—身体、作为精神性的个人的自我,以及作为整个经验的自我主体(作为人类的自我)的自我是意向性的对象"①。而我们对经验的自我进行考察的意识活动则有别于被考察的自我及其经验,前者是上文中所澄清的体验内容。简言之,相对于体验内容,作为经验的人的自我是意识所意向性地指向的对象,是意向性的内容。因此,我们需要注意,在第一个关于意识的概念中,当胡塞尔将第一个意识的概念界定为经验自我的意识统一体的时候,他所谓的经验自我不是现象学内含意义上的自我。从经验的角度,我们可以认为,意识统一体与经验自我之间是一种属格的关系;体验内容或意识统一体属于一个经验的自我,但是它们并不等于经验的自我。

与意向对象意义上的经验自我概念相对立,体验内容构成了现象学的自我,它不是进行显现的对象,而属于描述心理学和现象学所分析的意识。我们需要采取一个描述心理学的"还原",才能从对经验个人的第三人称的考察,转变到对现象学的自我及其体验内容的描述。"如果我们把自我的身体从经验的自我这里分离出去,再将纯粹的心灵自我限制于其现象学的

---

① E. Husserl, *Logische Untersuchungen*, p. 374.

内含(phänomenologischer Gehalt)上,那么也就还原到了意识统一体、真实的体验复合体。"① 当然,胡塞尔还使用了"精神自我"(geistiges Ich)与"纯粹心灵自我"(rein psychisches Ich, seelisches Ich)等表述。② 如果是在现象学的内容或体验的复合体的意义上来理解,那么,这些概念与现象学的自我是等义的。③

然而,在《逻辑研究》第一版中,胡塞尔并没有彻底排除意识体验与经验自我的实在性关系。相反,根据胡塞尔的观点,意识体验属于经验的自我。正如他在对第一个意识概念的界定中所说的,意识是经验自我的全部现象学的存在。在描述心理学立场中,从本质上所刻画的意识及其结构,仍然是经验自我的具体的经验意识的本质,这种意义上的本质并不能脱离具体的经验个体。所以说,胡塞尔在《逻辑研究》中"在与经验的自我的关系中、在经验的统觉中理解意识"④。在这个意义上,我们可以说意识体验"属于"经验的自我。

根据胡塞尔的看法,意向性的体验是"经验自我的一个本质性的现象学的内核"⑤。虽然,我们说经验自我不等于意识体验或现象学的自我,但是我们经常会说,作为经验的自我,"我"在每一个意识活动中意向性地朝向一个对象。胡塞尔承认,这样的说法从"对象的角度"(objektiv)或从"自然反思的立场"(Standpunkte der natürlichen Reflexion)来看,固然有其道理。但是,我们需要清楚,如何从现象学的角度来理解它的真正含义。从现象学的立场来看,这种意向性指向的关系并不存在于作为意向对象的经验自我与被朝向的

---

① E. Husserl, *Logische Untersuchungen*, p. 363.
② Ebd., pp. 356, 363, 374.
③ 在对胡塞尔的第一个意识概念的理解上,Eduard Marbach 试图将作为意识体验的现象学统一体的自我、甚至"现象学还原了的自我"等同于经验的自我。(E. Marbach, *Das Problem des Ich in der Phänomenologie Husserls*, pp. 10-11)这种理解一方面忽视了胡塞尔对实项的体验内容与实在的意向内容、现象学的自我与现象的自我的区分,另一方面,胡塞尔所使用的"现象学还原了的自我"表述是在第二版的现象学还原前提所引入的,它更无法直接等同于被还原所排除了的经验的自我。尽管在第一版中,胡塞尔并没有完全否认现象学的体验复合体属于一个经验的自我,但是,正如我们所论证的,胡塞尔仍持一定的实在论立场,即意识体验总是要属于某个经验的个体,然而他并没有将二者相等同。因此,我们在这里坚持作为现象学统一体的自我与经验自我的区分,即使是在对《逻辑研究》第一版的考察中也是如此。
④ E. Marbach, *Das Problem des Ich in der Phänomenologie Husserls*, pp. 5-6.
⑤ E. Husserl, *Logische Untersuchungen*, p. 374.

对象之间。上文的分析也已指出，现象对象与现象主体之间是两个进行显现的物体之间的关系。胡塞尔说："在这里，(经验的)自我的现象学内核是由这样一些活动所组成的，它们使自我'意识到'对象，自我在这些活动'中''朝向'相关的对象。"①所以，更确切地说，属于经验自我的现象学意识体验执行了相关的意向性朝向。正是由于相关的意向性体验出现于经验自我这里，我们才说这个经验自我有这样的朝向对象的意向。"对于这样的句子——自我表象了一个对象，它以表象的方式朝向一个对象，它将之作为其表象的意向对象，与下面这样的句子说了同样的东西——一个特定的体验以实项的方式出现于现象学的自我、体验的具体的复合体之中，由于其特殊的特性，这个体验被称为'对相关对象的表象活动'。"②因此，严格来说，胡塞尔并不认为，经验自我与对象处于意向性的表象关系之中，而是认为，作为经验自我的现象学内核的意向性体验指向了对象。

那么，为什么会出现诸如"自我意向性地指向一个对象"的说法呢？胡塞尔承认："在**描述**中，援引一个进行体验的自我是不可避免的；但是这个体验所在的那个体验的复合体并不包含自我表象作为部分体验。"③在描述心理学的理论图景中，胡塞尔所能够承认的自我要么是等同于意识统一体的现象学的自我，要么是现象世界中的经验的自我。如果在意识统一体的意义上，我们说"自我意向性地指向一个对象"，那么，我们事实上是指，意识统一体的某个部分——一个意识体验——意向性地指向某个对象。而如果在经验自我的意义上这样说则意味着，"意向性地指向"所谓述的是属于经验自我的现象学内核的意识体验。

三　意识的自身觉知特征

虽然，胡塞尔通过意识体验的自组织性对意识进行了第一次严格的概念界定，但是仅仅从结构上，不足以刻画意识的"意识性"。胡塞尔也明确

---

① E. Husserl, *Logische Untersuchungen*, p. 375.
② Ebd., p. 391.
③ Ebd.

指出,对体验内容与意识统一体的结构关系的描述尚不是"**专属现象学的发现**"(*eigentümlicher phänomenologischer Befund*),这种结构关系尚未显示为"现象学上的独特的关系类型"(*phänomenologisch eigentümliche Beziehungsart*)。① 也就是说,这种整体与部分之间的关系甚至几乎可以用来刻画所有具体的意识体验。例如,关于物理物体与它的各方面的意识之间的关系,有意义的表述与语词、意义之间,都可以通过整体与部分的关系加以描述。在这种考察中,意识统一体是否也可以被当作一个物体来考察,它的构成是否也遵照规定自然物体的因果规律是悬而未定的。② 他承认,在经验上,意识统一体与自我的物理的身体结合在一起,从而构成了完整的经验的人。对经验的人的意识活动而言,从原则上并没有排除对之以第三人称视角进行观察的立场,经验的人又完全可以作为被观察的对象。并且,胡塞尔拒绝纳托尔普引入作为意识内容的关系点的自我来规定意识之意识性的方案。在他关于意识统一体构成的分析中,已经明确拒绝给予这样的自我以一个在意识总体中的位置。因此,对意识所做的第一次的概念界定并不能充分刻画意识的独特性,即它作为描述心理学或现象学的研究对象的地位尚未建立起来。

鉴于此,胡塞尔通过第二个意识概念对之做了进一步的规定。③ 在第二个意识概念中,刻画了意识通过以内知觉的方式充分地自身给予的性质,意识从而区别于在外知觉中不充分地给予的物理对象以及经验的自我。

胡塞尔将对意识的意识性的规定诉诸内意识(*inneres Bewußtsein*)。在当时的心理学(例如布伦塔诺的心理学)中,内意识被作为"内知觉"来理解。内意识"就是'内知觉'(*innere Wahrnehmung*),它伴随着现时呈现出的体验——无论是在一般意义上,还是在一些类型的情况中,并且将这些体验作为对象

---

① E. Husserl, *Logische Untersuchungen*, p. 363.
② Ebd., p. 364.
③ 在胡塞尔的思想中,这两个关于意识的概念是相互补充的。第一个意识概念侧重于意识统一体的自组织结构方面,第二个概念从意识的意识性方面来界定意识的本质特征。而事实上,这两方面有待对第三个意识概念即意向性的意识概念的研究来补充。因此,胡塞尔对这三个意识概念的讨论,实际上是从三个相互补充的方面刻画了意识的本质特征。

而与之相联系"①。在《逻辑研究》中，胡塞尔仍然以内知觉的模型来界定意识。在对体验内容与意向性内容的区分中，胡塞尔指出，前者是被体验的或被意识的，而后者在严格意义上不是如此。在这里，内知觉就被用来刻画体验内容"被体验或被意识"的独特方式。胡塞尔通过对意识体验在内知觉中给予的切身性、充分性和自身给予自身的角度论证意识的意识性。

知觉是一种对象直接地自身给予的意向活动。"每一个知觉的特征都在于这样的意向，即将其对象把握为在切身的自身性中当下在场的（als in leibhafter Selbstheit gegenwärtigen）。"②与其他类型的意向活动相比，知觉意向的特征在于，知觉的意向同时获得了对象自身当下在场所提供的直观充实。例如，对于单纯发挥象征功能的语言符号，它通过含义而指向当下并不在场的对象，其含义意向没有获得直观充实；而对于关于某个感性事物的想象，它则是借助于与对象相似的图像而间接地指向对象。③ 对于这些类型的意识活动的意向性而言，共同特征在于，它们并不以对象自身当下在场的方式来把握对象；换句话说，在相关的意向活动中，它们的对象自身并没有切身地、当下直接地自身给予。知觉与这些意向活动的一个根本区别在于，知觉对象的直接的自身给予性。但是，仅仅通过对知觉意向的刻画尚不足以规定意识的独特性。因为，一般所谓的知觉包括内知觉和外知觉。在外知觉中，对象自身同样以切身地当下在场的方式给予意识。因此，切身当下的自身给予性仅仅是初步地标志了意识的特征。

---

① E. Husserl, *Logische Untersuchungen*, p. 365. 在布伦塔诺看来，内知觉具有"直接的、不可错的自明性"，因此，可以通过内知觉的定义对心灵现象充分进行刻画。胡塞尔基本不认同布伦塔诺对内知觉的定义，以及通过这种定义对意识的刻画。关于胡塞尔对布伦塔诺的批评，参考 D. Zahavi, "The Three Concepts of Consciousness in *Logische Untersuchungen*"，以及 D. Zahavi *Self-awareness and Alterity: A Phenomenological Investigation*, Illinois：Northwestern University Press, 1999, pp. 27-31。在这点上，Quentin Smith 认为，"胡塞尔没有阐明这种内意识的本质，也没有说明他的概念与布伦塔诺的有何不同，而很显然，他自己的概念来源于布伦塔诺"（Q. Smith, "On Husserl's Theory of Consciousness in the Fifth Logical Investigation"）。正如本文将要进行的讨论所显示的，胡塞尔在《逻辑研究》确实提供了关于内意识的分析。因此，我们不能同意 Q. Smith 的这一论断。

② E. Husserl, *Logische Untersuchungen*, p. 365.

③ 关于想象，我们在这里给出的例子是关于感性对象的想象，而不是对纯粹本质的纯粹想象，例如在纯粹的数学或几何学的思维中。对于后者，纯粹想象不是通过一个图像而指向作为纯粹本质，它本身就是通过理念化（Ideation）而对一个本质的直观。（R. Sokolowski, *Husserlian Meditations: How Words Present Things*, Illinois：Northwestern University Press, pp. 62-63, 77.）

于是,胡塞尔强调,相对于外知觉,内知觉的一个显著特征是它的充分性。内知觉是"显著的完全性中"(in ausgezeichneter Vollkommenheit)的知觉。"当对象在它自身中真实地、并且在最严格的意义上'切身地'当下在场的时候,当对象作为它所是的东西完全无遗漏地(restlos)被把握,即它自身实项地包含在知觉活动中的时候",我们才将之称为充分的(adäquate)知觉。① 根据知觉意向一般的切身性特征,意识体验在内知觉中自身给予,我们切身地体验了相关的体验内容。而根据内知觉意向的充分性特征,我们在内知觉中对体验内容的意识是充分的,即我们完全无遗漏地意识到全部体验内容,而且"我们不把没有在知觉体验中自身直观地被表象的与实项地被给予的东西归属给它的对象"②。从而,与意向性内容相对立,意识的被体验、被意识的特征通过内知觉的充分性得到了规定。

简单地说,知觉的意向性是指知觉意识对某个对象的指向性。用以刻画意识的意识性的内知觉也被冠以"意向性的"名号,但是内知觉与意识体验之间的关系不是现象学上典型的意向性关系——这种关系刻画了意识如何能够作为异于自身的对象进行显现的条件。因为,并不是所有指向体验的知觉都是内知觉,正如,我们能够以反思的方式,将自己的一个体验作为知觉对象加以考察。在这种情况中,反思活动与被反思的意识体验是两个不同的意识活动,处于一种典型的意向性关系。但是,这种关系不是对意识的意识性的规定。因为,一方面,反思性的"内知觉"是不充分的,我们不可能通过反思活动完全把握被考察的意识体验的所有部分,而意识体验的所有部分则是无一例外地被体验或被意识的;另一方面,反思性的"内知觉"不是使意识成为意识的条件,否则的话,这会陷入胡塞尔所批评的"无限的后退"——作为一个体验的内知觉又需要一个新的内知觉使之成为体验。③

虽然,胡塞尔也将相关的意识称为内知觉的对象,但显然不是在类似于外知觉指向其对象意义上而言的。在外知觉活动中,"一个体验'指向'一个

---

① E. Husserl, *Logische Untersuchungen*, p. 365.
② Ebd., p. 365.
③ Ebd., pp. 366-367. 胡塞尔显然清楚地意识到了其中的问题。他明确反对布伦塔诺将内知觉与体验规定为两个体验之间的意向性关系,因为这将会导致"无穷的后退"。

与自身有别的对象",这个对象"不是被体验的或被意识的"①。胡塞尔对内知觉的讨论针对的是意识体验自身的内部特征,并且通过对意识自身的特征的讨论,来揭示意向对象显现的条件。意向性之可能性的条件本身不能通过意向性的关系得到规定,否则这将是一个循环界定。在内知觉的情况中,内知觉与相关的体验"同时被给予","属于一个意识"。② 意识体验在内知觉中以非典型意向性的、非对象的方式被体验或被意识。意识体验"在自身中通过自身给予自身",而不是作为对象给予另一个指向它的意识体验。③ 在意识有别于一般意向对象的意识性问题上,内知觉刻画了意识体验自身给予自身的特征。④

以这样的方式,胡塞尔试图以具有充分性的内知觉来刻画"现时地呈现"(aktuell präsente)、即当下以显著的方式正在进行的体验的意识性。⑤ 然而,胡塞尔所规定的第一个意识概念不仅仅是当下的体验,而且是由作为内容的诸多体验所构成的意识统一体。因而,进一步的任务是通过内知觉来界定整个意识统一体的意识性特征,从而在一般性的意义上,对意识与意向现象做出本质性的区分。

胡塞尔直接以"我思,故我在"或直接的"我在"的明见性为出发点。"我在"具有抵制所有怀疑的确定性。显而易见,经验自我不具有这种明见性,它不是这里所谓的具有明见性的"我在"意义上的自我。因为,我们对于经验自我的直观,正如我们对于外部物体的知觉一样,都是不充分的。⑥ 在内知觉中给予的、构成经验自我内核的现象学意义上的意识体验则具有这种明见性。对于意识体验而言,被体验或被意识的内容与体验之间没有区别。⑦ 这种同一性意味着体验在具有充分性的内知觉中对于自身而言的明见性,即体验自

---

① E. Husserl, *Logische Untersuchungen*, p. 362.
② Ebd., pp. 365-366.
③ D. Zahavi, "The Three Concepts of Consciousness in *Logische Untersuchungen*".
④ 这种说明一定程度上指出了意识的自身给予与外部对象给予方式的差别。胡塞尔在这里从充分性程度上讨论了这种差异性。然而,外部对象与内部对象的构成不仅仅是充分性程度的问题,而是构成方式、显现方式的区别,意向性的区别。因此,这种这里的讨论仍然是"不充分的",需要对意识的"意向性"结构作更深入的分析。
⑤ E. Husserl, *Logische Untersuchungen*, p. 365.
⑥ Ebd., p. 375.
⑦ Ebd., p. 362.

身给予自身。在这里,"我在"的明见性表示的是意识体验在自身给予自身时的同一性。只要意识体验在内知觉中以自身意识的方式给予,就具有确定的明见性。因此,胡塞尔指出,在内知觉中给予的具体的意识体验具有明见性,当我们进行知觉、判断、快乐和想象的意识活动时,这些意识体验在内知觉中自身给予,它们具有无可置疑的明见性。当下切身给予的意识体验构成了一个具有确定明见性的领域。

不仅当下给予的意识体验具有明见性,而且对于过去呈现的意识体验而言,它们也曾经在内知觉中充分给予,尽管不具有与当下体验完全一样的自明性,也具有"**我曾在**"(*ich war*)的自明性,或者至少具有明见性的或然性(eividente Wahrscheinlichkeit)(根据第一版)。① 基于回忆与具有充分性的内知觉,这些过去的意识体验与当下呈现的意识体验构成了具有明见性的领域。它们作为意识体验不仅仅是共存的,而且,根据意识体验的自组织原则,相互之间联结、串联,构成了一个意识统一体。

需要注意的是,在第一版中,胡塞尔关于过去与现在体验的共存,以及意识统一体的构成的说明,在很大程度上是"基于经验的理由"(auf empirische Gründe)。② 因为,对过去曾经呈现的体验的确定性基于将这些体验作为对象的回忆,而回忆不像内知觉一样具有充分性——回忆经常出错。在回忆中,过去曾经在内知觉中呈现的体验与当下在内知觉中呈现的体验根据自组织的原则构成意识的统一体。但是,对于这个意识统一体的构成的说明包含了"经验的理由"。在第二版的修订中,胡塞尔明确意识到了这个问题。他引入了对时间性、内时间意识的讨论。过去的体验在内时间意识中构成内在的对象,并且在内时间意识中与当下的意识构成统一体。对作为内部对象的意识体验之本质的界定,对意识体验如何作为内时间意识中的对象得以构成的说明,以及意识体验如何相互综合构成意识统一体,只有通过内时间意识现象学的反思才能实现。

在关于意识的第二个概念之下,胡塞尔试图通过在内知觉中给予的充分性来界定意识的意识性。内知觉作为一种知觉也是意向性的,作为内知觉对

---

① E. Husserl, *Logische Untersuchungen*, p. 368.

② Ebd.

象的体验与外知觉对象的区别在于充分性的程度。然而,这并没有解决内知觉与外知觉的意向性具有怎样的差异,才导致了其对象给予的充分性程度的不同。因此,胡塞尔通过内知觉对当下意识体验的意识性的规定也不充分。进一步,对意识统一体的意识性的刻画也是不充分的。因为,胡塞尔承认,对过去的意识体验的确定性依赖于经验的理由,特别是具有不充分性特征的回忆。所以,我们认识到,在这两个关于意识的概念之下,胡塞尔虽然从意识统一体的自组织性和自身给予的充分性两个方面刻画意识的结构和本质特征,但是对于界定意识的意识性而言,这仍然是不足的。遗留的问题将直接指向胡塞尔对意向性与内时间意识问题的探讨。鉴于篇幅与论题的限制,我们在这里不拟追踪胡塞尔在这个方向上的努力,而将接下来的讨论集中于他在第二版的修正中对意识所做的纯粹现象学的"纯化"(Reinigung)工作。

四 纯粹现象学对意识的纯化

胡塞尔在《逻辑研究》第一版中关于意识的讨论,以描述心理学为基本立场。在此立场导向上,胡塞尔对经验的个人采取了一个描述心理学的还原,转向内在的、实项的体验内容,以及作为意识统一体的自我。在描述心理学的反思中,"我们将活动与被感物(sensa)看作意识流中的对象或过程。我们并没有切除我们的世界信念,因此,这些对象或过程并没有与世界中的事物彻底区分开"①。以这种方式,我们可以对意识体验的要素和结构进行一种本质描述。然而,胡塞尔讨论意识的一个目的在于,界定和论证意识作为对象的对象性之建立的主体方面的条件,以及何种意义方面的条件。正如索科洛夫斯基所指出的,描述心理学并没有建立起意识与实在的自然事物之间的区分,作为对象的对象性之条件的意识并未从实在对象的领域中抽离出来,因此,其作为条件的理由是不充分的。尽管胡塞尔试图通过内知觉的充分性,即自身充分给予自身的特征,来进一步界定意识,但是我们也已经看到,这一努力并未达到目的。

胡塞尔在《纯粹现象学与现象学哲学的观念》(第一卷)(以下简称《观念

---

① R. Sokolowski, "The Structure and Content of Husserl's *Logical Investigations*".

1》)完成后,即对《逻辑研究》进行了修订。在《观念1》的先验现象学的立场上,胡塞尔对"第五研究"所规定的意识体验进行了纯粹现象学的还原,以便对意识进行更为纯粹的、本质的和精确的研究。

纯粹现象学的还原对心理学所描述的心灵现象进行了纯化,悬置了世界信念,排除了心灵现象的实在性设定。在纯化之后,现象学所关注的对象从描述心理学所还原的作为体验统一体的自我,转变到纯粹现象学意义上的体验与"现象学还原了的自我"(das phänomenologisch reduzierte Ich)。① 对于已经通过与意向性内容相对比而界定的体验概念、作为意识统一体的自我概念以及内意识概念,现象学还原的纯化会带来怎样的后果?会不会从根本上改变胡塞尔对相关的内容的基本的立论、分析与论证?

对于这样的问题,笔者认为,在从描述心理学向先验现象学态度的转变中,胡塞尔关于体验内容与意向性内容、经验自我的区分仍然有效,而体验内容与作为意识统一体的自我则经历了一个形态的变化,即从描述心理学所研究的经验性的、不纯粹的本质转变为先天的、纯粹的本质。我们先来看现象学还原到底对描述心理学中的体验进行了怎样的纯化:

> 现在需要立即指出,**这个体验概念允许进行纯粹现象学的把握,即经过这样的把握,排除与经验的、实在的此在**(自然的人类或动物)**之间的一切关系**:描述心理学(经验现象学)意义上的体验由此成为**纯粹**现象学意义上的体验。②

在胡塞尔看来,描述心理学与日常的观点、实证心理学不同:后者将人的体验作为对象进行考察,描述心理学则在体验内容与意向性内容相区分的前提下,根据其本质类型与复合形式研究自我体验的本质结构。对描述心理学的这一界定包含两个方面,一方面是体验内容与意向性内容的区分,另一个方面是从"自我的真实本质"(das reale Wesen der Ich)的角度来研究意识。③ 我们已经清楚内在的体验内容与意向性内容的区别,作为体验统一体的自我与经验的个人之间的区别。从描述心理学向纯粹现象学的立场转变中,这样的

---

① E. Husserl, *Logische Untersuchungen*, pp. 357, 364.
② Ebd., p. 357.
③ Ebd., p. 370.

区分被保留下来。真正发生变化的是描述心理学视野中的作为"真实本质"意识体验。在描述心理学中,我们从依赖于经验的个人的个别的心灵体验出发,通过抽象化和一般化,排除掉偶发性的要素,从而达到心灵体验的一般本质。但是,描述心理学所考察的作为本质的心灵体验仍然要依赖于经验的实在的个人,它们是经验的心灵体验的一般本质,因而是经验性的、不纯粹的本质。[1]胡塞尔将描述心理学称作经验现象学,这是因为虽然它研究的是意识体验的本质,但仍然是经验性的本质。

在描述心理学的视野中,经验性本质意义上的意识体验依然是经验的实在的个人的意识的本质,对这种本质的把握仍然依赖于我们对经验的人的实在性预设。

在先验现象学的视野中,胡塞尔意识到他在《逻辑研究》的描述心理学立场仍旧没有摆脱自然主义。而先验现象学还原的一个目的在于,使意识完全摆脱与自然的、经验的个人,及其实在的心理状态的关系。[2] 对于经验性的、不纯粹的意识体验的本质,可以进行进一步的纯粹现象学的还原,从而使之成为纯粹现象学所考察的纯粹本质。这种转变的关键一步在于对意识体验与经验的实在的人之间的关系的排除,以及由此带来的对意识体验的实在性预设的根本排除。在纯粹现象学的还原中,我们排除意识体验与经验的个人之间的实在性关系,我们通过自由的变换,想象任意的意识体验的本质结构,例如知觉、回忆或判断等意识活动的本质。我们通过纯粹想象和本质直观,把握到作为先天的纯粹本质的意识体验的结构。我们所面对的本质是纯粹的知觉、回忆或判断等意识体验本身的本质,而不是经验的人的知觉、回忆或判断的本质。虽然,经验的人的知觉、回忆或判断具有纯粹的知觉、回忆或判断的本质结构,但是我们可以认为,经验的人的实在性完全不影响这些意识体验的本质结构,经验的人只是例示了这些纯粹的本质。意识体验的纯粹本质并不依赖经验的人是否存在,是否进行例示。经过纯粹现象学的还原,对

---

[1] 胡塞尔明确承认,在意识一侧的意向性体验"同时构成了现象自我的一个本质的现象学的内核 (Kern)"(E. Husserl, *Logische Untersuchungen*, p. 374)。描述心理学的考察并没有排除意识体验的实在性预设,仍将之看作是属于经验实在的人的一个组成要素。

[2] E. Husserl, *Zur Phänomenologie des inneren Zeitbewusstseins* (1893-1917), hrsg., von Rudolf Boehm, The Hague: Martinus Nijhoff, 1966, pp. 338-339.

意识体验的经验性本质的描述心理学的说明,转变为对它们作为先天的纯粹本质进行"纯粹的本质洞见"(reine Wesenseinsichten [als apriorische])。①

在对相关内容的修改中,胡塞尔也明确指出,"我们于是注意到,迄今进行的、以及每一个新的最初以心理学为导向的分析,如何确实容许对其进行'纯化'(Reinigung),这种纯化赋予它以'**纯粹**'现象学的价值"②。由此看出,胡塞尔承认,他原来在描述心理学中对体验内容的界定,对体验内容与经验自我关系的讨论仍然是有效的,只不过纯粹现象学将它们从经验实在性中彻底分离出来,在纯粹本质的意义上对之加以探讨。描述心理学的分析将意识体验作为经验的本质,而纯粹现象学则将之作为先天的纯粹本质进行分析。这一纯化工作最终确定了先验现象学所分析的纯粹意识的领域。

五 结 论

在"第五研究"中,胡塞尔试图通过三个相互补充的意识概念界定意识的结构和意识性特征。胡塞尔在第一个概念之下刻画了意识的自组织结构,在第二个概念之下揭示了意识的自身给予的特征,在第三个概念之下展现了意识的意向性结构。我们重点讨论了胡塞尔在前两个意识概念之下对意识的本质特征的界定,指出为什么这里的讨论是不充分的。胡塞尔关于意识自组织的结构说明了意识统一体的组成原则,拒斥了形而上学的自我论,但是这一原则并不专属于现象学对意识结构的揭示;意识的自身给予性也并未能通过内知觉得到充分说明,因为内知觉的独特意向性结构尚未被探讨,而且其充分性也是可疑的。描述心理学的立场上,作为(实在的或理念的)对象显现条件的意识并未从根本上从实在对象的领域中脱离出来。作为克服这些问题的努力,胡塞尔在第二版中引入的现象学的纯化指向了先验现象学立场上的纯粹现象学还原。胡塞尔在《逻辑研究》中初步勾勒了现象学的意识理论,同时建立了具有开放性的问题域。

---

① E. Husserl, *Logische Untersuchungen*, pp. 357-358.
② Ebd., p. 360.

Consciousness and Self: Husserl's Theory of Consciousness in *Logische Untersuchungen*

Zhao Meng

Abstract: In the "fifth Logical Investigation", Husserl attempts to define the basic structure and features of consciousness through examining three interrelated concepts of consciousness. Under the first concept, Husserl portrays the self-organizing structure of consciousness. The second concept reveals the characteristic of self-givenness of consciousness. And the third concept shows the intentionality of consciousness. This paper focuses on the former two concepts of consciousness in respect of the features of consciousness. This paper indicates that Husserl's discussion is insufficient especially in the first edition of *Logical Investigations*. And this insufficiency points to his transcendental phenomenological reduction. *Logical Investigations* initially outlines a phenomenological theory of consciousness and establishes an open horizon for the problem of consciousness.

Key words: consciousness, ego, inner perception, the phenomenological purification

容差性、连锁悖论与模糊性理论*

徐召清**

提　要：连锁悖论是一种与模糊性谓词有关的悖论。一个关于模糊性谓词的精确理论通常也蕴涵着对连锁悖论的解。但是，如果从连锁悖论的消解出发，却并不需要一个完整的模糊性理论。只需对模糊性谓词的容差性（容忍小幅变化）进行较为充分的阐释，即可说明连锁悖论中的条件前提（或归纳前提）何以为假：该前提并不是对模糊性谓词的容差性的正确刻画。从模糊性谓词的容差性的角度考虑，可以得到对超赋值论的一种新辩护。因为与认知主义和多值逻辑相比，超赋值论在保留模糊性谓词的容差性方面更有优势。

关键词：连锁悖论　模糊性谓词　容差性　认知主义　多值逻辑　超赋值论

---

* 本文是四川大学2018年创新火花重点项目"知识优先的认知可能性理论"（2018hhs-50）的阶段性成果。论文初稿曾在2016年7月11—12日由上海大学主办的"悖论研究与哲学现代化"学术研讨会上报告过，与会者提出过有益的评论。本文的匿名审稿人也提出了三条中肯的修改建议。在此一并致谢！

** 徐召清，男，1985年生，四川大学哲学系副教授。

一 引 言

连锁悖论(sorites paradox)是一种与模糊性(vagueness)有关的悖论。① 连锁悖论和说谎者悖论同样古老,而且都可以追溯到古希腊麦加拉学派的欧布里德。但是,连锁悖论却远不如说谎者悖论那么著名。一方面的原因可能在于连锁悖论缺少亚里士多德和《圣经》的加持,另一方面的原因可能在于连锁悖论的表述本身。任何一种具体的连锁悖论,初看起来,似乎都包含着简单的谬误,甚至让人怀疑它是否当得起"悖论"之名。比如,一种经典的连锁悖论(谷堆悖论)的表述如下:

(a) 1 粒谷子不构成谷堆;

(b) 对任意的 n,如果 n 粒谷子不构成谷堆,那么 n+1 粒谷子也不构成谷堆。

(c) 所以,任意 n 粒谷子都不构成谷堆。

这样的表述,似乎把谷堆处理成纯粹的数量问题,但谷堆显然不止关乎数量,而且也关乎结构。表述类似的秃头悖论,也面临着同样的指责。②

事实上,连锁悖论所揭示的问题可能非常复杂。在某些关于悖论度的理论中,连锁悖论和(强化的)说谎者悖论一道被划入了最高等级。③ 有人甚至认为连锁悖论比说谎者悖论还要困难得多,因为我们可以在生活中避免说谎者悖论那样的情境,却很难避免与模糊性有关的困难。④ 正是因为与模糊性

---

① Sorites paradox 也译作"累积悖论",vagueness 也译作"含糊性"或"含混性",见张立英:《含糊性及累积悖论研究》,《哲学动态》,2013 年第 10 期,第 109—112 页;陈明益:《从逻辑哲学观点看含混问题》,《逻辑学研究》,2015 年第 3 期,第 64—87 页。而我这里采取的是陈波的译法,将"vagueness"译作"模糊性","sorites paradox"译作"连锁悖论",见陈波:《模糊性:连锁悖论》,《哲学研究》,第 111—118 页。

② 龙小平:《简析连锁悖论》,《九江师专学报》(哲学社会科学版),2001 年第 2 期,第 82—83 页。

③ 库恩佐:《悖论》,重庆:重庆大学出版社,2016 年,第 35 页。文献中也存在另一种不同的悖论度概念:"如果一个悖论在另一悖论出现矛盾的框架中也必定出现矛盾——直观上,后者出现矛盾时,前者也一定出现矛盾,那么就认为前者的悖论度大于或等于后者的悖论度"。见熊明:《超赋值与悖论度》,《湖南科技大学学报》(社会科学版)》,2017 年第 1 期,第 25—30 页。

④ Łukowski, P. (2011), *Paradoxes*, Springer, p. 132. Łukowski 甚至猜测亚里士多德之所以没有讨论连锁悖论,是因为他也没有好的解决办法(Ibid., p. 133)。但在我看来,更有可能是因为亚里士多德的逻辑并不处理条件句推理,而连锁悖论更像是对斯多亚逻辑的挑战。

的纠缠,连锁悖论所牵涉的诸多问题都非常有趣:首先,模糊性关涉一大类的自然语言现象。许多自然语言的表达式都是模糊表达式;如,"高""矮""大""小""贫富""孩子"等等。其次,人们对模糊性现象的研究,产生了大量的模糊性理论,其中如模糊逻辑(fuzzy logic)还在不少工程领域中有着许多具体的应用。[①] 再次,许多重要的哲学问题,诸如不可分辨者同一、人格同一性、从量变到质变的转换等问题都与模糊性有关。最后,连锁悖论本身也构成了对经典悖论分类法的一种挑战。连锁悖论到底是一种语义悖论、语用悖论还是形而上学悖论?或者更具体地,模糊性到底是一种语义现象、认知现象,还是一种本体论现象呢?

连锁悖论和模糊性牵连甚广,本文不可能对其做全面的系统考察,而仅就两者的关系考察做一番思考,试图回答如下三个问题:

1. 哪些模糊性表达会产生连锁悖论?有没有不产生连锁悖论的模糊性表达吗?

2. 如果将悖论看成直觉的冲突,那么连锁悖论中各个命题的可信度(plausibility)该如何排序?能否以此得到对连锁悖论的一种自然消解?

3. 如果能够得到对连锁悖论的自然消解,那么以此作为比较和评判各种模糊性理论的标准,能得到何种不一样的结论?

二　连锁悖论与模糊性谓词

连锁悖论与模糊性表达有关。但如上所述,模糊性表达类别众多,是否每一类模糊性表达都能构成连锁悖论呢?要回答这个问题,需要对连锁悖论和模糊性表达的一般特征进行对比。

连锁悖论的一般形式有很多[②],其中最有代表性的是数学归纳法形式:

[①] 罗斯:《模糊逻辑及其工程应用》,北京:电子工业出版社,2001年。
[②] Hyde, D. (2011), "The Sorites Paradox", in Giuseppina Ronzitti eds., *Vagueness: A Guide*, Springer, pp.1-18. Hyde 一共列举了5种不同的形式,而我之所以只讨论数学归纳法形式,是因为其他形式要么和数学归纳法形式具有类似的结构特征,要么直接就是其特例。

$$Fa_1$$
$$\forall n(Fa_n \to Fa_{n+1})$$

所以，$\forall n\, Fa_n$

根据巴恩斯的总结①，如上形式的推论要构成连锁悖论，必须满足两个前提。首先，有一种适合的方式，将对象排成 $<a_1,\ldots,a_n>$ 的序列。其次，谓词 F 必须满足以下三个限制条件：(i) 它对序列的首项 a_1 必须看起来是真的；(ii) 它对序列的尾项 a_n 必须看起来是假的；(iii) 序列中相邻两者之间的差别，似乎不足以对 F 适用与否造成影响，也就是说 a_i 和 a_{i+1} 看起来都满足 F，或者都不满足 F。

模糊表达式种类很多，除了有普通的名词，如"谷堆""秃头"等；有广义的量词，如"许多""少数"等；有介词，如"大约""接近"等；有副词，如"很久""马上"等；有形容词，如"高""矮""胖""瘦"等。这样的模糊性表达有两个基本的特征：一是存在界限情形（borderline cases）；二是具有容差性（tolerance）。② 所谓界限情形，是指难以确定该表达式是否适用的情形。例如，如果一个人月收入不足 3000 元，当然可以说他"不富"；而如果一个人月收入 3000 万元，当然可以说他"富"；但一个月收入 8000 元的人，就很难说他是"富"还是"不富"。如果真是这样，那就可以说这个月收入 8000 元的人处于富与不富的界限情形。所谓容差性，是指微小的变化不会对相应表达式适用与否造成影响。比如，如果一个人资产有 9700 万，我们可以说成"接近 1 个亿"。假如他某天弄丢了一枚一元的硬币，那么我们仍然可以说他的资产"接近 1 个亿"。

对比发现，要使用日常的模糊表达式来构造如上形式的连锁悖论，首先需要模糊表达式能充当谓词。对名词和形容词而言，这并不困难。比如，"……是秃头"，"……不高"。对模糊的量词、介词和副词而言，也可以用它们来修饰别的谓词，构成复杂的模糊性谓词。比如，"好多鱼"，"……大约三点

---

① Barnes, J. (1982), "Medicine, Experience and Logic", in Barnes, J., Brunschwig, J., Burnyeat, M., and Schofield, M. eds., *Science and Speculation*, Cambridge: Cambridge University Press, pp. 24-68.
② Wright, C. (1975), "On the Coherence of Vague Predicates", *Synthese*, 30: 325-365.

钟"，"……很久都没到"，等等。① 其次需要相应的谓词满足巴恩斯所给的三个限制条件。条件(iii)对应的正是模糊性谓词的容差性。条件(i)和(ii)表面看来并没有用到界限情形。但是，如果一个谓词并没有它不适用的对象，或者一个谓词适用于所有对象，那么，不确定该谓词是否适用的界限情形就无从谈起。从这个意义上看，界限情形的预设，就保证了条件(i)和(ii)的合理性，对任何一个模糊性谓词而言，除了有界限情形外，也必定有确定满足和确定不满足该谓词的情形。剩下的问题只在于，在这样的情形中，是否总可以按照容差性排成一个 $<a_1,\ldots,a_n>$ 的序列？"秃头"可以根据头发数量来排序，"谷堆"可以根据谷粒多少来排序，"贫富"可以用货币数量来排序；"马上"可以用时间间隔来排序；"大小"可以用空间尺度来排序，等等。颜色和味道看起来会构成一种反例，但是，我们现在已经用数学公式来对色谱进行定量计算，而我们也已经发明了像辣度这样的概念来测度辣味之间的差别。可以说，只要有这种必要，我们总是能够找到一种方法，将模糊性谓词的潜在对象进行排序。② 而这种可能性很大程度上是由模糊性谓词的容差性保证的，我们总是能为这种小幅变化找到一些合适的度量，使得相应的变化幅度每次都在容差性的允许范围之内。有的人试图只以界限情形，或只以容差性来界定模糊性，才会产生界限情形是否与容差性等价，以及界限情形是否足以导致连锁悖论的问题。③ 比如，夏皮罗试图以"同义性""宗教""大厦"等例子来说明模糊性并不必然导致连锁悖论，因为这些词汇是在多个维度上都模糊的，很难对其进行单维度上的排序。④ 但这个理由不是决定性的，哪怕"秃头"和"谷堆"也是在多个维度上模糊的，却不影响我们可以按数量进行排序。正是从这种意义上讲，并不存在不产生连锁悖论的模糊性谓词。因此，连锁悖论的确为模糊性谓词带了极大的哲学挑战，任何模糊性理论都需要提供对连锁悖论的消解。

---

① 事实上，很多人在讨论模糊性时都直接谈论模糊性谓词。这得益于现代逻辑的功劳，熟悉现代谓词逻辑的人都已经习惯将弗雷格意义上的概念看成广义的谓词。
② 按我的理解，巴恩斯所列的排序条件是线性序。但是，如果不限制讨论范围，对模糊性谓词的一般而言会是偏序而非线性序。所幸，我们总是可以通过取偏序的适当子集来得到所要求的线性序，从而满足巴恩斯的要求。(感谢匿名审稿人指出这个问题！)
③ Greenough, P. (2003), "Vagueness: A Minimal Theory", *Mind*, 112: 235-281.
④ Shapiro, S. (2006), *Vagueness in Context*, Oxford: Oxford University Press, p.4.

三　连锁悖论的自然消解

虽然 20 世纪 70 年代才开始掀起研究连锁悖论的热潮，但时至今日，人们已经提出了各种不同的消解方案。从理论上说，数学归纳法形式的连锁悖论至少有如下四类不同的消解方案：①（一）因为包含模糊性谓词，所以相应的句子无所谓真假，逻辑在此并不适用（罗素和弗雷格的精确语言进路）；（二）拒斥某个前提（威廉姆森的认知主义、超赋值论和某些多值逻辑方案都拒斥归纳前提）；（三）拒斥推理的有效性（某些多值逻辑方案和语境主义方案）；（四）接受推理的有效性，认为悖论恰好揭示了模糊性谓词包含着内在的矛盾。我这里不准备对这些方案进行全面的介绍和考察，而是将悖论看成直觉的冲突，并在此基础上审视我们对连锁悖论中的各个命题的可信度，以期提出一种在我看来最为自然的消解。

以秃头悖论为例，考虑如下的三个命题：

(1) 一个人有 0 根头发时是秃头。

(2) 一个人 10 万根头发时不是秃头。

(3) 如果一个人有 n 根头发时是秃头，那么他有 n + 1 根头发时也是秃头。

如果我们能够直接讨论(1)—(3)的真假，那么三者都真就构成了严格的逻辑悖论。因为从(1)—(3)会推出逻辑矛盾。但这只是对悖论的狭义定义，根据对悖论的一种广义理解，悖论可以看成是直觉的冲突。这对连锁悖论的讨论尤为适合：一方面，"真"和"假"本身不是模糊性谓词；另一方面，上文对连锁悖论的限制性条件也只要求这些命题"看起来"为真。虽然真假没有程度之分，但"看起来为真"或"看起来为假"，却由人们对命题的可信度进行某种量化的比较。事实上，上文提到的悖论度也恰好是在各个命题的可信度的基础上计算出来的结果。② 我这里的讨论并不依赖于对可信度的某种具体量化标

---

① Hyde, D. (2011), "Sorites Paradox", in *Stanford Encyclopedia of Philosophy*, http://plato.stanford.edu/entries/sorites-paradox.（访问时间 2018 年 12 月 5 日）

② 库恩佐：《悖论》，重庆：重庆大学出版社，2016 年，第 19—39 页。

准,而仅仅考虑对可信度的主要排序。如果将秃头悖论中的三个命题进行可信度排序,结果会如何呢?

我给出的排序是:(1) > (2) > (3)。这首先一种基于直觉的判断;但也有基于反思的理由。先看(1)。如果有任何人可以算作秃头,那么没有头发的人就应该算。这是因为,假如没有任何人可以算作秃头,那"秃头"这个词就没有任何实际的用处。事实上,和大多数模糊性谓词一样,我们并不是先有"秃头"的理论定义,然后再去检验是否真的有具体对象满足这个定义标准。而是先对一些基本实例做判断,然后再从中抽象出判断标准和各种判断之间的蕴涵关系。因此,(1)应该在三者中具有最高的直觉可信度。再看(2)。怎样才算秃头,这不仅是数量问题,而且是结构问题;因此,单是给出头发数目,还不足以判断是否是秃头。虽然数量足够大时,结构的作用就不那么明显,但这仍然会影响我们的直觉判断。更何况还可能有"头发的粗细""头的大小"等其他因素在发挥影响。因此,(2)的直觉可信度不如(1)。最后看(3)。很多人之所以会觉得(3)可信,是因为它刚好对应着模糊性谓词的容差性。但在我看来,(3)恰恰是问题之所在。表面看来,(3)背后的直觉是:任何一根头发都不足以造成"秃头"和"非秃头"的差别。但这样的直觉判断是以有很多头发的人为基础的;当头发数量很少时,一根头发造成的差别也可以非常明显("边际效应"问题)。再者,认为(3)具有很大的直觉可信度,也可能来源于对(3)和(4)的混淆。

(4) 如果一个人有 $n + 1$ 根时是秃头,那么他有 n 根头发时也是秃头。

从语法的角度看,"秃"要比"更秃"这样的形容词比较级更为基础;但从逻辑的角度看,形容词比较级的精确程度比原级更高。因此像(4)这样的比较判断,可能的确拥有比(1)更高的直觉可信度,但这不足以说明(3)的直觉可信度会高于(1)。而(3)的可信度之所以最低,更为根本的原因在于,它并不是对模糊性谓词的容差性的良好刻画。因为它将一个具有模糊性的概念,变成了精确的归纳条件,这本身就会导致新的连锁悖论。达米特转述过一个以王

浩命名的悖论：①

> 1 是一个小的数；
>
> 对任意的 n，如果 n 是一个小的数，则 n+1 也是一个小的数；
>
> 所以，每一个数都是一个小的数。

模糊性谓词的容差性是指容忍小的变化，但"小"本身就是模糊的。王浩悖论表明，如果将这种模糊性转化为精确的刻画，那么就会导致连锁悖论。正是在这个意义上看，王浩悖论才揭示出了连锁悖论的一般特征。

因此，根据直觉可信度的排序，对连锁悖论最自然的消解方案是否定（3），也就是数学归纳法形式中的归纳条件。因为小的变化并不具有累加性，不断进行小的变化，其结果可能就不再是小的变化。是否有可能为模糊性谓词的容差性给出更好的刻画，这是值得进一步探讨的问题。但容差性与归纳条件之间的差别，恰好表明，连锁悖论实际上是试图对模糊性谓词做精确刻画的结果。② 退一步说，即使对容差性和归纳条件的关系存在质疑，只要上述说明仍能够说（1）＞（2）＞（3）这种可信度的排序是合理的，那最自然的消解方案也应该是否定（3）。③ 事实上，关于连锁悖论，最常见的主题也是拒斥归纳原则，没有达成共识的地方仅在于我们何以会误认为它是可信的。④ 以下就从这个角度出发，对三种主流的模糊性理论进行比较。

---

① Dummett, M. (1975), "Wang's Paradox", *Synthese* 30: 301-324. 达米特给出过一种对"小"的解释，使得的确所有自然数都是小的："一个自然数是小的，如果它比有穷多个自然数大，而比无穷多个自然数小"。但模糊性谓词的容差性，显然不能用这种意义上的"小"来刻画。

② 王习胜也提出了类似的看法，他将连锁悖论看成是人们对连续性对象进行离散式认知的矛盾。参见王习胜：《模糊悖论研究》，《中国社会科学院研究生院学报》，2008 年第 4 期，第 41—45 页。严格说来，这里的精确化只做到了一半的精确化。因为只精确化了排序，而没有给出每种精确化下的界限。后文要讨论的超赋值论的精确化，正是在排序的基础上，还增加了每种精确化下的界限。

③ Rescher 也用可信度来消解连锁悖论，只不过他给出的排序是 [(1), (2)] ＞ (3)，见 Rescher, N. (2001), Paradoxes: Their Roots, Range and Resolution, Chicago: Open Court, p.79，我对他的编号做了相应的调整。他给出的是偏序，不同于我给出线性排序。为了进一步澄清，我们也可以做一个大众直觉的哲学实验，调查这种直觉判断在不同的人群分布中会呈现何种差异。但就当前的问题而言，哪怕按照他给出的这种排序，最自然的消解方案也是拒斥(3)。至于匿名审稿人关心这种哲学实验的可行性，已有的哲学实验文献都能提供参考。参见 J. Sytsma and W. Buckwalter (2016), eds., *A Companion to Experimental Philosophy*, John Wiley & Sons.

④ Shapiro, S. (2006), *Vagueness in Context*, Oxford: Oxford University Press, p.4.

四　三种模糊性理论的比较

根据陈波的总结①，当前的模糊性理论至少有如下七类：(1)用精确语言代替模糊语言；(2)多值逻辑和真值度理论；(3)超赋值主义；(4)认知主义；(5)语境主义；(6)虚无主义；(7)形而上学的模糊性。我这里只讨论其中的三种：多值逻辑和真值度；超赋值主义；认知主义。不仅因为这三种理论得到的关注最多，而且因为三者都符合自然消解的路径——拒斥归纳前提。我在上节中也给出了拒斥归纳前提的理由：归纳条件并不是对容差性的正确刻画。那么一个自然的问题是，哪种模糊性理论的说明与此更一致，或者哪种模糊性理论导致更少的直觉冲突，因而也更加自然？

(一)认知主义

认知主义最早可以追溯到古希腊斯多亚学派的克吕西波。当代哲学家中卡吉尔、坎普贝尔和索伦森等都对认知主义做过阐述，但最为知名的认知主义者当属牛津哲学家蒂莫西·威廉姆森。② 我这里也以威廉姆森的工作为例进行讨论，而关注的焦点只集中于认知主义对连锁悖论的消解。

认知主义对归纳前提的否定最为简单直接：归纳前提是假的。因此，的确存在一个 n，使得少于 n 根头发的人是秃头，而多于 n 根头发的人不是。而之所以人们难以找到这个 n，是因为认知能力的局限。换言之，在认知主义者看来，模糊性是一种无知。比如，某个情形是界限情形，仅仅因为人们不知道它是否满足相应的谓词。在威廉姆森看来，我们的任何知识都必须允许一定的误差范围（他称之为"误差余地原则"）。这使得人们直观上倾向于接受归纳前提为合理的，因为人们的认知能力往往不足以区分误差范围中的两种情形。比如，广场上有 5679 人和有 5680 人的两种不同情形，人们远远望去却看不出任何差别，那么如果他们不知道广场上有 5679 人，他们也不知道广场上有 5680 人。

---

① 陈波：《悖论研究》，北京：北京大学出版社，2014 年，第 59—60 页。需要特别说明的是，后文的比较也主要基于陈波的总结，而非讨论这些理论的原始文献。
② Timothy Williamson(1994)，*Vagueness*，Routledge. 对威廉姆森的认知主义的一个详细评述，参见王海若、刘靖贤：《威廉姆森的认知主义》，《自然辩证法研究》，2014 年第 10 期，第 16—22 页。

认知主义的解释固然有很多优点,但也面临不少批评。[①] 而我这里要强调的是认知主义在如下两个方面的局限:(1)认知主义在否定归纳前提的同时,实际上也完全否定了模糊性谓词的容差性,从而将模糊性谓词变成了精确谓词。存在一个精确的数量,使得某人再掉一根头发,就会变成秃头;存在一个高度,使得某人哪怕再高一微米,就从矮个子变成了高个子,……这严重违反直觉。(2)高阶的无知:模糊性如果仅仅在于不知道界限在哪里,那怎么知道一定有一个界限?误差余地原则只证明了:如果有界限,我们由于认知能力的局限,不知道界限的精确位置;但我们的无知也可能是因为根本就没有界限(知识蕴涵真,换言之,不真的当然就不会是知识),即使误差余地原则是真的,如何直接证明确实存在界限(证明就是获得知识的一种方式,如果确实能证明,那有什么能够阻止我们进一步去发现那些界限呢)?

(二) 多值逻辑

多值逻辑本身并不是专门针对模糊性问题的。至少如下几类问题也为多于二值的逻辑提供了初步的理由:(1)关于未来的陈述,如"明天将有海战";(2)含虚假预设的陈述,如"泰德停止吸烟了";(3)含空名或虚构对象的陈述,如"福尔摩斯左脚上有颗痣"。因为这些命题没有确定的真假,因此就人为地给它们指派第三个真值,由此得到三值逻辑。而模糊逻辑(fuzzy logic)是三值逻辑到无穷值逻辑的推广。

就如何消解连锁悖论而言,一种是拒斥肯定前件式推理的有效性;另一种是拒斥归纳前提。下面详细讨论如何在多值逻辑中拒斥连锁悖论中的归纳前提。"张三是秃头"等模糊语句,在三值逻辑的处理中,其值为"中间值"(intermediate);如果多于三值的逻辑,则在[0,1]区间取值,"0"表示确定为假;"1"表示确定为真;"0.1""0.4""0.9"等表示模糊语句为真的程度,称为真值度(degrees of truth)。用[p]表示 p 的真值度,min{[p],[q]}表示取两值中较小的值,max{[p],[q]}表示取两值中较大的值。复合模糊语句的真值度可以按如下规则计算:

$$(\wedge)[p \wedge q] = \min\{[p],[q]\}$$

[①] Keefe, R. (2000), *Theories of Vagueness*, Cambridge: Cambridge University Press, pp. 62-84.

$(\vee)[p \vee q] = \max\{[p],[q]\}$

$(\neg)[\neg p] = 1 - [p]$

$(\leftrightarrow)[p \leftrightarrow q] = 1 - (\max\{[p],[q]\} - \min\{[p],[q]\})$

$(\rightarrow)[p \rightarrow q] = [p \leftrightarrow (p \wedge q)] = 1 - ([p] - \min\{[p],[q]\})$

考虑连锁悖论中的一个条件前提:如果一个人有 9000 根头发时的人是秃头,那么有 9001 根头发的人也是秃头。如果两者没有其他方面的差异,那么相比较而言,前者为真的可能性大于后者(前者的真值度大于后者)。虽然这种差别及其微小,但我们也可以根据上面的语义计算规则得出,该条件前提的真值度小于 1(因为 $[p] > [q]$ 时,通过简单的计算即可得出 $[p \rightarrow q] < 1$)。真值度理论的优势在于,它并没有完全否定条件命题,因此也在一定程度上保持了模糊性谓词的容差性;而只要连锁悖论中条件命题前后件的真值度差异越小,该条件前提的真值度就越接近 1,这也说明了为何归纳前提具有直观的合理性,它不仅不是确定为假,还非常接近确定为真。

用真值度理论来处理模糊性,也面临诸多批评。以三值逻辑为例,模糊语句的值为"真"、"假"和"中间值";我们能够将模糊谓词的外延截然划分为正外延、负外延和界限情形吗?(有 1 万根头发究竟属于哪种情形?)如果"秃头"是模糊的,有界限情形,那么"秃头的界限情形"也是模糊的,也有"秃头的界限情形"的界限情形,……这就是高阶模糊性。威廉姆森正是以高阶模糊性为基础来批评多值逻辑。在他看来:[①]

> 对二值逻辑的异议来自如下的假定:不可能把模糊命题分类成真的和假的。而二阶模糊现象使得同样难以把模糊命题分类成真的、假的、和既不真也不假的。随着谷粒堆垒在一起,我们无法找到一个精确点,恰好在这个点上,"这是一个谷堆"从假的变成了真的。我们同样也不能找出两个精确的点,在其中一个点上,该命题从假的变成中性的;在另一个点上,它从中性的变成了真的。如果两个值不够用,则三个值也不够用。

人们或许会认为威廉姆森这样的批评可以很容易推广到任意多值。如果不

---

① Williamson, T. *Vagueness*, p.111.

能找出一个分界点,那如何能找到两个乃至更多呢? 但这是错误的,我们可以模仿连锁悖论的形式,构造一个关于高阶模糊性的连锁悖论:

> 真假二值不足以精确区分模糊性谓词;
> 如果二值不够,那么三值也不够;
> ……
> 如果 n 值不够,那么 n+1 值也不够。
> ———————————————————
> 所以,任意值的逻辑都不足以区分模糊性谓词。

和连锁悖论一样,这里的每个前提看起来都是正确的,但结论却有大大的疑问。以"秃头"为例,假如每个人实际上最多只有 15 万根头发,那么 15 万值的逻辑就能够对人们的头发数量进行精确的区分。如果在理想化的假定下,秃头程度只依赖于头发数量,那么这个 15 万值逻辑也能够精确区分秃头的程度。这样的方式也为确定原子模糊句的真值度赋值给出了自然的理由。

但问题在于,一旦得到合适的表述,那么真值度理论就和认知主义一样,实际上都取消了模糊性谓词的容差性,因为任何一点微小的变化,都会导致真值度的差异。这不是说不能为分界点的确定给出合适的理由,而是说只有给不出合适理由时,模糊性谓词才是真正模糊的。更大的问题还在于两个派生性的问题:什么是"真值度"? 前面的例子也只是说明我们能够通过头发数量的多少确定秃头的程度。"某人的秃头程度"和"他是秃头"的真假程度是回事情吗? 秃头有程度之分,真和假则没有程度之分。比如,我们可以很自然地说,"某个人秃了 80%",但说"他是秃头"的真值度是 80%,却很难理解。另一个问题则在于,前述复合模糊句的真值度计算规则会导致一些奇怪的结论,比如:(a)假设 p 取中间值 0.5,则经典矛盾式"p∧¬p"不全假,经典重言式"p∨¬p"不全真,二者都是 0.5。(b) 更离奇的是,经典重言式"¬(p↔¬p)"却是全假的。

(三) 超赋值论

超赋值论(Supervaluationism)正是针对多值逻辑的上述非经典结论,试图恢复经典重言式的有效性。应用该理论来处理模糊性的基本思想是:模糊性产生于模糊性谓词语义上的不完整或不确定。通过以不同方式将模糊谓词精确化,可以使其获得相对确定的外延,从而也使模糊句有相对确定的真值,然后把"超真"定义为相对于所有精确化方式为真,把经典逻辑的"真"等同于"超真"。我这里主要关注的是,超赋值论怎样拒斥连锁悖论的归纳前提,又有怎样的代价。①

如何精确化?例如:将谷堆和非谷堆的界限设定为 5000 粒是一种精确化,设定为 4999 粒是另一种,……可以有多种不同方式,但必须遵循一些限制。常见的限制包括如下两条:

  a. 常识上毫无疑问为真的在每种精确化下都要为真,毫无疑问为假的在每种精确化下都要为假,比如不允许这样的精确化,其使得"1 粒谷子是谷堆"为真或使得"1 万粒谷子是谷堆"为假;

  b. 以高个子为例,每一种精确化都必须满足:比高个子更高的仍然是高个子,任何高个子都不再是矮个子。

超赋值论消解连锁悖论的方式:在某个精确化之下,悖论中的某个条件前提是假的,所以该前提不是超真的,故连锁悖论的论证不可靠。比如谷堆悖论:

  S_0:1 粒谷子不构成谷堆。
  S_1:如果 1 粒谷子不构成谷堆,那么 2 粒谷子也不构成谷堆。
  S_2:如果 2 粒谷子不构成谷堆,那么 3 粒谷子也不构成谷堆。
  ……
  C:10 万粒谷子也不构成谷堆。

这里,S_0 在各种精确化之下都真,因此超真;而 C 在各种精确化之下都假,因此超假;而中间的某个 S_n 既非超真,也非超假。因为超赋值论将经典的"真"等同于超真,因此,也可以说超赋值论所否定的仍然是归纳前提或条件前提。这种否定方式的好处在于,它既保证了经典逻辑重言式是超真的,同时也保留了模糊性谓词的容差性,微小的变化会导致另外的精确化,却不会使模糊性谓词变得完全精确。

---

① 对超赋值论的更多讨论,参见陈明益:《含混性与超赋值论》,《哲学动态》,2014 年第 8 期,第 104—109 页;Keefe, R. "Vagueness: Supervaluationism", *Philosophy Compass*, 2008(3):315-324。

超赋值论也面临着不少的质疑,概括起来,主要有四种。下面我一一进行回应,以为超赋值论的合理性辩护。

(1)高阶模糊性:每一种精确化实际都是任意地将界限情形划到正外延或负外延。这面临两个问题:一是可以任意划界,那正好说明任一分界点的指定都没有充分的理由,都是可以被质疑的。二是每种精确化中的正负外延,与原本界限情形之外的正负外延的界限在哪里?换言之,各种精确化中都要保持一贯(为真或为假)的那些模糊句的界限在哪里?

针对前者,超赋值论的支持者可以这样反驳:超赋值论并不要求为任何的精确化给出充分的理由。正是因为任何一种精确化都没有充分的理由,模糊性谓词才是模糊的,而非精确的。针对后者,这的确是一个问题。虽然我们前面为连锁悖论中的三个前提给出了一种直觉可信度的排序,但如何确定哪些前提具有最高的可信度,因此在每种精确化中都会保持为真呢?对此,我有两条建议:一是可以考虑对精确化的限制条件 a 做更为严格的理解:只有经典逻辑重言式才在各种精确化之下都保持为真,只有经典逻辑矛盾式才在各种精确化之下都保持为假。二是将巴恩斯所列的连锁悖论需满足的条件(i)和(ii)加以强化:(i')它对序列的首项 a_1 必须是真的;(ii')它对序列的尾项 a_n 必须是假的;从而就能利用连锁悖论本身的限制条件作为精确化的限制条件。

(2)超赋值论使得某个条件前提不为超真,从而通过论证不可靠来消解悖论,但直观上这些前提都是真的,如何解释理论和直观的冲突?超赋值论者可以结合语境主义的思路这样回答:直观上这些前提都是真的,是因为人们的直观判断都潜在地依赖于某种精确化方式。而且,人们的直观判断并不总是在同一个精确化之下做出的;相反,在面对不同的命题时,悄悄地转换成了不同的精确化。

(3)如何解释联结词和量词的怪异之处?比如,在超真的层次上,联结词不是真值函数,句子的真值不是其子句的真值所决定的。假定 p 和 q 都是模糊的,则 q 和 ¬p 都既非超真也非超假。但是,p∨q 非超真非超假,p∨¬p 而却是超真的。超赋值论的量词也不同于经典逻辑的量词:在超赋值论中,∃n(Fn∧¬Fn+1)是超真的,但并不存在某个具体的 n,使得 Fn∧¬Fn+1 是超真的。单从语形的角度看,超赋值论确实有这些怪异之处,但如果结合语形和语义,而从元语言的层面来看,这些所谓的怪异,都可以得到自然的消解。比如,如果 p 和 q 是不同的模糊句,那么 p∨q 就可能在某些精确化之下是真的,而在另外一些精确化之下是假的。再者,超赋值论的确在超真的意义上直接否定了连锁悖论中的归纳前提。$\exists n(Fn \wedge \neg Fn+1)$ 不过是说在每种精确化之下,F 都会有一个界限;但这并不意味着每种精确化之下 F 都会有同一个界限。在适当的理解之下,这反倒是超赋值论的优势而非弱点,因为正是这两者之间的区别,使得超赋值论尊重了模糊性谓词的模糊性,而不像认知主义和真值度理论那样,将模糊性谓词变成完全精确的。

(4)如何理解真和超真的关系?直观上先有真,才能理解相对的真和超真,但该理论中却是反过来。这很容易回答:直观上也是先有"好""高",再有"更好""更高",因为这是自然语言的语法结构顺序。但从逻辑上说,用"更好""更高"这样的比较级表达的命题往往在直觉可信度的排序中更靠前。"身高 1.87 米的人高不高"的确定性远不如"身高 1.87 米的人是不是比身高 1.67 米的人更高"。这也是为什么在各种精确化中都有限制条件 b 的原因。

五 结 论

在此,对本文的讨论做一个简单的小结:只要模糊性谓词具有容差性,那么就不存在不产生连锁悖论的模糊性谓词;如果将悖论看成直觉的冲突,那么连锁悖论中归纳前提的直观合理性最低,因此自然的消解方式也是否定该前提,而其根本原因在于:归纳前提并不是对模糊性谓词容差性的正确刻画。认知主义、多值逻辑与真值度理论和超赋值论以不同的方式来否定归纳前提,通过比较各种理论的优缺点发现,只有超赋值论才对模糊性谓词的容差性给予了足够的尊重。如果从保留模糊性谓词的容差性的角度来比较主流的三种模糊性理论,那么超赋值论仍然更有优势。

当然,针对本文的讨论,还有一些问题值得进一步研究:用哲学实验方法来检验文中所提到的直观可信度的排序,以及相应的对连锁悖论的自然消解,究竟在何种程度上真正是"自然的"?① 另外,本文只从保留容差性的角度,说明超赋值论在主流的模糊性理论中更有优势。更大范围内的比较,则有待进一步的研究。②

Tolerance, Sorites Paradox and Theories of Vagueness

Xu Zhaoqing

Abstract: Sorites paradox is a kind of paradox involving vague predicates. A precise theory of vagueness usually implies a resolution to sorites paradox. However, simply for the resolution of sorites paradox, it is not necessary to have a complete theory of vagueness. Some detailed elaboration of the tolerance of vague predicates would be sufficient to show why the conditional or induction premise in the sorites paradox is false: it misrepresented the tolerance of vague predicates. Moreover, if we compare theories of vagueness by consideration of tolerance, then there is a new defense of supervaluationism. Since it has more advantage than epistemicism and multi-valued logics when accommodating the tolerance of vague predicates.

Key words: sorites paradox, vague predicates, tolerance, epistemicism, multi-valued logics, supervaluationism

---

① Ripley 综述了对关于认知主义的实验哲学研究。见 Ripley, D. (2016), "Experimental Philosophical Logic", in J. Sytsma and W. Buckwalter eds., *A Companion to Experimental Philosophy*, John Wiley & Sons, pp. 523-534。实验发现,人们对界限情况的判断与纯粹无知有实质性的差别。有理由相信,针对容差性的实验哲学研究也是值得展开的课题。

② 比如,Raffman 最近提出的关于模糊性的"多范围理论"值得更多的关注。见 Raffman, D. (2014), *Unruly Words: A Study of Vague Language*, Oxford: Oxford University Press。

说一切有部持经譬喻传统与新有部之创立*

许　潇**

提　要：说一切有部以重论著称，但在重视论藏的阿毗达磨师、毗婆沙师之外，亦不乏持经、重经的譬喻师。《大毗婆沙论》第一次将佛经分别为了义经和不了义经，这大大方便了毗婆沙师对原始佛典进行解释和拣择，使得毗婆沙师和持经譬喻师的观点差异越来越大，尤其是说一切有部最根本的问题——"一切有"。毗婆沙师的主张从三世实有到三科实有都受到了持经譬喻师的广泛批评，诸法假实之争集中地体现在譬喻师对"五蕴实有"的怀疑上。世亲遵循持经譬喻师重经的传统，在说一切有部内部第一次明确否定五蕴实有而只肯定十二处、十八界实有，这使得种族的含义以及自性的内涵被重新定义，此时种族便仅仅在十八界的框架下而言，自性被限定在根、境、识而失去其本来的与具体的同类事物的对应关系。

关键字：说一切有部　譬喻师　新有部　俱舍论

说一切有部以重论著称，其阿毗达磨体系完备，规模宏大，成为佛教法相学说的一个重要组成部分。尽管如此，在说一切有部成立之初一直到新有部的分裂的几百年时间里，说一切有部除了重视论藏的阿毗达磨师之外，从来不乏持经、重经的譬喻师，由于他们秉持的理念不同，所宗奉的经典亦各有侧

---

* 本文属于国家社科基金青年项目"说一切有部思想史研究"（17CZJ027）。
** 许潇，1988年生，陕西师范大学博士后副研究员。

重,对许多哲学问题自然不会做出完全相同的回答,有时持经譬喻师与阿毗达磨师的观点甚至是相左的。在长期的探讨和相互辩论过程当中,许多哲学问题日益清晰,两派观点上的差异亦越来越显著,最终导致了说一切有部的分裂。

一 说一切有部的持经譬喻传统

汉语中譬喻主要有两层意思,一为比喻,《荀子·非十二子》:"辩说譬谕,齐给便利,而不顺礼义,谓之奸说。"《淮南子·要略》:"假象取耦,以相譬喻。断短为节,以应小具。"第二层意思是晓譬劝喻,如《北齐书·魏收传》:"帝曾游东山,敕收作诏,宣扬威德,譬喻关西。"而在汉语佛经当中,譬喻亦是由多个梵文单字翻译而来的,譬喻是意译,音译作"阿波陀那",就是根据梵文 Avadāna 音译的。此处所言譬喻师,是从 Dārṣṭāntika 一词翻译的。在说法时,对某一义理,为了容易了解,取事比况来说明,所以说"智者因喻得解"。①《妙法莲华经》卷1言"种种譬喻,广演言教无数方便,引导众生令离诸著"②。显然,佛教中的譬喻不仅仅具有比喻的意思,更有晓譬劝喻之意。

而关于譬喻师或譬喻者,现存汉译佛教经典中以《大毗婆沙论》记载最为古老,并且他们在《大毗婆沙论》中出现的频率也是比较高的,据比利时学者魏查理(Charles Willemen)统计,《大毗婆沙论》中论及譬喻者的次数有86次。③ 此外,《大毗婆沙论》中还有譬喻尊者、譬喻论师等说法,如果把这些都加上,那么总数则多达98次。《大毗婆沙论》在整体性介绍譬喻师这个群体之外,还塑造、刻画了法救、觉天等早期说一切有部譬喻师的生动形象。譬喻师在佛教史上尤其是部派佛教史上有着非常重要的地位,学术界对此问题有一定程度的研究,这其中关于譬喻师的部派归属问题成为学术界讨论的焦点。想要搞清楚这个问题,首先需要清楚界定譬喻师,这看似简单实际上却是问题的核心。譬喻本就是佛教十二分教的一种,而王邦维更进一步指出九

---

① 印顺:《说一切有部为主的论书与论师之研究》,北京:中华书局,2009年,第306页。
② (后秦)鸠摩罗什译:《妙法莲华经》卷1,《中华藏》第15册,第513页上。
③ Charles Willemen, Bart Dessein, Collett Cox, *Sarvastivada Buddhist Scholasticism*, Leiden: E. J. Brill, 1998, p. 109.

分教和十二分教中的优陀那、本事、因缘都可以算作譬喻的各种类型。① 由此可见,譬喻作为一种经典表现形式,在佛教中运用广泛。而譬喻师是否就是运用譬喻说经的人呢？或者说究竟什么人算是譬喻师？对这个问题的回答可以说是判别譬喻师部派归属的前提。印顺认为:"说经而参入本生、譬喻、民间故事,成为普及民间的大教化,本是一切学派所共同的。但说一切有部中,重于通俗教化而特有成就的,成为譬喻师。"② 显然,印顺并不认可运用譬喻宣讲经典就是譬喻师,他强调了譬喻师"开展于阿毗达磨究理的气氛中,也有究理的倾向。但在义理的论究时,多附以有趣味的譬喻"③。沿着这样的理路,印顺主张譬喻师属于说一切有部。吕澂也持类似观点,认为譬喻师原属说一切有部。④ 而法光则从对"一切有"的不同立场将譬喻师分为早期譬喻师和后期譬喻师。早期譬喻师如法救和觉天是说一切有部论师,而后期譬喻师则比较复杂,大体上属于分别论者。⑤ 这显然与印顺、吕澂等人的主张有所差别,法光看到了后期譬喻师在思想上与有部毗婆沙师的显著差异,但是仍然没能清楚地界定到底什么人才是譬喻师,这导致了其对譬喻师和说一切有部之间的密切关系把握得不够全面,特别是对于那些对"一切有"没有清晰表明立场的譬喻师缺乏关照。王邦维在探讨譬喻师的部派归属问题时鲜明地从"究竟什么人算是譬喻师"这一重要前提入手,提出了新的观点:"所谓的譬喻师,是不是也是在这个过程中出现的一种称谓呢？从公元前一二到公元一二世纪之间,佛教中有一种普遍的趋势,一些佛教学者,为了使佛教被更多的民众接受,在传教的方法和形式上,越来越多地运用所谓的譬喻来制作经典,这些人后来逐渐地就得到一个称呼,那就是譬喻师。"⑥ 因此,譬喻师并非说一切有部独有的。这其中,有一个事实不容忽视,那就是现存佛教经典中,讲譬喻师的主要是说一切有部,其他部派却很少讲譬喻师。譬喻师与说一切有部有

---

① 王邦维:《譬喻师与佛典中的譬喻运用》,《华梵问学集——佛教与中印文化关系研究》,兰州:兰州大学出版社,2014年,第77页。
② 印顺:《说一切有部为主的论书与论师之研究》,北京:中华书局,2009年,第313页。
③ 同上。
④ 吕澂:《印度佛学源流略讲》,上海:上海人民出版社,2000年,第135页。
⑤ Bhikkhu KL Dhammajoti, *Sarvāstivāda Abhidharma*, Hong Kong: Centre of Buddhist Studies, 2007, p.89.
⑥ 王邦维:《譬喻师与佛典中的譬喻运用》,《华梵问学集——佛教与中印文化关系研究》,兰州:兰州大学出版社,2014年,第78页。

着非常密切的关系。对此,王邦维与印顺的看法类似,认为主要是由于在西北印度说一切有部的势力和影响最大,说一切有部的经典应用譬喻最多。

此外,还有一些学者根据窥基《成唯识论述记》的相关说法认为譬喻师属于经部,或者说是从经部分出的。苏联学者普日鲁夫斯基就持此种立场,对后来西方学术界对此问题的认识颇有影响。① 窥基《成唯识论述记》卷4载:"譬喻师是经部异师,即日出论者,是名经部。此有三种:一根本即鸠摩罗多。二室利逻多,造经部《毗婆沙》《正理》所言上座是。三但名经部,以根本师造《结鬘论》,广说譬喻,名譬喻师,从所说为名也。"②对此,王邦维详细分析了这种说法的谬误。③ 关于鸠摩罗多,窥基还在《成唯识论述记》卷2中提到"造《喻鬘论》,集诸奇事,名譬喻师"④。此处所言的《喻鬘论》一般认为指的就是20世纪初在中国新疆地区发现的梵文写本佛经 *Kalpanāmaṇḍitikā Dṛṣṭāntapaṅkti*。米夏埃尔·哈恩(Michael Hahn)在研究该文献时发现了一个值得注意的问题,那就是鸠摩罗多在梵本《喻鬘论》的一开篇就清楚表达了自己是说一切有部的传承者。⑤ 魏查理进一步指出,持经譬喻师(Sautrāntika-Dārṣṭāntika)是毗婆沙师的反对者,他们有系统的经藏和律藏,但是没有系统性的论藏,只有单本的论典。但是持经譬喻师却与说一切有部有着直接的关系,比如《阿毗达磨俱舍释论》的作者称友(Yaśomitra)就以根本说一切有部戒律作为修行规范,这足见其关系之密切。⑥

总体上看来,学术界公认譬喻师和说一切有部的密切关系,对说一切有部内部存在持经譬喻传统也基本持肯定态度,但是对于如何界定譬喻师以及譬喻师是否在说一切有部之内尚存一定的争议。我赞同王邦维的观点,将譬

---

① 具体可参见:Przyluski, J., "Dārṣṭāntika, Sautrāntika and Sarvāstivādin", in the *Indian Historical Quarterly*, vol. XVI(1940), pp. 246-249。
② (唐)窥基:《成唯识论述记》卷4,《中华藏》第99册,第121页。
③ 具体可参见王邦维:《譬喻师与佛典中的譬喻运用》,《华梵问学集——佛教与中印文化关系研究》,兰州:兰州大学出版社,2014年,第74—77页。
④ (唐)窥基:《成唯识论述记》卷2,《中华藏》第99册,第32页。
⑤ Hahn, M. (1985), "Vorläufige Uberlegungen zur Schulzugehörigkeit einiger buddhistischen Dichter", in Bechert, H. ed., *Zur Schulzugehörigkeit von Werken der Hinayāna-Literatur*, Symposien zur Buddhismusforschung, Van-denhoeck & Ruprecht in Göttingen, Göttingen, pp. 239-257,转引自 Charles Willemen, Bart Dessein, Collett Cox, *Sarvastivada Buddhist Scholasticism*, p. 110.
⑥ Charles Willemen, Bart Dessein, Collett Cox, *Sarvastivada Buddist Scholasticism*, Leiden: E. J. Brill, 1998, p. 110.

喻师看作是一种普遍意义上的称谓可能更符合客观事实,而在汉译佛教经典特别是说一切有部经典中出现的譬喻师与说一切有部显然有着密切的关系,说一切有部内部存在的持经譬喻传统与阿毗达磨师、毗婆沙师们的重论传统共同构成了说一切有部的两大传统。

由于记录这些譬喻师言论的著作主要是毗婆沙师、阿毗达磨师所造,比如《大毗婆沙论》等,所以譬喻师总以质疑者的角色出现,其口吻也显著地体现出对毗婆沙师见解的质疑。也正是因此,有学者认为阿毗达磨文献中说一切有部所记载的譬喻师乃是经量部僧侣。实际上,说一切有部的譬喻师的确重视契经,与阿毗达磨师重论有着显著的差异。

譬喻师重视契经的本意,一切理论都以契经来衡量,少有类似毗婆沙师的论义发挥,因而又称为持经譬喻师。尤其是佛教在向外弘法的过程中,通俗易懂、深入浅出和生动形象对宣化佛法具有非常大的促进作用。正是如此,才从持经弘法的人群中进一步分化而形成了持经譬喻师。由于毗婆沙师强烈的排他性,在《大毗婆沙论》编纂前后,持经譬喻师逐步与分别论者、西方师、外国师等群体结成同盟,对毗婆沙正统思想的怀疑与否定。从说一切有部的文献中就可以看到这一点,比如说,《甘露味论》《品类足论》就是属于西方师的作品,而《阿毗昙心论》则是对《甘露味论》的改编,其内容有许多相似之处。① 日本学者田中教照也关注到了类似的问题,他通过对《使品》在《阿毗昙心论》中所处的位置及其与《阿毗昙甘露味论》《阿毗昙五法行经》等经典中的位置展开,探讨了西方诸师和譬喻师对彼此的拣择和互相影响。② 尤其值得注意的是,《阿毗昙心论》和《杂阿毗昙心论》之密切关系,《杂阿毗昙心论》在很多地方表现出典型的持经譬喻的学风,被认为是持经譬喻师的作品。而以"会通经部义"著称的《俱舍论》在结构和内容上都与《杂阿毗昙心论》等经论惊人地相似。相信这样的类似并非偶然,而是在正统毗婆沙师的排挤之下,西方师和持经譬喻师自发地靠近了。对此,吕澂就曾谈道:"……西方有部法胜《阿毗昙心论》一派,所讲与譬喻师大致相同,它是既不同于旧师,也不

---

① 印顺:《说一切有部为主的论书与论师之研究》,北京:中华书局,2009年,第419页。
② [日]田中教照:《使品より见た『阿毗昙心论』の位置》,《印度學佛教學研究》,1987年36卷1号,第28—35页。

同于毗婆沙师的。"①

事实上，上述文献的类似之处不仅仅表现在其章节结构上，更表现在其所探讨的哲学问题上，尤其集中体现与对诸法假实这一部派佛教核心问题上。诸法假实问题是佛教"经院哲学化"之后所面临的一个核心理论问题。正如何石彬所言："诸法假实问题的形成与阿毗达磨佛教特有的研究目的和研究方法有着直接关系。阿毗达磨的创作始于原始佛典集成之后，此时佛教界的中心任务就是对已经结集完成的契经作进一步的整理与阐发，使佛陀随机散说的法相与法义体系化。对此，阿毗达磨师是通过分别诸法性相的方法来完成的……"②需要进一步说明的是，此处的阿毗达磨佛教并非单指以论义著称的说一切有部，而是泛指佛陀灭度后，特别是在原始佛典集成以后，对佛典义理进行解说和论证，阐扬佛教哲学的所有部派。

正是由于整个阿毗达磨佛教都是围绕着原始佛典的整理与阐发而展开的，故而其研究的问题亦必有着特定的情境，即不同学派在解释研究相关哲学问题时都是基于对原始佛典中法相的整理研究，而不是对现实事物和现象的存在及其本质的追问。换言之，在阿毗达磨佛教的初期，持经譬喻传统与说一切有部论义传统的关系并非水火不容。代表说一切有部论义传统的毗婆沙师亦常引用契经论证自己的观点，如《阿毗达磨顺正理论》在论述三世实有时就大量引用契经说教：

> 论曰，实有过去、未来、现在，了教正理俱极成故。若尔三世由何有别，如是征责起何非次，且应诘问何谓教理，我引教理成立己宗，过去、未来、现在实有。有义既显别易思择，既尔现在实有极成，何教理证去来实有，且由经中世尊说故。谓世尊说过去、未来，色尚无常，何况现在。若能如是观色无常，则诸多闻圣弟子众，于过去色勤修厌舍，于未来色勤断欣求，现在色中勤厌离灭，若过去色非有，不应多闻圣弟子众，于过去色勤修厌舍，以过去色是有故，应多闻圣弟子众，于过去色勤修厌舍，若未来色非有，不应多闻圣弟子众，于未来色勤断欣求，以未来色是有故，应多闻圣弟子众，于未来色勤断欣求。又契经言，告舍利子，杖髻外道恍惚

---

① 吕澂：《印度佛学源流略讲》，上海：上海人民出版社，2000年，第127页。
② 何石彬：《从〈俱舍论〉看印度佛教由小乘向大乘的演进理路》，《哲学研究》，2007年第8期，第107页。

发言不善寻求不审思择,彼由愚戆不明不善,作如是言若业过去尽灭变坏都无所有,所以者何,业虽过去尽灭变坏,而犹是有。①

可以看出,在说一切有部的内部,诸法假实的问题在"一切有"的框架下被限定为实有和假有的问题。毗婆沙师虽然在论证中采用了契经说教,但是其论证的方法显著地带有拣择和分别。特别是说一切有部《大毗婆沙论》第一次将佛经分别为了义经和不了义经,这大大方便了毗婆沙师对原始佛典进行解释和拣择,使得毗婆沙师和持经譬喻师的观点差异越来越大。在说一切有部最根本的问题——"一切有"上,从三世实有到三科实有都受到了广泛的批评,尤以持经譬喻师为主,而诸法假实之争又集中地体现在对"五蕴实有"的怀疑上。

二 "三科"实有假有之争

说一切有部主张一切法有,早期佛教将一切法分为三类,即蕴、处、界三科,所以对三科实有的论证成为论证一切法有的核心内容。虽然后来世友造《阿毗达磨品类足论》提出五事这一分类方法,打破了原有的以蕴、处、界三科统摄一切法的框架,但三科并未被完全替代,而是在说一切有部内部形成了两套框架。到了新有部时期,世亲将五事分类方法逐步拓展为五位七十五法,尽管如此世亲在讨论实有问题时仍然没有脱离蕴处界三科统摄一切法的框架。世亲在分析过程中,肯定了十二处和十八界实有而否定了五蕴实有,可以说在继承了有部说一切有的根本主张的同时动摇了成立一切有的许多重要论断。② 因此,世亲为什么要否定五蕴实有,其否定五蕴实有的逻辑线索从何而来则成为厘清《俱舍论》思想源头的关键所在。

所谓三科,即蕴、处、界,早年安世高又译为阴、入、持。蕴、处、界是佛教最基本的名相概念,是佛教的一种世界观,它把一切法分为五蕴、十二处、十八界。佛教认为蕴、处、界三科表达的乃是一种生成和建构世界的方式,而蕴、处、界三者又不相同。从说一切有部的诸多文献来看,论师们针对三科的

---

① (唐)玄奘译:《阿毗达磨顺正理论》卷51,《中华藏》第47册,第803页中—804页上。
② 杜继文:《汉译佛教经典哲学》上卷,南京:江苏人民出版社,2008年,第419页。

讨论非常多，涉及的问题也十分深刻。然而三科的理论并不严密，它常常会被阐发出新的内涵。这是由于蕴、处、界三科的产生具有非常强的针对性，主要针对凡夫众生的实我之执，其目的就在于破除我执，达到对无我的认识，因而其作为世界观而言，带有典型的人本主义色彩。

《阿毗达磨俱舍论》卷1云：

> 法种族义是界义，如一山中有多铜铁金银等族说名多界。如是一身，或一相续，有十八类诸法种族，名十八界。此中种族是生本义，如是眼等谁之生本，谓自种类同类因故，若尔无为应不名界，心心所法生之本故，有说，界声表种类义，谓十八法种类自性各别不同，名十八界。①

这里的"种族"指的就是"类"。而言自性者，从字面上看上去至少有两层含义：一是指事物或种族自身的规定性，二是就此种族区别于他种族而言。那么，说一切有部的"自性"到底指称的是哪一种含义对于正确理解"一切有"至关重要。如果从说一切有部的实有论和假有论互摄的角度来看，则此处的"自性"当是就此种族区别于他种族而言的。这是因为，有部否认具体事物具有实有性，认为它们都仅仅是认识上的一种表象，因而就现象言之曰"假"，如果具体事物因自身的规定性而成为具体事物的话，则不能称其为"假"。事实上，《俱舍论》强调"种族是生本义"，已然言明从种族到个体事物的演变过程。

而如果说自性是种族自身的规定性，亦难成立，因为种族作为因性必然具有稳定性和不变易性。沿着这样的逻辑推断，马作为一个种族是不能成立的，因为马有高矮胖瘦之分，作为种族亦必有高马种族、矮马种族等。这牵涉到说一切有部内部争论已久的一个问题——五蕴实有还是假有？这个问题甚至成为新有部分化的一个主要原因。马作为一种生物，其形象毫无疑问属于色蕴的范畴，因而不论是现象的个体的马，还是抽象的一般的马都很难被归入一个恰当的种族。

从佛教的教化实践问题着眼，三科的区别主要针对凡夫众生的实我之执，其目的就在于破除我执，达到对无我的认识。《大毗婆沙论》卷71就清楚地谈到了这个问题：

---

① （唐）玄奘译：《阿毗达磨俱舍论》卷1，《中华藏》第47册，第6页下。

> 问佛为何等所化有情,说蕴处界广略三法。答佛随所化所愚而说,谓愚于界者为说十八界,若愚于处者为说十二处,若愚于蕴者为说五蕴。①

而从哲学理论上考量,十八界和五蕴的区别亦非不可弥合。从上文的分析不难看出,不论是生本义还是种类义,界的含义都是从抽象的自性这一角度进行规定的,作为生本义的事物或种族自身的规定性自然而然也就是种类义得以成立的原因。简而言之,"界"的本质规定当然应该是作为生本义的事物或种族自身的规定性,而之所以是"十八界",则是在此基础之上对种类自性各别的一种归纳,因而从"十八"这个角度来看,界的种类义就相对突出一些。而五蕴理论相比于十八界则要具体得多,它所表达的是具体的要素对事物的构成。可以说说一切有部对十八界和五蕴理论的阐述从抽象和具体两个层面共同构成了其对客观世界的全面把握。

而世亲一反传统说一切有部三科皆实有的观点,认为五蕴假有,对传统说一切有部对客观世界的认识提出了严峻的挑战。其理由是:依据契经,五蕴乃是一种聚集,乃是由许多实有构成。《阿毗达磨俱舍论》卷 1 就明确提到"若言聚义是蕴义者,蕴应假有,多实积集共所成故,如聚如我"②。既然五蕴所表达的是具体要素对事物的构成,那么毫无疑问,色应当是构成事物的最基础的要素。因此,讨论蕴的假实问题色蕴首当其冲。

事实上这个问题在《大毗婆沙论》的时代就已经引起论师们的注意了。《大毗婆沙论》卷 74 言:

> 为有一极微名色蕴不?有作是说,非一极微可立色蕴。若立色蕴要多极微。复有说者,一一极微有蕴相故,亦可各别立为色蕴。若一极微无色蕴相,众多聚集亦应非蕴。③

阿毗达磨诸论师试图调和这两种认识:

> 若观假蕴应作是说,一极微是一界一处一蕴少分。若不观假蕴应作

---

① (唐)玄奘译:《大毗婆沙论》卷 71,《中华藏》第 45 册,第 567 页中。
② (唐)玄奘译:《阿毗达磨俱舍论》卷 1,《中华藏》第 47 册,第 6 页下。
③ (唐)玄奘译:《大毗婆沙论》卷 74,《中华藏》第 45 册,第 653 页中。

是说,一极微是一界一处一蕴。如人于谷聚上取一粒谷,他人问言汝何所取。彼人若观谷聚应作是答,我于谷聚取一粒谷。若不观谷聚应作是答,我今取谷。①

世亲的论证正是针对"一一极微有蕴相故,亦可各别立为色蕴"的观点展开的。世亲以持经譬喻的特色对根本说一切有部的理论进行改造而创立了新有部。其针对毗婆沙诸论师的回击非常简洁而带有持经譬喻的传统特色,或者说带有经量部特点,普光在《俱舍论记》中总结为:"经说聚义名之为蕴。而言一一实,亦名蕴者,圣教相违。"②此外,普光在《俱舍论记》中提及《大毗婆沙论》上述言论时认为此乃是说一切有部持经譬喻师法救的观点,类似的还有法宝的《俱舍论疏》。而神泰则在其《俱舍论疏》中认为此观点并非法救的观点,而是毗婆沙师所云。法救作为说一切有部论师中最著名的持经师,代表说一切有部中重经的古义③,因此他不太可能明显地违背契经的教说而言一一极微亦名蕴。而阿毗达磨诸论师的调和"若观假蕴应作是说,一极微是一界一处一蕴少分。若不观假蕴应作是说,一极微是一界一处一蕴。如人于谷聚上取一粒谷,他人问言汝何所取。彼人若观谷聚应作是答,我于谷聚取一粒谷。若不观谷聚应作是答,我今取谷。"这就更加清楚地反映出对这个问题的不同解读早在譬喻师与毗婆沙师之间就已经出现了。世亲则是沿着这样的逻辑展开,遵循持经譬喻师重经的传统,在说一切有部内部第一次明确否定五蕴实有。

而众贤则坚守《大毗婆沙论》的传统,对世亲展开了激烈的批评。他在《阿毗达磨顺正理论》卷3中反驳道:

若以聚义,释蕴义者,蕴则非实,聚是假故。此难不然,于聚所依,立义言故,非聚即义。义是实物,名之差别,聚非实故,此释显经,有大义趣。谓如言聚,离聚所依,无别实有,聚体可得。如是言我,色等蕴外,不应别求,实有我体,蕴相续中,假说我故。如世间聚,我非实有,蕴若实有,经显何义。勿所化生,知色等法。三时品类,无量差别,各是蕴故。

---

① (唐)玄奘译:《大毗婆沙论》卷74,《中华藏》第45册,第653页中。
② (唐)普光:《俱舍论记》,《大正藏》第41卷,第29页中。
③ 印顺:《说一切有部为主的论书与论师之研究》,北京:中华书局,2009年,第218页。

蕴则无边,便生怯退。谓我何能,遍知永断,此无边蕴,为策励彼。蕴虽无边,而相同故,总说为一。又诸愚夫,于多蕴上,生一合想,现起我执,为令彼除一合想故,说一蕴中有众多分。不为显示色等五蕴多法合成,是假非实。又一极微,三世等摄,以慧分析,略为一聚。蕴虽即聚,而实义成,余法亦然,故蕴非假。①

众贤要想从理论上破除世亲的诘难,就必须要解决两大问题:一、契经已经言明聚义名之为蕴,在不违背契经教说的情况下对五蕴实有做出合理解释是其面临的首要挑战。二、如果要坚持《大毗婆沙论》的传统,就必须针对世亲对毗婆沙师"一一极微有蕴相故,亦可各别立为色蕴"观点的诘难进行回击。佛教传说众贤的《顺正理论》最初名曰《雹俱舍论》,就是在此意义上而言。

关于第一点,众贤首先区别了聚和义,认为契经并非以聚言义,聚和义是两个概念,义乃是实物,而聚则不是。如果对具体现象进行进一步分析,即抛开所聚的实物,把聚的状态抽象出来,聚则仅仅表现为一种状态。如此一来,不论是多极微聚集还是少极微聚,从聚的本质而言,其显现的都是同样一种状态。因而聚乃是纯一的、不变易的。针对众贤认为聚是纯一的、不变易的,有论师认为聚从本质上讲应该包含可分段性。而众贤则依据说一切有部三世法实有的理论予以回击:"有余师说,可分段义是蕴义,诸有为法,皆有过去未来现在三分段故。经主决判此释越经。今谓不然,不违理故,处、界二义,岂不越经,而于其中摄取为正,复有何理。唯蕴义中固求经证,于处界义唯依理释,绝不求经,观此义言,似专朋党,故应如彼据理无违。"②

沿着这样的思路,众贤轻而易举地回击了世亲对毗婆沙师"一一极微有蕴相故,亦可各别立为色蕴"观点的诘难。就聚的纯一不变易的状态而论,一极微亦可为一聚。毗婆沙师的本意乃是通过一一极微立为色蕴的论证,从一一极微实有的角度证明色蕴不假,但是这就天然地带有很大的理论漏洞。首先,一一极微仅仅是色蕴的必要条件,而非充要条件。多极微聚显然亦可立为色蕴,显然面对这种情况色蕴实有是无法被证明的。事实上《阴持入经》对此早有论述:"阴貌为何等?积为阴貌,足为阴貌;譬如物种名为物种,木种名

---

① (唐)玄奘译:《阿毗达磨顺正理论》卷3,《中华藏》第47册,第298页中—299页上。
② 同上书,第299页上。

为木种,火种名为火种,水种名为水种,一切五阴亦如是。"①依据《阴持入经》的解释,阴貌应该同时包含两个条件:积和足,而《大毗婆沙论》中则只强调积聚。其次,正如世亲所诘难的,一一极微并不是聚本身。如是,众贤从根本上改造了毗婆沙师的观点,把论证的角度从极微拉回了聚本身,有力地回击了世亲对毗婆沙师的诘难。

尽管如此,世亲在说一切有部内部第一次明确否定了五蕴实有,这深刻地影响了后来佛教哲学的发展轨迹。《俱舍论》否定了五蕴实有,肯定十二处、十八界实有。经量部否定了五蕴实有和十二处实有,肯定十八界实有,这使得种族的含义以及自性的内涵被重新定义,此时种族便仅仅在十八界的框架下而言,如是则之前所言牛、马种族及其自性等皆不能成立。自性被限定在根、境、识而失去其本来的与具体的同类事物的对应关系。而如《俱舍论》卷一所言,根、境、识本就建立在人的统觉之基础之上,这为后来唯识学之万法唯识理论之发轫从逻辑上扫清了障碍,作为阿毗达磨探讨的核心,自相与共相问题也因此变得更加交织错杂。所谓自相者,顾名思义就是局限于自体之相,共相则是指通于他之相。这样的解释看似清楚明白,但是在具体情况下就会显示出顾名思义相较于精确定义的劣势。比如,红色的橘子,就红而言,可以说与红花之红、红衣之红相通,因而红是它们的共相。然而,橘子的红色毕竟有其自身的特殊性,而这种特殊性亦仅仅是就共相的红而言,实际上橘红作为一种普遍性,亦即一种共相,也是可以的。一旦否定了五蕴实有,则自相共相就更不易把握了。《成唯识论述记》卷2言:

> 如五蕴中以五蕴事为自相,空、无我等理为共相。分蕴成处,色成于十,处名自相,蕴名共相。一色蕴该十故,于一处中,青、黄等类别,类名自相,处名共相。于一青等类中,有多事体,菓青非华等,以类为共相,事名为自相。一事中有多极微,以事为共相,以极微为自相。如是展转至不可说为自相,可说极微等为共相。故以理推无自相体,且说不可言法体名自相,可说为共相。以理而论,共既非共,自亦非自。②

---

① (东汉)安士高译:《阴持入经》卷1,《大正藏》第15卷,第173页上。
② (唐)窥基:《成唯识论述记》卷2,《中华藏》第99册,第46页上。

至此,我们可以清晰地看到否定五蕴实有对佛教哲学发展之影响。在说一切有部为代表的小乘佛教当中,"一切性各住自相"①,共相与自相所指称的对象并不是非此即彼的,共相与自相形容的乃是一种状态:局于自体之相曰自相,通于他之相曰共相。不论是自相还是共相,都是同一族类之个体抽象出来的共同而稳定的特质。在一切法有的理论体系下,它被赋予了存在的意义,因而自相和共相就是个体的本质属性。而在《成唯识论述记》中,由于五蕴实有被否定,导致了"以理推无自相体"和"共既非共,自亦非自"。

通过上文分析不难发现,世亲否定五蕴实有的论证乃是针对"一一极微有蕴相故,亦可各别立为色蕴"的观点展开的,而这个问题在《大毗婆沙论》中已经进行了广泛讨论,毗婆沙师和持经譬喻师针锋相对,以法救为代表的持经譬喻师依据契经主张一一极微不能成为蕴。尽管阿毗达磨诸师努力调和分歧,但是仍然掩盖不了说一切有部内部持经譬喻师对于五蕴实有的疑惑。世亲正是沿着这样的逻辑展开,遵循持经譬喻师重经的传统,在说一切有部内部第一次明确否定五蕴实有。因此,《俱舍论》的成书十分有必要再次放到说一切有部持经譬喻传统当中再次探讨。

三 《俱舍论》成书再探讨

学界一般认为《俱舍论》乃是世亲以《杂阿毗昙心论》为纲要,概括罽宾有部(东方师)的《大毗婆沙论》,同时又采用经部思想批驳和纠正有部的旧说所形成的。其理由有二:其一,从哲学思想上来看,《俱舍论》在许多问题上与传统说一切有部的观点有所区别,而表现出与经部学说相类似之处。其二,直接的文献方面的证据。据《婆薮盘豆法师传》卷1载:"……法师即作长行解偈,立萨婆多义随有僻处,以经部义破之,名为《阿毗达磨俱舍论》。"②但是有一点需要明确的是,《婆薮盘豆法师传》并非可靠史料,其中掺杂各种传说和想象,以这样的资料来论证《俱舍论》吸收了经部的理论显然不合适。而关于第一条,佛教的部派分裂有一个非常重要的特点,那就是本宗同义,尤其是说

---

① (刘宋)僧伽跋摩译:《杂阿毗昙心论》卷1,《中华藏》第48册,第575页上。
② (陈)真谛译:《婆薮盘豆法师传》,《中华藏》第52册,第430页中。

一切有部和经量部这两者关系甚密。日本学者加藤纯章就认为，经量部并非如其他部派一样有着明显的传承的学派团体，而是为了反对毗婆沙师以论为尊而倡导以经为量的一批人而已。① 加藤纯章做出这一判断的重要依据就是《俱舍论》所引用的所谓经量部的见解前后有诸多不一致的地方。拉莫特也从寺院的部派属性考察得出了类似的主张："因为没有一个经部的寺院被证明，所以经量部更有可能是一种运动而非独立的部派。"② 由此看来，以《俱舍论》与经部学说的类似来作为证据证明《俱舍论》与经部的关系让人难以采信。

实际上，本文所探讨的说一切有部持经譬喻的传统与《俱舍论》有着相当密切的关系。如果说《俱舍论》与法救《杂阿毗昙心论》具有非常密切的联系，则有一个非常重要的问题必须引起重视，那就是法救作为说一切有部的持经譬喻师之代表人物，其所著《杂阿毗昙心论》就带有非常明显的持经譬喻色彩，其对契经的重视程度远超《阿毗昙心论》。以宋译《杂阿毗昙心论》和晋译《阿毗昙心论》为例，《杂阿毗昙心论》中出现"契经"或"经"多达 54 次，且广泛分布于除《杂品》以外的各品中，且多数都是引用契经说明论证相关问题。而《阿毗昙心论》中，"契经"或"经"出现 12 次，且有 9 次都出现于《契经品》当中，剩余 3 次也都是言及《契经品》时提及，鲜有称引契经论证哲学问题的，从上述情况不难发现其持经譬喻色彩之浓厚。《俱舍论》以《杂阿毗昙心论》为纲要，这就不可避免地会受到其持经譬喻风格的影响。实际上，世亲在选择《杂阿毗昙心论》作为《俱舍论》之纲要时，除了因为《杂阿毗昙心论》偈颂较全、结构合理以外，其对大德法救之观点的赞同和肯定亦是不可忽视的，因而可以说，《俱舍论》以《杂阿毗昙心论》为纲本身就是对大德法救思想的继承，亦是对说一切有部持经譬喻传统的继承与发展。而从形式上来看亦是如此，"《俱舍论》讲四谛，更是别具特点。《论》分八品，采用譬喻师的说法，相当突出"③。

再则，据《异部宗轮论》，经量部本就是在《大毗婆沙论》总集以后，从说一

---

① ［日］加藤纯章：《經量部の研究》，东京：春秋社，1989 年，第 93 页。
② 转引自 Bhikkhu KL Dhammajoti, *Abhidharma Doctrine and Controversy on Perception*, Hong Kong: Centre of Buddhist Studies, 2004, p. 31.
③ 吕澂：《印度佛学源流略讲》，上海：上海人民出版社，2000 年，第 127 页。

切有部中分裂而形成的新的部派,吕澂更是认为原属于说一切有部的譬喻师是经部的先驱者①,因而说《俱舍论》受到经量部影响固然不错,但是这显著地带有以佛教史的理论范畴来规定说一切有部自身发展状况的倾向,从而不可避免地忽略了说一切有部自身的理论演变过程及其对新思想和新事物的接受过程及其可能性,因而这并不能完全反映出从说一切有部到新有部的思想演进的真实理路。在这个意义上,我们强调说一切有部持经譬喻的传统,从说一切有部自身的传统去理解新有部之创立是很有必要的。只有这样,我们才能对说一切有部佛教的全貌及其发生发展的历史进程做更为客观深入地把握,也正是通过这样的研究,说一切有部自身之派别、人物思想的演变过程才能被一步一步揭示出来,其思想发端处的可贵方能被凸显。正如释印顺所言:"说一切有部的譬喻师,本着持经师的传统,揭树'以经为量'的立场(反对以论为量),出入于说一切有、分别说系,而终于超越了说一切有。对于种子熏习说、心境不实说、心法相续说,给予非常的发展,而促成大乘有宗——瑜伽论者的更高完成。"②

Sarvāstivāda Tradition of Metaphors and the Forming of Later New Sarvāstivādin School

Xu Xiao

Abstract: Sarvāstivādin school was characterized by Abhidharma, however, except the masters of Abhidharma and of Vaibhāṣika, valuing Abhidharma Tripiṭaka, there was also Dārṣṭāntikas, who held and paid much attention to Sūtras. *Abhidharma Mahāvibhāṣā* divides Buddhist Tripiṭaka into two differ-

---

① 吕澂:《印度佛学源流略讲》,上海:上海人民出版社,2000年,第135页。
② 印顺:《说一切有部为主的论书与论师之研究》,北京:中华书局,2009年,第306页。

ent kinds, ultimate ones and unultimate ones. The division facilitates the interpreting and selecting of original Tripitaka for Vaibhāṣika, and enlarges the disagreements between the notions of Vaibhāṣikas and that of Dārṣṭāntikas, especially on the fundamental Sarvāstivādin issue, concerning *all existences* (sarva sat). Standpoints of Vaibhāṣikas, from sanshi shiyou (the past, present and future are all real existences) to sanke shiyou (Skandha, Āyatana and Dhātu are all real existences), are criticized by Dārṣṭāntikas, whose doubt on real existence of five accumulations mostly indicates the controversy over prajñāpti or dharmatā sarva-dharmah. Following the tradition of Dārṣṭāntikas, Vasubandhu, for the first time in the Sarvāstivādin history, negated the real existences of five accumulations except twelve āyatana and eighteen dhātu, which caused the connotation of gotra and of self-nature (svabhāva) redefined. Consequently, the concept of gotra was only discussed in the frame of eighteen dhātu and self-nature (svabhāva) was limited in sense organs (indriya), sense (artha) and sense objects (viṣaya), causing the corresponding relationship between self-nature (svabhāva) and concrete object dissolved.

Key words: Sarvāstivāda; Dārṣṭāntikas; Later new Sarvāstivādin school; Abhidharmakośa-śāstra

郑开:《道家形而上学研究》(增订版)

北京:中国人民大学出版社,2018年

近百年来中国哲学史的研究与发展来看,"道家"在中国的古典学派里无疑要更显"哲学"一些,以老庄为代表的道家学派不仅有着对经验与现实之域的深透反思,也有着对超越与理想之境的深远追求,其思维水平与境界追求诚可谓是"出乎其类,拔乎其萃"的。正因如此,"道家"在中西哲学碰撞之际绽放出了更为璀璨的光芒,从而有力推动了中国哲学在近现代语境中的成型与发展;以今例古,陈鼓应先生亦有所谓"道家哲学主干说",不仅着意于拔升道家在中国哲学史上的地位,更切实推进着学界对道家的哲学化理解。那么,在古与今、中与西的交汇融通已经日渐深入的今天,道家的哲学性、哲学味应如何呈现?"道家哲学"又有着何种本质与内涵?郑开先生的这部《道家形而上学研究(增订版)》(下文简称为《研究》),正是对上述问题的创造性阐释与系统化回应。

一

《研究》既为"增订版",便意味着还有一部"初版",由宗教文化出版社于2003年出版。在2003年的"初版"与2018年的"增订版"之间,有着十五个春秋的岁月流转。一般而言,十五年的时间往往会使一个思想者的观点发生或大或小的转变,"悔其少作"堪称大多数学者的普遍心理经验。但对于《研究》来说,我们在"初版"与"增订版"之间看到的却是思想的延续性与观点的稳定性。这也便意味着,"增订版"修订的实际上多是字词文句、章节标题与撰述体例,增加的亦只是补充论证、必要说明与参考文献而已。

既然"初版"与"增订版"的章节体系、观点内容是一脉相承的,也就说明

在"初版"那里,郑开先生已经对"道家形而上学"议题进行了卓有成效的深研与精思:道德之意、无名、无为、自然、玄德等重要观念的理论内涵已经被思考清楚、述说明白;道家形而上学的基本脉络(知识论语境中的形而上学、道德形而上学、审美形而上学、境界形而上学)得到了清晰的梳理与系统的架构;道家形而上学的独特气质也得到了活灵活现的展露。由此而论,无论在内容、形式还是精神上,"初版"并非一般意义上那种左支右绌、浮光掠影的"少作"或不成熟作品,而是深思熟虑、掘井及泉的圆熟之论。此为《研究》之"初版"与"增订版"间的"不化"之处。

当然,《研究》"增订版"的篇幅毕竟由"初版"的 25 万字扩容为 45 万字,还是有明显的"化"存在于其间的。我们看到,"增订版"增加的篇幅主要是序论、第一章、第三章及附录的相关内容,这些增加的内容一方面能体现出作者的学术进境与补充思考,但在此之外,"增订"或许还隐含着一些更为重要的"别有用心"之处。我们看到,"初版"开篇即"单刀直入",在某种思考激情的引导下径直阐述道家"从物理学到形而上学"的理论转进脉络,与之相比,"增订版"增添的《序论》则在"不动声色"之中将《研究》一书的大旨、纲领问题、核心论点等娓娓道来,更显"从容自在",更为"平易近人"。以意逆志,作者应欲通过提纲挈领的表述,以使读者了解并把握全书的整体脉络与独特精神,体现出的是从"初版"之"思想独白"到"增订版"之"哲学讲论"的明显变化。不仅如此,就第一、三章增加的内容来看,《研究》多在每一章节的开头添加一些引导性或总结性的文字,这些文字的作用,除了能更清楚地说明问题之外,恐怕也不无为"读者"切入其论述脉络提供方便的意思在里面。

作者的这种"心态"变化在"初版"与"增订版"的两篇《后记》之中得到了更为明晰的阐述。在初版《后记》之中,郑开先生说:"我在写作的时候常常会很奇怪地想起《庄子》里的浑沌故事,'七窍凿而浑沌死'毋宁说是一种警示:当我们以凿破浑沌的方式阐释古代思想之际,也许正是失落它们的真谛之时。笼罩在这种阴影下的思考与写作的过程常使我痛苦不堪,因而不得不求助于石涛所说的'混沌里放出光明'聊以自慰。"① 体现出的是一种唯恐"凿破浑沌"的惕厉谨慎之情。而在十五年后的《增订版后记》中,郑先生显然从这

---

① 郑开:《道家形而上学研究》,北京:宗教文化出版社,2003 年,第 372 页。

种"阴影"之中走了出来,乃至"大言不惭"地认为"从近代以来道家哲学阐释和研究的历史看,本书非常重要"①,明确表达了"继往开来"的雄心及"传之后世"的壮志,透显出的是昂扬的"学术自信"与圆熟的"思想自觉",以及由此而带来的"生命感的充实"。

在我看来,从"初版""凿破浑沌"式的惕厉谨慎到"增订版""庖丁解牛"般的踌躇满志,从"初版"的"痛苦感"到"增订版"的"充实感",体现出的正是一位上下求索的思想者的"精神之变"——借用郑开先生发明的术语来说,也就是从"玄德"到"明德"的自觉升华。在"迷阳"遍地的学术之路上,唯有好学者、深思者才能切实感受到学术的艰难与痛苦;然而,也唯有以此好学深思的艰难与痛苦为契机,才能"下学而上达"为能够领略学术之大美的知意者、游心者。通过这部"增订版"来看,郑先生显然已经在十五年深蓄厚养的基础之上,从好学深思者进境为了知意游心者,这是可喜的学术成就,更是可贺的思想境界。

二

对于"道家"这一兼具深闳而肆、调适上遂、应化解物等特征的思想流派,予之以一种"哲学"的理解似乎是唯一能够完全释放其思想潜能的路径。章太炎曰:"仲尼之功,贤于尧舜,其玄远终不敢望老庄矣。"②王国维云:"我中国真正之哲学,不可云不始于老子也。"③那么,为什么以老子、庄子为代表的"道家"要更"玄远"乃至代表着"我中国真正之哲学"之开端?我们看到,王国维的立论点即主要是作为"宇宙之根本""道德政治之根本"的"道"所呈现的"形而上学"④,虽然其论语焉不详,但的确以某种颖异慧光捕捉到了"道家"的究竟义理,并"示来者以轨则",为后人的研究指明了方向。在章太炎、王国维之后的道家哲学研究之中,道家的宇宙论、本体论虽然颇受学者关注,但大多是浅尝辄止或流于俗见;郑开先生的这部《研究》,则藉由思想史的宏大视

---

① 郑开:《道家形而上学研究》(增订版),北京:中国人民大学出版社,2018年,第453页。
② 章太炎:《菿汉三言》,上海:上海书店出版社,2011年,第73页。
③ 王国维:《王国维哲学美学论文辑佚》,上海:华东师范大学出版社,1993年,第101页。
④ 同上书,第101—102页。

野、语文学的精细疏证与比较哲学的深入对辩而能"致广大而尽精微",对"道家哲学"与"道家形而上学"的深度与广度进行了有效的理论拓展。

郑开先生说:"本书旨在阐明道家哲学的核心理论是一种充满深邃洞见和实践智慧的形而上学。"①从正本清源及提纲挈领的角度来说,《研究》认为道家哲学就是以"道德之意"为本质的"形而上学";而"道德之意"又可分疏为以"无"(无形、无名、无物、无知、无为、无心)为底蕴的"道"以及以"玄德"为要旨的"德"两个部分;而且,通过对无形、无名、无知、无为、玄德、无心的具体分析,可知"道家形而上学"涉及物理学(自然哲学)、知识论、伦理学(包括政治哲学)、境界论等多维度、多层次的内容。此即《研究》的核心内容及主要框架。那么,《研究》又是通过什么样的方式来呈现"道家形而上学"的呢?我们看到,"思想史视野""语文学疏证""中西哲学比较"是其中运用的三种颇有特色的论证方法。

在《研究》的论述脉络中,作者往往会借助某种宏大的"思想史视野"去钩沉道家哲学中隐伏的先秦诸子共知共识的"知识背景",这样,就能将道家哲人安放在先秦子学的思想体系与整体脉络之中去理解,从而可以清晰梳理老子与庄子的思想生成线索,明白论述老子与庄子的思想动力机制,而不至于将道家哲学视为莫名其妙、无本无源的奇思诡想。比如,在第二章《知识论语境中的形而上学问题》中,郑先生先是在先秦名学的大背景中勘定了老庄以形名思想为中心的道家"论理学",从而凸显出了道家名学与"名法""名理""名辩"之学的特异之处——突破制度的外壳、挣脱寓言的樊篱、扬弃有形有名的物理学而朝向无形无名的形上学,这种超然于物论之外的形上学显然更能体现道家深刻的智慧追求与高远的理想设定。

"语文学疏证"也是《研究》常会使用的哲学分析方法,郑开先生对道家形而上学系统的关键词——比如化、神、明、德、精、神、魂、魄等——均有着精细的语文学考论与疏解。通过这些论述,我们可以明晓这些核心概念的复杂内涵及多元理路,从而有助于理解它们在道家哲学体系中的大旨与特征。例如,对于庄子哲学中的"化"与"不化"问题,郑先生认为"化"针对的是"物",不能离物而言化,主要是一个自然哲学概念;"不化"则有两种含义:形而上学

---

① 郑开:《道家形而上学研究》(增订版),第1页。

意义上的"均一""不生""不化""不变",即恒常,以及心性论意义上的"虚无"或"无为",也就是精神凝寂。这些论述将道家的概念分疏的极为清楚明白,堪称"省却多少言语"的探骊之言。

除了"思想史视野"与"语文学疏证",《研究》更试图在中西哲学的比较视域中以西方哲学的观念彰明道家哲学的思想深度与理论特质。在《研究》中,郑开先生比较了"道"与logos、"德"与aretē、"自然"与physis等中西概念。与学界惯用的"比附"或"反向格义"方法不同,《研究》更关注这些概念之本意间的相似、相通及相异之处,而且,其落脚点往往是通过中西概念之间的平等对话来彰显道家之"道""德""自然"等观念的异彩甚至殊胜之处。在"形而上学"这一核心议题上面,《研究》也在与metaphysics的格义会通中,以之为镜鉴而有效充实着我们对道家"形上之道"的理解,从而呈现出道家哲学的真正洞见和思想丰富性——"道家理论不仅将古希腊意义上的物理学(自然哲学)囊括在内,而且也以自己独特的方式拓展了形而上学和伦理学(自由)的向度"①。

上述所谓"思想史视野""语文学疏证""比较哲学方法"都是镶成《研究》之"哲学"方法的必要津梁,出乎此,《研究》可谓"沿着会通中西、熔铸古今的道路"②,以深细的文本分析、绵密的思索考辨、周全的理论架构充分建构并敞开了"道家形而上学"的思想空间,从而以纯粹"哲学"的方式塑成了"道家哲学"与"道家形而上学"的义理系统。

三

郑开先生认为:"我们有理由把道家哲学归结为关于精神境界的学说(内容上),由于它的形而上学的理论特征(形式上),就不妨称为境界形而上学。"③通过上文的论述可知,在多种哲学方法的娴熟运用下,《研究》的学术性、思辨性自然是相当绵密而细腻的;但与此同时,我们更应注意的是,按照

---

① 郑开:《道家形而上学研究》(增订版),第39页。
② 同上书,第321页。
③ 同上书,第358页。

郑开先生对"物/道"以及在此基础之上的"思想世界/精神境界"的论域区分，可知其"醉翁之意"并不在于通过理性的思辨阐明道家的物理学、建构道家的知识论，甚至是理论地阐述道家的形而上学，因为，这些不过是与"物"相关的"思想世界"的必要"形式"而已。在《研究》那里，"道家形而上学"的最终旨归一定是由"道高物外"而衍生出的"精神高于物外"之心性论、境界说、精神哲学而非其他，或者说，"道德形而上学本质上是'内学'，即诉诸内在精神自由活动的哲学理论"①，这正是"道家形而上学"与希腊哲学、西方哲学的本质不同之处。郑开先生很明确地意识到，"道家先哲并没有把自己的理论命名为'形而上学'，也没有像我们分析和阐释的那样，自觉将自己的思想与体会予以分门别类的说明"②，这样来看，"哲学"或"形而上学"在《研究》中实际上亦不过是一种"筌蹄"，道家哲学的理论归宿乃"直观体证"的"精神境界"而非"哲学-形而上学"的"思想世界"，由此，必然会引生出《庄子·外物》篇所谓"得鱼而忘筌，得兔而忘蹄"的内在要求。

通过《研究》来看，尽管"思想世界"与"精神境界"在道家哲学中是"不可混同"的两个世界，但这两个世界之间却并非绝对是"不可通约"的。按照道家的说法，"可道之道"肯定不是"常道"，但若舍却"可道之道"，舍却"筌蹄"，恐怕我们也就永远不会进入"常道"的世界，或者说捕捉到活生生的"鱼"与"兔"。正如"庖丁解牛"寓言所展示的，《研究》所确立的"基调"亦可谓"臣之所好者道也，进乎技矣"，"所好者道"是根本动力，"道进乎技"是第一原则，在此基础之上，才有关乎"技"的淋漓尽致的展演，才有"恢恢乎其于游刃必有余地也"的鞭辟入里与细致入微，才有在"解牛"与"行道"的两全其美、相得益彰。也可以说，在道家的"思想世界"与"精神境界"之间，唯有确立了"精神境界"这一大本大源，才能彰明"思想世界"与"精神境界"之间的隐秘关联，从而葆有从"思想世界"跃入"精神境界"的珍贵可能；与此同时，也才能最大限度地彰显"思想世界"的思想脉络、释放"思想世界"的理论潜能，这正是《研究》在"思想世界"层面的说述之所以取得极大成功的根本缘由。

在郑开先生看来，道家之"精神境界"说的根荄即其"心性论"，"心性论的

---

① 郑开：《道家形而上学研究》（增订版），第211页。
② 同上书，第358页。

思考向度不仅拓展了知识语境,而且把理论性的知识问题延伸到实践智慧领域,从而标志了道家以体验为核心的范式迥然不同于古希腊以来的西方哲学的知识理论"①。《研究》认为,"道家心性论"可区分为"自然人性论"与"无为心性论"两种向度,而且,"无为心性论"不仅是对"自然人性论"的深化,而且能开出以自由实践、自由创造为特征的"逍遥"理论。这样来看,在"儒家心性论"之外,"道家心性论"诚可谓自成一体、别具一格。就此而言,可谓《研究》一书的最重要理论贡献,正体现在对"道家心性论""道家境界说"的精心营构上。也正是以此为"环中",道家哲学或道家形而上学才以其对生命价值与生活意义的创造性思考而向未来敞开,成为未来哲学的重要资源。据悉,《研究》将由夏威夷大学哲学系安乐哲(Roger T. Ames)教授转译为英文版。随着本书在英语世界的出版,我们由衷地希望郑开先生对"道家哲学"的创造性阐释能更好地促进中西哲学之间的对话,并有效促进未来世界哲学的发展与创造。

(王玉彬,山西大学哲学社会学学院副教授)

---

① 郑开:《道家形而上学研究》(增订版),第323页。

书讯

《闽中理学渊源考》

(清)李清馥著,何乃川、李秉乾注释

北京:商务印书馆,2018年

《闽中理学渊源考》始撰于乾隆六年(1741),成书于乾隆十四年(1749),是一部有关宋明时期福建地区理学萌芽、发展和演变的学术著作,也是一部记载闽中地区自宋至明理学人物的传记类史书。全书共有92卷,卷首有李清馥所作《闽中理学渊源考原序》及《凡例》。书中起自宋朝杨时,下迄明末陈喜,以程朱学派为宗,兼述闽中各家世学派,详细记载了闽中地区各理学学派的师承及其学术宗旨。本书旨在通过为宋明时期福建地区的理学家修史立传,达到"辨正理学与经学、宋学与汉学的关系,纠正宋明以来尊宋黜汉的学术偏见,提倡汉宋兼采"(卢钟锋语)的根本目的,是清代中期理学史的代表之作,也是研究理学家和中国理学史的重要文献。

作者李清馥(1703—?),字根侯,号逊斋,福建安溪人,康熙朝名相李光地之孙。生四岁而孤,其祖父李光地授以《太极图解》《通书》《西铭》《正蒙》等书,即以古学自期。以荫授户部员外郎,补授郎中。乾隆二年,升任大名府知府。七年补授广平府知府,数月后以疾告归。著有《闽中理学渊源考》《闽学志略》《榕村谱录合考》《道南讲授》《清源述志》《粤东名儒言行录》等。《闽中理学渊源考》收入《影印文渊阁四库全书》中。(陈曦)

任蜜林:《汉代"秘经":纬书思想分论》

北京:中国社会科学出版社,2015年

任蜜林是国内青年学者中在纬书文献和思想研究领域着力最多、著述最丰,也是最值得关注的研究者之一。他的研究承继了哲学史传统中注重原典和文献梳理,并且在文献理解的基础上实现概念分析及思想源流考辨的学术风格。他十分注重思想体系的异同在文本分析中的凸显,并且尝试在思想的差异中找到一种连贯的理解和诠释,同时也注重连贯中存在的断裂和内在冲突。哲学史的研究视角很大程度上倚赖于文本分析基础上的观念贯通,并且须从经学和思想观念的背景中剥离出纬书思想的内外与同异。从这个意义上说,该研究本身保持了很好的开放性和反思性。因此,我们可以从汉代思想史研究的大背景出发,理解任蜜林对纬书及其思想体系的重建的理论价值。

应该说,在中国古代思想史的研究中,汉代思想的研究并不算热门的领域。在汉代思想的研究中,纬书的思想研究则更为鲜见。然而,我们不得不承认的是,两汉时期思想发展及观念转型对于理解早期中国思想发展的整体图景是至关重要的。两汉时期的思想特色与先秦有十分明确的区隔,不妨说,两汉时期的思想家理解中的历史意识和世界秩序都发生了根本的转型,不同的观念层次之间体现了强烈的同构性,对历史意识的重建和政治权力正统性的关切本身都使得汉代思想呈现出了十分独特的魅力。长达四百多年的历史进程,使社会、政治及经济、文化都发生了巨大的变化,如果我们尝试对汉代思想进行体系性的连贯叙述,经学文献及其思想内涵无疑是最佳的选择。因为经学的发展及其变迁在汉代是有明确的制度保障,并且有足够的历史文献和思想文本可供研究者完成较为深入和贴实的讨论。然而,毋庸讳言,经学思想研究中不能忽视又很难处理的问题就是被称为"谶纬"的一部分文献。

显然，谶纬是汉代经学体系中十分重要的一部分，学者关于汉代经学思想历史的讨论不能脱离谶纬文献。然而，研究谶纬必须面对如下的四个疑难：其一，谶纬的性质、谶与纬之间的关系，如何理解纬书与谶语的性质差异和内在联系已经成为谶纬思想研究的入手点，也是重要的分歧点；其二，不同类型的纬书是否存在着某种连贯的建构策略和观念基础，如果存在，那么这种连贯性应该如何诠释？如果不存在，那么纬书何以成为一组独特的经学文本？其三，如何理解纬书与经书之间的关系，在经学的思想阐发和传递中，纬书承担着什么样的功能？其四，存世纬书的文本历史和结构十分复杂，考辨其源流和嬗变的情况，是回到纬书思想环境的前提，然而，由于文献本身的限制，对文本历史的梳理本身是难以臻于完善的。在这一前提之下，在两汉经学乃至两汉思想史的研究中，谶纬之学及其在思想史叙述中的地位就变得十分重要，而与其重要性相对的是，整体和深入的研究显得十分稀缺。从经学和哲学两个角度，已有许多学界前辈以文献分析为基础展开了研究。皮鹿门、顾颉刚、陈槃等学者尝试对谶纬之学进行整体的考察，而安居香山和中村璋八的纬书研究则为进一步的思想性和文本性分析奠定了坚实的基础。

在近几年里，任蜜林完成了关于汉代纬书研究的两本专著，分别是《汉代内学：纬书思想通论》及《汉代"秘经"：纬书思想分论》。作者在后者的后记中十分明确地说明了这两部专著之间的紧密联系和互补结构："（本书）可视作《汉代内学：纬书思想通论》之姊妹篇也。本书与《通论》最大不同者，在于本书侧重诸纬之异，而《通论》重乎诸纬之同也。纬书之同固应重视，而其异亦不该忽视也。"（第316页）①不妨说，我们需要将上述两本书看作一个研究专题的两个面相，这两个视角都贯彻了同一个研究者的方法论框架，并且尝试在同异对举的叙述框架中呈现纬书思想的复杂性和连贯性之间的张力。

如果读者尝试理解作者的研究进路和目标，那么，对于《秘经》的阅读应该从后记和序言开始。在《秘经》的后记中，作者强调了经学的语境对于理解纬书的重要性，"前人'纬者，经之支流'之观点颇有道理。故欲究纬书之形

---

① 本文引文皆出于《汉代"秘经"：纬书思想分论》一书，为避免不必要的重复，本文中所有引文直接在引文内容之后标识页数。（任蜜林：《汉代"秘经"：纬书思想分论》，北京：中国社会科学出版社，2015年）下文中，《汉代"秘经"：纬书思想分论》将简称为《秘经》，《汉代内学：纬书思想通论》将简称为《内学》。

成,必察当时经学发展之脉络;欲明纬书之思想,必知当时经学思想之特点"(第316页)。之所以需要以经学为研究的语境和思想分析的前提,是因为在作者的理解框架中,"纬书可以说是经学发展的一个变种。因为其思想受到谶的影响"(第1页)。被称为"变种"的纬书虽然受到了谶的影响,然而,在研究的过程中,作者首先声明纬书与谶语在性质上的差异。在思想研究的意义上,谶与纬不能等量齐观。将谶纬分开之后,纬书作为研究对象的地位就得到了确立。作者对于纬书的整体研究是由两个并行不悖的进路构成的,其一是纬书形成的文献学研究,其二是不同类型和不同文本的思想内容。纬书的结构是与经学文本对举的,不同的经文都有对应的纬书文献,对经文的内容进行独特的阐发。因此,对不同主题的纬书进行分析就要结合汉代经学思想的总体特征,同时要考虑与特定纬书对应的经文及经学的内容,例如春秋纬的思想内容就是要考虑经学诠释中的春秋学的基本内容和特点,并且在对照中理清春秋纬与春秋学在思想和观念上的连贯性和变异点。

这样的叙述框架必然要求本书采取分而论之的方法,围绕着易纬、春秋纬、尚书纬、诗纬、礼纬和乐纬等不同主题展开论述。每一个分论都从不同主题的存世纬书的文本结构及文献历史入手,检视学界已经形成的对不同纬书的文本历史及其真伪情况的考辨过程和结论,并形成基于文献学梳理和文本内容考察的基础结论。在此基础上,对纬书的内容及其思想特色进行细致的分析,通过对照相应经文的经学诠释,说明纬书与经文如何体现经学思想的底色,与此同时又保持自身思想和叙述方式的差异性。更为重要的是,在同一组的纬书文本的研究中,作者并不刻意黏合不同文本之间的思想主题和表述特色,而是说明同一组文本内部存在的思想主题和观念倾向之间的差异。这样一来,经学的底色、纬书的特色共同体现出汉代思想的总体趋势。对汉代思想的理解与对纬书文本的诠释形成了内外表里的对应关系,纬书成为汉代思想总体特征的载体,而汉代思想的总体特征则为理解纬书思想与经学思想之间的差异提供了坚实的基础。

不妨说,对于作者而言,先秦到两汉之际思想倾向的转换和思想体系的嬗变是理解纬书和经学的关键。基于天人关系神化的阴阳灾变学说,以及基于五行思想体系的宇宙论和政治思想,结合在一起很大程度上贯通了从宇宙图景的秩序感到政治权力的合法性论证的观念模式。"汉代的灾异学说至少出于两个不同的系统：一是出于《春秋》的阴阳系统，一是出于《尚书·洪范》的五行系统。前者以董仲舒为代表，后者以刘向父子为代表。"（第19页）显然，这一分析是出于经学文本和两汉时期的思想家著作的对读得出的，两种不同的灾异学说表明汉代思想整体趋势中存在的十分复杂和多元的内在分歧。更为重要的是，不同来源的思想观念可能指向了一种共同的思考方式和世界秩序建构策略，即在结构性的世界秩序中论证和理解包括人类社会的历史与政治结构在内的各个层次的合理性。如果我们将经学视为理解汉代思想的重要视角，那么从经学到纬书、从《内学》到《秘经》的变形并没有影响统一的思想旨趣，并且在这一旨趣之下构成了经纬之间的思想连贯性。

在纬书的整体构成中，易纬是数量最多、存世情况也最好的一种。此外，两汉易学的基本思想的讨论也比较充分。因此，对易纬的分析在本书占据了重要地位。易纬的研究就是在易学思想的语境中展开的，其中涉及汉代不同的易学大师，以及这些易学思想的内在演变。在易纬的研究部分，作者首先比较细致地梳理了两汉时期易学发展的基本线索及思想倾向，同时尝试说明易纬与易学的思想差异。其中主要涉及"阴阳灾变说"及说卦对于易学思想纬书化变形的影响。在此基础上，作者考辨了易纬各篇的形成过程，并且尝试对每一篇进行比较准确的断代。在讨论《乾凿度》的文本内容时，作者显然十分重视将这篇文本基本内容的解说纳入整体易学的思路中，说明《乾凿度》如何在思想意义上重述乃至重构了易学的基本思想元素。在论述的过程中，着重强调了易学与易纬之间存在的差异，其中涉及爻辰说与郑玄的爻辰说之间的细微不同（第84页）。细致的文本比较一方面说明作者在写作过程中对于文本的精细把握，另一方面也体现了作者对于汉代经学思想的深入了解。与此同时，在讨论《乾坤凿度》的思想倾向时十分突出地强调了其道家倾向——当然，更准确地说，应该是在汉代初期十分重要的黄老思想倾向。这一明显的特征与易纬文本群中广泛存在的托孔子名的情况形成了独特的张力（第107页）。汉代的灾异学说至少出于两个不同的系统：一是出于《春秋》的阴阳系统；一是出于《尚书·洪范》的五行系统。前者以董仲舒为代表，后者以刘向父子为代表（第19页）。通过卦气和灾异说的切入，对应《通卦验》及其他易数学文本，作者说明了纬书如何在易学的知识和观念体系的基础上进行诠释性的延伸和秩序性的重构。

在春秋纬的研究中,作者同样十分关注春秋纬与两汉春秋学,特别是公羊学之间的密切关系。在作者看来,春秋纬提及的"孔子为汉代制法"是在公羊学的整体诠释中比较特殊的一点(第190页)。在两汉春秋学,特别是公羊学的思想语境中,春秋纬的特征当然不仅是孔子制法,更体现在公羊学对《春秋》经诠释策略的基础上更加神秘化和结构化的延伸。在诗纬的阅读和具体分析之中,通过与诗学的具体比较,作者尝试说明诗纬是在诗学的影响和框架之下体现了独特的思想主题。作者强调,"对于《诗经》的解释分为两类:一类是以阴阳灾异为主的神秘主义解释……这是齐诗影响的结果。另一类是根据经文文意的解释……可能受到毛诗解释方式的影响"(第247页)。简而言之,诗纬承继并综合了不同流派的诗学。

与此同理,尚书纬的研究也是在尚书学的文献和思想语境中展开的。作者十分强调尚书纬从内容和思想主题上与尚书学的同源关系(第205页)。当然,作者也关注到了《尚书中候》等文本内容的特殊性,他认为"《尚书中候》是一部符命之书,其主要以五行相生说为基础……论述了尧、舜、禹、汤、文、武等各王朝帝王或其祖先的性格、行为及祥瑞,由此确立这些帝王兴起的正统性"(第215—216页)。不妨说,《尚书中候》通过《尚书》的历史视角重构了帝王世系的合法性和正统性,而这一正统性的基础并不是简单的天命观,而是基于两汉思想特色的宇宙秩序结构。任何可见和不可见的社会与自然现象都是在这一秩序结构的支配之下的,而汉代思想的基本特色就是对这一秩序结构的构造和理性运用。从这个意义上说,不同主题的纬书在很大程度上体现了上述具有神秘色彩和宿命论意味的理性"能力"的运用和展开,而相对于经文本身的章句与内容限制,纬书在运用世界秩序的方面有更大的诠释和描述空间。

我们可以将这一在经典诠释意义上的建构性理解为以下三点:其一,在同一主题内容的基本共识的基础上,相较经文的章句考校,纬书的诠释可以在对某些共同的世界秩序的描述中展开,从而突破经文在内容上的限制,相对自由地选取某些核心概念及叙事作为诠释对象,形成一种较为集中的"文本意义"和"思想主题"的诠释性构建;其二,纬书的诠释很大程度上体现了汉代独特的历史意识及其哲学基础,即宇宙秩序与历史意识的统合;其三,从历史叙事的视角看,纬书将围绕孔子展开的历史叙事纳入到经学诠释的体系之中，历史的叙事很大程度上"贯通"了不同经文内容的差异性。当然，上述的分析是过于粗糙和建构性的。然而，对于理解经学视野下的纬书思想研究的一个面相，我们需要的就不仅仅是理解文本的具体而微、零碎琐细的内容，更需要在文本的基础上理解纬书作为一个主题跨度很大的思想文本群在整体上如何从异中见同。

作者强调不同主题的纬书文本研究"差异虽存，义则一贯，即皆从经学视野下探求诸纬之不同也"（第317页）。可以说，这里强调的不同一方面在于诸纬之间的不同，另一方面在于经纬之间的不同。从这个意义上说，本书的首要价值在于通过文献学的爬梳和经学思想视野中的对读，提出了理解纬书的一种独特进路。通过《秘经》与《内书》的对举与互补，作者的"通论"性研究很好地完成了文本解读和主题建构的任务，同时也提出了更具挑战性的课题——即纬书的整体研究如何成为汉代思想史整体叙述中不可或缺又自成其特的组成部分。这就涉及对纬书内容梳理之后的建构性诠释的开展，以及在汉代思想史的叙述框架的突破。

（程乐松，北京大学哲学系宗教学系教授）

张志刚:《"宗教中国化"义理研究》

北京:宗教文化出版社,2017 年

"宗教概念所建构的是一种学科视野,如果缺乏此种视野,就没有专业意义上的宗教研究可言。"美国著名宗教学者乔纳森·史密斯(Jonathan Z. Smith)教授在《宗教研究的关键词》(*Critical Terms for Religious Studies*)一书中留下了这样的箴言。[①] 近些年来,海内外越来越多的宗教研究学者意识到,国际理论界著名的、有影响的"宗教"概念、理论和研究方法,大多是由欧美学者在西方历史、文化和宗教背景下提出来的,这些宗教观念与理论范式在解释中国宗教文化传统及其现状时存在着诸多明显的不足。所以,我们亟待通过全面反思中国宗教研究的基本概念、理论和研究方法,探寻一种更合乎中国文化传统与社会现实的学科视野。北京大学哲学系、宗教学系的张志刚教授以其《"宗教中国化"义理研究》一书为我们打开了重建中国宗教学的学科视野的"一道义理之门"。

张志刚教授的主要研究领域包括宗教学理论、宗教哲学、基督教、宗教与文化、中西哲学与宗教比较研究、当代中国宗教与政策研究等,近些年来,张教授的学术研究重心逐步实现了由"国际宗教学界的百余年探索历程"到"中国宗教研究的理论与方法重建"的转移。前一阶段的研究成果颇丰,主要著作有《宗教学是什么》《宗教哲学研究——当代观念、关键环节及其方法论批判》《宗教文化学导论》《走向神圣——现代宗教学的问题与方法》《猫头鹰与上帝的对话——基督教哲学问题举要》《理性的彷徨——现代西方哲学理性观比较》《当代宗教冲突与对话研究》《宗教学前沿问题研究》等。后一阶段的

---

① See Jonathan Z. Smith, "Religion, Religions, Religious", *Critical Terms for Religious Studies*, ed. Mark C. Taylor, Chicago: The University of Chicago Press, 1998, pp. 281-282.

研究成果初步结集为2017年12月由宗教文化出版社出版的《"宗教中国化"义理研究》一书。

《"宗教中国化"义理研究》凝聚了张志刚教授近年来关于中国宗教学的基础理论与方法重建这一课题的研究心血，由一系列论文成果汇集而成。全书内容分为上、中、下三篇，在篇章结构上既具有相对的独立性和各自的侧重点，又形成一定的逻辑关联和理论系统，共同呈现了作者对于"宗教中国化"这一核心命题的基础性理论反思与"重建中国宗教学学科视野"的深刻探索。

本书上篇的讨论以如何理解"宗教中国化"的学理根据、主要命题开始，可称"立足国情的整体思考"，所收的四篇论文紧密围绕"宗教中国化"这一理论课题的根本内涵、关键命题、研究现状、疑点难点与合理进路展开探讨。在《"宗教中国化"义理沉思》一文中，作者将"宗教中国化"的基本理论内涵概括为"三重融入"，即真正融入"中华文化、中华民族和当今中国社会"，与此对应的是"文化认同""民族认同"和"社会认同"（国家认同）三个层面的认同，其中"文化认同"具有根本性的作用：任何社会认同（国家认同）都与一定的文化传统密切联系。因此，研究中国宗教，必须扎根中国文化传统、立足当今国情实际，与时俱进，坚持我国宗教中国化的方向。作者在《"宗教中国化"的三个命题》一文中，着力论证了"宗教中国化"的重要性、必然性和实践性，并且将理论思考与实践探索相结合，强化了"积极引导宗教与社会主义社会相适应，坚持我国宗教中国化方向"的现实意义。在《当代中国宗教关系研究刍议》一文中，作者通过梳理和辨析近些年来学界流行的"宗教市场论""宗教生态论"等新思路、新观点的得失利弊，指出在当今中国社会构建和谐的宗教关系必须立足国情，特别是改革开放以来的宗教政策与宗教现状，妥善处理宗教问题，更多地着眼于宗教关系的正面因素和建设性观念，积极引导各种宗教及其广大信众和睦相处，共同为促进我国经济、政治和文化发展尤其是慈善公益事业和社会服务事业的繁荣贡献力量。在《中国宗教研究的几个关键问题》一文中，作者以建设性、前瞻性和探索性的问题意识，围绕"关于中国宗教的整体判断""中国宗教研究的群众观念"和"马克思主义宗教观的方法论意义"等中国宗教研究目前面临的关键问题进行了深入的阐释与探析，强调以"社会存在决定社会意识""群众观念""理论联系实际"等历史唯物主义基本原则和科学态度，从整体上明确中国宗教的主要性质与主要作用是积极的、有建设性的,进而辨析我国各大宗教及广大信教群众的主流、落实"群众观念",以推进宗教工作与宗教研究,最大限度地发挥宗教的积极作用,并最大限度地抑制其消极作用。

本书的中篇围绕"以点带面的专题研究",由五篇专题论文构成,前四篇论文着重讨论"基督教中国化"(Sinolization of Christianity)研究,构成了整个"宗教中国化"理论反思的一个重要面向;第五篇论文则专门选取了"佛教中国化"这一人类文明交流与互鉴的典型案例展开讨论,富有创见地提出了"文化回馈"的概念,进一步强化了"外来宗教中国化"作为一种历史视阈下的比较研究方法所具有的重要理论价值。值得特别注意的是,作者在前四篇论文中全面而深入讨论的"基督教中国化"问题,也是近些年来备受国内外学界、教界和政界关注的一大焦点。在《"基督教中国化"三思》《"基督教中国化"的三重视野》《中国学术界的基督教研究》《丁光训"基督教中国化"思想研究》等论文中,作者具体分析了基督教在中国历史上的"洋教身份"及其负面色彩,基督教在我国改革开放后的迅速发展与"中国宗教生态失衡"引发的"现实焦虑",探讨如何引导基督教积极融入当今中国社会以发挥其建设性作用等问题。作者结合美国天主教神学家保罗·尼特(Paul F. Knitter)的"宗教实践论"(Religious Praxism)、爱国主教丁光训先生的"中国教会中国化"思想的理论启发,指出"在中国社会改革开放30多年后的今天,社会实践也是检验宗教信仰的主要标准",应当重新反思宗教信仰与社会责任的关系,并在学术研究和管理工作中深刻理解"历史与逻辑相统一"的方法,从而使基督教信仰真正"融入中国文化、中华民族与当今中国社会",切实发挥积极的建设性作用。在本篇的第五篇论文《文化回馈:以"佛教中国化"为例》中,作者以佛教的中国化及中国的"文化回馈"历程为范例,全面阐释了这种带有"文化回传"性质的交流形式及境界对于深化人类文明交流互鉴的积极意义,强化了"外来宗教中国化的比较研究"的方法论价值。概言之,中篇的讨论紧密围绕着"外来宗教的中国化"这一理论主题,结合基督教、佛教相关问题的典型例证,"以点带面"地呈现了一种基于中外文化传统差异与当今全球文化交流互鉴趋势的"宗教中国化"理论视野与思想主张。可以说,这种"以点带面"的具体论证,是对"宗教中国化"学理内涵与基本问题的扩展与深化。

本书的下篇聚焦于"以史带论"的观念反思,所收的五篇论文都包含着凌厉的"反思逻辑",颇具"史论结合"的基础性研究价值,其讨论的线索从"西方宗教观"传入的偏颇影响、"中国无宗教论""中国宗教无关重要论""诸种取代宗教论",一直延伸至"儒教之争"和"中国民间信仰研究"反思。首先,在《"外来宗教概念"反思》中,作者以利玛窦的中西方宗教观为例,从观念史反思的角度具体考察了"外来宗教概念",特别是其绝对性、狭隘性、排他性的"西方一神论宗教观",长期以来对中国宗教研究的偏颇影响,进而反思"中国宗教的特性何在"(如多元一体、和而不同、兼容并包等),尝试重新构建"中国宗教概念暨中国宗教观"。其次,在《"中国无宗教论"反思》《"四种取代宗教说"反思》等论文中,作者主要对近现代中国思想史上各种不同的宗教观念、主要理论倾向及相关学术论争进行了全面而深刻的反思。在作者看来,"中国无宗教论""中国宗教无关重要论"、诸种"取代宗教论"以及"中国民间信仰迷信论"等较有影响的理论观点,实际上都不同程度地深受"西方一神论宗教观念范式"的偏颇影响,因此,我们必须明确认识中国宗教研究相关问题的理论症结与纷争焦点,尤其要真正理解中国宗教的整体特性、把握中国文化传统的人文精神,进而探索有中国特色的宗教学理论和学科视野,从根本上摆脱"西方宗教观"思维定式的偏颇影响。在《"儒教之争"反思》一文中,作者对19世纪末以来关于"儒家、儒学或儒教究竟是不是一种宗教"这场学术论争的问题实质、论争焦点和比较方法特征进行了全面梳理与深入辨析;基于源头、主流、本质的比较研究方法,关注"我们在什么意义上、且在何种程度上能把儒家、儒学或儒教定性为一种宗教"的问题意识,始终贯穿于这一反思过程。这种问题意识使该文的讨论从宗教概念与比较方法,进而延伸到"文化自觉"问题的深刻反思①,由此,作者认为"儒教之争"无疑应当立足于中华民族"多元一体的文化格局"和全球化时代人类文明交流互鉴的趋势,通过文化比较研究的方法论、文明观、宗教观的反思,更精准地理解儒家、儒学或儒教的本质与功能,更全面地阐释以儒、释、道为主流的中华民族文化所具有的优良传统,并为世界文明和谐相处、共同繁荣而贡献中国智慧。在《"中国民

---

① 在这个问题上,作者比较赞同费孝通先生的主张:真正的"文化自觉"并不是要"文化复旧",也不是要"全盘西化",而主要是让人们对于自己所赖以生活的文化有"自知之明",明白其来历、形成过程、特色和发展趋向,以增强"文化转型的自主能力",取得"文化选择的自主地位"。参见张志刚:《"宗教中国化"义理研究》,北京:宗教文化出版社,2017年,第220页。

间信仰研究"反思》一文中,作者重点围绕"如何认识与评价民间信仰或民间宗教"这一既复杂又重要的"老大难问题"展开深刻反思。结合田野调查数据分析、基本概念界定、核心范畴诠释和主要价值判断,作者确立了中国民间信仰研究的"群众观念"和"宗教-文化"内在的深层联系这两个关键的理论生长点,精辟地指出所谓的"中国民间信仰"主要是与普通百姓日常生活的基本需求息息相关的信仰习俗,应界定为"原生态的宗教—文化现象群"和"最普遍、最真实、最基本的中国宗教文化传统"。正是在这个意义上,"中国民间信仰或民间宗教"研究实际上构成了整个中国宗教文化研究的重要组成部分。作者认为在相关研究中应当更多地立足中国文化与宗教背景,主张秉持"中国宗教研究的群众观念",并对著名美国汉学家欧大年(Daniel L. Overmyer)近年来提出的"历史、文本和田野考察"综合性方法(History, Texts and Fieldwork,缩写"HTF")给予了肯定,认为这种综合运用历史研究、文本解读、田野考察的方法可以比较全面而客观地呈现中国民间信仰最本真的"宗教—文化"特征。①

本书围绕"宗教中国化"这一核心问题的探讨,最大特色在于一种基础性的理论反思,即对中国宗教研究的概念、理论和方法等基本问题展开的全面反省。这种"基础性理论反思",凸显了作者鲜明的问题意识与理论指向,极具理论洞察力与逻辑建构性,能够帮助读者更好地理解中国宗教文化与信仰环境的特质,提供研究视野和理论方法上的启发与继续讨论的空间。

整体而言,作者关于"宗教中国化"的义理研究,主要蕴涵三个层面的内涵:

首先是外来宗教的中国化。这也是作者在本书一开始指出的"宗教中国化"深含的"真正融入中华文化、中华民族和当今中国社会"三重基本义理的延伸与扩展。

其次是本土宗教在不同历史时期适应本土生活世界的新特征而发生的现代化转型。

---

① 作者较为认同的这种综合性方法具有的一个重要理论基础便是欧大年主张的"尤其重视宗教信仰与老百姓的日常生活、社会活动的紧密联系"的观点,而此观点与作者在本书强调的"中国宗教研究的群众观念"之间具有很大程度的一致性。参见欧大年:《历史、文献和实地调查——研究中国宗教的综合方法》,《历史人类学学刊》第2卷第1期,2004年。

再次是中国宗教在本土信仰环境与独特的文化传统土壤中如何以多元性、开放性、兼容性的信仰特质面对当今的全球文化交流趋势。

在笔者看来,不仅本书所探究的"宗教中国化"基本内涵值得重视,其提出问题及思考问题的方式也值得我们潜心思考。作者尤其擅长从思想观念史的整体角度对某一具体问题展开全面、细致的反省:选取该问题涉及的代表人物和核心观点,准确梳理出其中的论争焦点或理论症结,分析其关键要素与理论实质,同时结合相关文献资料或重要史实进行更深入的辨析、反思,进而实现对"宗教中国化"这一核心问题的内在融摄。

作者在本书中对相关问题的学术反思,并不仅仅关注具体问题的结论,还进一步指向一种方法论体系的建构,即"尝试重新构建有中国特色的宗教概念暨宗教观念、方法和理论体系",最终探寻一种扎根于中国宗教文化土壤、更加合乎中国文化传统与社会现实的宗教学研究的"学科视野"。这种新的"学科视野"或方法论体系最根本的逻辑主线,同时也是作者关于"宗教中国化"这一核心问题的反思主要聚焦的两个维度——**"观念史"的根源性维度与"宗教-文化"的关联性维度**。这两个维度不仅贯穿在全书各篇的写作线索与叙述架构中,并且如经纬线一般相互联系、交织于许多具体问题(尤其是关于"基督教中国化""儒教之争"等问题的学理探讨),深化了相关问题的反思、论证与诠释的逻辑性。

此外,无论在历史上还是当代生活,宗教变迁在诸多层面深刻影响了中国的政治、文化、社会和国际交流进程,因此,从"宗教-文化"关联性维度展开的思考,即对宗教与文化深层联系的认识与理解,整体理论视阈广泛涉及中华传统文化的特质、东西方文明传统的差异、全球文化交流互鉴的现实趋势等方面,从而使本书的理论贡献不仅仅局限在宗教研究领域,还对日渐深化的中国文化传统研究、中西方文化比较研究等领域具有重要的借鉴意义和参考价值。例如,作者在《"儒教之争"反思》中由"儒家、儒学或儒教"的观念反思延伸到关于"文化自觉"问题的探讨路径,对于中国宗教与文化传统研究的理论广度与学术深度都是一种有力的拓展。

纵观全书,作者力图探寻一种更加合乎中国文化传统与社会现实的宗教文化理论体系并重新建构中国宗教学研究的"学科视野"。这种"学科视野"的重建,主要立足于对中国宗教研究的概念、理论和方法进行的全面、基础性的学理反思,凸显了深刻的问题意识与理论洞察力,有助于我们更好地理解中国宗教文化传统与信仰特质。因此,这本新著可谓切入中国宗教学的核心概念和基础理论的一把钥匙。

(王群韬,上海社会科学院宗教研究所助理研究员)

书讯

《周易集解》

(唐)李鼎祚撰,王丰先点校

北京:中华书局,2016年

《周易集解》是唐代李鼎祚汇集两汉至唐近四十家易说,尤其是象数《易》注而成的,在易学发展史上占有极其重要地位的一部易学典籍。

李鼎祚,资州人,曾推演六壬五行,成《连珠明镜式经》十卷,又《宋志·五行类》著录其《易髓》三卷、《目》一卷、《瓶子记》三卷,《兵书类》还有《兵钤手历》一卷。据清代学者刘毓崧所考,《周易集解》为代宗登基(763)后李氏所献之书。

在经传的编排上,《周易集解》沿袭了王弼《周易注》及唐代官修《周易正义》的传统,而在具体解经方式上却取法何晏《论语集解》集众说以解经的传统。本书汇集各家易说之富,可谓前无古人,李氏自序称:"集虞翻、荀爽三十余家。"在集众说之中,亦间有李氏个人之见。就内容来说,李鼎祚的《周易集解》以明象为第一要务,其选材以象数易学为主,而在象数易学中又以虞翻、荀爽为宗。

此次整理,以现存最早之足本聚乐堂朱睦㮮本为底本,以《秘册汇函》胡震亨本、汲古阁毛晋本、雅雨堂卢建曾本、文渊阁四库全书本以及枕经楼周孝垓本为校本。同时吸收明、清时期校勘研究者之成果,尽可能做到详尽完备。

(马卓文)

邹诗鹏:《虚无主义研究》

北京:人民出版社,2016 年

现代性与传统的断裂,是现代虚无主义产生的根本原因,究其本质则是对人自身价值的否定。如何从这种作为断裂症候的虚无主义困境中超越出来,已成为当代人精神生活的根本问题。现当代西方哲学及其文化精神见证了这一历史。这种见证不仅在于一套虚无主义话语体系的形成,更在于其所对应的虚无主义侵入欧洲文化的现实境况。然而"虚无主义不是一种在某时某地流行的世界观,而是西方历史的发生事件的基本特征"[①]。这也就是说,虚无主义本质性地内置于西方所掀起的现代化浪潮之中,是现代世界不断物化及空心化的表征。虽然就社会文化和历史基础而言,虚无主义乃是欧洲现代化的一个结果,但在全球化背景下,为现代性所笼罩的一切都不可避免地染上了虚无主义。简言之,虚无主义是附着于现代性的,且是资本逻辑的伴生物,只要卷入全球资本主义空间中,便无法避免。

虚无主义作为现代性的伴发症,并不是一个理论问题,而是时代精神本身的问题。一方面,从大的历史视野来说,作为社会发展的必经阶段,现代文明应当经受虚无主义的洗礼;另一方面,如何从这种持续了一个多世纪的消极否定的虚无主义困境中超拔出来,建立起具有预防功能、防止其恶变的机制,这无疑是摆在现代人面前的一个时代性问题。邹诗鹏教授所著的《虚无主义研究》一书直面作为过渡性时代精神症候的虚无主义,通过剖析现代虚无主义的历史性生成,对物化时代的虚无主义问题及其话语作了详尽而深入的梳理,并从哲学与时代精神、社会文化思潮、大众观念及情绪等多个方面,进行了系统深入的批判性分析,同时也在历史、理论、实践及教化等环节重建

[①] 马丁·海德格尔:《尼采》(上卷),孙周兴译,北京:商务印书馆,2003 年,第 26 页。

现代性与传统的关联上,建构了一套虚无主义诊疗学,包括虚无主义的病因病理、症候分型及其治疗方法。

邹教授对虚无主义所做的研究在洞穿虚无主义本质的同时,也破解了现当代种种对启蒙理性的逆动。从思想史角度看,这为重新理解虚无主义的现代性宿命提供了一条思想路径和一种考察方法。现代性是凭借理性并诉诸启蒙的方式来克服世俗化时代的无意义感,正是启蒙重新确立并高扬了人的价值及主体性。但悖谬的是,越是理性化,越是虚无主义。现代性及其理性化以滋生的方式不断巩固了虚无主义,造成了物对人本身的吸噬。譬如韦伯就认为理性化最终将导致"理性铁笼"。对此,黑格尔以降的保守主义传统就认为虚无主义是启蒙运动的必然结果。如果单从启蒙运动的理论成就而言,这一判断不无道理。毕竟作为启蒙运动理论成就的英法唯物主义本就蕴涵虚无主义。这种为马克思所批判的旧唯物主义作为现代无神论,在与有神论彻底断裂的同时,又将自身完全置于彻底物化的世界。在这一意义上,当代的虚无主义无疑是其直接后果。但回过头来讲,虚无主义又是反启蒙的。如贝尔所指出的那样:"虚无主义正是理性主义的瓦解过程。"[1] 总结来说,启蒙主义一方面力求克服神学虚无主义,但另一方面,过度的世俗化又反过来强化了现代性的虚无主义。这使得从启蒙传统开出的资源不仅渐渐难以克服虚无主义,而且自身也陷入了虚无主义泥潭。在批判虚无主义上,邹教授指出启蒙思想虽是一种不可或缺的思想传统,但却是需要扬弃的。[2] 他通过梳理现当代诸多虚无主义批判思想,特别是马克思的新唯物主义、唯物史观及其资本批判的思想,对克服、遏制和治疗当代虚无主义做出了有益探索,不仅在理论上发展了对虚无主义的研究,也拓展了马克思思想的当代视野,更在现实上为如何历史和实践地看待现当代的虚无主义,特别是作为中国现代社会文化转型顽症的虚无主义倾向,提供了一条可供践行的现实途径。

---

[1] 丹尼尔·贝尔:《资本主义文化矛盾》,赵一凡、蒲隆、任晓晋译,北京:生活·读书·新知三联书店,1989年,第50页。
[2] 完全走向启蒙的反面,诸如后现代的非理性主义、反理性主义等,同样会使得虚无主义进一步凸显。

一 现代思想对虚无主义的批判及其困境

近现代虚无主义研究者往往将虚无主义追溯至柏拉图的《智者篇》。对存在的虚无,更是前溯至巴门尼德的"无"所引发的对存在的遗忘。西方有无之分一开始就是排斥"无"的,"存在论"实为"存有论"。这表明在西式存在论的起源,就已经预置了虚无主义的种子。其后理性主义日渐成为西方传统的主流,并分为世俗化和神学化两个方向。然而不论是指向世俗经验及其知性活动的现象界,还是包裹着"虚无"观念的超验宗教或神学世界,虚无主义都如影随形,并在西方近现代思想中的三次虚无主义运动①中日益壮大,最终导致了现当代的西方虚无主义的病症。现代西方哲学的诸多流派包括后现代主义,在表现出虚无主义的同时,也都做过一定程度的批判。邹教授将现代性思想中对虚无主义症候的尝试性克服大致分为三个路向:

一是现成的传统,即休谟以降的经验主义与相对主义传统,包括20世纪以来形成的实用主义及结构功能主义。这些从属于现代实证主义大传统的诸派别,均假定价值与事实的二分,承认现代性在事实、结构以及制度方面的合理性及其有限性。这一路向虽然在拒斥形而上学的同时也拒斥虚无主义,但也助长了虚无主义。

二是浪漫主义或保守主义的路向。这一路向将虚无主义视作是现代性的另一面,认为现代性本质上就是虚无主义。以尼采为例,其就通过一种复活了的悲剧意识以及悲剧时代,区分了古典虚无主义与现代虚无主义,并主张以前者即积极的虚无主义去克服后者亦即消极的虚无主义,从而超越欧洲悲观主义的核心价值观。如果说尼采仍然只是在西式形而上学的传统中呈现虚无主义因而依旧属于价值论层面的虚无主义,那么海德格尔则是力求揭示虚无主义的存在论基础以及虚无向存在的还原之路。海氏所呈现的对自然存在的还原,展开了一种突破西式形而上学传统并面向非西方传统开放的想象空间。总体而言,正像这一路向不得不面对现代性的悖论及其复杂性一

---

① 在尼采看来,自柏拉图以降,西方文化精神进程中有三次旨在挑战并否定形而上学的虚无主义哲学运动,分别以笛卡尔、康德和叔本华为代表。

样,身处其中的学者对虚无主义的传统酵素无法视而不见,除此之外,这一路向本身的犹疑与抑郁气质,又不断地激起了虚无主义之思。

三是激进的政治路向,即马克思以降西方激进左翼传统、西方马克思主义及法兰克福学派等所形成的资本主义社会批判思想。在这一路向中,虚无主义乃是人的本质及其对象性活动迷失于异化劳动和拜物教的结果。

上面提到的现代思想对虚无主义这一时代病症的克服本身就代表了现代性语境中三种对待虚无主义的典型言述:首先是以韦伯为代表的对现代性的无力和顺从;其次是以尼采、海德格尔等为代表的古典虚无主义的回溯和还原的努力;三是以马克思为代表的历史进步论及其对虚无主义的自觉克服。从评价角度来看,韦伯的理性化属于一种不彻底的历史主义,因而其在历史与未来之间呈现出双重的犹疑,虚无主义则是其本质内容。尼采及其后的海德格尔,则是把现实以及可能的未来回迁到过去的历史中,并为虚无主义"正名"。这实际上还是从现代性的方向来批判现代性,结果是进一步巩固了现代性。故在虚无的存在彻底跌落为价值虚无主义时,海氏依然只能求助于"上帝"。相较之下,马克思则是通过将历史诉诸未来从而克服在他看来作为异己物的虚无主义。这不仅洞察到了虚无主义是现代资本主义社会异化及其拜物教的必然结果,而且坚信通过人的历史性解放可以克服虚无主义。

二 现代性语境下马克思对虚无主义的批判

尼采宣称虚无主义是上帝退场之后人必然面对的主题,其始自柏拉图——基督教哲学体系之形成。正是这一体系设定了一系列的对立,诸如理念世界与感性世界、彼岸世界与此岸世界、信仰世界与实存世界等等,并肯定前者否定后者,由此导致了消极的虚无主义。但柏拉图的观念论不过是隐藏的虚无主义,笛卡尔基于怀疑精神的反形而上学,才是历史上第一次积极的虚无主义运动,并延续到康德那充满道理热忱并深刻影响18世纪欧洲思想家的不可知论。在尼采那里,叔本华是现代虚无主义运动的第一人。尼采肯定叔本华,实际上是为了否定形而上学,进而通过强力意志以重估一切价值,以求回归基于强力意志的古典的虚无主义。海德格尔承接尼采,且更为原创地将虚无主义看成是存在离弃存在者的结果。同马克思的资本批判相比,海德格尔及其他现代存在主义哲学家对虚无主义的诊断,有两个区别:一是以技术批判代替资本批判;二是以物化代替异化。虽然在海氏之后,现代哲学及后现代哲学实际上中止了对虚无主义的批判,但时代精神仍然不可遏止地陷入了价值虚无主义,这既在一定程度上显示了技术批判在面对现实时的无力,也表明了在虚无主义的现代批判史上,从马克思经尼采再到海德格尔,批判力度的一再减势。从这一角度出发看马克思基于唯物史观及其人的解放学说对虚无主义的批判,无疑在当下依然存在着重思的现实可能与持续开发的理论空间。

马克思思想的重大使命就在于终结传统虚无主义,特别是作为虚无主义核心症候的历史虚无主义,[①]并创造新的价值信仰,历史性的扬弃与克服虚无主义是其对虚无主义批判的落脚点。邹教授指出马克思是通过商品及货币拜物教这一切入点展开对虚无主义的批判的。概括来说,主要包括三方面的内容:一是透析现代性及资本主义物化逻辑,揭示价值虚无主义产生的生存论基础;二是批判虚无主义文化现象;三是区别于现代哲学虚无主义的基于唯物史观对虚无主义的批判。这三方面的内容是建基于马克思对虚无主义的科学分析之上的:首先是在哲学原则上,马克思宣告了一个彻底的无神论时代的到来。他肯定了启蒙以人替换神的历史功绩,但在马克思那里,人的解放不是作为已经完成的历史任务,而是作为持续在场并不断转化的问题而出现的。[②] 对此,旧唯物主义、唯心主义等旧哲学始终无力面对,更加谈不上对历史进步的高度自觉;其次是肯定的现代性态度。马克思的唯物史观提供了一种关于历史进步的根本信念。这一信念蕴涵着当代人类生存活动所必备的辩证的、理性的和积极的生活态度。马克思并不否定虚无主义是现代性的一种症候,但同时也认定,作为自我异化的典型——虚无主义,其克服与显现也将同时并存;最后是实践批判活动中所包含的虚无主义批判。人通过自身的实践活动去创造属于人自己的历史,这是马克思新唯物主义关于历史进步的根本信念。

---

① 虚无主义的诸种症型,除了作为焦点的历史虚无主义外,还有人类虚无主义、民族虚无主义、集体虚无主义,以及带有虚无主义亚症状的相对主义与犬儒主义等。
② 与启蒙将资本主义看成是人类解放的当然甚至是全部的前提不同,马克思是把资本主义看成是人类解放及其实现过程中应予以扬弃的环节。

基于以上判断,邹教授认为马克思对虚无主义作了迄今为止最为彻底的批判。这种彻底可以从四个角度来讲:首先是存在论,马克思从人的生存、生成规定和阐释存在,堵住了从存在向非存在或从"有"向"无"的过渡及推移;其次是认识论,虚无主义根深蒂固的观念论基础被一种基于实践的可知论所取代;再次是价值观,马克思所构建的共产主义为人的生存意义做出了肯定的和具有历史意义的把握与阐释;最后是历史哲学,马克思通过建立人的发展理论、社会形态理论、生产方式理论以及人类解放理论于一体的唯物史观,既克服了保守主义史学观,也破除了虚无主义借以表达的政治哲学理据,还克服了由实证主义所巩固的单一的、线性的历史演进逻辑,抽掉了虚无主义的唯心史观基础,进而确立了历史全面进步的历史理论。

从作为真正的人的主体、"自由人联合体"的结构、生命活动这三方面的特征而言,马克思对虚无主义的历史批判依然是当今时代极具说服力与理论效应的资源,并与现当代有关话语在物化与虚无主义课题上呈现出三个基本的界分:第一,马克思的立场是激进政治与唯物史观的立场,而现当代有关物化与虚无主义的思想依然还是文化保守主义立场;第二,在对待物化逻辑与虚无主义关系上,马克思立足于唯物史观的资本主义制度批判,不仅与现当代有关物化与虚无主义的话题,而且与卢卡奇的物化思想,存在重大区别;第三,马克思对物化逻辑及虚无主义的批判,是在世界历史的展开方向上的,因而必然表现为对西方中心主义的识别与批判。

必须澄清的是,上述的界分并不是一种静态式的区别,并以此来突显马克思学说的优越性。马克思不是先知,处于早期资本主义时代的马克思,对当时的现实境况及社会文化问题,即使有所洞察,也难以切身体会和全面把握。故而所谓的"界分"并不是要在一种绝对贬低的意义上边缘化西方现当代有关物化与虚无主义的思想。首先,这种辨析表明了现当代有关话语既有益于把握和理解现时代,也有益于拓展马克思主义的当代视域,二者不能截然断裂开来;其次是揭示了马克思所关注过的那些问题依然是这一时代绕不过去的坎;最后,这种"界分"表明了马克思对虚无主义的批判,对现当下展开虚无主义批判仍具有独特而重要的价值。依照邹教授的说法,这一价值是从三个方面体现出来的:其一,马克思的唯物史观及其新唯物主义蕴涵着一种彻底的无神论精神;其二,唯物史观及其清晰深刻的人类解放与进步学说,对现代虚无主义提出了针对性批判;其三,政治经济学批判及其拜物教批判里蕴涵对利己主义及物质主义的批判,因而也是对虚无主义产生的现代性观念的批判。简言之,马克思对虚无主义的批判与现代思想有关虚无主义话语之间存在着一种批判性关联。这一关联本身蕴涵虚无主义的现当代状况,其中交织着马克思与各路现代思想有关虚无主义话语的分疏与对话,其所呈现的乃是现今时代精神的复杂性。

三 虚无主义研究的特点

邹教授的《虚无主义研究》立足现实需要,以深厚的理论功底和学术素养、前沿性的问题意识与开阔的国际视野来研究虚无主义这一持续加剧并带有传染效应的西方精神文化顽疾,以期通过对虚无主义的批判及治疗的努力,为现代文明形成抗御这一侵蚀的机制与能力提供一定的助力。

首先是宏大学术论域。这一方面体现在对虚无主义滥觞及古今中外虚无主义相关思想资源的历史梳理和学术讨论上;另一方面也体现在学术交叉的广阔视野中。邹教授在对虚无主义进行多层面梳理考察、机制和历史分析、病理治疗的同时,展现了一种跨学科的视野,将哲学、文学、史学、宗教学、社会学、政治学等人文社会科学从深层次上实现了建设性沟通。譬如在第一章第二节论述中国传统的虚无、空灵与天道中,就结合道家、佛家、儒家等对"虚无"的理解,以及书画、园林、建筑等中国艺术,表明了在中国传统中,虚无并不是一种极端的形式,而是与这一文化系统之多样性共生的元素。此外,邹教授也注意多从日常生活取材来说明后福特主义时代的诸多问题。

其次是辨析相关概念。在本书中,邹教授对虚无主义相关概念的辨析是通过"区分"和"摒弃"两种途径来实现的,以求避免无意义的争论。其中"区分"比较好理解,就是将不同的概念、不同的语境区别开来,譬如在第一章展开对虚无的存在论分析的时候,邹教授就注意将虚无与虚无主义、存在的虚无与价值的虚无等区别开来。在讨论民族主义与民族虚无主义时,邹教授指出要在全球资本主义的框架下展开西方与非西方话语的区分,这则是一种语境上的区分。当然概念和语境并非截然二分,而是有机统一的,只是在特定的环境下有所侧重而已。至于"摒弃",则主要是针对一些无意义或与研究主题关系不大的概念。譬如后现代，其作为一个没有明确时代指认的概念，本身就以一种疲软的方式指认了人对工业文明及后工业文明的消极认同。故而由于理性的匮乏，所谓后现代与现代性的对话只不过是某种话语的互换，并无思想的深度，基本不在著者讨论的主线逻辑之内。

最后是强烈的实践性。虽说邹教授在对虚无主义进行研究的时候特别注意区别描述与评价批判之间的关系，从前面的偏理论研究到后面的偏实践探索，其着力点显然在于一种扎根现实的批判。譬如邹教授在第六章虚无主义的病理机制的分析中，就包含着一种努力，即在一定程度上肯定经验的、实证的并诉诸结构的方法。虚无主义是现代性精神文化综合病症的并发症，因此对其病理分析，注定不是单一的。这也就是说对虚无主义的研究，不应只限于哲学层面，而应对社会事实层面的虚无主义作全面观察，并连带分析相关精神文化症候，譬如民粹主义、犬儒主义、享乐主义、相对主义等。在邹教授看来，虚无主义是一种与现当代精神生活处境关联在一起的精神症候。这也就是说，虚无主义之所以成为一个现实问题与研究课题，一定有其所基于的精神事实以及精神生活的总体社会事实。如果不去研究社会事实，仅仅以一种前定的价值和原则对虚无主义展开外在的批判，无疑不能真正深入虚无主义的内核，把握其本质，并给出有效的应对之策。

总结来说，邹教授并不是将虚无主义看作是前提，而是将其作为一个历史的结果以求在对人类时间连续性的寻求中，包括寻求人与世界的生成性结构，理解个体生存、群体生存与类生存的时间性关联，把握过去并通过现在指向将来。

四　虚无主义研究的理论限度与现实超越

本书并不是一般的对虚无主义的梳理性研究，其在总体上浸透着一股强烈的现实责任感和历史使命感，而马克思新唯物史观中就包含着实证与批判这两个相互关联的维度，其中批判既统辖着、也要求落实为实证；实证既支撑、也要求提升为批判。这两个相互关联的维度使得马克思在对人的历史的把握上显示了前所未有的自信。显然邹教授本人是认同和欣赏这种自信的。故而他特别注意挖掘马克思新唯物史观关于历史进步信念对时代与社会发展的巨大批判与引导意义。在缺失或剥夺了未来感的当代话语氛围中,这种挖掘既带着对虚无主义这一现代性伴客的忧虑,也带着现代社会必然接受虚无主义洗礼的惶恐,更带着通过这种洗礼从而获得整个现代文明在精神上免疫虚无主义的期待。

  如果说到本书的未能尽意之处,首先是限于行文表述和论证严谨而不得不采取一种对虚无主义相关问题的专题式研究,并由此造成相对分散与言语重复,但在各个专题性梳理背后始终贯穿着的一种综合性思路在一定程度上弥补了这一点;其次是理论研究在现实问题上的无力感。这在前人对虚无主义的探讨中就存在。譬如从尼采开始,经海德格尔再到后现代主义,都包含着一种回复传统的精神努力,但在反讽的后现代文化氛围中,回复终究还是沦为并无社会批判与实践改造效应的精神自娱。著者本人显然也意识到了这一问题,对虚无主义的理论性研究,实际上已经表明了虚无主义不能只在所谓的课题性质上予以把握。譬如现代哲学虚无主义多是集中于存在论及纯粹精神层面,不仅与现实存在的虚无主义有很大距离,而且就哲学本身的理论全面性而言,也依然是片面的,反映的是一种片面的深刻性。对缺乏实践感的研究而言,研究哲学虚无主义往往无益于思考现实中的虚无主义。正如邹教授所指出的那样:一方面,必须直观虚无主义的病理状况,为此需要悬搁所谓哲学虚无主义话语,以便从精神意识以及社会生活的方方面面弄清虚无主义问题,并做出有价值的判断;另一方面,悬搁并不是排斥,基于实践基础从而对哲学虚无主义话语的消化和分析,本身就意味着对当代虚无主义的深入把握与批判。为此,邹教授将分析集中于价值虚无主义方面,特别强调规范社会风气、习性培养、通识教育、社会建设以及心理疏导等对虚无主义的治疗意义,明确提出了启蒙及其教化、功能性治疗以及扶正祛邪三法及其运用,力求修复传统与现代的关系。总结来说,邹教授对虚无主义的研究是在不断地提出问题和解决问题的过程中持续深入的,因而在触及坚硬的现实问题时,其贴近现实的阐述和鞭辟入里的分析总是能给人以酣畅淋漓之感。

五 结 语

  虚无主义常被看成是现代欧洲精神文化的产物和近代以来科学精神及

其启蒙的结果。这一判断略显笼统。虚无主义并不是起自现代性,而是存在于历史中的常规性文化出离,是轴心时代所建立的统摄世界的精神原则丧失的结果。因此对传统保持敬畏与传承,是应对虚无主义侵蚀的基本方法。然而伴随着后现代非理性主义思潮的泛滥,许多人在一种反基础主义和反本质主义的语境下,丧失了对包括历史在内的宏大问题的思考旨趣与能力。由此在否定任何一种理性化以及形而上学的所谓努力中,虚无主义成了人的价值坐标。当今时代已然成为一个价值虚无主义盛行的时代。具体到我国这样一个有着几千年封建文化传统且仍处于现代转型期的发展中大国,作为舶来品的虚无主义由于缺乏类似西方的文化背景,特别是其宗教传统,故在用虚无主义描述中国当下的精神现状时,存在一定的隔阂。邹教授指出中西两种文化有着巨大的存在论差别,而这又直接延伸到了对虚无主义的分析及其态度上:首先,中国的虚无主义传统是生成与生存意义上的,而西式虚无主义则带有存在论的原罪;其次,中国传统的虚无属于形而上学的虚无或本体的虚无,但其并非超验,因而也就不存在西方传统那种从存在虚无到价值虚无的跌落;再次,中国传统的虚无主义具有混杂性与世俗性;最后,中国的虚无主义传统领域属于一种以儒家为主干的文化治理框架,而儒家文化虽不是直接批判虚无主义,但其以拒斥神秘主义的方式拒斥虚无主义。

由上面的论述可知,虚无主义虽是西方的历史及其命运,但在世界历史的当下,它却不一定是现代中国文化的命运。就中国传统而言,日常生活及民间社会稳定的机制与习俗,使得虚无很难形成全面影响民众且持续化的虚无主义思潮及传统。实际上,西方传统自19世纪的非理性主义开始,即兴起了一股逆西方化的思想运动,所诉诸的正是东方哲学。从叔本华、尼采至海德格尔,就反映了这一运动。近现代不少西方思想大家对东方传统的着迷,无疑是在告诫国人在看待现当下中国的虚无主义症候时,需要以恰当的方式对待中国传统的"虚无"思想资源。这不仅是虚无的存在论分析的题中应有之义,还可在一种比较性视域中突显中国虚无传统的现代性。

历史的"当代化"意味着历史的时尚化、平面化及碎片化。与此同时,由于中国文化传统尚未完成文化自觉及其现代转化,包括尚未完成马克思主义信仰传统的中国化,尚未生成一种本土性的现代精神及信仰资源。在这种情况下,现时代中国的精神文化,极易受西方当代精神文化的负面影响。简言之,遭遇并陷入现代性物化处境的当代中国精神文化,与自身文化传统的断裂以及与马克思主义精神文化传统的疏离,造成了现时代中国人精神生活的虚无主义。正是在这一现实境遇下,邹教授指出要展开当代虚无主义研究与批判,不仅要区分东西方传统文化,还要努力发掘文化传统特别是中国文化传统中有关虚无的资源,在批判中汲取其积极的成分以激活历史感。这其中自然少不了对马克思思想的发掘。邹教授对虚无主义的研究,在分析、批判与克服的层面上,表明了当代虚无主义问题的复杂性,并指出了马克思学说在当代需要直面的时代课题,这无疑有助于拓展和丰富马克思理论的当代性。同时,马克思理论对人类未来及其命运的辩护与希望,以一种使命和关怀延伸到了我国当下,对新时代的马克思主义者提出了新的要求。这种要求既在文化理论层面包含了马克思主义中国化与中国文化传统的现代转化的同时进行,又在现实社会建设层面的启蒙及其思想文化建设上,有助于推进社会主义核心价值的形成与构建,从而既在遏制的意义上,更在治疗和预防的意义上,有助于历史性和实践性地应对虚无主义这一时代精神的病理性过渡状态。

(郭清飞,北京大学哲学系博士研究生)

刘胜利:《身体、空间与科学:梅洛-庞蒂的空间现象学研究》*

南京:江苏人民出版社,2015年

不同于一般哲学类研究著作,刘胜利博士的《身体、空间与科学》(下简称《身体》)不仅围绕着梅洛-庞蒂的空间现象学进行了细腻解读和论证性重构,更为特别之处在于,它具有浓厚的科学思想史关切。这位《伽利略研究》的中译者以梅洛-庞蒂关于知觉、身体的现象学研究为出发点,运用发生现象学方法对西方近代科学思想基本概念——"客观空间"理论的起源、沉淀和演化进行了细致的探究。这种知识考古式的思想清理不但为读者还原出"客观空间"理论的各个变种,还揭示出建立在这种空间哲学之上的近代精确科学所面临的巨大理论困难。在作者看来,唯有正视和回应这些困难才能推动一种崭新的空间观,甚至是自然观的诞生。同时,一种全新的自然观对重新激活中国古代自然认识方式有着积极意义。

具体看来,整部著作贯穿着一明一暗两条线索。明线索支配了著作的前七章,重点在于对梅洛-庞蒂空间现象学的论证性重构;而另一条隐藏的线索则突出表现在最后两章,主要是对一种新的自然图景或科学样态的展望和勾勒。前者为后者奠基,后者则是前者的深度表达。

一 "客观空间"的建构与精确科学的诞生

作者强调,精确科学的诞生得益于近代早期开始的关于自然世界的数学化处理。在"把自然理解为彼此外在并通过因果关系联结在一起的大量事

---

* 本文是中央高校基本科研业务费专项资金资助项目(FRF-BR-17-009B)的成果。

件"的同时,将空间处理为事件得以发生的几何背景是数学化的关键一步。只有在一个均匀、同质、连续、无限、各向同性的几何位置构成的连续统之下,运动才能得到精确的数学描述。能够被数学表达的第一性质(运动、广延、形状)是以追求客观性和精确性为己任自然科学的研究对象。至于那些不能被数学表达的性质则统统作为事物的第二性质,交给心理层面、主观性领域予以讨论。简言之,孤立的对象、空间的几何性、运动即位置变化以及第一性质与第二性质的区分是自然数学化进程的理论预设。① 笛卡尔、牛顿、康德分别为这些科学的形而上学基础的确立做出过重要贡献。笛卡尔将那些几何广延之外的事物性质都归为心灵的构想;牛顿为惯性定律确立了纯粹客观的绝对空间;而康德则尝试着通过主体的感性直观能力为孤立事件建立了观念性的必然联系。时至今日,自然科学依旧受益于其开端之处的思想滋养。

《身体》一书的独特之处在于它充分运用了现象学方法对西方科学史上的重要进程——"自然数学化"的形而上学基础进行了批判性反思。以精确性和客观性著称的近代科学的哲学基础并没有想象的那样稳妥,在其思想根源处存在着巨大的张力。为自然数学化奠立基础的客观空间理论恰恰例证了这一事实。所谓客观空间是指一种"位置的空间性",即"客观世界中的外部对象以及对它们的各种'空间感觉'所展示的空间性"。这种空间性的实质是由"一系列相互外在的抽象位置构成的静态集合"。② 无论是纯粹客观的"绝对空间",还是依赖于主体的"先验观念论空间"都是"客观空间"理论的变种,都存在着相应的困难。在实在论、经验论立场上,牛顿将空间理解为一种让事物并置其中、如同套子般的存在。相较之,观念论空间理论中,康德则将空间呈现为主体赋予感觉内容的直观形式。这种空间形式具有同质和单一的几何性质。

通过诉诸梅洛-庞蒂的现象学分析,作者揭示了这两种空间观的问题。首先,牛顿的绝对空间自认为是一种不依赖于感性事物、独立自存的东西。但是这种实在论空间观却无可避免地要依据事物向感官所呈现出的差异性内

---

① 刘胜利:《身体、空间与科学:梅洛-庞蒂的空间现象学研究》,南京:江苏人民出版社,2015 年,第 70—75、255—257 页。
② 同上书,第 140 页。

容来构想空间。无论如何,这种"抽象的绝对"都依赖于主体的理想化活动。忽视空间与描述空间的能力之间的联系是实在论空间理论的阿基里斯之踵。其次,虽然康德清晰地指出了主体具有的将空间关系赋予感觉经验的能力,但是它依旧是客观空间理论的一个变种。这是因为理智主义所坚持的那个支撑空间关系的主体是一个"先验自我"。它是一个"置身于世界之外"的纯粹意识主体。这个超离的理念性存在,一览无余地凝视着这个已经构成了的"现成世界"。因此,就忽略世界或空间经验的前对象性和构成性而言,经验主义者与理智主义者犯了同样的错误。稍有所不同的只是"实在论空间的对象化是一种明显的直接对象化,观念论空间的对象化则是一种隐含的间接对象化"①。

作者进一步将上述困难追溯至西方思想根基处。客观空间观念与西方思想中"用绝对确定的'对象'作为理论模型来构想存在"(对象存在论)的思维方式密切相关。对象总是意味着是确定性、绝对同一性或肯定性。② 对象性的存在意味它能够被思考和表达,并且总有一个充分理由为它负责。相较之,虚无则由于它的"否定性"和"非对象性"无法成为传统哲学处理的事物。

与上述思想传统形成鲜明对比的是,现象学则能够由对主体实践活动强调入手,运用特殊的反思方式,突破"对象存在论"的预设,将"前对象"和"前反思"的维度,连同对人类有限性的理解充分地揭示给读者,从根本上走出客观空间观的局限。梅洛-庞蒂的现象学方法成为该书论证得以推进的重要工具。

二 精确科学的知觉基础

人类意识在自然状态中总倾向于从构成后的、完成了的知觉对象出发重构自身的知觉经验。这种"自然态度"被不加反思地当作科学考察的前提和传统哲学反思的始点。与之相反,关于知觉的现象学研究则试图将人们从这种颠倒了奠基顺序的自然态度中解放出来,让知觉者开始关注知觉显现自身

---

① 刘胜利:《身体、空间与科学:梅洛-庞蒂的空间现象学研究》,第187—192页。
② 同上书,第21页。

的地方,回到知觉对象构成之前的实际经验之流,重历对象之所以能够出现的过程。不同于经验科学研究,这种返回科学、哲学源头的工作,探究的重心不再是已经现身在对象或客观世界内的两个孤立事物间的因果关系,也不同于理智主义哲学执着于为存在寻找一个让自身可被理解的确定前提和理由。现象学的知觉研究通过对"动机"的追问,借助于"彻底的反思",试图揭示出如下一个事实:"意识看不见的东西,正是使得它能看见的那些东西,是它对于存在的依附,是它的身体性,是使得世界成为可见者的那些生存构造"①。

不同于结果的外在决定性因素——"原因",也不同于让特定现象获得理解的内在依据性——"理由","动机"不具有反思层面上经验科学要求的确定性和理智主义哲学强调的"可理解性"。动机通过某种非反思或前反思的"意义",潜藏地发挥着作用。它发生在对象活动完成之前那层更本源性的体验之流中。② 举例来说,愤怒并不能完全诉诸心脏周遭的血变热这样一个经验性、因果性的生理活动得到解释。也许指出愤怒出于"一个报复的欲望"会让听众获得某种理解,但更需要强调的是"当身体用一种声嘶力竭的喊叫表达它对某个事物的愤怒时,愤怒不在事物那里,而在身体当下的语音、语调、动作和外观中"。愤怒时,动机与行为是处于相互构成的当下发生境域之中。经验论者的"血变热"和理智主义哲学指出的"报复的欲望"都是在愤怒之后所进行的反思性描述。真正的愤怒仅仅意味"一种声嘶力竭的喊叫表达"。也就是说,"当身体在表达意义时,它被意义所占据"。无论是经验主义者的科学说明,还是理智主义者的哲学反思都疏漏了那个"让反思成为可能的前对象阶段的构成活动"。③

面对上述这个涌动着、生成着的新世界,梅洛-庞蒂锻造出一种独特的哲学反思——"彻底的反思"来描述它。这一方法旨在抵制近代理智主义哲学中那个超离世界之外的"先验自我"的上帝视角。"彻底的反思"强调进行反思活动的主体是人,而人是一种"具有身体的有限性存在"。因此任何反思都是有限的和境域性的,都与具体的自然处境和历史环境密切相关。简言之,

---

① 刘胜利:《身体、空间与科学:梅洛-庞蒂的空间现象学研究》,第265页。
② 同上书,第162—165页。
③ 同上书,第133页。

这种现象学反思"是一种'二阶的反思',是一种在反思活动的具体运作中意识到自身的反思"。① 在这种既不完全离开世界,又不完全陷入其中的特殊反思中,身体之于知觉对象的前对象的构成性维度被发掘出来。承认自身的有限性和条件性,并没有为哲学活动戴上枷锁。正好相反,在前反思维度上的驻足使得反思的目光回溯的更远、更深,更能充分地揭示出使得确定性和客观性成为可能的条件。

在上述现象学方法的帮助下,作者充分运用梅洛-庞蒂关于知觉的现象学研究,廓清了精确科学(客观科学、对象科学)所依赖的基础——"知觉经验"。于是,为知觉经验提供养料的"身体"便成了整个研究的重中之重。在悬搁了、预设了客观性存在的自然态度后,为客观空间奠基的客观身体理论便暴露出多重困难。首先,建立在因果性设定之上的科学生理学、心理学研究很难有效地解释包括昆虫肢体的替代作用、幻肢现象在内的经验案例。其次,理智主义的哲学讨论在解释施耐德病例时的捉襟见肘也充分表明了,身体的具体运动(抓握运动)在原发性上要优先于依赖范畴态度的抽象运动(指示运动)。相较之下,一种向着世界原初开放的、具有运动意向性和实践意义的"现象身体"理论则能更充分地解释知觉活动的前对象性领域。身体作为主体在世界中存在的载体,一方面以生存的姿态将自身的结构和意义赋予世界,一方面将世界的结构纳入自身之中,为自身创造新的意义。主体与世界的交织与相互构造是经由身体完成的。②

作者继而指出,在现象身体所展现的"原初的呈现场"中,知觉经验蕴涵着规范性意义。"存在意味着存在于某处。"知觉对象的意义同它所处的空间方位是紧密关联的。"颠倒一个对象的方向,就是剥夺了它的意义。"在现象身体层面上,方位与意义的关联是客观空间方向性的本源。借助主体的投射(客观化)功能,身体在具体情境中的意向性活动被向外拓展。范畴意向引导的抽象运动和客观空间背景得以被自由地创造出来。也就是说,"客观空间奠基于身体空间;身体空间是客观空间的意义根源;之所以我们在客观空间中也能谈论'上下''左右''前后'等方位区分,是因为客观空间已经从身体

---

① 刘胜利:《身体、空间与科学:梅洛-庞蒂的空间现象学研究》,第92—93页。
② 同上书,第179页。

空间中获得了某种意义;如果脱离了身体空间,谈论客观空间中的方位区分将不再有任何意义"①。

总之,身体经验虽然含混和不确定,但是它具有原初的规范性,是一种让生命"绽放"的能力。正是这些未完全沉淀的、不确定的、缺少对象性和客观性的原初生存能力和实践活动为人类知识的精确性和客观性表达建立了隐匿的基础。从这一洞见出发,作者的研究开始向梅洛-庞蒂晚期过渡,并尝试着用一种新的自然认识方式激活中国传统身体哲学。

三 走近一种新的自然哲学

本书第七章深入探讨了"身体向着世界的开放"的存在论含义。试想如下这个场景:当左手和右手相互触摸时,它们能够顺畅地在知觉者和被知觉者间相互切换角色。这种触摸者与被触摸者、知觉主体与被知觉对象之间的"可逆性"意味着什么呢?它意味着"在我的身体中,主体与对象的区分变得模糊"。这种模糊为超越近代思想发端时的实体二元论,第一性质和第二性质间的绝对区分提供了思路。

身体与世界之间的相互归属难道不也具有这种"可逆性"吗?作者援引巴巴哈斯(R. Barbaras)的观点写道:"触摸在世界的境域中形成,在于重新理解本己身体归属于世界的这种归属方式。如果说这个能够触摸的本己身体肯定不会像一个纯粹主体那样处在世界之外,那么它也同样不可能像一个对象那样处在世界之中。"这一关键表达的要旨在于解释身体与世界之间有着一种本源的亲缘性。二者在存在论上具有同一性或连续性。简言之,"我的身体与世界是用同样的肉身做成的"。② 世界协调于身体的探索,让自身成为可见者的同时又隐匿了自身的虚无。这种显现与隐匿共同构成了一种最原始的交互构造活动。可见与不可见、显与隐是一切变化和"可逆性"的源头。

"肉身"概念的提出为消融近代二元论哲学的实体极提供了出发点。它提供了一条比笛卡尔二元论更为本源的存在论原则。"肉身不是物质,不是

---

① 刘胜利:《身体、空间与科学:梅洛-庞蒂的空间现象学研究》,第146页。
② 同上书,第283—285页。

精神,也不是实体。"主体通过身体向世界延伸的同时,世界也在向身体显现自身的过程中投入到主体之中。也就是说,"'主体自然化'也意味着'自然的主体化'"。人与自然之间存在着一种本源性的相互蕴涵、渗透。这种"让显现成为可能的活动"促成了身体与世界、知觉主体与被知觉对象的诞生。作者认为这种"原初存在的现象化活动"构成了"现象存在论"的核心。

"现象存在论"所描绘的新自然图景,不但为读者提供了一个不同于近代哲学、科学的思维模式,而且为重新理解西方与中国的古代思想搭建了思想平台。梅洛-庞蒂晚期著作启用了古希腊爱奥尼亚学派的"元素"概念来帮助解释"肉身"概念。"元素"是一个能够放置到二元论哲学框架之外来理解的观念。它既不是思想主体所构想的"观念性存在",也不是"广延实体的一部分",而是那"让可感体验成为可能的东西"。元素既能维持形式与质料的原初统一性和同一性,又能积极地规范异质性的产生。可以说,元素是"一种原初的、内在性的'自然'或'本性'"①。它主导和规范着同一和差异、运动与静止,使得知觉活动成为可能。"肉身"就是一种存在的元素。毋宁说,世界早已凭其"能被感知"而拥有内在的规范。这种内在规范性与可能的知觉活动"共谋"了一切自然生成和变化。这个共谋或原初的综合是对象性、客观性和精确性的源头。

"元素存在论"提供出一幅完全不同于近代科学描绘的自然世界图景。在这种新的自然哲学框架中,运动不再仅仅是客观空间意义上的位置变化,第一性质和第二性质也不再截然二分。具体来说,真正的运动要在存在论意义上给予澄清。它是一种虚无和存在之间的相互涵摄。"将存在纳入自身之中的虚无维度最终表达为事物的不可见者维度,将虚无纳入自身之中的存在维度则表达为事物的可见者维度。"②在运动的存在论层面上,通过会聚和规范存在与虚无(显现与隐匿、可见与不可见、阳与阴),自然内在地"道说"着自身。

抛开二元论哲学,现象学视域下所谓第一性质就不再是独属于外在事物,纯粹客观、不变的性质。它们只是被知觉主题化、形式化、客观化的理论结果。"客观性质并不是现象性质的'真理',而只是现象性质的'一个贫乏的

---

① 刘胜利:《身体、空间与科学:梅洛-庞蒂的空间现象学研究》,第 288 页。
② 同上书,第 291 页。

形象',只拥有一种'概念化的实存'。"就此而言,现象学家对精确科学起源之处所蕴涵困难的揭示,既不意味着他们是近代科学精神的反对者,也不意味着他们想摧毁理性之大厦。恰恰相反,"他们想做的只是试图重新理解近代科学的形而上学基础,追溯近代科学在生活世界中的意义根源,从而让科学更具体地奠定在原初知觉经验的根基之上"。因为"近代科学是一种遗忘了自己的根源、自以为已经完成的知觉"。①

全书并没有止步于重构梅洛-庞蒂关于近代科学根源的回溯工作。在最后两章中,作者大胆地运用知觉现象学的研究方法和成果,开拓性地探讨了中国古代身体观和中医基础理论,尝试着提出以新自然哲学为基础的"现象科学"纲领。这项工作虽然比较初步,但令人耳目一新的运思方式,以及阐释中国古代思想时持有的严肃态度定会给读者留下深刻印象。

当结束整部书稿的阅读后,细心的读者也许会发现,全书的标题——"身体、空间与科学"十分恰切地体现了整个研究的核心线索:"奠基"和"表达"的关系。客观身体观蕴涵了客观空间观,进而充分表达为客观科学或精确科学。通过现象学还原,精确科学被追溯到为其奠基的客观身体观念当中。同时对身体的现象学探究又给出了一种完全不同的身体观、空间观。因此,一种奠基于其上的全新的科学观就是新身体观的应有之义。这种一来一往的升降运动,充分回应了《知觉现象学》研究的考古学结构。② 可贵之处在于,作者不仅完成了下降运动,而且还绘出了上升通道的草图。

总之,该书并不易读。它不仅涉及现象学哲学与科学思想史两个领域,而且还选择了素以难治著称的空间问题为突破口。问题虽小、虽专,但意旨深远。对空间的思考背后,牵连着的是对整个西方近代主体性哲学和精确科学地基的反思。同时,作者求诸西学而返归六经的抱负也充分地体现在著作最后两章。纵览全书,细腻的分析和整饬的结构定能够带领读者经历一次螺旋上升式的思想辩证运动。花费力气研读它所得到的收获和启发将是巨大的。

(晋世翔,北京科技大学科技史与文化遗产研究院讲师)

---

① 刘胜利:《身体、空间与科学:梅洛-庞蒂的空间现象学研究》,第 300—302 页。
② 同上书,第 84 页。

吴飞:《人伦的"解体":形质论传统中的家国焦虑》

北京:生活·读书·新知三联书店,2017年

孟子曰:"人之有道也,饱食暖衣,逸居而无教,则近于禽兽,圣人有忧之,使契为司徒,教以人伦:父子有亲,君臣有义,夫妇有别,长幼有序,朋友有信。"(《孟子·滕文公上》)在古代中国的礼乐文明中,人伦纲常无疑是文明社会赖以存在的基石,也是夷夏之别、人兽之分的关键所在。但自从晚清以来,西方式人伦观登堂入室,而中国传统的人伦理解则似乎反而变成一种需要解释的东西。并且,中西人伦理解的差异并没有得到深入的探讨和消化,反而诸多人伦失位的困惑与茫然随着现代化日益深入而不断涌现出来。因此,重新审视西方对于人伦问题的根本理解,以期诊断我们今天面临的人伦困难,其实是十分必要的。

北京大学哲学系吴飞教授的新书《人伦的"解体":形质论传统中的家国焦虑》正是这一亟须研究领域的力作。他通过对于西方人伦学说的系统考察,为我们提供了一个新颖而有力的视角,以此重新审视我们曾经囫囵接受的西方人伦学说的内在张力和困境。

一 西方人伦传统背后的形质论

面对充满着纷争和异质性的西方思想史,我们如何给出一个整体性的诊断?吴飞老师断言,看似属于伦理学、政治学、社会学或人类学的人伦问题,若要真正加以澄清并给出一个根本性的论断,则必须回归它的形而上学背景。他认为,从古希腊以降的人伦学说,其实质都是在亚里士多德奠定的形质论传统下不断发展、演进和变形,形质论是西方人伦传统的哲学根源。

亚里士多德把事物的本原区分为四种：质料因、形式因、动力因和目的因，并可以进一步简化为互相对立的质料与形式。在《形而上学》中，亚里士多德进一步把"形式因"称为"本质因"。① 在形式质料的二元关系中，形式是更为根本的，而质料则是处于从属地位的，万事万物都是通过形式-质料的关系层层叠加而成的。不仅如此，目的因、动力因实际上是形式因的一个面向，事物的形式也是事物所朝向运动的目的，并且这些目的最终都指向至高的存在，构成了目的论式的存在秩序。中世纪哲学继承了亚里士多德的形质论传统，而吴飞老师认为哪怕是以反亚里士多德传统为开端的现代哲学，也在实质上继承了形质论的核心内容。例如霍布斯的《利维坦》的全称为《利维坦，或教会国家和公民国家的质料、形式和权力》(*Leviathan, or the Matter, Forme, and Power of A Commonwealth Ecclesiasticall and Civill*)，可见霍布斯依然使用形式-质料的分析框架，只不过剔除了亚里士多德的目的论图景。霍布斯不承认事物之间存在目的论关系，所有事物之间只存在力的关系。对于霍布斯而言，世界无非是一座包含无数精密齿轮的巨大钟表而已。② 吴飞指出，虽然霍布斯抛弃了形式的目的论含义，但保留了形式的动力因要素。可以说，霍布斯将形式与质料的关系转化为一种机械论式的力的关系，也就是说形式和质料关系主要体现在一种主动和被动的关系上，从而奠定了现代哲学的形质论形态。

而这种形质论理解渗透到了从古代到现代西方关于人伦讨论的方方面面，因而形质论内部的张力也造成了西方人伦问题根深蒂固的困难。这种张力首先就体现为形式和质料的分裂。事实上，亚里士多德反对一种柏拉图式的理念分离学说，并反复强调形式与质料（或事物）是不分离的。③ 尽管如此，我们还是应当看到从一开始形质论传统就包含了形质分离的潜在倾向。在亚里士多德这里，形式是主动的、本质的、更高的，而质料是被动的、从属性的，二者别如云泥。进一步，通过基督教神学的转化，亚里士多德传统的"形式"被当作上帝而无限拔高，导致了形式和质料的彻底断裂，这一情形由此成

---

① Aristotle, *Metaphysics*, ed. and comm. by W. D. Ross, Oxford: Oxford University Press, 1924, 983a24.
② Hobbes, *Leviathan*, ed. by Tuck, Cambridge: Cambridge University Press, 1996, "The Introduction".
③ Aristotle, *Meta*. 991b1-2.

为西方人伦传统的形而上学根基。西方，尤其是现代西方的人伦问题思考，全部都建立在其中形式和质料的决然断裂之上。无论是在夫妻关系、父子关系还是家庭与政治的关系中，西方人伦传统都发生了深刻的断裂。在现代性的浪潮下，人伦关系的紧张通过这种断裂源源不断地涌现出来，体现为母权神话、乱伦禁忌、弑父娶母等一系列耸人听闻的理论思潮，最终使得无法被真正抹去的人伦问题难以在思想与社会的各个层次得到安置和理解。

二 自然与文明

那么，摆在我们面前的会是这样一个问题：西方人伦传统，尤其是霍布斯以降的现代思考，能够被适当地概括为"形质论"传统吗？进一步，形质论的形而上学架构究竟在人伦问题中落实于何处？也就是说，什么是人伦问题中的"形式"，什么又是与此相应的"质料"？

这些困难首先体现在这样一个尖锐的疑问，以霍布斯为代表的现代西方思想难道不是旗帜鲜明地反对亚里士多德传统吗？霍布斯极力反对目的论式的架构，并刺耳地嘲讽亚里士多德的形而上学、伦理政治学。① 然而吴飞看到：

> 在他（霍布斯）这里，自然状态就是人性的质料，社会契约以及政府形式就是它的形式，即战争状态和杂交状态就是人性质料，走出这一状态之后的家庭契约，就是人性的形式。在社会契约中，人性才得到成全……在霍布斯那里，是靠权力和支配关系，为这种野蛮状态的质料赋予了形式。②

尽管霍布斯反对目的论式的形质论，但是他实际上持有一种动力因的形质论。在霍布斯这里，人的自然状态其实是人的"质料"，而社会契约等规范则是施加于人的自然状态之上的"形式"。形式与质料的关系不再是朝向形式运动的目的论关系，而是作用与被作用的相互关系。作为质料的自然状态是

---

① Hobbes, *Leviathan*, Chp. XLVI.
② 吴飞：《人伦的"解体"：形质论传统中的家国焦虑》，北京：生活·读书·新知三联书店，2017年，第137页。

一个没有文明规定的原初状态,而作为文明和形式的契约则施加其上,从而塑造出文明状态中的个体。

然而问题是,在亚里士多德那里,自然难道不是"本质",从而必须包含形式吗?为什么在霍布斯这里自然却变成了原始的、未扰动的质料?吴飞认为,这是因为"自然"这一概念本身发生了"跌落"。亚里士多德的"自然"并不是指"自然物",更非自然物的集合,而着重指本质、本性,从而更侧重指向形式、目的。但是同时亚里士多德又在一定程度上赋予了"自然"概念以质料性含义。① 柯林伍德在分析亚里士多德在《形而上学》辞典卷中对于"自然"的定义时已经向我们指出,无论是从形式因还是从质料因理解"自然",都是着眼于自然的本质含义,亚里士多德刻意将两种理解都包含进来。② 然而,中世纪哲学中上帝的至高无上使得个体事物的自然或形式变得不那么重要,而当现代哲学抛弃目的论架构之后,"自然"这个概念便彻底从侧重"形式"的含义跌落到了"质料"含义之上。③ 自然的概念自身发生了断裂。

因此,在霍布斯这里,形式和质料的对立就清晰地体现为文明和自然的断裂,并决定性地影响了之后对于人伦问题的讨论。尽管霍布斯还未将自然状态等同于非社会性的原始状态,后世的思想家们却渐渐用一种绝对原初、没有任何人为塑造的方式去理解自然概念,我们也将发现他们在这一立场中不断地追溯人性的自然状态,正如霍布斯在讨论政治哲学时要回到尚未达成建国契约的自然状态。

三 断裂:三个人伦神话

《人伦的"解体"》选取了三个最有代表性的神话来审查上述的自然与文明的断裂:母权神话、乱伦禁忌、弑父情结,而这三个神话恰恰对应了中国古典思想中父子、夫妇、君臣三伦。

在这三个人伦神话中,母权神话是最博人眼球也是最深入人心的。在人

---

① 吴国盛:《自然的发现》,《北京大学学报》,2008 年第 2 期。
② 柯林伍德:《自然的观念》,吴国盛、柯映红译,北京:华夏出版社,1999 年,第 85—87 页。
③ 吴飞:《人伦的"解体":形质论传统中的家国焦虑》,第 147 页。

类学界,母权论仅昙花一现便被更严格的研究所推翻,但是它在人类学专业以外依然有着广泛的影响力,在中国更是被当作真理而被普遍接受。吴飞没有过多着墨于论证母权论的错误,而是着重梳理母权论的历史脉络来探讨其背后的人伦问题。

母权神话起源于对父权的反叛,但同时吸收了父权论的基本逻辑与方法。以梅因《古代法》为代表的父权论试图从古典文献的稽考中寻找"人类社会的第一种制度",其结果是他认为政治秩序的起点是父权制家庭,而政治秩序是家父长在家中的绝对权力的延伸和拟制。作为最早的一批母权论者,麦克伦南在梅因设想的人类最初的"父权制"之前又勾画出一个更早的时代,即群婚时代和母系社会,以此来解释梅因难以解释的国家构成的异质性。在原始的战争状态下,女性的稀少迫使男性到其他部落抢夺女人,这是抢婚和外婚制的起源,也是不同血缘的异质群体组成早期国家的原因。

麦克伦南的理论有两点非常具有代表性:首先,他试图通过历史的方法寻找人类社会的初始状态;其次,他将人类的原始状态看作一种"自然状态",从而使得父权的"自然正当性"失去了其最初的历史基础,并赋予了设想中的母权社会(包括父权制社会)以一定的伦理意涵。之后的母权论者,无论是斯宾塞,还是摩尔根、恩格斯等人,或多或少都透露出这两点倾向,这折射出文明与自然之间的紧张关系。从他们的论述中我们能够看到霍布斯的影子,他们都将母权社会视为一种自然状态、一种人性和人类社会的质料状态,而他们关于社会形态的演进图景是叠加在这个自然状态之上的层层形式,同时也就无怪他们认为作为质料的母权社会和作为形式的父权制社会有价值上的高下之分了。显然这和进化论有着天然的亲和性。进化论不仅似乎从经验上证明了人性或人类社会的自然状态,还在作为人类或人性的质料的自然状态与其形式或文明社会之间加入了漫长的历史阶梯,从而将两者彻底地隔绝开来。

这种张力和形质论结构通过巴霍芬的《母权论》极致地展现出来:巴霍芬一方面指出母子关系是质料性的、可见的、自然的,是感官经验的生物性事实,而父子关系是不可见的、抽象的、精神性的联系。因此,母权时代更接近自然,而人类社会从母权到父权的发展,就是从自然到精神的发展,是形式赋予质料的体现。但文明发展程度越高,离自然就越来越远。自然是原始而和谐、博爱的,文明是进步的但充满着恶,文明之恶是社会进步的必然代价。另一方面他又强调,母权是质料性的自然,父权是精神性的文化,只有父权战胜母权,精神超越物质,人性的自然才真正完成。吴飞精辟地为我们概括了这对张力:

> 文明的进步,是人性的充分实现;国家和阶级对立的出现,是对自然的背离。但人性的充分实现和对自然的背离,却是同时发生的,好像自然在得到真正实现的时候,就丧失了自己。这构成了母权论最深刻的张力。他们既想在原始状态中找到美好的社会状态,又想在文明的政治社会中看到人性的提升。①

这个张力则贯穿了西方对于人伦的讨论,自然状态最接近人性自然,却是野蛮的混乱的;社会状态意味着人类的进步,但也宣告着纯真的结束。因而,人类社会的进步并不像亚里士多德所想象的那样是人性的成全,反而是人性的掩藏。这不仅是人性的形质断裂,也是人类社会的形质断裂。

正如我们看到的,自然与文明的张力,实际是自然的割裂与跌落所导致的二元对立。吴飞要讨论的第二个人伦神话是"乱伦禁忌"。其实质仍然是探讨人性自然与社会生活的关系,是人类婚姻如何起源的问题。学者们在关于乱伦禁忌的性质判断上形成了"生物功能派"和"文化建构派"这针锋对立的两派。前者认为乱伦禁忌是人的生物本能,后者认为乱伦才是人的本能,乱伦禁忌是人类文化建构的结果,但实际上二者在解释人类如何根据人性的自然发展出社会道德和政治秩序这一过程时都同样面临根本的困难。

生物功能派通过剖析"本能的形成"来说明,从人的生物本能而言,根本上人就不可能乱伦。达尔文在批驳群婚论时指出,在人类进化发展过程中的根本动力,除了"自然选择"之外还有同样重要的"性选择"。而群体保存的本能和雄性的性嫉妒都不可能允许群婚和乱伦的存在。同时,自然选择和性选择两大原则却存在着冲突:自然选择培养了人们的社会性本能,从而塑造社会道德和政治秩序;相反,性选择却会带来同类雄性之间的战斗,因此会严重影响整个群体的保存。但韦斯特马克仍然坚持达尔文的学说,并做出进一步

---

① 吴飞:《人伦的"解体":形质论传统中的家国焦虑》,第140页。

的阐发。他指出,近亲结婚会影响后代因而会被自然淘汰掉,而不近亲结婚的则能被保留下来,因此人们形成了厌恶与自幼亲密的异性发生性关系的性本能。但是这样一来,人的"本能"不再是自然恒常的,而是通过自然选择和性选择形成的结果。同时依靠这样的本能,人和人之间是更彻底的战争状态,是残酷的生存竞争和性竞争。在这个意义上可以说,进化论者是更极端的霍布斯主义。

进一步在韦斯特马克看来,婚姻起源于家庭,因为家庭是自然选择的结果,必然有利于种族的繁衍。但繁衍的基础首先是夫妻的性爱。因而,自然与文明的张力,在这里呈现为婚姻与家庭的张力,即利己主义的性爱如何发展出利他主义的父母之爱和家庭、社会的人伦关系?韦斯特马克认为是"共同生活"塑造了父母之爱这样最初的利他情感,从而也形成了利他性的社会道德。但值得注意的是,一旦利他情感形成,利己的性爱便消失了,所以韦斯特马克努力的结果反而是揭露出性本能和社会道德是对立的。甚至可以说,社会性的道德秩序的形成是以牺牲自然的性本能为代价。自然是文明实现的前提,而文明的完成又以抛弃自然为条件,人类社会进化的结果必然是对人性的原初状态的彻底否定。

而自然状态与社会文化之间的断裂,在社会文化建构派对乱伦禁忌的讨论中呈现得更为清晰。不同于韦斯特马克,涂尔干直言:家庭之爱和男女性爱是对立的,前者是宗教性的神圣情感,而后者则是反宗教的自由情感。但涂尔干并没有反对夫妻关系,他又试图在家庭中保持夫妻性关系的自由本质。这使得他和韦斯特马克一样陷入两难的处境。显然,彻底地追求性爱自由就要求取消婚姻关系和一切家庭形态,但是乱伦禁忌和家庭是人类道德的开端。取消了家庭,也就失去了人类文明的可能。而弗洛伊德虽然认为乱伦而非乱伦禁忌才是人的本能,但是他同样试图勾画从自然本能发展出社会道德的图景,从而弥合自然与文明的断裂。相比于涂尔干等社会建构派将乱伦当作某种假设性的历史阶段,弗洛伊德将乱伦的冲动引入每一个家庭,安置于每一个个体之中。弗洛伊德认为乱伦是人的性本能的倾向,社会则压抑人的这种性本能,以此才能够成全社会组织,二者之间必然存在着激烈的冲突和紧张关系,这势必意味着个体的本能和外在构建的社会道德之间也存在着不可调和的矛盾。

于是,通过吴飞的梳理,我们看到生物功能派和文化建构派最终殊途同归,他们都陷入了自然与文明的断裂之中。可以说,通过对于乱伦禁忌问题的考察,他们的理论最终都建立在将人的性本能看作人性的自然状态这一出发点之上,因而在形质论的视野下,人的性本能是人性的质料,他们的差异仅仅在于决断什么是人性的形式,而约束着性本能这个质料的社会文明道德从何而来。

由此,第三个人伦神话"弑父情结"其实已经呼之欲出。在弗洛伊德的讨论中,弑父和娶母乱伦是俄狄浦斯情结的一体两面。而持进化论立场的达尔文、韦斯特马克和阿特金森都强调人的性本能中雄性的嫉妒心理,由此稍一延伸便是弑父问题。进一步,吴飞认为西方人伦传统中的父、君、神具有相当的同质性,从而家庭、政治和一神论宗教下的世界观在很大程度上形成了同心圆结构。然而从亚里士多德到阿特金森、弗洛伊德等人,都或多或少强调人类社会曾经通过一个弑父、弑君的过程或心理从而进入一个与父君主制家庭截然不同的政治形态。因此,西方历史上的弑父情结、弑君历史和宗教上的否定上帝,其实质都是否定前述的同心圆结构,也就是否定家庭伦理和政治秩序之间的一致性,造成了二者之间深深的隔阂。

家庭和政治之间的张力显然可以追溯到亚里士多德的《政治学》,他强调家庭和城邦政治各自遵循的是不同的逻辑,以此奠定了政治科学的基础。① 吴飞通过文本梳理,认为亚里士多德此处是强调城邦的自然要高于家庭的自然,而作为政治性或社会性动物的人,只有在城邦中才能得到成全。因而,如果要真正实现人的形式,即人的成全,就必须使其脱离家庭的逻辑,从而在城邦生活中实现其形式与目的。因此,人在家庭中的生活必然与其在城邦中的生活断裂。随着自然概念的跌落,这个断裂很容易就演化成了人的自然家庭生活和政治文明秩序之间的抵牾。不仅如此,吴飞还指出,从形质论的角度入手我们会发现这个基石同时使得整个西方人伦的讨论在此陷入困境,"人的真正完美形式是神的智慧与德性,所以,人的灵魂若达到最高境界,他就应该生活在城邦之外,成为神一样的人"②。也就是说,城邦的目的在于帮助个

---

① Aristotle, *The Politics*, trans. by C. D. C. Reeve, Indianapolis: Hackett Publishing, 1998, 1252a7-12.
② 吴飞:《人伦的"解体":形质论传统中的家国焦虑》,第 454 页。

体(作为前者的质料)朝向个体的形式运动,但是这个运动却潜在地破坏城邦的运转。这是因为,人的形式与目的在于成为完美的神,而城邦需要的是不完善的、不能自足的个体。在历史现实中,希腊人发明了陶片放逐法,去流放城邦中那些接近神的伟大政治家,这似乎可以看作一种温和的弑父、弑君行为。

类似的,阿特金森认为,人类社会的早期处在极端父家长制的"独眼巨人式家庭"的形态中,父子之间因为雄性的性嫉妒必然处于激烈的战争状态之中,在周而复始弑父的阶段之后人类家庭才偶然地逐渐走进文明之中。弗洛伊德将弑父看作一次惊天动地的历史事件,兄弟联合弑父之后进入文明的政治阶段,而他们的巨大愧疚遗存为图腾制宗教。无论如何,在这些讨论中,文明社会的政治生活作为形式必须克服作为质料和自然状态的家庭生活,也就是说必须克服一种绝对的父家长制,才算进入真正的政治社会之中,后者必然要背离人最初的家庭生活。可以说,他们的理论都是亚里士多德在现代的激进回响。

四 形质论与文质论

该书文辞典雅,视野开阔,不仅用古典资源来审视现代西方人伦问题,还用哲学的方法在纷繁复杂的人类学讨论中梳理出形质论的核心线索。我们已经不难看出,吴飞讲西方人伦的同心圆结构,其实已经隐含了对于费孝通先生的回应。在《乡土中国》中,费老在对比中西社会差异时提出了著名的二分:西方社会是一个团体格局,而中国传统社会则是从己身出发,向外延伸出去的差序格局,也就是同心圆结构。① 费老的这一论断尽管不乏争议,但是仍然奠定了对于中国社会和中国人伦思考的基本格局。我们从费老的差序格局稍微向外延伸,就是有着同样广泛影响力的"家国同构论",即认为在中国古代社会中,无论在制度上还是思想上都存在着家国同构现象,前者体现为一国之君和一家之父有着高度相似的权力结构,家和国的组织原则也近乎一致,而后者体现为对父亲的孝敬情感与对君主的"忠"实为一致、可以移孝作

---

① 参见费孝通:《乡土中国》,上海:上海人民出版社,2007年。

忠,二者遵循同样的伦理道德。从孟德斯鸠到黑格尔,家国同构论是西方思想家对中国宗法家族社会的主流观察,并逐步成为东亚思想界的普遍观点。如果说以尾形勇的《中国古代的家与国家》为代表的当代研究已经从根本上反驳了中国古代的家国同构结构,那么吴飞的《人伦的"解体"》则从另外一面表明,西方社会也不尽然是费老所谓的团体格局,而是很大程度上也呈现出同心圆的结构。

不仅如此,家国同构论背后隐藏着一种政治学和人伦问题的"东方特殊论",就好像东方社会特别是中国社会依然停留在世界历史的最初阶段,尚没有进入亚里士多德断定的政治文明的起点,还处于一种高度发达的"独眼巨人式"家庭社会中。从黑格尔到马克思,这些西方思想巨擘持有类似这样的观点。然而吴飞的探究则否定了这一点,如果说中国社会是同心圆结构的,那么西方社会也拥有这样的特质。然而,西方传统对于人伦的思考,出于形质论的形而上学原则,往往要将其中的自然与文明断裂开来,与自身的同心圆结构形成巨大的张力。因此,至少在人伦问题的思想上,中西之别与其说是格局差异,毋宁说是西方的形质论和中国的文质论的差异。在形质论传统中,形式总是高于质料并主导着质料,故而总是与质料分离。但是吴飞认为,中国传统对于人伦问题的文质论理解并没有这种分离、高低的关系。固然,文质论不否认精神/物质、文明/自然、男性/女性这样的二元关系,甚至中国还有阴/阳、亲亲/尊尊等更多的二元关系,这些关系中主动一方的"文"绝非凌驾于相对被动一方的"质"之上,而是互不分离,处于一种"文质彬彬"的平衡之中。吴飞说:

> "文"取相于质实上自然的纹理,所以不能脱离质实自然而存在……母子之爱不是用来制作父子之敬的质料,而是礼敬之文所在的自然质实。礼敬之文不适用来塑造亲亲之爱的形式,而是亲亲之爱的内在纹理……人类不会从自然之质中抽象出它的形式,使这个形式变得比自然之质更重要,乃至最终抛弃和贬抑自然;但是人类可以通过研究自然之质,并根据自然之质,尽可能恰切描画出礼文来,使人能更好地按照自然生活。①

---

① 吴飞:《人伦的"解体":形质论传统中的家国焦虑》,第197页。

因此，圣人缘情制礼，并不是对于人情的修剪和约束，而恰恰是对人情的真正成全。这也就是文质关系不同于形质关系的地方，文质论中不存在文明和自然的断裂。

从李泽厚先生的"该中国哲学登场了"到陈来先生的《仁学本体论》，中国学者在近年来不断地从检讨中国古典思想中试图寻找继续前行的道路。吴飞关于文质论和礼乐文明的思考也应该是这股潮流中的一部分。本书可以看作是吴飞有关这个思考的一个准备性工作，他在结语中说："中国人为什么会以如此这般的方式看待人伦纲常，它为什么会变成压抑人性的？……要回答这个问题，我们就首先要回答：西方人是怎样看待人伦纲常的？人伦问题在西方的思想中可以有怎样的形态？"[①]我们期待着作者的进一步研究。

（王燕彬，北京大学哲学系博士研究生）

---

① 吴飞：《人伦的"解体"：形质论传统中的家国焦虑》，第449页。

《哲学门》稿约

为了不断提高我国哲学研究的水准、完善我国的哲学学科建设、促进海内外哲学同行的交流,北京大学哲学系创办立足全国、面向世界的哲学学术刊物《哲学门》,每年出版一卷二册(每册约30万字)。自2000年以来,本刊深受国内外哲学界瞩目,颇受读者好评。

《哲学门》的宗旨,是倡导对哲学问题的原创性研究,注重对当代中国哲学的"批评性"评论。发表范围包括哲学的各个门类,马克思主义哲学、中国哲学、西方哲学、东方哲学、宗教哲学、美学、伦理学、科学哲学、逻辑学等领域,追求学科之间的交叉整合,还原论文写作务求创见的本意。目前,《哲学门》下设三个主要栏目:论文,字数不限,通常为1—2万字;评论,主要就某一思潮、哲学问题或观点、某类著作展开深入的批评与探讨,允许有较长的篇幅;书评,主要是介绍某部重要的哲学著作,并有相当分量的扼要评价(决不允许有过度的溢美之词)。

为保证学术水平,《哲学门》实行国际通行的双盲审稿制度。在您惠赐大作之时,务必了解以下有关技术规定:

1. 本刊原则上只接受电子投稿,投稿者请通过电子信箱发来稿件的电子版。个别无法电子化的汉字、符号、图表,请同时投寄纸本。
2. 电子版请采用Word格式,正文5号字,注释引文一律脚注。
3. 正文之前务请附上文章的英文标题、关键词、摘要、英文摘要和作者简介。
4. 通过电邮的投稿,收到后即回电邮确认,3个月内通报初审情况。其他形式的投稿,3个月内未接回信者可自行处理。

在您的大作发表以后,我们即付稿酬;同时,版权归属北京大学出版社所有。我们欢迎其他出版物转载,但是必须得到我们的书面授权,否则视为侵权。

《哲学门》参考文献的格式规范

第1条 正文中引用参考文献，一律用页脚注。对正文的注释性文字说明，也一律用页脚注，但请尽量简短，过长的注文会给排版带来麻烦。为了查考的需要，外文文献不要译成中文。

第2条 参考文献的书写格式分**完全格式**和**简略格式**两种。

第3条 **完全格式**的构成，举例如下（方括号[ ]中的项为可替换项）：

著作：作者、著作名、出版地、出版者及出版年、页码

　　吴国盛：《科学的历程》，长沙：湖南科学技术出版社，1995年，第100页[第1—10页]。

　　R. Poidevin, *The Philosophy of Time*, Oxford University Press, 1985, p. 100 [pp. 1-10].

译作：作者、著作名、译者、出版地、出版者及出版年、页码

　　柯林武德：《自然的观念》，吴国盛等译，北京：华夏出版社，1990年，第100页。

　　Martin Heidegger, *Being and Time*, trans. by John Macquarrie & Edward Robinson, Harper & Row, 1962, p. 100 [pp. 1-10].

载于期刊的论文（译文参照译作格式在译文题目后加译者）：

　　吴国盛：《希腊人的空间概念》，《哲学研究》，1992年第11期。

　　A. H. Maslow, "The Fusion of Facts and Value", *American Journal of Psychoanalysis*, 23(1963).

载于书籍的论文（译文参照译作格式在译文题目后加译者）：

　　吴国盛：《自然哲学的复兴》，载《自然哲学》（第1辑），吴国盛主编，北京：中国社会科学出版社，1994年。

　　T. Kuhn, "The History of Science", in *International Encyclopedia of the Social Sciences*, ed. by D. L. Sills, Macmillan, 1968.

说明与注意事项：

1. 无论中外文注释，结尾必须有句号。中文是圆圈，西文是圆点。

2. 外文页码标符用小写p.，页码起止用小写pp.。

3. 外文的句点有两种用途:一种用做句号,一种用做单词或人名等的简写(如 tr. 和 ed.),在后一种用途时,句点后可以接任何其他必需的标点符号。

4. 书名和期刊名,中文用书名号,外文则用斜体(手写时用加底线表示);论文名无论中外一律用正体加引号。

5. 引文出自著(译)作的必须标页码,出自论(译)文的则不标页码。

6. 中文文献作者名后用冒号(:),外文文献作者名后用逗号(,)。

7. 中文文献的版本或期号的写法从中文习惯,与外文略有不同。

第 4 条 简略格式有如下三种:

第一种 只写作者、书(文)名、页码(文章无此项),这几项的写法同完全格式,如:

吴国盛:《科学的历程》,第 100 页。

Martin Heidegger, *Being and Time*, p. 100.

吴国盛:《自然哲学的复兴》。

T. Kuhn, "The History of Science".

第二种 用"前引文献"(英文用 op. cit.)字样代替第一种简略格式中的书名或文章名(此时中文作者名后不再用冒号而改用逗号),如:

吴国盛,前引文献,第 100 页。

吴国盛,前引文献。

Martin Heidegger, op. cit., p. 100.

T. Kuhn, op. cit..

第三种 中文只写"同上。"字样,西文只写"ibid."字样。

第 5 条 完全格式与简略格式的使用规定:

说明与注意事项:

1. 参考文献在文章中第一次出现时必须用完全格式。

2. 只有在同一页紧挨着两次完全一样的征引的情况下,其中的第二次可以用第三种简略格式,这意味着第三种简略格式不可能出现在每页的第一个注中。

3. 在同一页对同一作者同一文献(同一版本)的多次引用(不必是紧挨着)的情况下,第一次出现时用第一种简略格式,以后出现时用第二种简略格式。下面是假想的某一页的脚注:

① 吴国盛:《科学的历程》,第 100 页。

② M. Heidegger, *Being and Time*, p. 100.

③ 吴国盛,前引文献,第 200 页。

④ 同上。

⑤ M. Heidegger, op. cit. , p. 200.

⑥ T. Kuhn, "The History of Science".

⑦ Ibid.

4. 在同一页出现对同一作者不同文献(或同一文献的不同版本)的多次引用时,禁止对该文献使用第二种简略格式。

编辑部联系方式:
电子信箱:pkuphilosophy@gmail.com
通信地址:100871　北京大学哲学系《哲学门》编辑部
传真:010-62751671

北京大学哲学系
北京大学出版社